■2025年度高等学校受験用

# 慶應義塾高等学校

## 収録内容一覧

★この問題集は以下の収録内容となっています。また、編集の都合上、解説、解答用紙を省略させていただいている場合もございますのでご了承ください。

（○印は収録、一印は未収録）

| 入試問題と解説・解答の収録内容 | | 解答用紙 |
|---|---|---|
| 2024年度 | 英語・数学・国語 | ○ |
| 2023年度 | 英語・数学・国語 | ○ |
| 2022年度 | 英語・数学・国語 | ○ |
| 2021年度 | 英語・数学・国語 | ○ |
| 2020年度 | 英語・数学・国語 | ○ |
| 2019年度 | 英語・数学・国語 | ○ |
| 2018年度 | 英語・数学・国語 | ○ |
| 2017年度<br>（29年度） | 英語・数学・国語 | ○ |
| 2016年度<br>（28年度） | 英語・数学・国語 | ○ |

★当問題集のバックナンバーは在庫がございません。あらかじめご了承ください。

# ●凡例●

## 【英語】

≪解答≫

〔　〕　①別解
②置き換え可能な語句（なお下線は置き換える箇所が2語以上の場合）
（例）I am〔I'm〕glad〔happy〕to～

（　）　省略可能な言葉

≪解説≫

1, 2…　本文の段落（ただし本文が会話文の場合は話者の1つの発言）

〔　〕　置き換え可能な語句（なお〔　〕の前の下線は置き換える箇所が 2 語以上の場合）

（　）　①省略が可能な言葉
（例）「（数が）いくつかの」
②単語・代名詞の意味
（例）「彼（＝警察官）が叫んだ」
③言い換え可能な言葉
（例）「いやなにおいがするなべにはふたをするべきだ（＝くさいものにはふたをしろ）」

//　訳文と解説の区切り

*cf.*　比較・参照

≒　ほぼ同じ意味

## 【数学】

≪解答≫

〔　〕　別解

≪解説≫

（　）　補足的指示
（例）（右図1参照）など

〔　〕　①公式の文字部分
（例）〔長方形の面積〕＝〔縦〕×〔横〕
②面積・体積を表す場合
（例）〔立方体 ABCDEFGH〕

∴　ゆえに

≒　約、およそ

## 【社会】

≪解答≫

〔　〕　別解

（　）　省略可能な語

＿＿＿　使用を指示された語句

≪解説≫

〔　〕　別称・略称
（例）政府開発援助〔ODA〕

（　）　①年号
（例）壬申の乱が起きた（672 年）。
②意味・補足的説明
（例）資本収支（海外への投資など）

## 【理科】

≪解答≫

〔　〕　別解

（　）　省略可能な語

＿＿＿　使用を指示された語句

≪解説≫

〔　〕　公式の文字部分

（　）　①単位
②補足的説明
③同義・言い換え可能な言葉
（例）カエルの子（オタマジャクシ）

≒　約、およそ

## 【国語】

≪解答≫

〔　〕　別解

（　）　省略してもよい言葉

＿＿＿　使用を指示された語句

≪解説≫

〈　〉　課題文中の空所部分（現代語訳・通釈・書き下し文）

（　）　①引用文の指示語の内容
（例）「それ（＝過去の経験）が ～」
②選択肢の正誤を示す場合
（例）（ア，ウ…×）
③現代語訳で主語などを補った部分
（例）（女は）出てきた。

／　漢詩の書き下し文・現代語訳の改行部分

# 慶應義塾高等学校

| | |
|---|---|
| 所在地 | 〒223-8524 神奈川県横浜市港北区日吉4-1-2 |
| 電　話 | 045-566-1381 |
| ホームページ | https://www.hs.keio.ac.jp/ |
| 交通案内 | 東急東横線・東急目黒線・市営地下鉄グリーンライン　日吉駅徒歩5分 |

普通科

男子

くわしい情報は
ホームページへ

## 応募状況

| 年度 | 募集数 | 受験数 | 合格数 | 倍率 |
|---|---|---|---|---|
| 2024 | 推薦　40名 | 94名 | 40名 | 2.4倍 |
| | 一般 330名 | 1,111名 | 424名 | 2.6倍 |
| | 帰国 （一般と合わせて） | 75名 | 33名 | 2.3倍 |
| 2023 | 推薦　40名 | 89名 | 41名 | 2.2倍 |
| | 一般 330名 | 1,206名 | 457名 | 2.6倍 |
| | 帰国 （一般と合わせて） | 52名 | 24名 | 2.2倍 |
| 2022 | 推薦　40名 | 92名 | 40名 | 2.3倍 |
| | 一般 330名 | 1,173名 | 479名 | 2.4倍 |
| | 帰国 （一般と合わせて） | 73名 | 38名 | 1.9倍 |

※推薦の受験数は書類審査の応募数を記載。

## 試験科目　（参考用：2024年度入試）

［推薦］
第１次試験：書類審査
第２次試験：面接，作文（１次合格者に実施）
［一般・帰国］
第１次試験：国語・英語・数学
第２次試験：面接（１次合格者に実施）

## 本校の特色

本校の教育目標を達成させるにふさわしいカリキュラムを編成し，学力の充実をはかっている。

１・２年次は必修科目で幅広い教養を身につけ，３年次には生徒個々の進路に対応した選択科目を履修することができる。英語は習熟度別クラス編成を導入。２年次には全員が第二外国語も学ぶ。

３年次の卒業研究では，各教科が用意する多様な講座から，生徒が個々の知的興味やニーズに合ったものを選び，論文や作品・実験記録等を作成。テーマを絞った研究を進める中で，それまでに培ってきた知識を活用し，総合的な知性を養う。

## 環境・施設

広大な敷地には，緑につつまれた鉄筋３階の校舎，総合グラウンドが設けられ，勉学の地として最適な環境にある。

特別教室棟はＡ・Ｂの２棟があり，マルチメディア教室，コンピュータ教室，音楽教室，各実験室，美術室などを有する。他に，日吉会堂（体育館・講堂），柔道場，食堂，体育系クラブ部室などがある。

また，2018年には，ホール，図書館，トレーニングルームなどを有する「日吉協育棟」が新設された。

## 進路状況

卒業後は，ほぼ全員が慶應義塾大学へ進学する。全員が希望学部へ進学できるわけではないが，本人の希望はできる限り尊重され，適性および在学中の成績が考慮された上で，進学学部が決定される。

なお，慶應義塾大学に設置されている学部と，本校からの2024年３月の進学状況は次のとおり。

| | | | |
|---|---|---|---|
| 文学部 | 9名 | 理工学部 | 86名 |
| 経済学部 | 210名 | 総合政策学部 | 11名 |
| 法学部 | 224名 | 環境情報学部 | 22名 |
| 商学部 | 70名 | 看護医療学部 | 0名 |
| 医学部 | 22名 | 薬学部 | 2名 |

［注］進学状況は毎年異なる。また，本校の定員の変更に伴い，調整が行われる。

編集部注―本書の内容は2024年4月現在のものであり，変更されている場合があります。正確な情報は，学校のホームページ等で必ずご確認ください。

# 出題傾向と今後への対策 英語

## 出題内容

| | 2024 | 2023 | 2022 |
|---|---|---|---|
| 大問数 | 4 | 4 | 4 |
| 小問数 | 46 | 51 | 51 |
| リスニング | × | × | × |

◎近年は大問４題，小問数50問程度である。主な構成は長文読解２題，文法問題２題である。文法問題は誤文訂正が頻出である。長文読解総合問題は英文量が多く，英問英答や英文解釈が組み込まれた高度な問題になっている。

### 2024年度の出題状況

Ⅰ 長文読解―適語(句)・適文選択・語形変化―エッセー

Ⅱ 長文読解―誤文訂正―説明文

Ⅲ 対話文完成―適語補充

Ⅳ 長文読解総合(英問英答形式)―物語

## 解答形式

| | |
|---|---|
| 2024年度 | 記　述／マーク／併　用 |

## 出題傾向

例年，高校初級レベルの知識や相当高度な文法・読解力・作文力が求められている。文法は幅広い正確な知識が問われている。長文読解は内容把握力が問われ，設問のポイントをつかみ，的確にその必要十分条件を満たさねばならない。英作文は中学レベルを超えており，やや複雑な文章構造の重文・複文などが見られる。

## 今後への対策

中学英語の基礎事項を習得し，高校１年程度の内容も学習しておこう。長文読解は高校初級レベルの問題集などを利用し，繰り返し解こう。多義的な単語は意欲的に覚えておこう。読解スピードは量をこなすうちについてくる。最後に過去問で問題形式や時間配分を確認。確かな実力を養うのは，日々の努力でしかない。健闘を祈る。

## ◆◆◆◆◆ 英語出題分野一覧表 ◆◆◆◆◆

| 分野 | | 年度 | 2022 | 2023 | 2024 | 2025予想※ |
|---|---|---|---|---|---|---|
| 音声 | 放送問題 | | | | | |
| | 単語の発音・アクセント | | | | | |
| | 文の区切り・強勢・抑揚 | | | | | |
| 語彙・文法 | 単語の意味・綴り・関連知識 | | | | | |
| | 適語(句)選択・補充 | | | | | |
| | 書き換え・同意文完成 | | ■ | | | △ |
| | 語形変化 | | | | ● | △ |
| | 用法選択 | | | | | |
| | 正誤問題・誤文訂正 | | ■ | ■ | ■ | ◎ |
| | その他 | | | | | |
| 作文 | 整序結合 | | | | | |
| | 日本語英訳 | 適語(句)・適文選択 | | | | |
| | | 部分・完全記述 | | | | |
| | 条件作文 | | | | ● | △ |
| | テーマ作文 | | | | | |
| 会話文 | 適文選択 | | | | | |
| | 適語(句)選択・補充 | | | | ■ | △ |
| | その他 | | | | | |
| 長文読解 | 内容把握 | 主題・表題 | | ● | | △ |
| | | 内容真偽 | | ● | | △ |
| | | 内容一致・要約文完成 | ★ | ■ | ● | ◎ |
| | | 文脈・要旨把握 | ● | ■ | ● | ◎ |
| | | 英問英答 | ● | ★ | ★ | ◎ |
| | 適語(句)選択・補充 | | ■ | ★ | ★ | ◎ |
| | 適文選択・補充 | | | | | |
| | 文(章)整序 | | | | | |
| | 英文・語句解釈(指示語など) | | ● | ● | ● | ◎ |
| | その他 | | | | | |

●印：１～５問出題，■印：６～10問出題，★印：11問以上出題。
※予想欄　◎印：出題されると思われるもの。　△印：出題されるかもしれないもの。

# 出題傾向と今後への対策

# 数学

## 出題内容

### 2024年度

大問６題，18問の出題。[1]は小問集合で，５問。数の計算や方程式，データの活用などの出題。[2]は平面図形で，平易な内容。[3]は関数で，放物線と直線に関するもの。頻出問題である。[4]は場合の数・確率で，３問の出題。３色の玉２個ずつを用いたもの。[5]は数の性質に関する問題。式の値が素数の平方数となる文字の値の組を考えるもの。[6]は方程式の応用問題で，速さに関するもの。

### 2023年度

大問６題，18問の出題。[1]は小問集合で，数と式，図形などの分野から計７問。[2]はカードを利用した確率３問。[3]は数の性質に関する問題で，約数の個数を利用したもの。[4]は方程式の応用で，食塩水の問題。[5]は関数で，放物線と直線に関するもの。正三角形や正六角形などの図形を利用した問題。[6]は空間図形で，回転体について問うもの。円を回転させてできる立体などについても問われている。

作…作図問題　証…証明問題　グ…グラフ作成問題

## 解答形式

2024年度　記　述／マーク／併　用

## 出題傾向

大問５～８題，設問17～23問の出題。出題形式は年度によりばらつきがある。[1]([1]，[2])は小問集合で，各分野から出題。計算問題では工夫を要するものがほぼ毎年出題されている。これ以降は，関数，図形，方程式の応用などの総合問題。約束記号を用いた計算問題やグラフをかかせる問題なども出題されることがある。

## 今後への対策

柔軟な思考を養うために，標準レベルの問題集でできるだけ多くの問題を解き，いろいろな解法や考え方を身につけるようにしよう。そして発展レベルの問題集などで応用力を養っていこう。関数，図形は公式や定理が使いこなせるように，数・式，方程式の計算問題は工夫して複雑な計算式をうまく処理できるようにしておこう。

## ◆◆◆◆◆ 数学出題分野一覧表 ◆◆◆◆◆

| 分野 | 年度 | 2022 | 2023 | 2024 | 2025予想※ |
|---|---|---|---|---|---|
| 数と式 | 計算，因数分解 | ★ | ■ | ■ | ◎ |
| | 数の性質，数の表し方 | ■ | ★ | ★ | ◎ |
| | 文字式の利用，等式変形 | | | | |
| | 方程式の解法，解の利用 | | ● | ■ | △ |
| | 方程式の応用 | ● | ● | ■ | ◎ |
| 関　数 | 比例・反比例，一次関数 | | ● | | |
| | 関数$y=ax^2$とその他の関数 | ★ | ■ | ★ | ◎ |
| | 関数の利用，図形の移動と関数 | | | | |
| 図　形 | （平面）計　量 | ★ | ● | ■ | ◎ |
| | （平面）証明，作図 | ● | | | △ |
| | （平面）その他 | | | | |
| | （空間）計　量 | ★ | ■ | | ◎ |
| | （空間）頂点・辺・面，展開図 | | | | |
| | （空間）その他 | | | | |
| データの活用 | 場合の数，確率 | ● | ★ | ★ | ◎ |
| | データの分析・活用，標本調査 | | | ● | △ |
| その他 | 不 等 式 | | | | |
| | 特殊・新傾向問題など | ★ | | | |
| | 融合問題 | | | | |

●印：１問出題，■印：２問出題，★印：３問以上出題。
※予想欄　◎印：出題されると思われるもの。　△印：出題されるかもしれないもの。

# 出題傾向と今後への対策

# 国語

## 出題内容

### 2024年度

論説文　論説文

課題文

一伊藤雄馬『ムラブリ』
二出口智之『森鷗外，自分を探す』

### 2023年度

随　筆　説明文

課題文

一司馬遼太郎『峠』「あとがき」
二斎賀秀夫「敬語の使い方」

### 2022年度

説明文　随　筆

課題文

一早川文代『食語のひととき』
二会津八一「『南京新唱』自序」

## 解答形式

| 2024年度 | 記　述／マーク／併　用 |
|---|---|

## 出題傾向

問題の構成は，年によって多少の変化があるが，原則として現代文の読解が中心である。設問は，各問題に10問前後となっており，全体で20～30問程度の出題となっている。課題文は，内容がかなり高度で，設問の内容もレベルが高い。また，書き抜きも含め，50～60字程度および30字程度の記述式解答の設問も，複数含まれる。

## 今後への対策

現代文については，難しい内容の文章を読みこなし，解答する力が必要である。高度な読解力と表現力を身につけるには，日頃からの読書はもちろんのこと，問題集で繰り返し練習する必要がある。問題集は，応用力養成用のもので，記述式解答のものを選ぶこと。古典含め，国語の知識についても問題集で応用力を養うとよい。

## ◆◆◆◆◆ 国語出題分野一覧表 ◆◆◆◆◆

| 分野 | | 年度 | 2022 | 2023 | 2024 | 2025 予想※ |
|---|---|---|---|---|---|---|
| 現代文 | 論説文 説明文 | 主題・要旨 | | | ● | △ |
| | | 文脈・接続語・指示語・段落関係 | ● | | | △ |
| | | 文章内容 | ● | ● | ● | ◎ |
| | | 表現 | ● | ● | ● | ◎ |
| | 随筆 日記 手紙 | 主題・要旨 | | | | |
| | | 文脈・接続語・指示語・段落関係 | | | | |
| | | 文章内容 | ● | ● | | ◎ |
| | | 表現 | | ● | | △ |
| | | 心情 | | | | |
| | 小説 | 主題・要旨 | | | | |
| | | 文脈・接続語・指示語・段落関係 | | | | |
| | | 文章内容 | | | | |
| | | 表現 | | | | |
| | | 心情 | | | | |
| | | 状況・情景 | | | | |
| 韻文 | 詩 | 内容理解 | | | | |
| | | 形式・技法 | | | | |
| | 俳句 和歌 短歌 | 内容理解 | | | | |
| | | 技法 | | | | |
| 古典 | 古文 | 古語・内容理解・現代語訳 | | | | |
| | | 古典の知識・古典文法 | | ● | | △ |
| | 漢文 | （漢詩を含む） | | | | |
| 国語の知識 | 漢字 語句 | 漢字 | ● | ● | ● | ◎ |
| | | 語句・四字熟語 | ● | ● | ● | ◎ |
| | | 慣用句・ことわざ・故事成語 | ● | | | △ |
| | | 熟語の構成・漢字の知識 | | | | |
| | 文法 | 品詞 | | | | |
| | | ことばの単位・文の組み立て | | | | |
| | | 敬語・表現技法 | | ● | | △ |
| | 文学史 | | ● | ● | | ◎ |
| 作文・文章の構成・資料 | | | | | | |
| その他 | | | ● | | ● | △ |

※予想欄　◎印：出題されると思われるもの。　△印：出題されるかもしれないもの。

合格を勝ち取るための

# 本書の使い方

本書に掲載されている過去問をご覧になって，「難しそう」と感じたかもしれません。でも，大丈夫。ほとんどの受験生が同じように感じるのです。高校入試の出題範囲は中学校の定期テストに比べて広いですし，残りの中学校生活で学ぶはずの，まだ習っていない内容からも出題されているかもしれません。

ですから，初めて本書に取り組む際には，点数を気にする必要はありません。点数は本番で取れればいいのです。

過去問で重要なのは「間違えること」です。自分の弱点を知るために，過去問に取り組むのです。当然，間違った問題をそのままにしておいては意味がありません。

本書には，長年にわたって高校受験に関わってきたベテランスタッフによる詳細な解説がついています。間違えた問題は重点的に解説を読み，何度も解きなおしてください。時にはもう一度，教科書で復習するのもよいでしょう。

別冊として，抜き取って使える解答用紙を収録しました。表示してあるように拡大コピーをとれば，実際の入試と同じ条件で，何度でも過去問に取り組むことができます。特に記述問題では解答欄の大きさがヒントになる場合があります。そうした，本番で使える受験テクニックの練習ができるのも，本書の強みです。

前のページにある「出題傾向と今後への対策」もよく読んで，本校の出題傾向に慣れておきましょう。

# 2024年度 慶應義塾高等学校

**【英　語】**（60分）〈満点：100点〉

**I**　Choose the best answer from (A), (B), (C), or (D) to complete the passage.

## Let's Go Out to the Wide Ocean

～A Message to You Who are being Bullied～

When I was in junior high school, I [ 1 ] to the brass band club. One day in my freshman year, for some reason or other, most of the members stopped talking to my best friend in the club. It was so sudden that [ 2 ].

It was like the world of fish. When I was little, I had fish called *mejina* at home. They swam close together in the sea, but after I put them in a small tank, one of them was left out and attacked. I [ 3 ] the fish and took it back to the sea. Then the remaining fish started bullying a different fish. Even after I rescued it, the next one was bullied. So I removed the bully from the tank, but a new bully [ 4 ].

This did not happen in the big ocean. But once they were kept in a small world, somehow bullying began, [ 5 ] they lived in the same place, ate the same food, and were the same *mejina*.

The bullying at my middle school [ 6 ] happened in a small community. I could not ask the bullies, "[ 7 ]?" But I often went fishing with the friend who was picked on. As we were away from school and enjoyed fishing together, I saw a [ 8 ] of relief on his face. I couldn't listen to him carefully or cheer him up, but I believe that just having someone next to him [ 9 ] him feel safe.

Sometimes people say I am eccentric. But in the great outdoors, when I am hooked on fish, I forget all the sad things that happened to me. [ 10 ] someone or worrying about something in a small cage won't leave you with happy memories. It is a waste of time when there are so many wonderful things to do outside. Don't stay in a small tank. Let's go out to the wide ocean under the open sky!

Sakana-kun

出典：The Asahi Shimbun. August 30, 2015.　Original text in Japanese

1．(A) was part　(B) used to be a member　(C) participated　(D) belonged

2．(A) there was no time for practice　(B) I could not understand why
　(C) he had no chance to say goodbye　(D) they did not know what to do

3．(A) was sick of　(B) got bored with　(C) felt sorry for　(D) enjoyed watching

4．(A) appeared　(B) presented　(C) missed　(D) lost

5．(A) in case　(B) only when　(C) as if　(D) even though

6．(A) again　(B) also　(C) moreover　(D) similar

7．(A) What is holding you back　(B) When did you feel bad
　(C) Why did you do that　(D) How are you doing

8．(A) view　(B) see　(C) watch　(D) look

9．(A) makes　(B) made　(C) has made　(D) to make

10．(A) Making fun of　(B) Giving pleasure to　(C) Spending time with　(D) Smiling at

**II** Choose the alternative that is grammatically and/or idiomatically incorrect and **correct the whole part**. Look at the example below：

【Example】 I want to thank you to show me the way to the station.
A B C D

【Example Answer】 Letter：B, Correct Form：for showing me

**Pacific War Remains on Hiyoshi Campus**

You are now at Keio Hiyoshi Campus to take the entrance examination for Keio Senior High School. In the past, the several old buildings you see on this campus were used for military purposes. Did you know this fact？ 1 [Although you cannot see from the outside, there are many secret tunnels
A B
runs under the building you are in.] What were they made for？
C D

The headquarters, or the main base, of the Imperial Japanese Navy moved to Hiyoshi Campus at the end of the Pacific War. 2 [Around that time, Hiyoshi Campus was transformed from a place
A B
on students to study into a place for sending students to battlefields.] 3 [Students were not longer
C D A
found on the campus：they either went off to the fields or did hard work.]
B C D

As the war escalated, the Navy not only rented above-ground school facilities from Keio, but also built an underground base shaped like a spider's web. 4 [Various orders were sending from the
A B C
headquarters to the war front.] 5 [Among them was Kamikaze suicide attack missions and the
D A B C
battleship Yamato operations.]
D

At present, the Hiyoshidai Underground Base Preservation Society is working on various activities to protect this valuable war site and to pass on its history to the next generations. 6 [Keio people are lucky for having a chance to learn a lot about the war history close at hand.]
A B C D

7 [It has been almost 80 years when Japan lost the Pacific War, and to this day Japan has never
A B
fought a single war.] 8 [What can each of us do to stop Japan repeat war and to promote peace
C D A B C
in the world？] 9 [This is a question for all Keio students who spend their days on this campus
D A B C
should think about.] 10 [Those who close their eyes to the past unable to see the future.]
D A B C D

**III** The following text is a conversation between a math teacher (T) and one of his students (S). Fill in each blank with **one word** that best completes the conversation. The first or the last letter is given.

**A Little Math Knowledge Can Be a Great Help**

T： I have heard that you love the ancient history of Japan, especially the Nara period.

S： Yes. I have visited Nara many times to see old historical buildings there.

T : 1 ______-h one are you most interested in ?

S : The five-storied pagoda of Horyu-ji Temple. It is one of the oldest existing wooden 2 t-______ in the world and stands 32.5 meters tall.

T : You know very well. How did you know its height ?

S : I read that in some history book.

T : Do you know how to measure the height 3 ______-e standing on the ground ? Do not use a long tape measure after 4 c-______ up a ladder to the top.

S : I have no idea.

T : The answer is to use right-angled triangles. For a short time on some days of the year, when the Sun shines at an angle of 45 5 d-______, the length of your shadow equals your height. Your shadow and your body form two sides of an imaginary right-angled triangle. The same is 6 t-______ for the pagoda just at that time. The pagoda casts a shadow that is part of its imaginary triangle. The length of the shadow plus 7 h-______ the base of the pagoda is one side of the imaginary triangle, and the pagoda's height is 8 a-______. These two sides are equal, so 9 ______-y measuring the length of the former side, you can find its height.

S : 10 ______-w amazing it is ! In addition to history, I would like to study math more to use the knowledge in my everyday life.

## IV Read the following story and answer the questions below.

About the Story

*This story was written in early 1900s, a time in Britain when it was thought children were not free to express their feelings. Paul does not go hungry ; he has toys to play with, and he lives in a house with* [1] *servants. But he also has to live with his mother's unhappiness, which weighs heavily on him. His mother feels she is unlucky, and Paul becomes* [2] *anxious, really anxious, to get to the place where luck is . . . .*

There was a woman who was beautiful, yet had no luck. She married for love, but at some point she stopped loving him. She had beautiful children, yet she could not love them. They looked at her coldly, as if they were finding fault with her. And hurriedly she felt she must cover up some fault in herself. Yet what it was that she must cover up she never knew. She knew that at the centre of her heart was a hard little place that could not feel love, no, not for anybody. Everybody else said of her : 'She is such a good mother. She loves her children.' Only she herself, and her children themselves, knew it was not so. They read it in each other's eyes.

There were a boy and two little girls. They lived in a pleasant house, with a garden, and they had servants, and felt themselves superior to anyone in the neighbourhood.

Although ①they lived in style, they always felt an [3] anxiety in the house. There was never enough money. The mother had a small [4] income, and the father had a small income, but not nearly enough for the social position which they had to keep up. There must be more money. The father, who was always very handsome and ②expensive in his tastes, seemed as if (i)he never would be able to do anything worth doing. And the mother did not succeed any better, and her tastes were just as expensive.

And so the house came to be filled with the unspoken phrase : *There must be more money ! There must be more money!* The children could hear it all the time, though nobody said it aloud. They heard it at Christmas, when the expensive and nice toys filled the room. Behind the shining modern rocking-horse, behind the smart doll's house, a voice would start [5] whispering: 'There *must* be more money! There *must* be more money!' And the children would stop playing, to listen for a moment. They would look into each other's eyes, to see if they had all heard. And each one saw in the eyes of the other two that they too had heard. 'There *must* be more money! There *must* be more money!'

Yet nobody ever said it aloud. The whisper was everywhere. Just as no one ever says: 'We are breathing!' in spite of the fact that breath is coming and going all the time.

'Mother,' said the boy Paul one day, 'why don't we keep a car of our own? Why do we always use uncle's?'

'Because we're the poor members of the family,' said the mother.

'But why *are* we, mother?'

'Well—it's because your father had no luck.'

The boy was silent for some time.

'Is luck money, mother?' he asked, rather fearfully.

'No, Paul. Not quite. ③It's what causes you to have money. If you're lucky you have money. That's why it's better to be born lucky than rich. If you're rich, you may lose your money. But if you're lucky, you will always get more money.'

'Why is father not lucky?'

'I don't know. Nobody ever knows why one person is lucky and another unlucky.'

'And aren't you lucky either, Mother?'

'I used to think I was, before I married. Now I think I am very [ X ] indeed.'

'Well, anyhow,' he said [6] stoutly, 'I'm [ Y ] person.'

'Why?' said his mother, with a sudden laugh.

He looked at her. He didn't even know why he had said it.

'God told me,' he [7] asserted.

The boy saw she did not believe him; or rather, that she paid no attention to his words. This angered him somewhere, and made him want to draw her attention.

He went off by himself, in a childish way, looking for the [8] clue to 'luck'. He wanted luck. He wanted it.

'Now!' he ordered his rocking-horse. 'Now, take me to where there is luck! Now take me!' He started on his mad ride, hoping at last to get there. He knew he could get there.

One day his mother and his Uncle Oscar came in when he was riding madly on the rocking-horse. He did not speak to them.

'Hallo, you young jockey! Riding a winner?' said his uncle.

'Aren't you growing too big for a rocking-horse? You're not a very little boy any longer, you know,' said his mother.

But Paul didn't answer, only giving them an angry look. He would speak to nobody when he was at full speed. His mother watched him with an anxious expression on her face.

At last he suddenly stopped forcing his horse and slowed down.

'Well, I got there!' he shouted, his blue eyes still with fire.

'Where did you get to?' asked his mother.

‘Where I wanted to go,’ he said angrily to her.

‘That’s right, son!’ said Uncle Oscar. ‘Don’t you stop till you get there.’

[*Paul saves a lot of money, riding the rocking-horse to learn the names of horse-race winners.*]

‘Look here, son,’ Uncle Oscar said, ‘this sort of thing makes me [9]nervous. What are you going to do with your money?’ asked the uncle.

‘Of course,’ said the boy, ‘I started it for mother. She said she had no luck, because father is unlucky, so I thought if I was lucky, it might stop whispering.’

‘What might stop whispering?’

‘Our house. I *hate* our house for whispering.’

‘What does it whisper?’

‘Why, I don’t know. But it’s always short of money, you know, uncle.’

‘I know it, son, I know it.’

‘And then the house whispers, like people laughing at you behind your back. I don’t like it! I thought if I was lucky—’

‘You might stop it,’ added the uncle.

The boy watched him with big blue eyes, which had an unnatural cold fire in them, and he said never a word.

‘Well, then!’ said the uncle. ‘What are we doing?’

‘(ii)I shouldn’t like mother to know I was lucky,’ said the boy.

‘Why not, son?’

‘She’d stop me. I *don’t* want her to know, uncle.’

‘All right, son! We’ll [10]manage it without her knowing.’

[*After further winning, he arranges to give his mother a gift of five thousand pounds, but the gift only lets her spend more. Disappointed, Paul tries harder than ever to be ‘lucky.’ He wins ever greater sums of money for his mother.*]

Then something very strange happened. The voices in the house suddenly went mad, like a chorus of frogs on a spring evening. There were certain new furnishings, and Paul had a [11]tutor. There were flowers in the winter, too. And yet the voices in the house simply got even louder: ‘There *must* be more money! Oh-h-h; there *must* be more money. Oh, now, now-w! Now-w-w-there *must* be more money!—more than ever! More than ever!’

Adapted from D. H. Lawrence, “The Rocking-Horse Winner” (*first published in 1926*)

1 使用人　2 (…したいと)切望して，不安な　3 心配事　4 収入　5 ささやく，ささやき
6 力強く　7 断言する　8 手がかり　9 心配な　10 なんとかうまくやる　11 家庭教師

A：Choose the alternative that best reflects the content of the story.

1. Paul’s mother feels unhappy because
   (A) her husband doesn’t love her.
   (B) her children don’t talk much about themselves.
   (C) she can’t have her needs met.
   (D) Uncle Oscar doesn’t leave her house.

2. What is true about Paul and two sisters?
   (A) They don’t love their mother.

(B) They want their mother to stay beautiful.
(C) They don't speak to each other much.
(D) They feel they are loved by his parents.

3. What is NOT true about Paul's father ?
(A) He is a good-looking man.
(B) He has been out of work for a long time.
(C) He doesn't seem to have "luck."
(D) He likes to appear rich.

4. All of the following show that Paul's family is living above average EXCEPT
(A) having a car of their own.
(B) keeping people doing jobs for the family.
(C) having beautiful toys at Christmas.
(D) living in a nice house with a garden.

5. Underlined (i) is closest in meaning to
(A) he didn't seem to work hard enough to satisfy his wife.
(B) he works hard but is less likely to succeed in his business.
(C) he is not likely to have social skills needed to support his family.
(D) he seems to be interested in finding opportunities to make money.

6. Choose the best option to fill in [ X ] and [ Y ].
(A) X：lucky Y：a lucky
(B) X：lucky Y：an unlucky
(C) X：unlucky Y：an unlucky
(D) X：unlucky Y：a lucky

7. How does Paul's mother feel about Paul's riding a rocking-horse madly ?
(A) Angry. (B) Pleased. (C) Not interested in. (D) Worried.

8. In the story, all of the following have caused Paul to go mad EXCEPT
(A) Paul wants to prove that he is a lucky boy.
(B) Paul's mother believes that money is more important than luck.
(C) Paul desires to draw his mother's attention.
(D) Paul is frightened by the voices he hears in his house.

9. Which reaction does Paul most fear from his mother ?
(A) She will keep spending money on expensive things.
(B) She will stop loving her children and her husband.
(C) She will show little interest in Paul's words.
(D) She will laugh at Paul's child-like behavior.

10. In the story, Uncle Oscar is best described as
(A) friendly and easy. (B) socially successful but cold.
(C) naturally unkind. (D) fair but careless.

B：Explain underlined ①, ②, and ③ in Japanese.
① they lived in style
② expensive in his tastes
③ It's what causes you to have money.

C ：Answer each question in English.　Use the word(s) in [　] and underline them.

1．What do you think the underlined (ii) suggests about Paul's character？

(ii) I shouldn't like mother to know I was lucky　[simply]

2．Imagine that you write an ending to finish this story.　Would you choose a happy ending or an unhappy ending？

(1)　Why would you choose the ending？　[healthy,　instead]

(2)　What would happen between Paul and his mother？　[nothing,　easy]

## 【数　学】 (60分) 〈満点：100点〉

（注意） 1．**【答えのみでよい】**と書かれた問題以外は，考え方や途中経過をていねいに記入すること。
2．答えには近似値を使用しないこと。答えの分母は有理化すること。円周率は$\pi$を用いること。
3．図は必ずしも正確ではない。

**1** 次の空欄をうめよ。**【答えのみでよい】**

(1) $x$の2次方程式$2x^2+10\sqrt{2}\,x+9=0$の解は，$x=\boxed{\quad\quad}$である。

(2) $\dfrac{14+3\sqrt{7}}{\sqrt{7}}$の小数部分を$a$とするとき，$a+\dfrac{1}{a}$の値は$\boxed{\quad\quad}$である。

(3) $\dfrac{1}{(1+\sqrt{2}+\sqrt{3})^2}+\dfrac{1}{(1+\sqrt{2}-\sqrt{3})^2}$を計算すると$\boxed{\quad\quad}$である。

(4) $a$，$b$を定数とする。$x$，$y$の連立方程式$\begin{cases}(a+2)x-(b-1)y=33\\(a-1)x+(2b+1)y=9\end{cases}$の解が$x=3$，$y=1$であるとき，$a=\boxed{\quad\quad}$，$b=\boxed{\quad\quad}$である。

(5) A君とB君の2人が同じ9個の数を見て記入した。A君は9個の数を正しく記入したが，B君は1個の数だけ誤って十の位と一の位の数字を逆にして記入してしまった。そのため，B君が記入した9個の数の平均値は，A君が記入した9個の数の平均値より3小さかったという。B君が記入した9個の数は，12，27，36，49，56，74，83，91，98であり，この中でB君が誤って記入した数は$\boxed{\quad\quad}$である。A君が記入した9個の数の四分位範囲は$\boxed{\quad\quad}$である。
なお，「十の位と一の位の数字を逆にして記入した」というのは，例えば29を92と記入したということである。

**2** 三角形ABCとその外接円について，AB=2，$\overset{\frown}{AB}:\overset{\frown}{BC}:\overset{\frown}{CA}=3:4:5$のとき，次の問いに答えよ。なお，$\overset{\frown}{AB}$，$\overset{\frown}{BC}$，$\overset{\frown}{CA}$は，それぞれ外接円における弧AB，弧BC，弧CAの長さを表す。

(1) BC，CAの長さを求めよ。

(2) 外接円の半径の長さを求めよ。

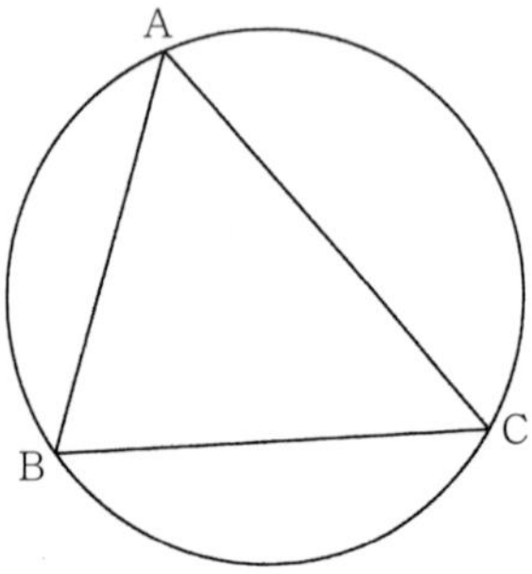

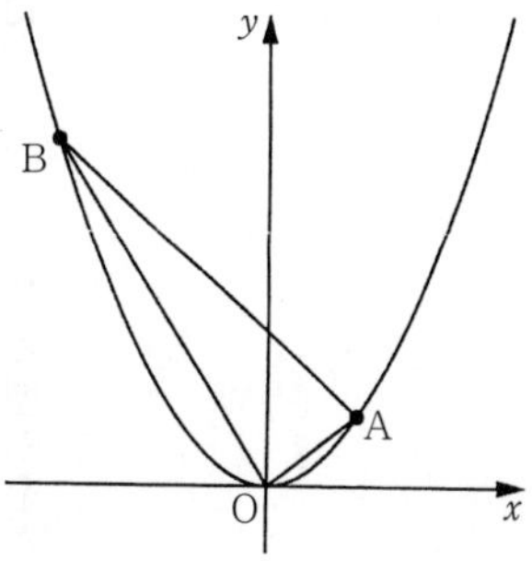


**3**　放物線 $y=\dfrac{1}{4}x^2$ 上に点 A(2, 1) と ∠AOB＝90° となる点Bの2点がある。このとき，次の問いに答えよ。

(1)　点Bの座標を求めよ。

(2)　放物線 $y=\dfrac{1}{4}x^2$ 上で，かつ直線 OB の下側にあり，△ABC の面積と △OAB の面積を等しくするような点Cの座標を求めよ。

(3)　(2)の点Cについて，点Bを通り四角形 OABC の面積を二等分する直線と，直線 OA との交点をDとするとき，線分 OD の長さを求めよ。

**4**　袋の中に赤玉，青玉，白玉が各2個ずつ，合計6個入っている。このとき次の問いに答えよ。

(1)　この袋から1個ずつ順に3個の玉を取り出して1列に並べるとき，その並び方は全部で何通りあるか。ただし，同じ色の玉は区別しないものとする。

(2)　この袋から1個ずつ順に6個全ての玉を取り出して1列に並べるとき，同じ色の玉が隣り合わない並び方は全部で何通りあるか。ただし，同じ色の玉は区別しないものとする。

(3)　この袋から同時に2個ずつ取り出す試行を3回繰り返すとき，玉の色が3回とも異なる組み合わせとなる確率を求めよ。ただし，取り出した玉は袋に戻さないものとする。

**5**　次の問いに答えよ。

(1)　$xy=9$ を満たす正の整数 $x$，$y$ の組を全て求めよ。

(2)　$x^2+(3y-9)x+y(2y-9)$ を因数分解せよ。

(3)　$x^2+(3y-9)x+y(2y-9)$ が素数の平方数となるような，9以下の正の整数 $x$，$y$ の組を全て求めよ。

**6**　A君はP地点を出発してから20分後にQ地点に到着し，そこで4分間休憩した後に再び20分かけてP地点に戻ってきた。B君はA君より数分早くP地点を出発し，出発してから7分後にA君に追い抜かれ，A君がQ地点を出発してから8分後にQ地点に到着した。A君，B君の2人ともPQ間の同じ道をそれぞれ一定の速さで進むとして，次の問いに答えよ。

(1)　A君がP地点を出発したのは，B君が出発してから何分後か。

(2)　A君がQ地点を出発した後にB君とすれ違うのは，B君がP地点を出発してから何分後か。

問七　……(1)を別の表現に置き換えた場合、最も適切なものを次の選択肢から一つ選び、記号で答えなさい。

ア　他者に同調する力に乏しいこと
イ　集団の中で行動する力に乏しいこと
ウ　物事の深層を看破する力に乏しいこと
エ　自己の感情を抑制する力に乏しいこと
オ　明日に向かって前進する力に乏しいこと

問八　……(2)の表現に最も近い四字熟語を次の選択肢から一つ選び、記号で答えなさい。

ア　泰然自若　イ　初志貫徹　ウ　一視同仁
エ　沈思黙考　オ　虎視眈々　カ　不言実行

問九　——1とは具体的にどのようなことか。「〜と…が重なるということ」という形式で、解答欄の指示に従い、それぞれ二十五字以上三十字以内で答えなさい。

問十　——2とは具体的にどのようなことか。それを最も適切に表している部分の、はじめと終わりの五字(句読点は除く)を抜き出しなさい。

問十一　——3に関連して、短篇小説「鶏」が「題材が大きく形を変え、まったく別の物語に結実」した作品であるとした場合、「別の物語に結実」しなかった場合の作品の内容はどのようなものであったと考えられるか。二十五字以上三十字以内で説明しなさい。

問十二　——Xの理由を六十字以上七十字以内で述べなさい。

人間性と丹念に向きあってゆく。時雨の姿勢が共感と思いやりに支えられていたところ、鷗外は抑制と理知によって心の機微に分け入ろうとしていたのであり、それゆえ時には3題材が大きく形を変え、まったく別の物語に結実したりもします。

鷗外が自作解説である「歴史そのままと歴史離れ」に記した、歴史小説だけでなくすべての作品において、「(2)観照的ならしめようとする努力」をしてきたという言葉は、いかにも【 3 】です。

とはいえ、鷗外だって人間ですから、その努力がつねに⑤ソウコウするとはかぎりません。嫁姑関係に追いつめられて書いた、「半日」のような例もありました。いつものように、[ C ]を置いたうえで[ D ]的に解剖してみたら、作中の「奥さん」や「母君」の描きかたはまた違っていたのかもしれません。しかし、とてもそうはできずに書いてしまった裂け目に、鷗外の抑制と感情の葛藤が見え隠れしているのであり、この時の煩悶はそれほど深かったとも言えるのかもしれません。

そしてそうした葛藤は、本書でお話ししてきたとおり、自分探しにもb通底するものでした。自分とは何か。他者との関係や立場のなかで、自分はどうあるべきか。どうしても譲れない自分らしさはどこにあるのか。みずからの激しい思いと、それを許さない周囲の環境との葛藤のなかで、自省と理知によってあるべき自分を探そうとしたその視線が、他者に向けられた視線の裏側には貼りついているのです。

文学が人間の描く芸術である以上、鋭敏な人間理解は不可欠です。それを直観や感性で行う人もいますし、抑制しない感情の【 4 】な吐露が文学性を生む場合だってありますが、鷗外は徹底して自己を見つめ、その反照として他者も慎重に見つめようとすることで、人間という存在に向きあった文学者だったのでした。

自分を探す森鷗外。でも鷗外は、けっして自己だけを見つめていたのではありません。先のわからない新しい時代のなかで、自己を深く見つめることによって他者を知り、他者への理解があるからこそ自身のありかたも見えていたのです。そう考えると、森鷗外は過ぎ去った時代の古くさい作家などではなく、すぐれて【 5 】な存在であり、だからこそいまでも読まれ続けているのでしょう。

＊出口智之「森鷗外、自分を探す」(岩波ジュニア新書)より。
問題作成にあたり、一部表記を改変した。

**問一** ＝①～⑤のカタカナを漢字に改めなさい。

**問二** 〰Aを和暦で表記しなさい。元号も含めすべて漢字を使用すること。

**問三** 【1】～【5】に入る最も適切なものを次の選択肢からそれぞれ選び、記号で答えなさい。ただし、同じ記号を二回以上用いてはならない。

ア 逆説的　イ 爆発的　ウ 牧歌的　エ 実用的
オ 示唆的　カ 社会的　キ 現代的　ク 感動的
ケ 嘲弄的　コ 多元的

**問四** 〰Bとは、「【ア】権の保護期間を過ぎた作品や、公開を許諾された作品を集めて電子化し、インターネットで無料公開するサービス」のことである。【ア】に入る最も適切な語を二字で答えなさい。

**問五** [C]・[D]に入る最も適切な語をそれぞれ本文から抜き出しなさい。

**問六** 〰a・bの語の説明として最も適切なものを下の選択肢からそれぞれ一つ選び、記号で答えなさい。

a　ア おかしく、不思議なとらえ方をすること
イ おかしく、誤ったとらえ方をすること
ウ おかしく、斬新なとらえ方をすること
エ おかしく、皮肉なとらえ方をすること

b　ア 見えないところで一貫性があること
イ 見えないところで類似性があること
ウ 見えないところで有用性があること
エ 見えないところで依存性があること

で副議長をつとめていました。鷗外は一九一三年一月二十六日、小田原にあった山県の別荘、古稀庵で会ったこともありますから、この事件も耳には入っていたはずです。とはいえ、もともと世上の事件に反応することの少ない鷗外は、この時も手紙や日記まで含め、何も書き残していません。かつて一九一一年には、恐怖小説の形を取って結ばれぬ男女の心中を描いた、その名も「心中」という小説を発表していて、Xそうした心の動き自体に関心はあったはずですが、具体的な事件に即してとやかく述べるのは避けたようです。

この事件に関し、当時出された様々な言説のなかで、特に印象深いのは長谷川時雨の『芳川鎌子』です。『新編　近代美人伝』上（岩波文庫）に②シュウロクされており、またインターネット上の電子図書館、B青空文庫でも読むことができます。劇作家として活躍し、また様々な女性たちの評伝「美人伝」でも知られる彼女は、そうした世間の③フウチョウに激しく憤りました。「他人の欠点を罵れば我身が高くでもなるような眺めかたで、彼女を不倫呼ばわり」し、「名門であり富有であったから、一種妙な、日頃の鬱憤をはらしたような、不思議な反感と侮蔑をもって、【２】だった」という世間に対し、時雨はこんなふうに書くのでした。

その事実！　その事実は私もなんにも知らない。やっぱり新聞紙によって知っただけにしか過ぎない。けれどもそれだけで彼女の一生を片付けてしまおうとするのはあんまり残酷ではあるまいか？（中略）私は何時でも思うことであるが、人間はその人自身でなければ、なんにも分らない。ある点までの理解と、あるところまでの心の交渉はあるが、すべてが自分の考え通りにゆくものでない、自分自身すら、心が思うにまかせずかえって反対に逸れてゆくときのある事を知っている。推察はどこまでも推察に過ぎないゆえ、独断は慎まなければならないと思っている。

時雨はこう述べて、鎌子の心情をていねいに思いやりつつ、当時の社会通念や沸き立つ世間によって苦しめられた彼女の足跡を綴ってゆきます。事件の④ハイケイと当事者たちの心の動きを、「至極ありふれた解釈」で簡単に断定する人々について、「その人自身の(1)心の生活ほど貧しいものはない」とする彼女の批判が、百年後の現代社会においてもまったく鋭さを失っていないのは、むしろ残念なことと言うべきかもしれません。

ぼくは鷗外のありかたに、こういう時雨の姿勢とどこかで1重なるものを感じます。

もちろん、同時代人の生涯や事件を積極的に書いていった時雨と、文芸時評や欧米文化の紹介以外、同時代について発言することさえ少ない鷗外とでは、題材の選択からして大きく異なります。特に、時代のなかで苦しみながら闘った女たちに共感し、その生涯をドラマチックに記してゆく時雨の情熱は、2抑制のきいた鷗外の文筆とは対極にあるようです。でも、彼がけっして目前の事件を見すごしていたわけではないことは、「鼠坂」や「沈黙の塔」に即してお話ししてきたとおりです。鷗外の抑制は、その裏側に激しい感情の動きを秘めているからこそ必要だった抑制なのです。

一九〇九年の作品に「鶏」という短篇小説があります。小倉に赴任した石田少佐が、馬丁や使用人に食料などを横領されながら、咎めずに黙許する物語です。鷗外の小倉時代の日記や手紙に同様の事件が記されていますので、自身の体験が題材だったとわかります。ところが、彼が小倉を離れたのは一九〇二年ですから、身辺の腹立たしい出来事を作品とするのに、七年以上の時間を置いたのです。

しかも、彼は作中に登場させた使用人たちに怒りをぶつけるのではなく、庶民のしたたかさに「少からぬ敬意」さえ記しています。ごまかされても気づかない石田を「馬鹿」とa戯画化し、使用人たちの視点で彼らのたくましさを描き出すその態度は、他者を単純に断罪することの対極にあります。「舞姫」や「鼠坂」もそうでしたが、目前の題材をすぐに書いてしまうのではなく、時間をかけて他者に向きあい、心情への理解を重ね、共感であれ批判であれ、その

ア　陰鬱　イ　弛緩　ウ　不安　エ　興奮

問六　――4に適合する例を選択肢から一つ選び、記号で答えなさい。

ア　困難な仕事をようやく成し遂げて、ひとり喜びに浸った。
イ　何気ない日々の生活の楽しさを家族で分かち合った。
ウ　こみあげる不安を抑えられず友人に愚痴をこぼした。
エ　アップテンポの曲を聴いてうれしくなり、思わず踊りだした。
オ　報われなかった努力に虚しさを感じ、無気力となった。

問七　――5について、ムラブリにとって「心が上がる」という感覚は、どのような「身体的な行為」と密接に結びつくと考えられるか。「〜という行為」という言い方に続くように十五字以内で答えなさい。

問八　――6について、「ムラブリの感性を紐解く」ことは、現代人にとってどのような意義を持つと筆者は考えているか。四十字以上五十字以内で答えなさい。

問九　――7について、「よっぽどの一大事」でありながら、タイのムラブリが「なにかを主張したり感情を相手に向けること」を避けられないのはなぜか。十五字以内で答えなさい。

問十　――8に対する筆者の軽い皮肉の込められている語を本文中の【　】内から漢字二字で抜き出しなさい。

問十一　次の選択肢の中から、本文の内容説明として最も適切なものを一つ選び、記号で答えなさい。

ア　ムラブリにも感情を表す語彙はあるものの、それらの語彙を用いることは極めてまれである。
イ　ムラブリの「クロル　クン（心が上がる）」は英語の〝happy〟と同様、もっぱら動的な感情について用いられる言葉である。
ウ　多少なりとも現代人の感性にとらわれていた筆者は、ムラブリとの生活を通して彼らの感性を体得していった。
エ　ファイホム村のムラブリたちは久しぶりに親族に会ったのにもかかわらず、全く喜ばなかった。
オ　現代人の感情表出の在り方より、心の中での仲間や家族との結びつきを大切にするムラブリの感性のほうが優れている。

問十二　═①〜⑤のカタカナを漢字に改めなさい。

二　次の文章を読んで、後の問題に答えなさい。

森鷗外の自分探し、いかがだったでしょうか。歴史上の偉人だと思っていたけれど、意外に現代を生きる私たちと共通の悩みを抱えていたんだな、なんて感じていただけると、少しは鷗外のことが身近に思えてこないでしょうか。「舞姫」の裏側の事情を知ると、作品の見えかたも変わってくるかもしれません。ここで本書の最後に、鷗外の存命中に世間の注目を集め、彼自身も耳にしたであろう、一つの事件をご紹介しておきましょう。

A一九一七年三月七日夕、一組の男女が千葉駅近くを走る総武線の列車に飛び込みました。結果的に、男のほうは亡くなり、女は重傷を負いながらも命を取り留めています。悲しい出来事ではありますが、それだけなら数ある心中事件の一つとして、さして注目を浴びることもなかったでしょう。しかし、二人にとって不幸だったのは、その身分でした。

女は芳川伯爵家の夫人鎌子で、男は当家運転手の倉持陸助。【１】な規範が現在よりはるかに強く信奉されていた時代、そんな二人が起こした恋愛スキャンダルに世間がどう反応したか、だいたい想像がつきますよね。二人の関係から事件の状況、鎌子の退院とその後の動静まで、根掘り葉掘り調べあげた報道合戦。その報道内容に、勝手な憶測をつぎ足した無遠慮な論評。そして、生き残った鎌子への激烈なバッシングです。特に上流①カイキュウの人で、しかも女であった彼女への攻撃は、書くのもためらわれるすさまじさでした。

鎌子の実父である芳川顕正伯爵は、あの山県有朋の側近であり、当時は天皇の諮問機関である枢密院において、議長だった山県の下ファイホム村でムラブリと住むウドムさんから聞いたおもしろい話があるので紹介しよう。

タイのムラブリは現在いくつかの村に分かれて生活しているため、親族と離れて暮らすムラブリは多い。別の村に行くときは、歩いて行くのは遠いため、車の運転できるウドムさんに「会いに行きたいから連れてって欲しい」とお願いしてくることがよくあるそうだ。何度も何度もお願いされるので、ある日ウドムさんは仕事を休んで、車を出すことにした。ピックアップトラックの荷台に、老若男女、たくさんのムラブリを乗せて、3時間ほどかけて北にあるターワッ村へ遊びに行った。散々「会いたい会いたい」と言っていたから、さぞ喜ぶだろう、ウドムさんはそう思ったらしい。

ターワッ村は小さく、3つの家族だけが住んでいたから、その村④ソウデで歓迎された。けれど、あれだけ会いたいと騒いでいたムラブリたちが、いざ再会してみると、ちっとも喜んでいるように見えない。少なくとも外側から見える⑤シグサや言動からは、うれしそうに見えない。ハグなどの身体接触がないのは予想できたけれど、一緒にご飯を食べたりもしないし、会話が盛り上がる様子もない。ただ一緒に横にいて、顔も見ずに座っているだけ。1時間もしないうちに、会いに行きたいと言い出したムラブリ男性が「いつ帰るんだ」と言い出す始末。結局、その日は着いて1時間程度で帰ったそうな。

ウドムさんとしては、久しぶりの再会に喜ぶムラブリの姿を期待していたのだろう。けれど、ムラブリの感性は「DOWN is HAPPY」だ。自分の視界の端に会いたかった人がいる。その距離感で十分なのだろう。そのときの「心が下がる」気持ちを、わざわざ他人にもわかるように表に出す必要を感じない。それどころか、それを表に出すのは「心が上がる」こととして、慎んでいるのかもしれない。そう考えると、このエピソードも微笑ましく思えてくる（往復で6時間も運転したら違うかもしれないけれど）。

現代人の感性として、一緒に笑い、騒ぎ、抱き合って、ポジティブな感情を表現して認め合うことが幸せであり、感情は外に出してこそ、誰かに知られてこそ、より幸福を感じられると信じられているようだ。人々のSNSに対する情熱を見れば、それは明らかだ。仲間とはしゃいだときに感じる楽しさはぼくも知っている。けれど、それはひとつの信仰でしかない。感情のあり方や表現の仕方に、絶対の正解はない。ぼくらが「幸福」だとありがたがるものは、ごく最近にはじまった一時的な流行りに過ぎないのかもしれない。

＊本文には伊藤雄馬『ムラブリ　文字も暦も持たない狩猟採集民から言語学者が教わったこと』（集英社インターナショナル　二〇二三）の「第3章　ムラブリ語の世界」の「『上』は悪く、『下』は良い？」「ムラブリの幸福観」を用いた。

**問一**　空欄（x）（y）に入る適切な語をそれぞれ選択肢から一つ選び、記号で答えなさい。

（x）ア　しかし　イ　だから　ウ　それでも　エ　あえて　オ　あたかも

（y）ア　そろそろ　イ　いらいら　ウ　ずんずん　エ　よろよろ　オ　ぐいぐい

**問二**　――1の言い換えとして最も適切な言葉を選択肢から一つ選び、記号で答えなさい。

ア　抽象的　イ　具体的　ウ　比喩的　エ　象徴的　オ　直接的

**問三**　――2「心」について、古く日本語では「こころ」という語で「（　）」という具体的意味を表したが、問題文を読むとムラブリ語の「クロル」も同様の意味を持つと推測できる。（　）に入る語を問題文中から二字で抜き出しなさい。

**問四**　筆者の考えによるならば、――3は図の領域A～Dのいずれに該当する感情表現と考えられるか。当てはまるものを全て選び、記号で答えなさい。

**問五**　図中の（E）～（H）に入る適切な語を選択肢から選び、記号で答えなさい。ただし、同じ記号を二回以上用いてはならない。

情に結びつくものは「心が下がる」、悪い感情に結びつくものは「心が上がる」と表すことから、ムラブリの感性には、〝UP is UNHAPPY〟と〝DOWN is HAPPY〟の概念メタファーがあると言えるかもしれない。

また、ムラブリ語には「興奮」などに相当する語がない。狩りや性交、祭りなどで感じる感情は、ぼくたちからすれば「興奮」と呼べるものだろう。しかし、ムラブリはそれらの感情を言葉で表すことをしない。「狩りに行くときの感情はなんという?」と質問しても、ぼくの意図がよくわからないようだった。（ x ）「ジャッククェール（狩りに行く）」という言葉に、行為も感情もひっくるめて表現されていると言わんばかりだ。

ムラブリ語には「感情」も「興奮」もない。ムラブリが行為から感情を分離する感性がないとも捉えられる。5「心が上がる／下がる」も、ある種の身体的な行為に近い感覚として見るべきなのかもしれない。

これは6ムラブリの感性を紐解く大きなヒントになる。感情は直接観察することができない。しかし、ムラブリ語という②タイケイを通して、彼らの感じている世界を想像することはできるかもしれないのだ。

そもそも、ムラブリは自分の感情を表すことがほとんどない。森に生きていた時代、彼らは他の民族との接触をできるだけ避けてきた。森に身を潜めて暮らすなかで、必然的に感情を表に出すことを慎むようになったのかもしれない。実際、まだ森の中で遊動生活しているラオスのムラブリは、タイのムラブリに比べて表情がずっと乏しく見えた。大きな瞳は黒く深く、一見なにを考えているかわからない感じがして、少し怖いと感じることもあった。

こんなエピソードがある。教員時代に大学の学生をムラブリの村に連れて行ったときのことだ。旅行気分があったのだろう、学生たちが盛り上がって少しうるさい夜があった。そんなとき、1人のムラブリの男性が（ y ）とぼくに近寄ってきて、こう言った。

「わたしは怒っているわけではない、本当だよ。けれどあなたたちが大声を出すと、村の子どもたちが怖がるかもしれない、怖がらないかもしれない。わたしは怒っているわけではないよ、本当だよ」

彼はぼくらに「静かにしてほしい」と伝えようとしているのは明らかだ。しかし、その言い方はとても繊細で、臆病にさえうつる。遠回し過ぎてなにが言いたいのかわからないほど、ささやかな訴えになっていた。繰り返し、「わたしは怒ってはいないよ、本当だよ」と挟みながら、言いたいことを伝えようとする光景は、ムラブリと暮らしていると珍しいものではない。ムラブリ同士でも、相手になにかを主張するときには、この言い回しをたびたび聞くことができる。7ムラブリにとっては、なにかを主張したり感情を相手に向けることは、よっぽどの一大事であることが窺い知れる。

感情を表すのをよしとしないなら、「心が上がる」、いわば感情が迫り上がってくる③ジタイは、避けるべきこと、悪いことと捉える感性があっても不思議ではないだろう。

【そんな感情を表に出さず、「心が下がる」ことをよいとするムラブリと長年一緒にいて、ぼく自身も感情の表し方が変化している。たとえば、友人と出かけていると、突然「怒ってる?」と確認されることが増えてきた。そんなときはたいてい真逆で、ぼくはむしろ機嫌よくすごしている。友人が言うには、「顔に表情がないから、怒ってるのかと思った」ということらしい。楽しいときに、ニコニコしていないと、怒っていると思われるようだ。ぼくはその期待とは反対に、気分がいいと口数が少なくなり、表情もぼーっとしてくるようになった。それが日本人の感性では「不機嫌」とみなされることがあるのだろう。ムラブリの「心が下がる」は、少し8日本人の感性から離れているかもしれない。ただ最近では「チルい」という言葉が日本で流行していた。「脱力した心地よさ」は、ムラブリの「心が下がる」に通じるところがあるように思える。森の中でタバコを吸うムラブリの男性の姿は、最高に「チルい」。】

# 二〇二四年度　慶應義塾高等学校

【国語】（六〇分）〈満点：一〇〇点〉

（注意）字数制限のある設問については、特に指示のないかぎり、句読点・記号等すべて一字に数えます。

一　以下は、言語学者である筆者がタイやラオスの山岳民族であるムラブリの言語について述べたものです。文章を読んで後の問題に答えなさい。

　感情を表す表現は、大きく分けて2つある。ひとつは語彙だ。日本語で言うと「うれしい」とか「悲しい」などになる。もうひとつは1迂言《うげん》的な表現だ。「2心が躍る」とか「気分が沈む」などがそうだ。ほとんどの言語で両方の表現方法を用いることが知られている。ムラブリ語もそうだ。

　感情表現は、とくに翻訳が難しい。日本語の「幸せ」と英語の「happy」のニュアンスが異なることからも、その難しさを想像できると思う。だから、研究者は感情表現の意味を「好／悪」と「動／静」の2軸を用いて、平面上にマッピングすることで表現する。

　下の図の右上が「動的に好ましい」、右下が「静的に好ましい」、左上が「動的に悪い」、そして左下が「静的に悪い」の領域だ。

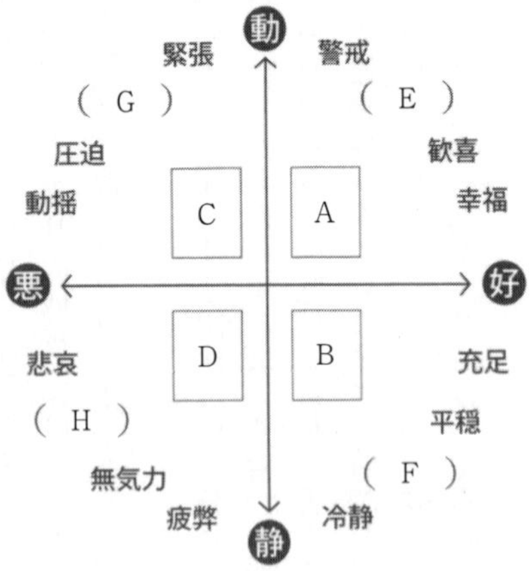


　たとえば、日本語の「幸せ」はポジティブで、英語の〝happy〟と共通するが、英語よりも少し静的なので下に位置づけられる。このような違いは、逐語訳では見落とされがちだが、図示することで、細かいニュアンスの違いを①ザヒョウの位置によって表現することができる。

　ここで注目したいのが、ムラブリ語の迂言的な感情表現だ。ムラブリ語は「クロル（心）」を用いて感情を表すのだが、そのなかでも「3クロル　クン（心が上がる）」と「4クロル　ジュール（心が下がる）」という感情表現がおもしろい。

　直感的には「心が上がる」はポジティブな意味で、「心が下がる」はネガティブな意味に聞こえるだろう。しかし、実際は逆で、「心が上がる」といえば「悲しい」とか「怒り」を表し、「心が下がる」は「うれしい」とか「楽しい」という意味を表す。

　認知言語学という分野では、世界の言語にみられる普遍的な特徴として、「上がる」ことは「よい」こと、つまり〝Up is GOOD〟が主張されている。これは概念メタファーと呼ばれ、とくに〝Up is GOOD〟は世界中で見つかるため、もっとも普遍的な概念メタファーのひとつと考えられている。しかし、ムラブリ語の「心が上がる」はネガティブな感情を表すため、普遍的だと主張される〝Up is GOOD〟の例外となり、とても珍しい。

　あまりによく見られる〝Up is GOOD〟だから、ムラブリ語の分析が誤りである可能性もある。ぼくも「心が上がる／下がる」は上下運動ではなく、別の意味ではないかとも考えた。しかし、「心が上がる／下がる」というときのジェスチャーを見ると、胸のあたりの前で手を上下に動かしている。やはり、「心臓の辺りが上がる／下がる」という感覚経験にこの表現の源があるようだ。

　感情の評価軸は「好／悪」と「動／静」だったが、「心が上がる」は「好／悪」というより、「動／静」に左右されるのではないか、と考える人もいるかもしれない。ぼくも初めはそう考えた。しかし、ぼくたちのおこなった実験によれば、「心が上がる／下がる」は「動／静」に関係なく、「好／悪」を表すのだ。

　結果として、動的か静的かにかかわらず、心理学的に良い感

## 英語解答

Ⅰ 1 (D)　2 (B)　3 (C)　4 (A)
5 (D)　6 (B)　7 (C)　8 (D)
9 (B)　10 (A)

Ⅱ 1 C, running under
2 C, for students
3 A, were no　4 C, sent
5 B, were　6 A, to have
7 B, since
8 B, (from) repeating
9 A, which〔that〕
10 D, are unable

Ⅲ 1 Which　2 towers
3 while　4 climbing
5 degrees　6 true　7 half
8 another　9 by　10 How

Ⅳ A 1…(C)　2…(A)　3…(B)　4…(A)
5…(B)　6…(D)　7…(D)　8…(B)
9…(C)　10…(A)

B ① (例)一家はぜいたくな暮らしをしていたということ。
② (例)高価な品を好むということ。
③ (例)運がお金をもたらすということ。

C 1 (例) It suggests that he has a strong will. Paul hated his house for whispering. He simply wanted to stop it. He must have thought that he couldn't let her stop him riding the rocking-horse in order to make it come true.

2 (1) (例) I would choose an unhappy ending. The last paragraph suggests he would be forced to work harder to make more money instead of living a healthy life. But his mother's desire for money was limitless, so she would never be satisfied with her son.

(2) (例) I think he still wanted his mother's love. But he would find that it wasn't easy at all for him to fulfill her strong desire for money. Someday he would realize there was nothing he could do for her and decide to leave her.

Ⅰ〔長文読解―適語(句)・適文選択・語形変化―エッセー〕

≪全訳≫広い海へ出よう。いじめられている君へのメッセージ❶僕は中学生の頃，吹奏楽部に入っていました。1年生だったある日，なぜか部員のほとんどが僕の親友と口をきかなくなりました。それはあまりに突然のことで，僕には理由がわかりませんでした。❷それはまるで魚の世界のようでした。僕は幼い頃，家でメジナという魚を飼っていました。それらは海で一緒に仲良く泳いでいましたが，僕が小さな水槽に入れたところ，1匹が孤立し，襲われていたのです。僕はその魚をかわいそうに思って海に戻しました。すると，残った魚たちは別の魚をいじめるようになりました。それを助けた後も，また次の魚がいじめられました。そこで，僕はいじめっ子を水槽から追い出しましたが，新たないじめっ子が現れたのです。❸こういうことは大きな海では起こりませんでした。でも，狭い世界で飼われるようになると，同じ場所に暮らし，同じ食べ物を食べ，同じメジナなのに，どういうわけかいじめが始まったのです。❹僕の中学校でのいじめもまた，小さなコミュニティの中で起きました。僕はいじめっ子に「なんでそんなことをするんだ」とはきけませんでした。でも，いじめられていた友人とはよく釣りに行きました。学校を離れて一緒に釣りを楽しんでいるとき，彼の表情に安心感があるのが見えました。僕は彼の話をじっくり聞いたり，励ましたりはできませんでしたが，誰かが隣にいてくれるだけで，彼は安心できたのだと思います。❺人はときどき，僕のことを変わっていると言います。でも，雄大な自然の中で魚に夢中になっていると，自分の身に起こった悲しいことは全て忘れます。狭いおりの中で誰かをからかったり何かを心配したりしても，幸せな思い出は残りません。外にはやって楽しいことがたくさんあるのに，それでは時間の無駄です。狭い水槽にいてはいけません。開けた空の下，広い海へ出かけましょう。／さかなクン

＜解説＞1．belong to ～「(組織など)に所属する」　2．‘so ～ that …’「とても～なので…だ」の構文。あまりに突然のことで，なぜ友人がいじめられるようになったのかわからなかったのである。前文の for some reason or other は「何らかの理由で」という意味。　3．直後の the fish は，襲われた魚を指している。 feel sorry for ～「～を気の毒に思う，～に同情する」　4．bully は「いじめっ子」。前2文の内容から，常にいじめが起きていることがわかる。　5．bullying は「いじめ」。空所の前後が対立する内容になっている。 even though ～「～であるのに」　6．メジナのいじめの舞台は筆者の小さな水槽(第2段落第3文)，筆者の見たいじめもクラブ内という狭い世界で起きた。　7．直後の But に注目。筆者は学校でいじめっ子を止める言葉を言えなかったが，学校の外では友人を支えていた。　8．名詞 look には「顔つき，表情」の意味がある。　9．いじめられていた友人の近くにいたのは，筆者が中学1年生だった過去の出来事である。　10．本文の主題はいじめである。Making fun of someone がいじめる側，worrying about something がいじめられる側を表し，これが or で並列されている。 make fun of ～「～をからかう」

Ⅱ〔長文読解─誤文訂正─説明文〕

≪全訳≫太平洋戦争は日吉キャンパスに残っている❶あなたは今，慶應義塾高校の入学試験を受けるために慶應日吉キャンパスにいる。あなたがこのキャンパスで目にする古いいくつかの建物は，かつて軍事目的で使われていた。あなたはこの事実を知っていただろうか。外からは見えないが，あなたのいる建物の下には秘密のトンネルがたくさん通っている。それらは何のためにつくられたのだろうか。❷太平洋戦争の末期に，大日本帝国海軍の司令部，つまり本部基地は日吉キャンパスに移転した。その頃，日吉キャンパスは学生たちが勉強するための場から，戦地に学生を送る場へと一変した。キャンパスでは学生はもはや見られなかった。戦地に赴くか，厳しい労働に従事したのだ。❸戦争が激化するにつれて，海軍は慶應から地上の学校施設を借りただけでなく，クモの巣のように形づくられた地下基地もつくった。司令部からはさまざまな命令が前線に送られた。その中には神風特攻隊の任務や戦艦大和の作戦などがあった。❹現在，日吉台地下壕《ちかごう》保存の会では，この貴重な戦跡を保護し，その歴史を次世代に伝えるためのさまざまな活動に取り組んでいる。慶應義塾の人々は，戦争の歴史について多くを学ぶための身近な機会に恵まれているのだ。❺日本が太平洋戦争に敗れてから約80年たつが，今日まで日本は一度たりとも戦争をしたことがない。日本が戦争を繰り返さないために，そして世界平和を促進するために，各々に何ができるだろうか。これは，このキャンパスで日々を過ごす慶應の学生全員が考えるべき問題だ。過去に目を閉ざす者は，未来を見ることはできない。

＜解説＞1．‘There＋be動詞＋主語…’「～がいる〔ある〕」の構文。‘主語’に当たる tunnels の後に

述語動詞となる形は続かないので，現在分詞句で tunnels を修飾する形にする。　**2**．'for＋人＋to ～'「〈人〉が～するための」の形が正しい。　**3**．no longer ～「もはや～しない」　**4**．主語が order(s)「命令」なので，受け身形('be動詞＋過去分詞')で「送られた」とする。　**5**．副詞句の among them「それらの中に」が前に倒置された形なので，主語は後ろにある Kamikaze ～ operations であり，これは複数である。　**6**．be lucky to ～で「～するとは幸運である」。この to ～は to不定詞なので'～'には動詞の原形が入る。　**7**．現在完了形の'It has been＋期間＋since ～'「～して以来〈期間〉がたつ」の形('継続'用法)。　**8**．'stop ～ (from) …ing'「～が…することを妨げる，中止させる」　**9**．a question が文末の think about ～「～について考える」の目的語に当たる内容になっているので，a question を修飾する関係詞節にする。　**10**．unable は「～できない」を表す形容詞なので，be動詞が必要である。

**Ⅲ**〔対話文完成―適語補充〕

**≪全訳≫**ちょっとした数学の知識が大いに役に立つことがある**❶先生(T)**：君は日本の古代史，特に奈良時代が好きだって聞いたよ。**❷生徒(S)**：そうです。僕は古い歴史的建造物を見に，何度も奈良に行ったことがあります。**❸T**：君が一番興味を持ったのはどれかな？**❹S**：法隆寺の五重塔です。それは現存する世界最古の木造の塔の１つで，高さは32.5メートルあります。**❺T**：よく知っているね。どうしてその高さがわかったんだい？**❻S**：それはとある歴史の本で読みました。**❼T**：君は地面に立ったままで高さが測れる方法を知っているかい？　はしごをてっぺんまで登ってから，長い巻き尺を使うのはだめだよ。**❽S**：わかりません。**❾T**：答えは直角三角形を使うことだよ。１年のうちの数日の短い時間，太陽が45度の角度で輝いているとき，君の影の長さは君の身長と同じになるんだ。君の影と君の体は，想像上の直角三角形の２辺を形づくるんだよ。同じことがそのときの仏塔にも当てはまる。仏塔はその想像上の三角形の一部になる影を落とすんだ。その影の長さに仏塔の底部の半分を足したものが，想像上の三角形の１辺となって，仏塔の高さがもう１つの辺となる。この２つの辺は等しいから，前者の辺の長さを測ることによって，仏塔の高さを求めることができるよ。**❿S**：それは驚きですね！歴史だけでなく，数学ももっと勉強して，その知識を毎日の生活で使いたいと思います。

**＜解説＞1**．複数の建物の中から１つを選ぶための疑問詞が入る。　**2**．the five-storied pagoda は「五重塔」である。'one of the＋最上級＋複数名詞'「最も～な…の１つ」の形なので複数形にすること。　**3**．while 節など，'時'や'条件'などを表す副詞節の主語が主節の主語と同じ場合，副詞節の'主語＋be動詞'は省略できる。　**4**．climb up ～で「～をよじ登る」。前置詞 after の後なので動詞(～ing)にする。　**5**．angle は「角度」。45 degrees で「45度」。複数形にすることに注意。　an angle of ～ degree(s)「～度の角度」　**6**．be true for〔of〕～「～について当てはまる」　**7**．half (of) the ～「その～の半分」　**8**．文前半で三角形の１辺を one で表している。後半では残り２辺のうちの１つを表しているから another となる。なお，最後に残った１辺を指すときは the other となる。　**9**．直前に２つの辺が等しいとあるので，片方の長さを測ることで高さはわかる。　**10**．'How＋形容詞〔副詞〕＋主語＋動詞…!'の形の感嘆文。

**Ⅳ**〔長文読解総合(英問英答形式)―物語〕

**≪全訳≫❶**この物語について／この物語は1900年代初頭，イギリスで子どもたちには自分の感情を表現する自由はないと考えられていた時代に書かれた。ポールは飢えるようなことはない，そして遊ぶおもちゃを持ち，使用人のいる家に住んでいる。だが，彼は母親の不幸とも一緒に暮らしていかねばならず，それが彼には重荷になっている。母親は自分が不運だと感じており，ポールは幸運のある場所に行きたいと願っている。本当に願っている…。❷美しいが，運のない女性がいた。彼女は愛のために結婚したが，ある時点で夫を愛することがなくなった。彼女にはかわいい子どもたちがいたが，彼らを愛することができなかった。彼らはあたかも彼女の欠点を見つけたかのように，彼女を冷たい目で見た。そして彼女は慌てて自分の中にある欠点を隠さなくてはならないと感じるのだった。しかし，彼女が隠さなくてはいけないものは何なのか，彼女にはわからなかった。彼女の心の中心には，愛，誰に対する愛も感じることのできない，固い小さな場所があることを彼女は知っていた。誰もが彼女のことをこう言った。「彼女はとても良い母親だ。子どもたちを愛している」と。しかし彼女自身，そして子どもたちだけは，そうではないことを知っていた。彼女たちはそのことを互いの目から読み取っていた。❸男の子が１人と小さい女の子が２人いた。彼らは庭つきの住み心地の良い家に住み，使用人もいて，自分たちが近所の誰よりも上位にいると感じていた。❹彼らはぜいたくな暮らしをしていたが，家の中ではいつも不安を感じていた。お金が十分にあったわけではなかった。母親にはわずかな収入があり，父親にもわずかな収入があったが，彼らが維持しなければならない社会的地位には決して十分ではなかった。もっとお金がなくては。父親はいつも見栄えが良く，高価なものが好みだったが，する価値のあることは何もできそうになかった。そして母親も全く変わらずだめだったのだが，その好みは夫と同じようにぜいたくなものだった。❺そうして家は暗黙の表現で満たされるようになった。「もっとお金がなくては！　もっとお金がなくては！」　誰も声に出して言ったわけではなかったが，子どもたちにはいつもそれが聞こえていた。高価ですてきなおもちゃが部屋を満たしたクリスマスにも，それが聞こえた。輝く現代風の揺り木馬の後ろで，洗練された人形の家の後ろで，声がささやき始めるのだ。「もっとお金がなくては！　もっとお金がなくては！」と。そして子どもたちは遊ぶのをやめ，一瞬耳を傾けるのだった。皆が聞いたかどうかを確かめるため，子どもたちはお互いの目をのぞき込んだ。そして一人ひとりが他の２人の目を見て，彼らも聞いたことがわかるのだった。「もっとお金がなくては！　もっとお金がなくては！」❻だが，誰もそれを声に出しては言わなかった。そのささやきは至るところにあった。息が常に行ったり来たりしているという事実にもかかわらず，「私たちは息をしている！」とは誰も決して言わないように。❼「お母さん」　ある日，少年のポールが言った。「どうしてうちには自分たちの車がないの？　どうしていつもおじさんの車を使うの？」❽「だって私たちは一族の中じゃ貧乏だから」と母親は言った。❾「でもどうして僕たちが貧乏なの，お母さん？」❿「そうねえ，それはお父さんに運がないからよ」⓫少年はしばらく黙っていた。⓬「お母さん，運はお金なの？」と彼はいくらかびくびくするように尋ねた。⓭「違うわ，ポール。そうではないの。それはあなたにお金を与えてくれるものなの。運がよければお金がある。だから，お金持ちになるより幸運な方がいいのよ。お金持ちでも，お金を失うかもしれない。でも運が良ければ，必ずもっとたくさんのお金が手に入るの」⓮「どうしてお父さんは運がないの？」⓯「わからないわ。ある人は運が良くて，別の人は運が悪いのはどうしてかなんて，誰にもわからないのよ」⓰「お母さんも運が良くないの？」⓱「運がいいと思っていたわ，結婚する前はね。実はとても運が悪いと今では思っているわ」⓲「まあ，いずれにせよ」と彼はきっぱりと言った。「僕は運がいい人間だよ」⓳「どうして？」と母親が突然笑いながら言った。⓴彼は母親を見た。彼はなぜ自分がそう言ったのかさえわからなかった。㉑「神様が僕に言ったんだ」と彼は断言した。㉒少年には，彼女が彼を信じていないのがわかった。もっと正確に言えば，彼女が彼の言葉に全く注意を払っていないのがわかった。このことが彼の中の何かを怒らせ，彼女の注意を引こうという気にさせた。㉓彼は，子どもっぽいやり方で「幸運」の手がかりを自分で探しに行った。彼は幸運が欲しかった。それが欲しかったのだ。㉔「さあ！」　彼は揺り木馬に命じた。「さあ，運のある場所に僕を連れていってくれ！　さあ，連れていくんだ！」　彼は激しく馬を走らせ始めた。最後にはそこにたどり着くことを願って。彼は自分がそこに行けるとわかっていた。25ある日，彼が揺り木馬に夢中になって乗っているとき，母親とおじのオスカーが入ってきた。彼は彼らに話しかけなかった。26「やあ，若い騎手さん！　勝ち馬に乗っているのかい？」とおじは言った。27「揺り木馬に乗るには大きくなりすぎじゃないの？　あなたはもう小さな男の子じゃないのよ」と母親が言った。28しかし，ポールは何も答えず，ただ怒ったような目で彼らを見るだけだった。彼は全速力で走っているときは誰にも話しかけなかった。母親は不安そうな表情を浮かべてポールを見守っていた。29ようやく，ポールが突然馬を走らせるのをやめ，スピードを落とした。30「さあ，着いたぞ！」と彼は叫び，その青い目はまだ輝いていた。31「どこに着いたの？」と母親が尋ねた。32「僕が行きたかった場所だよ」と彼女に向かって怒ったように言った。33「そうだ，坊や！」とおじのオスカーは言った。「そこに着くまで止まっちゃだめだ」34ポールは揺り木馬に乗ることで，競馬で勝った馬の名前を知り，多額のお金をためる。35「いいかい，坊や」とおじのオスカーは言った。「こういうことになると心配してしまうよ。君はお金をどうするつもりだい？」とおじは尋ねた。36「もちろん」と少年は言った。「僕はこれをお母さんのために始めたんだ。お母さんに全然運がないのはお父さんが不運だからって言っていたから，もし僕が幸運だったら，あれがささやくのをやめるかもしれないと思って」37「何がささやくのをやめるんだい？」38「僕たちの家だよ。僕たちの家はささやくから嫌いなんだ」39「それは何をささやくんだい？」40「えっ，わからない。でも，いつもお金がないんだよ，おじさん」41「それは知っているよ，坊や。それは知っている」42「そうするとこの家がささやくんだ。人の後ろで人のことを笑っている人たちみたいに。それが嫌なんだ！　もし僕の運がよければ…」43「それを止められるかもしれない」とおじはつけ加えた。44少年はその大きな青い目で彼を見ていたが，その中には不自然なほどに冷たい光があり，彼は一言も言葉を発しなかった。45「それじゃあ！」とおじは言った。「私たちはどうするんだ？」46「僕が幸運だったことをお母さんに知られたくないんだ」と少年は言った。47「どうして知られたくないんだ，坊や？」48「お母さんが僕を止めるだろうから。本当に知られたくないんだよ，おじさん」49「わかった，坊や！　彼女に知られずになんとかうまくやろう」50さらに勝った結果，ポールは母親に5000ポンドを贈るよう手配する。だが，その贈り物は彼女の金遣いをさらに荒くさせるだけである。がっかりして，ポールは「幸運」になろうとこれまで以上に必死に努力する。母親のために，さらなる大金を手にする。51その後，とても奇妙なことが起こった。家の中の声が突然，春の夜のカエルの合唱のように猛烈なものになった。いくつかの新しい家具が備えられ，ポールには家庭教師がついた。冬には花も置かれた。それでも，家の中の声はさらに大きくなっただけだった。もっとお金がなくては！　ああ，もっとお金がなくては。さあ，さあ，さああ！　さあもっとお金がなくては，これまで以上に！　これまで以上に！

A＜英問英答＞

1＜内容一致＞「ポールの母親が不幸だと感じているのは，(　　)からだ」―(C)「自分の求めるものが得られていない」　第4段落で描かれている一家が経済的に絶えず不安である状態や，第7～17段落のポールと母親の会話から読み取れる。

2＜要旨把握＞「ポールと2人の妹について正しいものはどれか」―(A)「彼らは母親を愛していない」　第2段落第4文から推測できる。

3＜要旨把握＞「ポールの父親について正しくないものはどれか」―(B)「彼は長い間失業している」　第4段落第3文より収入はあったことがわかる。

4＜内容一致＞「以下のもので(　　)を除く全てが，ポールの家族が平均以上の暮らしをしていることを示す」―(A)「自分たちの車を持っていること」　第7，8段落参照。

5＜英文解釈＞「下線部(i)は意味の上で(　　)に最も近い」―(B)「彼は一生懸命働いているが，仕事で成功する可能性は低い」　直後の文で succeed any better と比較されていることから判断できる。　worth ～ing「～する価値がある」

6＜適語(句)選択＞X．前文の I used to think I was, before I married の was の後には lucky が省略されている。「以前は lucky と思っていた。今は unlucky な人間だと思っている」という文意である。　used to ～「以前は～だった」　Y．第22～24段落参照。ポールはむきになって自分の幸運を証明しようとしている。

7＜文脈把握＞「ポールが狂ったように揺り木馬に乗っていたことを，ポールの母親はどのように感じていたか」―(D)「心配していた」　第28段落最終文参照。

8＜内容一致＞「この物語で，(　　)を除く次の全てが彼の心を取り乱させた」―(B)「ポールの母親は，お金は幸運より重要だと信じていた」　第13段落参照。母はお金より運の方が重要だと考えていた。

9＜要旨把握＞「彼の母親の反応でポールが最も恐れていたものは何か」―(C)「彼女がポールの言葉にほとんど関心を示さないこと」　第22～24段落参照。母親の無関心の後，正気を失った行動に出ていることから推測できる。

10＜内容一致＞「この物語で，おじのオスカーを最も適切に描写しているのは(　　)」―(A)「親切で親しみやすい」　第25～49段落参照。オスカーはポールに気さくに話しかけているとともに，母親に知られたくないというポールの願いを聞き入れている。

B＜英文・語句解釈＞「下線部①，②，③を日本語で説明しなさい」　①ここでの in style は「ぜいたくに」という意味。前文がその具体例の描写である。　②ここでの taste は「趣味，好み」の意味。　③主語の It は前段落の luck「幸運」を指す。what は「～(する)もの」の意味の関係代名詞。　'cause＋人＋to ～'「〈人〉に～させる」

C＜条件作文＞

1．「下線部(ii)は，ポールの性格について，何を示唆していると思いますか」　前後の内容より，家で聞こえるささやき声が聞こえなくなることをポールは強く望んでいることが読み取れるので，解答例ではそれを実現するための強い意志に焦点を当てている。simply には「単に」の意味のほか，言いたいことを強調する「とても，本当に」という意味がある。

2．「あなたがこの物語を完結させる結末を書くと想像しなさい。あなたなら幸せな結末を選びますか，それとも幸せではない結末を選びますか」　(1)「なぜその結末を選びましたか」　(2)「ポールと母親の間にはどんなことが起きるでしょうか」　結末やストーリーを自由に決めてよいという問題。指定されている語を使うのはもちろんだが，本文の内容をきちんと踏まえたうえで読み手に伝わるように書くことが重要である。

# 2024年度／慶應義塾高等学校

## 数学解答

**1** (1) $-\dfrac{\sqrt{2}}{2}$，$-\dfrac{9\sqrt{2}}{2}$　(2) $\dfrac{8\sqrt{7}-10}{3}$

(3) $\dfrac{3+\sqrt{2}}{2}$　(4) (順に)7，$-5$

(5) (順に)36，49

**2** (1) $BC=\sqrt{6}$，$CA=1+\sqrt{3}$　(2) $\sqrt{2}$

**3** (1) $(-8,\ 16)$　(2) $(-6,\ 9)$

(3) $\dfrac{\sqrt{5}}{5}$

**4** (1) 24通り　(2) 30通り

(3) $\dfrac{8}{15}$

**5** (1) $(x,\ y)=(1,\ 9)$，$(3,\ 3)$，$(9,\ 1)$

(2) $(x+y)(x+2y-9)$

(3) $(x,\ y)=(2,\ 9)$，$(4,\ 9)$，$(8,\ 1)$，$(8,\ 9)$

**6** (1) 3分後　(2) $\dfrac{329}{11}$分後

**1**〔独立小問集合題〕

(1)＜**二次方程式**＞解の公式より，$x=\dfrac{-10\sqrt{2}\pm\sqrt{(10\sqrt{2})^2-4\times2\times9}}{2\times2}=\dfrac{-10\sqrt{2}\pm\sqrt{128}}{4}=\dfrac{-10\sqrt{2}\pm8\sqrt{2}}{4}$ $=\dfrac{-5\sqrt{2}\pm4\sqrt{2}}{2}$ となるので，$x=\dfrac{-5\sqrt{2}+4\sqrt{2}}{2}=-\dfrac{\sqrt{2}}{2}$，$x=\dfrac{-5\sqrt{2}-4\sqrt{2}}{2}=-\dfrac{9\sqrt{2}}{2}$ である。

(2)＜**数の計算**＞$\dfrac{14+3\sqrt{7}}{\sqrt{7}}=\dfrac{(14+3\sqrt{7})\times\sqrt{7}}{\sqrt{7}\times\sqrt{7}}=\dfrac{14\sqrt{7}+21}{7}=2\sqrt{7}+3$ となる。$2\sqrt{7}=\sqrt{2^2\times7}=\sqrt{28}$ だから，$\sqrt{25}<\sqrt{28}<\sqrt{36}$ より，$5<2\sqrt{7}<6$，$5+3<2\sqrt{7}+3<6+3$，$8<2\sqrt{7}+3<9$ となる。よって，$8<\dfrac{14+3\sqrt{7}}{\sqrt{7}}<9$ だから，$\dfrac{14+3\sqrt{7}}{\sqrt{7}}$ の整数部分は8であり，小数部分 $a$ は，$a=(2\sqrt{7}+3)-8=$ $2\sqrt{7}-5$ となる。これより，$\dfrac{1}{a}=\dfrac{1}{2\sqrt{7}-5}=\dfrac{1\times(2\sqrt{7}+5)}{(2\sqrt{7}-5)\times(2\sqrt{7}+5)}=\dfrac{2\sqrt{7}+5}{28-25}=\dfrac{2\sqrt{7}+5}{3}$ となるから，$a+\dfrac{1}{a}=2\sqrt{7}-5+\dfrac{2\sqrt{7}+5}{3}=\dfrac{6\sqrt{7}-15+2\sqrt{7}+5}{3}=\dfrac{8\sqrt{7}-10}{3}$ である。

(3)＜**数の計算**＞$1+\sqrt{2}=A$ とおくと，与式$=\dfrac{1}{(A+\sqrt{3})^2}+\dfrac{1}{(A-\sqrt{3})^2}=\dfrac{(A-\sqrt{3})^2+(A+\sqrt{3})^2}{(A+\sqrt{3})^2(A-\sqrt{3})^2}=$ $\dfrac{(A^2-2\sqrt{3}A+3)+(A^2+2\sqrt{3}A+3)}{\{(A+\sqrt{3})(A-\sqrt{3})\}^2}=\dfrac{2A^2+6}{(A^2-3)^2}$ となる。$A^2=(1+\sqrt{2})^2=1+2\sqrt{2}+2=3+2\sqrt{2}$ だから，与式$=\dfrac{2(3+2\sqrt{2})+6}{\{(3+2\sqrt{2})-3\}^2}=\dfrac{6+4\sqrt{2}+6}{(2\sqrt{2})^2}=\dfrac{12+4\sqrt{2}}{8}=\dfrac{3+\sqrt{2}}{2}$ である。

(4)＜**連立方程式―解の利用**＞$(a+2)x-(b-1)y=33$……①，$(a-1)x+(2b+1)y=9$……②とする。①，②の連立方程式の解が $x=3$，$y=1$ だから，解を①に代入して，$(a+2)\times3-(b-1)\times1=33$ より，$3a+6-b+1=33$，$3a-b=26$……③となり，②に代入して，$(a-1)\times3+(2b+1)\times1=9$ より，$3a-3+2b+1=9$，$3a+2b=11$……④となる。③，④を連立方程式として解くと，③－④より，$-b-2b=26-11$，$-3b=15$，$b=-5$ となり，これを③に代入して，$3a-(-5)=26$，$3a=21$，$a=7$ となる。

(5)＜**データの活用―誤って記入した数，四分位範囲**＞B君が記入した9個の数の平均値はA君が記入した9個の数の平均値より3小さいので，B君が記入した9個の数の合計は，A君が記入した9個の数の合計より $3\times9=27$ 小さい。よって，B君が誤って記入した数は，十の位の数字と一の位の数字を逆にして27小さくなった数である。12，27，36，49，56，74，83，91，98の中で，十の位の数字と一の位の数字を逆にして27小さくなった数として考えられるのは，$63-36=27$ より，36だから，B君が誤って記入した数は36である。A君が記入した9個の数は，B君が記入した9個の数のうち36を63にしたものだから，小さい順に，12，27，49，56，63，74，83，91，98となる。第1四分位数は，小さい方4つの数12，27，49，56の中央値だから，$(27+49)\div2=38$ であり，第3四分位数は，大きい方4つの数74，83，91，98の中央値だから，$(83+91)\div2=87$ である。したがって，四分位範囲は，$87-38=49$ となる。

## 2 〔平面図形―三角形と円〕

**≪基本方針の決定≫**(1)　∠ACB，∠BACの大きさを求めてみよう。

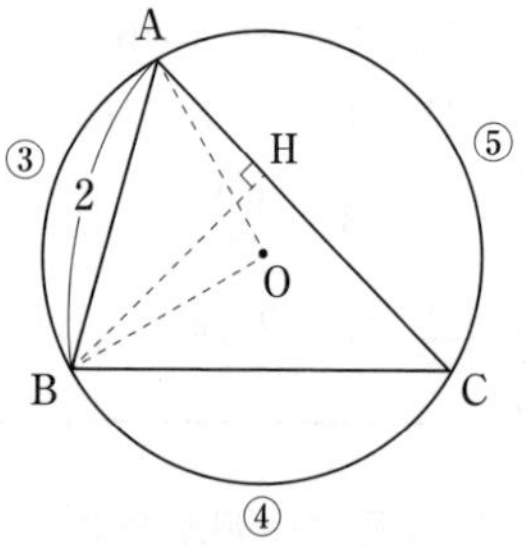


(1)**<長さ―特別な直角三角形>**右図で，円の中心をOとし，点Oと2点A，Bを結ぶ。$\overset{\frown}{\mathrm{AB}}:\overset{\frown}{\mathrm{BC}}:\overset{\frown}{\mathrm{CA}}=3:4:5$ より，$\overset{\frown}{\mathrm{AB}}$ の長さは円Oの周の $\dfrac{3}{3+4+5}=\dfrac{1}{4}$ だから，$\angle\mathrm{AOB}=\dfrac{1}{4}\times360^\circ=90^\circ$ となる。$\overset{\frown}{\mathrm{AB}}$ に対する円周角と中心角の関係より，$\angle\mathrm{ACB}=\dfrac{1}{2}\angle\mathrm{AOB}=\dfrac{1}{4}\times90^\circ=45^\circ$ である。また，$\angle\mathrm{ACB}:\angle\mathrm{BAC}=\overset{\frown}{\mathrm{AB}}:\overset{\frown}{\mathrm{BC}}=3:4$ となるから，$\angle\mathrm{BAC}=\dfrac{4}{3}\angle\mathrm{ACB}=\dfrac{4}{3}\times45^\circ=60^\circ$ となる。よって，点Bから辺CAに垂線BHを引くと，△ABHは3辺の比が $1:2:\sqrt{3}$ の直角三角形，△BCHは直角二等辺三角形となる。これより，$\mathrm{BH}=\dfrac{\sqrt{3}}{2}\mathrm{AB}=\dfrac{\sqrt{3}}{2}\times2=\sqrt{3}$，$\mathrm{BC}=\sqrt{2}\mathrm{BH}=\sqrt{2}\times\sqrt{3}=\sqrt{6}$ となる。さらに，$\mathrm{AH}=\dfrac{1}{2}\mathrm{AB}=\dfrac{1}{2}\times2=1$，$\mathrm{CH}=\mathrm{BH}=\sqrt{3}$ だから，$\mathrm{CA}=\mathrm{AH}+\mathrm{CH}=1+\sqrt{3}$ である。

(2)**<長さ―特別な直角三角形>**右上図で，(1)より，$\angle\mathrm{AOB}=90^\circ$ であり，円Oの半径より，$\mathrm{OA}=\mathrm{OB}$ だから，△OABは直角二等辺三角形である。よって，外接円の半径は，$\mathrm{OA}=\dfrac{1}{\sqrt{2}}\mathrm{AB}=\dfrac{1}{\sqrt{2}}\times2=\sqrt{2}$ である。

## 3 〔関数―関数 $y=ax^2$ と一次関数のグラフ〕

**≪基本方針の決定≫**(1)　直線OBの傾きを考える。　(2)　AB∥OCであることに気づきたい。

(3)　三角形の面積比を利用してOD：OAを導く。

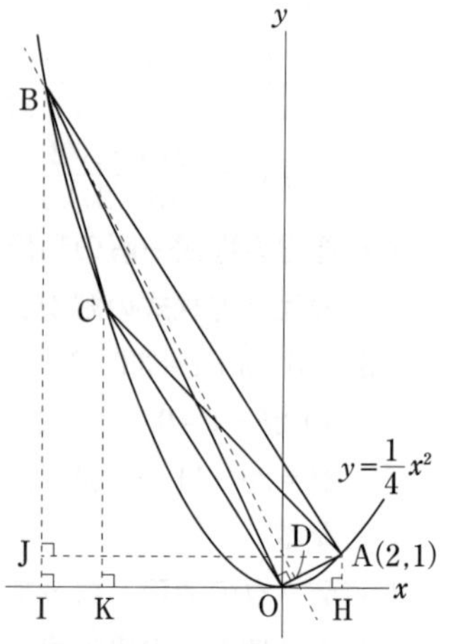


(1)**<座標>**右図で，2点A，Bから $x$ 軸に垂線AH，BIを引くと，$\angle\mathrm{AHO}=\angle\mathrm{OIB}=90^\circ$ である。また，$\angle\mathrm{AOB}=90^\circ$ より，$\angle\mathrm{AOH}=180^\circ-\angle\mathrm{AOB}-\angle\mathrm{BOI}=180^\circ-90^\circ-\angle\mathrm{BOI}=90^\circ-\angle\mathrm{BOI}$ であり，△OBIで，$\angle\mathrm{OBI}=180^\circ-\angle\mathrm{OIB}-\angle\mathrm{BOI}=180^\circ-90^\circ-\angle\mathrm{BOI}=90^\circ-\angle\mathrm{BOI}$ だから，$\angle\mathrm{AOH}=\angle\mathrm{OBI}$ である。よって，△AOH∽△OBIだから，OH：AH＝BI：OIである。A(2，1)より，OH：AH＝2：1だから，BI：OI＝2：1となり，直線OBの傾きは $-\dfrac{\mathrm{BI}}{\mathrm{OI}}=-\dfrac{2}{1}=-2$ である。これより，直線OBの式は $y=-2x$ であり，点Bは放物線 $y=\dfrac{1}{4}x^2$ と直線 $y=-2x$ の交点である。2式から $y$ を消去して，$\dfrac{1}{4}x^2=-2x$ より，$x^2+8x=0$，$x(x+8)=0$　$\therefore x=0,\ -8$　したがって，点Bの $x$ 座標は $-8$ であり，$y=-2\times(-8)=16$ となるので，B$(-8,\ 16)$である。

(2)**<座標>**右上図で，△ABC，△OABの底辺を辺ABと見ると，△ABC＝△OABより，高さは等しくなるから，AB∥OCとなる。A(2，1)，B$(-8,\ 16)$より，直線ABの傾きは $\dfrac{1-16}{2-(-8)}=-\dfrac{3}{2}$

だから，直線OCの傾きも$-\frac{3}{2}$であり，直線OCの式は$y=-\frac{3}{2}x$となる。点Cは放物線$y=\frac{1}{4}x^2$と直線$y=-\frac{3}{2}x$の交点となるから，$\frac{1}{4}x^2=-\frac{3}{2}x$より，$x^2+6x=0$，$x(x+6)=0$　$\therefore x=0,\ -6$
よって，点Cの$x$座標は$-6$であり，$y=-\frac{3}{2}\times(-6)=9$だから，C$(-6,\ 9)$である。

(3)＜**長さ**＞前ページの図で，点Aを通り$x$軸に平行な直線と線分BIの交点をJとし，点Cから$x$軸に垂線CKを引くと，(2)より，AB∥OCだから，△ABJ∽△OCKとなる。2点A，Bの$x$座標，点Cの$x$座標より，$AJ=2-(-8)=10$，$OK=0-(-6)=6$だから，△ABJと△OCKの相似比は$AJ:OK=10:6=5:3$であり，$AB:OC=5:3$となる。△OAB，△OBCの底辺をそれぞれ辺AB，辺OCと見ると，高さが等しいので，$\triangle OAB:\triangle OBC=AB:OC=5:3$である。よって，$\triangle OBC<\triangle OAB$なので，点Bを通り四角形OABCの面積を2等分する直線と直線OAの交点Dは，線分OA上にある。四角形OABCの面積を$S$とすると，$\triangle OAB=\frac{5}{5+3}$〔四角形OABC〕$=\frac{5}{8}S$となる。$\triangle ABD=\frac{1}{2}$〔四角形OABC〕$=\frac{1}{2}S$だから，$\triangle OBD=\triangle OAB-\triangle ABD=\frac{5}{8}S-\frac{1}{2}S=\frac{1}{8}S$となり，$\triangle OBD:\triangle OAB=\frac{1}{8}S:\frac{5}{8}S=1:5$である。したがって，$OD:OA=1:5$である。△AOHで三平方の定理より，$OA=\sqrt{OH^2+AH^2}=\sqrt{2^2+1^2}=\sqrt{5}$だから，$OD=\frac{1}{5}OA=\frac{1}{5}\times\sqrt{5}=\frac{\sqrt{5}}{5}$となる。

**4**　〔データの活用―場合の数・確率―色玉〕

**≪基本方針の決定≫**(1)　1個目に赤玉を取り出すときで考えてみよう。　(2)　1個目と同じ色となるのは，3個目以降である。場合分けをして考える。

(1)＜**場合の数**＞赤玉，青玉，白玉が2個ずつ入った袋から1個ずつ順に3個の玉を取り出して1列に並べるので，1個目が赤玉のとき，並び方は，赤→赤→青，赤→赤→白，赤→青→赤，赤→青→青，赤→青→白，赤→白→赤，赤→白→青，赤→白→白の8通りある。1個目が青玉，白玉のときも同様に，それぞれ8通りあるから，並び方は$8\times3=24$(通り)ある。
≪別解≫赤玉，青玉，白玉が3個ずつあるとすると，1個目，2個目，3個目の取り出し方は，いずれも赤玉，青玉，白玉の3通りあるので，並び方は$3\times3\times3=27$(通り)ある。赤玉，青玉，白玉は2個ずつなので，27通りのうち，赤→赤→赤，青→青→青，白→白→白の3通りはない。よって，並び方は$27-3=24$(通り)ある。

(2)＜**場合の数**＞1個ずつ順に6個の玉を取り出して1列に並べて，同じ色の玉が隣り合わないので，1個目と同じ色になるのは，3個目，4個目，5個目，6個目のいずれかである。1個目と3個目が同じ色になるとき，2個目と5個目，4個目と6個目がそれぞれ同じ色になる。このとき，1個目と3個目は赤玉，青玉，白玉の3通り，2個目と5個目が残りの2通り，4個目と6個目が最後に残る1通りより，$3\times2\times1=6$(通り)ある。1個目と4個目が同じ色になるとき，2個目と5個目，3個目と6個目がそれぞれ同じ色になるか，2個目と6個目，3個目と5個目がそれぞれ同じ色になる。2個目と5個目，3個目と6個目がそれぞれ同じ色になる場合，2個目と6個目，3個目と5個目がそれぞれ同じ色になる場合は，同様にして，それぞれ6通りだから，1個目と4個目が同じ色になるとき，$6\times2=12$(通り)ある。1個目と5個目が同じ色になるとき，2個目と4個目，3個目と6個目がそれぞれ同じ色になり，6通りある。1個目と6個目が同じ色になるとき，2個目と4個目，

3個目と5個目がそれぞれ同じ色になり，6通りある。以上より，6個の玉を並べて同じ色の玉が隣り合わない並び方は$6+12+6+6=30$(通り)ある。

(3)＜**確率**＞2個の赤玉を$R_1$，$R_2$，2個の青玉を$B_1$，$B_2$，2個の白玉を$W_1$，$W_2$と区別する。まず，6個の玉から2個の玉を順番に取り出すとすると，1個目が6通り，2個目が5通りより，$6\times5=30$(通り)ある。同時に取り出すときは，順番に取り出したときのうち順番が逆になっているものを同じ取り出し方と考え，30通りの中には同じ取り出し方が2通りずつあることになるので，同時に2個取り出す1回目の試行の取り出し方は$30\div2=15$(通り)となる。残りの玉は$6-2=4$(個)だから，同様に考えて，2個の玉を順番に取り出すとすると$4\times3=12$(通り)であり，同時に2個取り出す2回目の試行の取り出し方は$12\div2=6$(通り)ある。残っている玉は$4-2=2$(個)だから，同時に2個取り出す3回目の試行の取り出し方は，残っている2個の玉を取り出す1通りある。よって，同時に2個取り出す3回の試行での玉の取り出し方は$15\times6\times1=90$(通り)ある。また，3回とも異なる色の組合せとなるとき，3回の試行で取り出す玉の色の組合せは，赤玉と青玉，赤玉と白玉，青玉と白玉が1回ずつだから，1回目が3通り，2回目が2通り，3回目が1通りであり，$3\times2\times1=6$(通り)の場合がある。1回目に赤玉と青玉，2回目に赤玉と白玉，3回目に青玉と白玉を取り出す場合，1回目は，赤玉が$R_1$，$R_2$の2通り，青玉が$B_1$，$B_2$の2通りより，$2\times2=4$(通り)ある。2回目は，赤玉が残り1個だから1通りであり，白玉が$W_1$，$W_2$の2通りより，$1\times2=2$(通り)ある。3回目は1通りである。したがって，この場合の取り出し方は$4\times2\times1=8$(通り)ある。他の場合も同様に8通りだから，3回とも異なる色の組合せになるのは$8\times6=48$(通り)ある。以上より，求める確率は$\dfrac{48}{90}=\dfrac{8}{15}$となる。

## 5 〔数と式—数の性質〕

**≪基本方針の決定≫**(3)　(2)を利用する。

(1)＜**$x$，$y$の組**＞$9=1\times9$，$3\times3$，$9\times1$だから，$xy=9$を満たす正の整数$x$，$y$の組は，$(x,\ y)=(1,\ 9)$，$(3,\ 3)$，$(9,\ 1)$である。

(2)＜**式の計算—因数分解**＞与式$=x^2+3xy-9x+2y^2-9y=x^2+3xy+2y^2-9x-9y=(x+y)(x+2y)-9(x+y)$として，$x+y=A$とおくと，与式$=A(x+2y)-9A=A(x+2y-9)=(x+y)(x+2y-9)$となる。

(3)＜**$x$，$y$の組**＞$x$，$y$は正の整数であり，(2)より，$x^2+(3y-9)x+y(2y-9)=(x+y)(x+2y-9)$だから，これが素数の平方数(2乗した数)となるとき，$x+y$，$x+2y-9$が同じ素数になるか，$x+y$，$x+2y-9$のどちらかが1，どちらかが素数の平方数になる。$x+y$，$x+2y-9$が同じ素数になるとすると，$x+y=x+2y-9$より，$y=9$である。よって，$x+y=x+9$が素数になるので，$x+9=11$，13，17，19，……であり，$x=2$，4，8，10，……となる。$x$，$y$は9以下なので，$x=2$，4，8であり，$x$，$y$の組は，$(x,\ y)=(2,\ 9)$，$(4,\ 9)$，$(8,\ 9)$となる。次に，$x+y$，$x+2y-9$のどちらかが1，どちらかが素数の平方数になるときを考える。$x$，$y$は正の整数なので，$x+y=1$になることはない。これより，$x+y$が素数の平方数であり，$x+2y-9=1$である。$x+2y=10$となるので，$x$，$y$の組として，$(x,\ y)=(2,\ 4)$，$(4,\ 3)$，$(6,\ 2)$，$(8,\ 1)$が考えられる。それぞれにおいて，$x+y$の値は，$2+4=6$，$4+3=7$，$6+2=8$，$8+1=9=3^2$となり，素数の平方数となるのは，$(x,\ y)=(8,\ 1)$である。以上より，求める$x$，$y$の組は，$(x,\ y)=(2,\ 9)$，$(4,\ 9)$，$(8,\ 1)$，$(8,\ 9)$である。

## 6 〔数と式—方程式の応用〕

**≪基本方針の決定≫**(1)　A君，B君の同じ道のりを進むのにかかる時間の比は変わらない。　(2)　B君がP地点を出発してからの時間と，A君，B君のP地点からの道のりの関係を表すグラフを考える。

⑴**＜時間＞**A君がP地点を出発したのが，B君が出発してから$a$分後とする。B君は，出発して7分後にA君に追い抜かれているので，P地点からB君がA君に追い抜かれた地点までのかかる時間は，A君が$7-a$分，B君が7分である。また，P地点からQ地点までのかかる時間は，A君は20分である。B君は，A君がQ地点に到着して4分間休憩した8分後にQ地点に到着しているので，B君のQ地点までのかかる時間は$a+20+4+8=a+32$(分)である。A君，B君の速さはそれぞれ一定なので，それぞれのかかる時間は道のりに比例する。このことから，A君，B君の同じ道のりを進むのにかかる時間の比は変わらないので，$(7-a):7=20:(a+32)$が成り立つ。これを解くと，$(7-a)(a+32)=7\times20$，$7a+224-a^2-32a=140$，$a^2+25a-84=0$，$(a-3)(a+28)=0$より，$a=3$，$-28$となる。$a>0$なので，$a=3$であり，A君がP地点を出発したのは，B君が出発してから3分後である。

⑵**＜時間＞**B君がP地点を出発してからの時間を$x$分，A君，B君のP地点からの道のりを$y$として，$x$と$y$の関係をグラフに表すと，右図のようになる。A君のQ地点を出発した後の様子を表すグラフを線分RS，B君の様子を表すグラフを線分OTとし，線分RSと線分OTの交点をUとすると，点Uが，A君とB君がすれ違ったときを表している。このとき，$\triangle OSU \backsim \triangle TRU$となるから，$OS=3+20+4+20=47$，$TR=8$より，$OU:TU=OS:TR=47:8$となり，$OU:OT=47:(47+8)=47:55$となる。点U，点Tから$x$軸にそれぞれ垂線$UU'$，$TT'$を引くと，$UU' \parallel TT'$より，$OU':OT'=OU:OT=47:55$である。⑴より，$OT'=a+32=3+32=35$だから，$OU'=\dfrac{47}{55}OT'=\dfrac{47}{55}\times35=\dfrac{329}{11}$となり，点Uの$x$座標は$\dfrac{329}{11}$である。よって，A君とB君がすれ違ったのは，B君がP地点を出発してから$\dfrac{329}{11}$分後である。

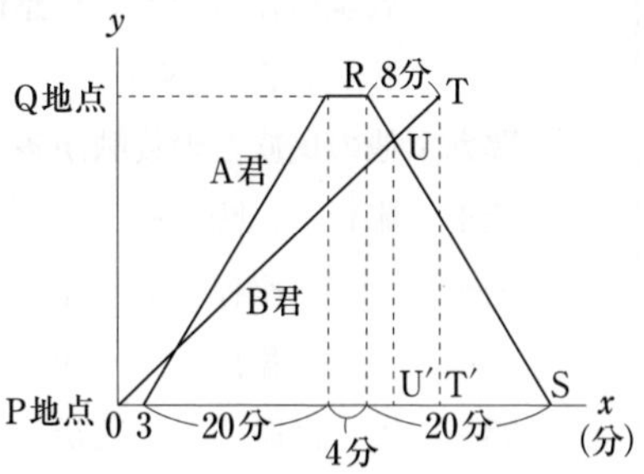


## ＝読者へのメッセージ＝

「＋」の記号は，ラテン語のet(英語のand)から，すばやく書くうちに崩れて変化してできたといわれています。「－」の記号は，マイナス(minus)の頭文字mが崩れて変化したものといわれています。他にも説はあるみたいですが，数学で使われている記号がどのようにしてできたのか調べてみると，新しい数学の世界が広がるかもしれませんね。

## 国語解答

一 問一 x…オ y…ア 問二 ウ
問三 心臓 問四 C，D
問五 E…エ F…イ G…ウ H…ア
問六 ア
問七 感情を表に出し，他人に伝える［という行為。］
問八 感情を外に出して誰かに知られることこそが正しい感情のあり方や表現の仕方だという感性を見直させる意義。(50字)
問九 他の民族との接触が多いから。
問十 流行 問十一 ウ
問十二 ① 座標 ② 体系 ③ 事態 ④ 総出 ⑤ 仕草

二 問一 ① 階級 ② 収録 ③ 風潮 ④ 背景 ⑤ 奏功
問二 大正六［年］
問三 1…カ 2…ケ 3…オ 4…イ 5…キ
問四 著作
問五 C 時間 D 理知
問六 a…エ b…イ 問七 ウ
問八 エ
問九 時代の中で苦しむ鎌子の心情をていねいに思いやりつつその足跡を(30字)［描いた時雨の姿勢と，］時間をかけて他者の心情への理解を重ね，その人間性と向き合う(29字)［鷗外の姿勢が重なるということ。］
問十 目前の題材～あってゆく
問十一 横領された側の視点に立ち，使用人たちをとがめ断罪するもの。(29字)
問十二 安易に他者を断罪せず，徹底して自己を見つめることの反照として他者も慎重に見つめ，抑制と理知によって人間という存在に向き合おうとしていたから。(70字)

一〔論説文の読解―文化人類学的分野―文化〕出典：伊藤雄馬『ムラブリ　文字も暦も持たない狩猟採集民から言語学者が教わったこと』「ムラブリ語の世界」。

**≪本文の概要≫**感情を表す表現には，一般に，「うれしい」「悲しい」などの語彙と，迂言的な表現がある。世界の多くの言語では「上がる」ことは「よい」ことと見なされるが，ムラブリの迂言的な感情表現では，「心が上がる」が「悲しい」とか「怒り」を，「心が下がる」が「うれしい」とか「楽しい」を表す。また，ムラブリ語には「感情」も「興奮」もない。「心が上がる／下がる」も，ある種の身体的な行為に近い感覚なのかもしれない。これは，彼らの感性を紐解《ひもと》くヒントになる。そもそもムラブリは，自分の感情を表すことがほとんどなく，感情を表すのをよしとしないので，「心が上がる」事態を，避けるべきこと，悪いことととらえる感性があってもおかしくない。そんなムラブリと長年一緒にいて，ぼく自身も，感情の表し方が変化している。現代人は，ポジティブな感情を表現して認め合うことが幸せであり，感情は外に出して人に知られてこそより幸福を感じられると信じている。しかし，感情のあり方や表現の仕方に絶対の正解はなく，現代人が幸福と感じるものも，一時的な流行《はや》りにすぎないのかもしれない。

**問一＜表現＞**x．ムラブリは，狩りに行くときの感情を尋ねる「ぼくの意図がよくわからない」ようで，それはまるで「ジャック　クェール(狩りに行く)」という言葉に，「行為も感情もひっくるめて表現されていると言わんばかり」であった。　y．静かにゆっくりと近づいてきた男性は，「静かにしてほしい」ということを，「とても繊細で，臆病にさえうつる」言い方で伝えようとした。

**問二＜表現＞**「迂言」は，回りくどい言葉のこと。「心が躍る」や「気分が沈む」が「迂言的な表現」の例である。これらは，比喩表現である。

**問三＜文章内容＞**ムラブリが「心が上がる／下がる」というときのジェスチャーを見ると，「胸のあたりの前で手を上下に動かして」おり，この表現の源は「『心臓の辺りが上がる／下がる』という感覚経験」にあることがうかがわれる。日本語の「こころ」にはさまざまな意味があるが，その中には，「具体的意味」として「心臓」もある。

**問四＜文章内容＞**「『心が上がる／下がる』は『動／静』に関係なく，『好／悪』を表す」のであり，「悪い感情に結びつくものは『心が上がる』と表す」ことになる。図では，「動的に悪い」がC，「静的に悪い」がDである。

**問五＜文章内容＞**E．「動的に好ましい」に入るので，「興奮」。　F．「静的に好ましい」に入るので，「弛緩《しかん》」。　G．「動的に悪い」に入るので，「不安」。　H．「静的に悪い」に入るので，「陰鬱」。

**問六＜文章内容＞**「心が下がる」は，「『うれしい』とか『楽しい』という意味」を表す。ムラブリは，「自分の感情を表すことがほとんどない」人々で，「『心が下がる』気持ちを，わざわざ他人にもわかるように表に出す必要を感じない」し，その感情を「表に出すのは『心が上がる』こととして慎んでいる」のか，「心が下がる」気持ちを他人と分かち合ったりすることはない。

**問七＜文章内容＞**ムラブリは「感情を表に出すことを慎む」ため，彼らにとって喜びや不快感を相手に直接伝えることは，好ましい行為ではない。「心が上がる」ことを避ける態度は，「静かにしてほしい」と伝えようとした男性が，「遠回し過ぎてなにが言いたいのかわからない」ような訴えをしたことから観察される。

**問八＜文章内容＞**「現代人の感性」として，「感情は外に出してこそ，誰かに知られてこそ，より幸福を感じられると信じられているよう」である。しかし，それは「ひとつの信仰」でしかなく，「感情のあり方や表現の仕方に，絶対の正解はない」のである。「ムラブリの感性を紐解く」ことにより，現代人は，自分たちの感情のあり方や表現の仕方だけを正しいとする「信仰」を見直すことができる。

**問九＜文章内容＞**ムラブリは，「森に身を潜めて暮らすなかで，必然的に感情を表に出すことを慎むようになった」可能性がある。実際，「森の中で遊動生活しているラオスのムラブリは，タイのムラブリに比べて表情がずっと乏しく」見える。このことは，逆にいえば，「タイのムラブリ」の場合は，ラオスのムラブリに比べると「他の民族との接触」が多く，それに伴って「感情を表に出す」必要に迫られることも多いということである。

**問十＜文章内容＞**「日本人の感性」では，「口数が少なくなり，表情もぼーっとしてくる」というのは「不機嫌」と見なされる。しかし，「感情のあり方や表現の仕方に，絶対の正解はない」のであって，楽しいときにはニコニコしているという「日本人の感性」に合ったものは「ごく最近にはじまった一時的な流行りに過ぎないのかもしれない」のである。

問十一＜要旨＞ムラブリは，自分の感情を表すことがほとんどなく，「感情」や「興奮」を表す語を持たない(ア…×)。ムラブリの「クロル　クン(心が上がる)」は，「動的か静的かにかかわらず」に「悪い感情に結びつくもの」を表す(イ…×)。「ぼく」は，「心が上がる／下がる」が「上下運動」であるとか「好／悪」であるなどのことをはじめは受け入れられなかったし，「仲間とはしゃいだときに感じる楽しさ」も知っているが，「感情を表に出さず，『心が下がる』ことをよいとするムラブリと長年一緒に」いたことで，「感情の表し方が変化」してきた(ウ…○)。ファイホム村のムラブリたちは，久しぶりに親族に会ったとき，喜んでいるようにもうれしそうにも見えなかったが，それは「自分の視界の端に会いたかった人がいる」という距離感で十分で，そのときの「『心が下がる』気持ちを，わざわざ他人にもわかるように表に出す」必要はないということである(エ…×)。現代人の感性では，「感情は外に出してこそ，誰かに知られてこそ，より幸福を感じられると信じられているよう」であるが，「感情のあり方や表現の仕方に，絶対の正解はない」のである(オ…×)。

問十二＜漢字＞①「座標」は，ある点がどこにあるのかを，基準になる点や直線からの距離や角度などによって示す数値のこと。　②「体系」は，個々の物事を秩序立てて組織したものの全体のこと。　③「事態」は，物事のありさまのこと。　④「総出」は，皆そろって出ること。　⑤「仕草」は，何かをする際のちょっとした動作や表情のこと。

二〔論説文の読解―芸術・文学・言語学的分野―文学〕出典：出口智之『森鷗外，自分を探す』「おわりに」。

問一＜漢字＞①「階級」は，身分や社会的な地位などの段階のこと。　②「収録」は，書物などに収められていること。　③「風潮」は，時代とともに変化する世の中の傾向のこと。　④「背景」は，物事の背後にあって，その物事を成立させている事情のこと。　⑤「奏功」は，目的どおりに物事を成し遂げて成果が得られること。

問二．西暦一九一七年は，大正六年である。

問三＜表現＞1．当時は，社会の中での規範が強く信奉されていた。　2．世間は，芳川鎌子に対して，「不思議な反感と侮蔑」をもって，馬鹿にし，からかうような調子だった。　3．「すべての作品において，『観照的ならしめようとする努力』をしてきたという言葉」は，鷗外の「抑制と理知」という性質をそれとなく気づかせるようである。　4．「抑制しない感情」を急激な勢いで吐露することで，文学性が生まれることもある。　5．鷗外は，「古くさい作家」ではなく，現代にも大変よく合っている。

問四＜語句＞「著作権」は，著作物を著作者が独占し，そこから利益を得られる権利のこと。文学作品などをインターネットで無料公開できるのは，その本の著作権の保護期間が過ぎている古い作品の場合や，著作権保持者によって無料公開を許諾された作品の場合である。

問五＜文章内容＞C．鷗外は，『鶏』でも『舞姫』でも『鼠坂《ねずみざか》』でも，「時間をかけて他者に向きあい，心情への理解を重ね，共感であれ批判であれ，その人間性と丹念に向きあって」いった。　D．「他者に向きあい，心情への理解を重ね，共感であれ批判であれ，その人間性と丹念に向きあってゆく」のは，理性と知恵をはたらかせた態度である。

問六＜語句＞a．「戯画」は，たわむれに描いた絵のこと。遠回しに社会や人物の批判をする内容になっていることが多い。　b．「通底」は，複数の事柄がその基盤のところで共通していること。

**問七＜表現＞**「事件の背景と当事者たちの心の動き」について「『至極ありふれた解釈』で簡単に断定する」ということは，「事件の背景と当事者たちの心の動き」を深く探って自分の力で見抜くことをしていないということである。深い洞察力を持たず，簡単に通俗的な解釈に乗ってしまうという意味で，その「心の生活」は，非常に「貧しい」といえる。

**問八＜四字熟語＞**「観照」は，主観を交えることなく，冷静に観察し思索することによって，物事の本質をとらえようとすること。そのような態度であろうと努力するのは，深く考え，黙ってじっくり考える，という意味の「沈思黙考」の姿勢である。

**問九＜文章内容＞**「こういう時雨の姿勢」とは，時雨が「鎌子の心情をていねいに思いやりつつ，当時の社会通念や沸き立つ世間によって苦しめられた彼女の足跡を綴《つづ》って」いった姿勢である。一方，鷗外も，「目前の題材をすぐに書いてしまうのではなく，時間をかけて他者に向きあい，心情への理解を重ね，共感であれ批判であれ，その人間性と丹念に向きあってゆく」という態度であった。

**問十＜文章内容＞**時雨は，「時代のなかで苦しみながら闘った女たちに共感し，その生涯をドラマチックに記してゆく」という書き方をする。これに対し，鷗外の文章が「抑制のきいた」ものになるのは，鷗外が「目前の題材をすぐに書いてしまうのでなく，時間をかけて他者に向きあい，心情への理解を重ね，共感であれ批判であれ，その人間性と丹念に向きあってゆく」作家であったからである。

**問十一＜文章内容＞**『鶏』は，「小倉に赴任した石田少佐が，馬丁や使用人に食料などを横領されながら，咎《とが》めずに黙許する」作品であり，「庶民のしたたかさに『少《すくな》からぬ敬意』」さえ記されている。鷗外が「抑制と理知によって心の機微に分け入ろうと」した結果，このような内容の作品になったのであるから，もし鷗外が「抑制と理知によって心の機微に分け入ろうと」していなかった場合は，石田少佐は，「馬丁や使用人に食料などを横領」されたことで，使用人をとがめて「断罪」したと考えられる。

**問十二＜文章内容＞**鷗外は，全ての作品を「観照的」なものにしようとしていた人物である。作品を「観照的」なものにするためには，「時間をかけて他者に向きあい，心情への理解を重ね，共感であれ批判であれ，その人間性と丹念に向きあってゆく」必要がある。そのため鷗外は，出来事に関して「他者を単純に断罪する」ことは避け，「抑制と理知によって心の機微に分け入ろうと」することに努めた。そうした「他者に向けられた視線の裏側」には，「自省と理知によってあるべき自分を探そうとした」鷗外のまなざしがあったのであり，鷗外は，「徹底して自己を見つめ，その反照として他者も慎重に見つめようとすることで，人間という存在に向きあった文学者」であった。

## ＝読者へのメッセージ＝

森鷗外(1862～1922年)は，東京医学校卒業後，陸軍の軍医となり，やがて軍医としてドイツに留学します。1888年に帰国すると，陸軍軍医学舎や陸軍大学校で教官を務め，1899年には第12師団軍医部長として小倉に赴任します。『鶏』は，この小倉時代を題材に書かれた作品で，この家は，現在も北九州市小倉北区にあり，森鷗外旧居として資料が展示されています。

# 2023年度 慶應義塾高等学校

【英　語】（60分）〈満点：100点〉

**I** Choose the best answer from (A), (B), (C), or (D), to complete the e-mail below.

Hi, Alan!

Thank you for your e-mail! I know you like Japanese manga, just like ( 1 ), so I want ( 2 ) you about my plan ( 3 ) stay enjoyable when you ( 4 ) to Japan. We will take a train to Odaiba and spend three hours at Tokyo Big Sight, ( 5 ) Comic Market. Comic Market, better known ( 6 ) Comiket, is one of Japan's biggest pop culture ( 7 ). You should not miss this one. You said that Dragon Ball had a huge impact on your life. I totally agree that Dragon Ball is the most impressive. There are many characters and the story is interesting. It's a story ( 8 ) in other works. ( 9 ) I have more time before your arrival, I will send you ( 10 ) e-mail with some of the photos of cosplayers dressed as anime characters.

Hope to see you soon!

Your friend,

Akira

| | (A) | (B) | (C) | (D) |
|---|---|---|---|---|
| 1. | I am | I do | I too | me like |
| 2. | talking | to say | to talk | to tell |
| 3. | makes your | that make you | to make your | will make you |
| 4. | came | come | coming | will come |
| 5. | there is | where held | which holds | which is held |
| 6. | as | by | for | to |
| 7. | businesses | company | events | the area |
| 8. | which never found | which won't find | you never find it | you won't find |
| 9. | But | During | Usually | When |
| 10. | another | other | some | the other |

**II** Choose the alternative that is grammatically and / or idiomatically incorrect and **correct the whole part**. Look at the example below:

【Example】 I want to thank you to show me the way to the station.
(A: want to thank / B: to show me / C: the way / D: to the station)

【Example Answer】 Letter: B, Correct Form: for showing me

1. Yukichi Fukuzawa, born in Osaka in 1835, was a fast learner who was good at almost the subjects.
(A: born in Osaka / B: in 1835 / C: who was good at / D: the subjects)

2. When he saw the United States ships arrived in the summer of 1853, Fukuzawa felt his heart
(A: When he / B: arrived / C: in the summer)

beating (D).

3．Through he was travelling (A) abroad, Fukuzawa came to realize (B) that technical progress had made (C) Western countries richer (D).

4．Fukuzawa has lost (A) his father, who was (B) a low-ranking samurai, when he was (C) only eighteen months old (D).

5．Fukuzawa watched his mother and older sisters work hard (A) while bringing up (B) by them, and one area in which (C) Fukuzawa played a great role (D) was the position of women.

6．Fukuzawa encouraged men to understand (A) why (B) limited (C) women's roles were by seeing them (D) through women's eyes.

7．Fukuzawa believed the lack of (A) suitable employment to be (B) the major cause of (C) women's dependent with (D) men.

8．Fukuzawa tried to develop (A) job opportunities for women on the campus of Keio Gijuku so as (B) women could use their existing skills (C) to earn money (D).

9．Most of (A) what Fukuzawa's hope (B) has not (C) yet been realized until today (D).

10．The book titled for (A) *Gakumon no susume* sold (B) more than (C) any other book (D) at that time.

**III** Fill in each blank with **one word** that best completes the meaning of the passage. The first or the last letter is given.

Around the world, people (1) ________-w away roughly four million tons of trash every day—that's (2) ________-h to fill 350,000 garbage trucks or 10 Empire State Buildings. About 12.8 percent of that waste is plastic, which (3) c-________ big problems for wildlife : some animals (4) m-________ plastic for food, (5) ________-e others can become *entangled in the trash. ＊caught

On your way to a soccer game or activity, it's easy to grab a cold bottled water right out of the fridge. But all those plastic bottles use a lot of fossil fuels and pollute the (6) ________-t. Imagine a water bottle (7) f-________ a quarter of the way up with oil. That's about how much oil was needed to produce the bottle.

Water is good for you, so keep (8) d-________ it. But think about how (9) ________-n you use water bottles, and see if you can make a change. And yes, you can make a (10) d-____. (11) R-____ one plastic bottle can save (2) ____-h energy to power a 60-watt light bulb for six hours.

出典：National Geographic Kids

## IV Read the following passage and answer the questions below.

She taught junior and senior high school English and also had senior homeroom. She was a tall woman, taller than most of her students and most of the men [1] faculty. She wore tennis shoes in school, unheard of for women of that time, and walked very [2] erect. Her snow-white hair never appeared to be combed. She wore no makeup and no jewelry, except for a wristwatch. Her eyesight was poor, so she wore Coke-bottle-thick eyeglasses all the time and still bent closely over the work on her desk. She had the habit of [3] jutting out the tip of her tongue when she was concentrating or when she was [4] perturbed. It seemed she wore the same long white dress, which came down to the top of her tennis shoes, all the time.

Her initials were A.W.A. The W was for Wad-sworth, she told us one time. We knew very little about her—nothing about her family, where she came from, or her background—only that she had graduated from Smith College. She lived alone in a big house close to the school. She walked to school as the weather allowed, and she was at her homeroom desk as soon as the [5] janitor opened the building in the morning.

It seemed to us she had been teaching at the high school forever. My brother, who was five years older than me, had her for English and homeroom. He had advised me to make sure to do my homework, to be prepared in class, and never to lie to her. He said she was a [6] hard marker, but that she was fair.

Her classes were lively, and she made sure that everyone became [7] involved in class in some way. Her classes were interesting, informative, and, surprisingly, a lot of fun. We learned without even realizing she was teaching.

She loved poetry, so we [8] conjectured that the Wadsworth middle name [9] indicated some mysterious family background having to do with poetry, but we never found out. Poetry was an important part of her class work. Much time in class was given over to reading and trying to understand what the poets had written. She also made a point and an effort to know her pupils. She knew the level at which each of us could work and learn, and she gave special attention to those of us needing it. I don't recall ever telling her I had played [10] varsity basketball and baseball or that I had been junior class president and pro [11] merito, but she knew. She said she liked my book reports and my written work, and she said my work represented honesty, [12] integrity, and [13] industry.

In those days, the Sunday New York Times published a complete separate section called [14] Aviation. Somehow she knew of my interest in flying, ① so every Monday morning that section appeared on my homeroom desk, neatly rolled up and [15] secured with a rubber band.

Early in the year, she asked me whether I planned to take the [16] annual senior class trip to Washington. I told her it didn't seem possible, given my family's financial situation. She told me she needed somebody to take care of her rock garden and to do some other [17] chores around her home. The job would pay two dollars for every Saturday I worked. Thanks to her help, I did make the class trip. I later learned that ② she had made work arrangements for other people in our class to help them make the trip, too.

Nobody in her classes could ever be considered a teacher's pet. ③She would allow us to get only so close to her before she would put up a barrier. But ④I had the feeling I came as close to being her favorite as any student ever had.

Her senior class final exam [18]reflected her love for poetry, one poem in particular. She had never before required us to [19]recite any poems from memory in class. However, for the final exam, she expected every pupil to recite from memory the last [20]verse of [21]"Thanatopsis." The recitation was to be fifty percent of the exam grade, just as it had been every year before.

She explained that because we were graduating to real life, this verse perfectly described how we should live our lives. She said that in the last verse of his poem, William Cullen Bryant had stated clearly and [22]eloquently a simple [23]philosophy for life that was a complete lesson in itself.

The method for our recitation finals was simple. She was at her homeroom desk very early in the morning every day. During the rest of the day, when she was not in class, she worked at a small desk on the landing between floors. At either desk, she always sat with her head down, never looking up, completely focused on her work. She knew every pupil's voice on [24]cue, so when someone sat down to recite the verse, she would simply make a mental note and later check off that pupil's name as having completed the [25]oral part of the exam.

On the final deadline day, I had not learned the verse and there was no [26]valid reason why I hadn't. [27]In desperation, I hit upon what I thought was an easy way out. As I knew she never looked up when a pupil recited, all I had to do was sit down with the textbook in my [28]lap opened to the poem and carefully read it.

⑤I didn't know then nor do I know now whether she accidentally kicked my foot or whether she knew exactly what she was doing. As she kicked my foot, the heavy English textbook landed on the floor with a bomblike [29]explosion.

She looked up quickly, and the expression on her face was something I have never forgotten. She said, "James, you have failed."

I quickly picked up the book and walked away. That night, I [30]memorized the last verse of "Thanatopsis." The next morning I stood in front of her desk in homeroom and asked her if I could say something. She didn't look up or answer. I recited the verse :

So live《生きよ》, that when thy《君の》 summons《呼ぶ声が》 comes to join
The innumerable《数知れぬ》 caravan《ほろ馬車》 which moves
To that mysterious realm《領域》, where each shall take
His chamber《部屋》 in the silent halls of death,
Thou《君よ》 go not《行くな》, like the quarry-slave《採石場の奴隷》 at night,
Scourged《むち打たれる》 to his dungeon《地下牢》, but, sustained《動ぜず》 and soothed《落ち着いて》
By an unfaltering《揺るがない》 trust, approach《向かう》 thy grave
Like one who wraps the drapery《掛け布》 of his couch
About him, and lies down to pleasant dreams.

Still, she did not look up or speak. I said "Thank you," and walked away. She gave me a failing grade for the exam, but I did graduate.

I did not speak with her again for nearly six years. Though I had continued with my life, that ⑥episode remained with me.

On a cold February day while I was home [31]on leave from the Air Force after graduating from flying school, I decided to see her again. Without calling first, I drove to her home and rang the doorbell. She didn't seem to be surprised to see me; in fact, it seemed as though she had been expecting me. She hadn't changed one bit from the last time I'd seen her.

We had tea, and looking at my [32]wings, she said she had expected I would do something about flying. We exchanged information about some of my classmates, and ⑦she surprised me with how much she knew about so many of them. Neither of us mentioned the episode that had bothered me for so long, and I wondered whether she remembered it. Somehow, I knew she did. ⑧When we said our good-byes, we both knew we would not meet again.

She continued teaching for many more years, and the last verse of "Thanatopsis" remained as fifty percent of her senior English final exam. She died at the age of 102.

I still have the two-ring notebook that my brother used in her classes and passed on to me. I used it in my classes with her and still have many of the book reports and other papers I wrote in her classes.

I have never forgotten that tall, white-haired teacher, nor have I forgotten the look on her face when she said I had failed. When she kicked my foot she taught me a lesson I'll never forget. To this day, my [33]mantra is the last verse of "Thanatopsis." I recite it at least once a day, every day.



1 teachers 2 with her body straight 3 showing 4 worried
5 a person who cleans a building 6 a teacher who checks answers carefully 7 active
8 guessed 9 meant 10 the starting team 11 a student with good grades 12 fairness
13 the quality of working hard 14 flying 15 fixed 16 happening once a year
17 daily light work 18 showed 19 say aloud 20 section
21 a work of William Cullen Bryant (American poet, 1794-1878) 22 fluently
23 a group of theories and ideas 24 at that moment 25 speaking 26 right 27 in a panic
28 upper leg 29 violent shock and sound 30 put into one's memory 31 on holiday 32 sleeves
33 words or phrases for praying

A：Choose the alternative that best reflects the content of the passage.

1. The writer's teacher
(A) didn't have a sense of hearing.
(B) was fond of playing tennis at school.
(C) didn't pay attention to how she looked.
(D) was polite and spent her religious life.

2. Students didn't know much about her
(A) but James became aware that she was a hardworking teacher.
(B) and she didn't know about her students either.
(C) , because she preferred talking about her students.

(D) so James asked his brother what she was like.

3. His brother told James that

(A) she made sure that her students did their homework.

(B) she had taught at the same high school for a long time.

(C) her students had to be fair and honest about the grade.

(D) he should get ready for the class in advance.

4. Her classes were

(A) surprising, and the students thought they were fun.

(B) not ordinary ones as the students learned for themselves.

(C) enjoyable, and the students learned a lot of new things.

(D) teacher-centered and many important things were taught.

5. Her initials were A.W.A. and

(A) her middle name came from a family-related poem.

(B) she was named after William Cullen Bryant.

(C) James knew what her middle name was.

(D) that expressed how much she loved poetry.

6. She looked after her students well

(A) so that she could work better as a teacher.

(B) , because she was interested in how well they played sports.

(C) in case she needed someone to help her at her place.

(D) , especially those who worked hard to understand poems.

7. What do you learn from underlined ①?

(A) She expected that James would get interested in flying and become a pilot.

(B) James didn't have enough money to buy "Aviation", but she bought one for him.

(C) It was probably on Monday when she read the article about airplanes.

(D) She brought James something useful for his future career.

8. In underlined ②, what kind of "people" were they?

(A) People who worked together with James to earn money.

(B) People who were in the situation where they had to help each other.

(C) People who didn't go to Washington as they weren't rich enough.

(D) People who realized what they wanted to do in the end.

9. In the final exam, the students

(A) had to see her in the early morning to take the test.

(B) took different types of tests, and they were graded separately.

(C) were required to show how much they understood the poem.

(D) learned what real life was like and how they would survive.

10. James was not ready for the test, because

(A) he was suffering from a sense of failure.

(B) somehow he was not motivated enough to prepare.

(C) it was impossible for him to remember the poem before the deadline.

(D) he found there was a clever idea to solve the problem.

11. Which statement is true about her?

(A) She sometimes used her own works as teaching materials.
(B) She missed her late husband who worked in the flight business.
(C) She encouraged her students to read books as well as poetry.
(D) She kept believing "Thanatopsis" is something that students need to remember.

12. What is the title of this story?
(A) "A Lesson Learned"
(B) "My Poetic Chamber"
(C) "A Woman I'll Never See Again"
(D) "Failing but Flying"

B : Put underlined ③, ⑤, and ⑦ into Japanese.

C : Answer each question in English.

1. In underline ④, what made him have that "feeling"? Write two reasons in English in about 20 words for each.
2. In underline ⑥, explain (i)-what James did during the exam and (ii)-what he did after walking away from the place? Answer in about 15 words for each.
3. In underline ⑧, why do you think they knew they would not meet again? Write your own thoughts in at least 20 words.

## 【数　学】 (60分) 〈満点：100点〉

(注意)　1．**【答えのみでよい】**と書かれた問題以外は，考え方や途中経過をていねいに記入すること。
　　　　2．答えには近似値を使用しないこと。答えの分母は有理化すること。円周率は$\pi$を用いること。
　　　　3．図は必ずしも正確ではない。

**1**　次の空欄をうめよ。**【答えのみでよい】**

(1)　$7^{123}$ を100で割ると余りは $\boxed{\quad}$ である。

(2)　$(30^2+37^2+44^2+\cdots+79^2)-(1^2+8^2+15^2+\cdots+50^2)$ を計算すると，$\boxed{\quad}$ である。

(3)　$\left(\dfrac{\sqrt{2023}+\sqrt{2022}}{\sqrt{2}}\right)^2-(\sqrt{2023}+\sqrt{2022})(\sqrt{2022}-\sqrt{63})+\left(\dfrac{\sqrt{63}-\sqrt{2022}}{\sqrt{2}}\right)^2$ を計算すると，$\boxed{\quad}$ である。

(4)　$n$は3以上の整数とする。正$n$角形の1つの内角を$x°$とするとき，$x$の値が整数となる正$n$角形は $\boxed{\quad}$ 個ある。

(5)　$a$，$b$を定数とする。1次関数$y=ax+b$について，$x$の変域が$8a \leqq x \leqq -24a$のとき，$y$の変域が$7 \leqq y \leqq 9$であったという。このとき，$a=\boxed{\quad}$，$b=\boxed{\quad}$ である。

(6)　$x>y$において，連立方程式$\begin{cases} x^2y+xy^2-9xy=120 \\ xy+x+y-9=-22 \end{cases}$の解は，$\begin{cases} x=\boxed{\quad} \\ y=\boxed{\quad} \end{cases}$ または，$\begin{cases} x=\boxed{\quad} \\ y=\boxed{\quad} \end{cases}$

である。

(7)　下の図において，辺AB，辺DC，辺EF，辺GHは平行で，AB=4，EF=$\dfrac{12}{5}$である。このときGH=$\boxed{\quad}$ である。

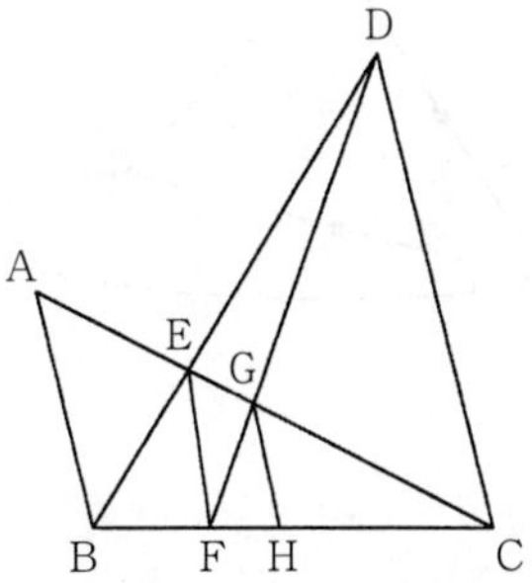


**2**　カードに$\boxed{1}$，$\boxed{2}$，$\boxed{3}$，$\boxed{4}$，$\boxed{6}$の数が書かれた5枚の中から1枚取って出た数を記録して元に戻す。この操作を3回繰り返して，出た数を$x$，$y$，$z$とするとき，次の問に答えよ。

(1)　3つの数の積$xyz$が偶数となる確率

(2)　$xyz$が9の倍数となる確率

(3)　$xyz$が8の倍数となる確率

**3**　自然数$n$の正の約数の個数を[$n$]で表す。例えば，6の正の約数は1，2，3，6の4個なので，[6]=4である。このとき，次の問に答えよ。

(1)　[108]を求めよ。

(2)　[$n$]=5を満たす300以下の自然数$n$を全て求めよ。

(3)　[$n$]+[$3n$]=9を満たす100以下の自然数$n$を全て求めよ。

**4**　1％の食塩水400gを入れた容器Aと，6％の食塩水100gを入れた容器Bがある。容器Aから$50x$g，容器Bから$25x$gを取り出し，交換してそれぞれ他方の容器に入れてよくかき混ぜたところ，容器Bの濃度が容器Aの濃度の2倍になったという。$x$の値を求めよ。但し，容器は食塩水が入るだけの十分な大きさをもつものとする。

**5**　$a>0$とする。正三角形OABと正六角形OCDEFGがある。点Oは原点で，点A，B，C，Gは曲線$y=ax^2$上にあるとき，後の問に答えよ。

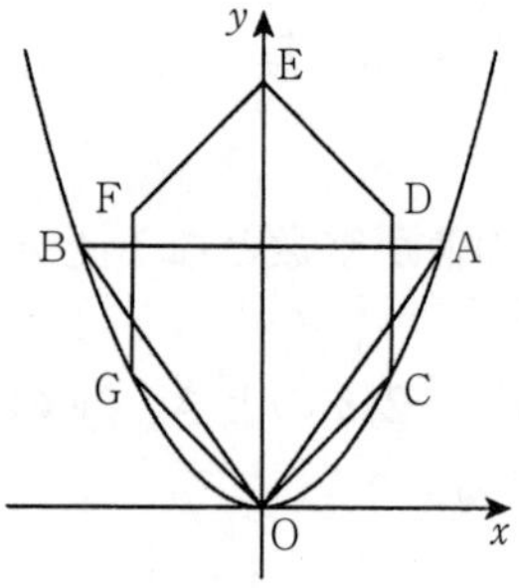


⑴　正三角形OABと正六角形OCDEFGが重なっている部分の面積を求めよ。

⑵　線分AGと線分CFとの交点を点Hとするとき，CH：HFを求めよ。

**6**　辺BCを直径とする半径1の円Oと辺BCを斜辺とする直角二等辺三角形ABCがある。円Oを含む平面と三角形ABCを含む平面が垂直で，辺ABの中点を点Dとするとき，次の問に答えよ。

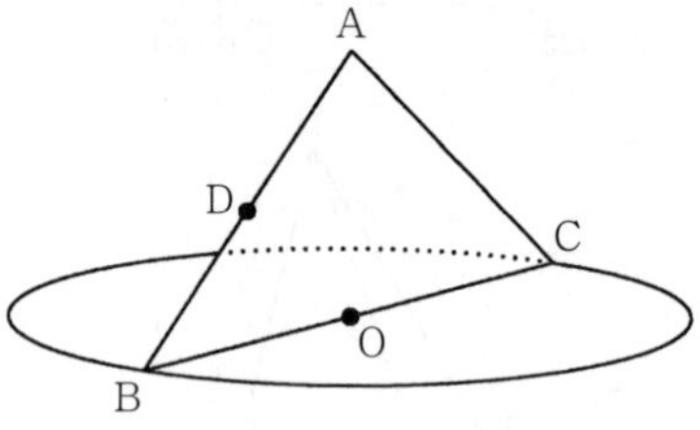


⑴　OAを軸として三角形BCDを1回転させたとき，三角形BCDとその内部が通った部分の立体の体積を求めよ。

⑵　ABを軸として円Oを1回転させたとき，円Oとその内部が通った部分の立体の表面積を求めよ。

ア　複雑に入り乱れるさま
イ　長たらしく無駄が多いさま
ウ　あじけないさま
エ　ゆったりとして気の長いさま

**問三**　【1】～【4】に入る最も適切な語を次に挙げる選択肢から選び、それぞれ記号で答えなさい。なお、同じ記号を二度以上答えてはいけません。

ア　改まった　イ　繊細　ウ　ぞんざい
エ　丁寧な　オ　穏やかな　カ　四角ばった

**問四**　――1の「随筆」について、日本最古の作品を次に挙げる選択肢から一つ選び、記号で答えなさい。

ア　方丈記　イ　古事記　ウ　徒然草　エ　枕草子

**問五**　[1]～[10]には、「常」または「敬」の文字が入る。「常」が入る場合はア、「敬」が入る場合はイを、それぞれ記号で答えなさい。

**問六**　――2の、文章の効果として期待できる事柄とは何か、それを表している最も適切な箇所を、本文中より二十五字以上三十字以内で抜き出しなさい。

**問七**　[X]に入る最も適切な語を答えなさい。また、[Y]・[Z]に入る最も適切な語を本文中よりそれぞれ抜き出しなさい。

**問八**　……Ⅰ・……Ⅱを歴史的仮名遣い表記に、……Ⅲ・……Ⅳを現代仮名遣い表記にそれぞれ改めなさい。（すべてひらがなで答えること。）

**問九**　――3とはどのようなことですか。それを具体的に表している最も適切な一文を、本文中から三十五字以上四十字以内で抜き出しなさい。

**問十**　作者の考える、文章における文体の不統一を避けるための方法とはどのようなことですか。十五字以上二十字以内で答えなさい。

のようにするのも一法だ。むしろ、箇条書きとしてはこの方がすっきりして読みやすいかも知れない。

もう一つの例外は、文の途中における場合だ。たとえば、

品質につきましては、当店といたしましても格別の注意を払っています。

のような場合、

品質については、当店としても格別の注意を払っています。

と書いても、何ら差しつかえはない。文の途中をBシャクシ定規に、いちいち敬体にしていたのでは、かえってまどろっこしい文になる心配もある。

もう一つ、これと似たケースとして、というよりもこれらの応用面として、次のような場合もありうる。ここに引用するのは、福田《ふくだ》恆存《つねあり》氏の『私の国語教室』(新潮社)の序文中の一節である。

最初に楽屋話をしますと、私はこれを書きはじめるまで既に百枚近くも無駄にしてⅠおります。二十枚位までがやつとで、それから先を書きつづける気がなくなり、改めて別の入口から書きはじめる、そんなことばかりやつてⅡゐるのです。十数年の文筆生活において初めての⑤ケイケンであります。これは一体どういふことなのかと、さすがに考へこんでしまひました。書きたい意欲は十分にある。書きたいことは山ほどある。しかも、その内容自体、決してむつかしいことではない。それが途中で厭《いや》になるといふのは妙な話です。私はⅢやうやく次のことに気づきました。まづそのことから話を進めⅣませう。さうすれば、案外うまく書きつづけられるかも知れません。

(原文の漢字は旧字体)

福田氏の書く敬体の文章の中には、このようにところどころ常体文をまじえることが、よくある。この種の文章は、先に文体不統一の例として揚げたものとは、かなり性質を異にする。右の常体文の部分と、他の敬体文の部分とを見比べると、決して同じ次元では読者に対していない。敬体文のところは、直接読者にはたらきかけているが、常体文の部分は間接的である。つまり、その部分だけが直接に読者にはたらきかけるのではなくて、あとに続く文の「それが」という語句にいったん統括されて、そこではじめて読者にはたらきかける。言わば、この常体文は後行の敬体文に従属する地位にあるのである。その限りでは、右の引用文の初めの方にある、

……入口から書きはじめる、そんなことばかりやつているのです。

という文で、傍点の部分が「そんなこと」で Y される関係に似ている。片方では「、」で休止し、片方では「。」で文が切れるという違いはあるが、常体表現が後行の敬体表現に Z するという点では全く同様である。文体を統一せよということで、これらの常体表現をもし機械的に敬体表現に改めたとしたら、文章の効果はどうなるだろうか。文章全体が実にC冗長なものになってしまうだろう。敬体を全体の基調とする文章でも、右のように③次元を異にする場合に常体表現をまじえることは、さしつかえない。むしろ、その方がかえって文章全体に張りを持たせ、快いテンポを生み出すことにもなるのである。

以上のような、二、三の例外の場合は別として、原則として常体と敬体とは混用しないように心がけるべきである。

＊斎賀秀夫「敬語の使い方」(『悪文 伝わる文章の作法』角川文庫より)。

出題の都合上、一部表記を変更した。

本文の傍線・傍点・傍点は作者が付したものをそのまま使用した。

問一 ‖①~⑤のカタカナを漢字に改めなさい。

問二 ……A・B・Cの本文中での語の意味として最も適切なものを後に挙げる選択肢から選び、それぞれ記号で答えなさい。

A 面くらう
ア ためらう イ 苦笑する
ウ あわてふためく エ もてあます

B シャクシ定規
ア 自分勝手であるさま イ 臨機応変であるさま
ウ 融通のきかないさま エ 抜かりないさま

C 冗長

次の例は、新劇のあるベテラン③ハイユウが新聞にのせた1随筆である。

戦争で一人息子を失い、子グマを相手に山中でやもめ暮しをしている父親のドラマでした。けいこは子グマを想像してやっていたのですが、最後のテストに本ものの子グマが北海道から到着しました。生後二ヵ月の子ネコほどの可愛いやつでした。劇中、父親が子グマに顔をなめさせたりホオずりをして目を細めて可愛がるという演技が三ヵ所ありました。なにげなく抱きあげると子グマは狂ったようにもだえ出した。首に力を入れ、足を突っぱり、キバをむいて抵抗する。人間の体温を感じると子グマは狂気する。子グマなどとバカにしてはいけない。小なりといえども猛獣には本能があることが分った。相談して芝居をかえてもらう時間もなく、すぐ本番。抱いて顔をなめさせるなどとはとんでもない。前足二本を左手でつかみ、右手で子ぐまの首をおさえつけておいてホオずりするようなかっこうで一回目をごまかした。

父親と子グマの愛情をあらわす二回目のカットはとてもながい。ホットして力をゆるめたとたんに子グマのキバに右の④クスリユビをひっかけられ、血がビューと吹き出し、掌がヌラヌラになって子グマを取り落してしまった。三回目の手傷を負った私と子グマの愛の闘争は悲惨をきわめた。終った時は脂汗と血にまみれて私はガックリ座りこんでしまった。

前の例とは反対に、これは、[4]体の文が途中から[5]体の文に変わっている。その変わりめに注目してみよう。全体が敬体の文章でも、その途中で、切迫した場面の描写のために、特に常体(現在形が多い)のまじることは、一般によくあることである。この場合も、あるいはそんな動機で[6]体が現れたのかも知れない。しかし、それならそれで、その場面のあとは、再び[7]体にもどすべきであるが、この文章の筆者はそれを忘れて最後まで[8]体で押し通している。つまり、一編の文章の前半が[9]体で後半が[10]体という、まことに奇妙な結果になってしまったわけである。こうなると、この文章の筆者だけの責任ではなしに、それを平気で紙面にのせた新聞社のデスクの責任もあるかもしれない。

小学生の作文ならばともかくも、おとなの書く文章に、この種の文体の混用が見られるというのは、考えてみればふしぎなことである。書き終わったあとで一度でも読み返す用意があれば、そうした不統一はすぐに発見できるはずだと思うのだが、実際に活字になった文章には、こうした例がいくつも見つけられる。

さて、敬体と常体とは、いつの場合にでも機械的に統一せよというわけではなく、例外が幾つかある。常体の文中に敬体をまじえることは、ほとんどないと言っていいが、その反対に2敬体文の中に、部分的に常体をまじえるケースは、幾つか考えられる。前述の切迫した場面に常体の現在法を使うというのも、その一つのケースである。また、全体の基調が敬体文であっても、その中の箇条書きの部分だけは常体にしてもかまわない。

募集方法は次の通りですから、よく読んだうえ、ふるって応募してください。

① 小学生・中学生の二部に分けて募集します。
② 学校でまとめて募集してもよい。ただし、それぞれに学校名、学年、氏名をはっきり書いてください。
③ ……のようなものなら何でもよい。また、作品はいくつ応募してもよい。
④ 送り先は……教育委員会です。

（子ども新聞）

右の文は、もちろん敬体の文章中にある箇条書きだが、その各条の文体が不統一になっている。この場合、全部を敬体にするなら、「……してもよい」を「……してもかまいません」に改めるべきだが、その反対に、全部常体に改めて、

① ……募集[X]。
② ……はっきり書くこと。
③ ……してもよい。
④ ……教育委員会。

二 次の文章を読んで、後の問題に答えなさい。

われわれの対話の文体には、次のように常体と敬体の区別がある。

常体(普通体)｛ダ体／デアル体(論文体)

敬体(丁寧体)｛デス・マス体／デゴザイマス体／デアリマス体(講演体)

(注) 常体は、独り言の場合とか特定の相手を予想せずに書く場合とかに使う。常体の中でも、「だ」は【 1 】で、「である」は、いくらか【 2 】感じを伴う。

敬体は、だれか特定の相手を目の前においた気持ちで書くときに使う。敬体の中で「です」は相手へのやさしさを感じさせ、「であります」は【 3 】感じ、「でございます」は最も【 4 】感じを伴う。

このように、常体と敬体との区別は、一応はっきりしていて、たがいに混同されることはない。つまり、親しい間柄や目下の相手には常体を、多少あらたまる必要のある人や目上の相手には敬体を使うのが普通である。つまり、話し手が話し相手をどう待遇するかによって、どちらかの文体を選ぶわけであるから、同じ話し手が同じ聞き手に向かって、しかも同じ場面の中で、両方の文体をチャンポンに使ったら、聞き手がA面くらうのも当然である。いや、面くらうだけではなく、あるいは「こいつ、失敬なやつだ」ということにもなりかねない。

対話の場合だけでなく、文章についても同じことが言えるはずで、敬体・常体を混用した文章が、読み手に一種の心理的抵抗を与えることは間違いない。たとい意味は正しく伝わったとしても、心理的抵抗を与えるような文章は、やはり一種の悪文と言って差しつかえないだろう。

次に引用する例文は、「虫害の科学」と題する、ある町の広報紙の記事の一節である。

秋の虫は秋の風景をつくる、大きな自然の要素である。コオロギやスズムシの声は秋の夜にはなくてはならない要素でもあろう。ときには私たちの情感にうったえ、人それぞれの感慨や芸術的衝動をひきおこす。鳴く虫はだれにでも好感がもたれている。

今年の立秋(八月八日)は少雨酷暑の中で迎えました。地表生活型の虫にとっては水不足や高温に特別影響を受けますので、実にきびしい夏から秋への移り変わりであったことと思います。このような変わった年には虫が大量に発生したり、暴れたりすることが過去にありました。

今年の九月十一日午後七時半ごろ、宇都宮市の国道一二三号線にかかっている橋の上に「ヒラタカゲロウ」が大発生。①シカイはとだえ、橋の上には虫が五ミリぐらいの厚さにつもったため、車が踏みつぶした虫の体液でスリップして、十九台玉突き追突事故があった。そのとき清掃して集められた虫は、小型ダンプに約一台分あったと言われ、驚きました。

昭和九年福岡県でコオロギが大発生、被害面積一万五千ヘクタール。昭和十九年大阪府でも百ヘクタールの被害を受ける。特に福岡県の場合は異常で八月中旬以降水不足で割れ目のできた水田のイネの茎や穂を食べたり、モモやナシ・ミカンの苗木も食べる。更に、家の中の衣類や蚊帳にまで入り込み、眠っている人の髪や足までかむといったことがありました。

コオロギの野趣を帯びた鳴き声や姿を見ても、コオロギが大量に出て来て暴れるなど、全くうそのように思われますが、虫害の記録には残されています。(以下、省略)

右の文章は、書き出しの第一段落が[1]体で書かれているのに、第二段落以降は[2]体が基調になっている。しかも、第三、第四の段落には、途中に[3]体文も混在していて、全体的に見て、非常に不安定な②インショウを受ける。

以外に藩をすくう力をもった者はいないと自負し、そのすくいかたを懸命に求めているのである。

継之助が藩政を担当したときには、皮肉にも京都で将軍慶喜《よしのぶ》が政権を返上してしまったあとであり、このためあわただしく藩制改革をしたあと、かれの能力は、かれ自身が年少のころ思ってもいなかったであろう戦争の指導に集中せざるをえなかった。

ここで官軍に降伏する手もあるであろう。降伏すれば藩が④タモたれ、それによってかれの政治的理想を遂げることができたかもしれない。

が、継之助はそれを選ばなかった。ためらいもなく正義を選んだ。つまり「いかに藩をよくするか」という、そのことの理想と方法の追求についやしたかれの江戸期儒教徒としての半生の道はここで一挙に揚棄され「いかに美しく生きるか」という5武士道倫理的なものに転換し、それによって死んだ。挫折《ざせつ》ではなく、彼にあっても江戸期のサムライにあっても、これは疑うべからざる完成である。継之助は、つねに完全なものをのぞむ性格であったらしい。

かれは死に、その死体は、かれの下僕松蔵の手で焼かれた。その遺体を焼いているときはすでに津川口が敗れ、官軍が⑤セッキンしているときであり、見まもるひとびとは気が気ではなかったが、松蔵は灰のなかからたんねんに骨をひろいあげた。松蔵はそのとき泣きながらいった。

「あのような旦那《だんな》さまでございますもの。もし骨のひろい方が足りないで、これ松蔵や、貴様のそこつのためにおれの骨が一本足りぬ、などとあの世に行ってから叱《しか》られては松蔵は立つ瀬がございませぬ」といったという。

書き終えて、6筆者もまた松蔵の怖《おそ》れを自分の怖れとして多少感じている。いくらかの骨を灰の中にわすれてきてしまっているかもしれないのである。

注　津川口…越後から会津に向かう街道の入口のこと。

＊本文には司馬遼太郎『峠（下）』（新潮文庫）を用い、出題の都合上、適宜漢字のふりがなに増減を施した。

問一　【A】【B】【C】にあてはまる適切な漢字一字をそれぞれ答えなさい。

問二　江戸期の――1の具体的中身を述べた箇所を二十字以上三十字以内で本文中より二箇所探し、抜き出しなさい。

問三　――2とあるがなぜか。三十字以内で答えなさい。

問四　――3とあるがなぜ作者はカッコワルイと言っているのか。同じ段落内から十字以内の表現を抜き出しなさい。

問五　――4の旧国名は主に現在の何県を指すか。記号で答えなさい。

ア　富山　イ　新潟　ウ　石川
エ　山形　オ　秋田

問六　明治期に――5を概念化し、『武士道』の著作がある人物を選び、記号で答えなさい。

ア　福澤諭吉　イ　内村鑑三　ウ　鈴木大拙
エ　新渡戸稲造　オ　福地桜痴

問七　――6とあるが、具体的にどのような怖れか。三十字以内で説明しなさい。

問八　現在のジェンダー観からみて改めたほうがよいと思われる表現を本文中から四十字以上五十字以内で抜き出しなさい。

問九　＝＝①～⑤のカタカナを漢字に改めなさい。

# 二〇二三年度　慶應義塾高等学校

## 【国　語】（六〇分）〈満点：一〇〇点〉

（注意）字数制限のある設問については、句読点・記号等すべて一字に数えます。

**一**　以下は戊辰戦争（北越戦争）で新政府軍と戦い、この戦争に死んだ河井継之助を描いた小説『峠』の「あとがき」である。文章を読んで後の問題に答えなさい。

ひとの死もさまざまあるが、河井継之助というひとは、その死にあたって自分の下僕に棺をつくらせ、庭に火を焚《た》かせ、病床から顔をよじって終夜それを見つめつづけていたという。自分というものの生と死をこれほど客体として①ショリし得た人物も稀《まれ》であろう。身についたよほどの哲学がなければこうはできない。

日本では戦国期のひとには、この種の人物はいない。戦国には日本人はまだ形而上《けいじじょう》的なものに精神を托《たく》するということがなかった。人間がなまで、人間を昂奮《こうふん》させ、それを目標へ駆りたてるエネルギーは形而【Ａ】的なものであり、たとえば物欲、名誉欲であった。

江戸時代も降《くだ》るにしたがって日本人はすこしずつ変ってゆく。武士階級は読書階級になり、1形而上的思考法が発達し、ついに幕末になると、形而【Ｂ】的昂奮をともなわなければかれらは動かなくなる。言葉をかえていえば、江戸三百年という②キョウヨウ時代が、幕末にいたってそれなりに完成し、そのなかから出てくる人物たちは、それぞれ形はかわっても、いずれも形而【Ｃ】的思考法が肉体化しているという点では共通している。志士といわれる多くのひとびともそうであり、賢侯といわれる有志大名たちもそうであった。かれらには戦国人のような私的な野望というものが、まったくといっていいほどすくない。

人はどう行動すれば美しいか、ということを考えるのが江戸の武士道倫理であろう。人はどう思考し行動すれば公益のためになるかということを考えるのが江戸期の儒教である。この二つが、幕末人をつくりだしている。

幕末期に完成した武士という人間像は、日本人がうみだした、2多少奇形であるにしてもその結晶のみごとさにおいて人間の芸術品とまでいえるように思える。しかもこの種の人間は、個人的物欲を肯定する戦国期や、あるいは西洋にはうまれなかった。サムライという日本語が幕末期からいまなお世界語でありつづけているというのは、かれらが両刀を帯びてチャンバラをするからではなく、類型のない美的人間ということで世界がめずらしがったのであろう。

また3明治後のカッコワルイ日本人が、ときに自分のカッコワルサに自己嫌悪《けんお》をもつとき、かつての同じ日本人がサムライというものをうみだしたことを思いなおして、かろうじて自信を回復しようとするのもそれであろう。私はこの「峠」において、侍とはなにかということを考えてみたかった。それを考えることが目的で書いた。

その典型を4越後《えちご》長岡藩の非門閥《もんばつ》家老河井継之助にもとめたことは、書き終えてからもまちがっていなかったとひそかに自負している。

かれは行動的儒教というべき陽明学の徒であった。陽明学というのは、その行者たる者は自分の生命を一個の道具としてあつかわなければならない。いかに世を済《すく》うかということだけが、この学徒の唯一《ゆいいつ》の人生の目標である。このために、世を済う道をさがさねばならない。学問の目的はすべてそこへ集中される。

継之助は家督《かとく》を継ぐ身でありながら、藩庁に気ままをし、三十前後まで書生の境涯《きょうがい》でありつづけた。諸国の学者を歴訪してまわるのだが、このために父母には迷惑をかけつづけた。

③グドウ旅行である西国ゆきのときは、「お母さまは女の身ゆえとやかく言われるかもしれませんが、このことお父さんに頼み参らせます」という懇願の手紙を越後の実父に送っている。要するに自分

# 2023年度／慶應義塾高等学校

## 英語解答

I　1 (B)　2 (D)　3 (C)　4 (B)
5 (C)　6 (A)　7 (C)　8 (D)
9 (D)　10 (A)

II　1　D，all the subjects
2　B，arrive
3　A，(his) traveling
4　A，lost
5　B，being brought up
6　B，how
7　D，dependence on
8　B，so that
9　B，Fukuzawa hoped (for)
10　A，titled

III　(1) throw　(2) enough
(3) causes　(4) mistake
(5) while　(6) environment
(7) filled　(8) drinking
(9) often　(10) difference
(11) Recycling

IV　A　1…(C)　2…(A)　3…(D)　4…(C)
5…(C)　6…(A)　7…(D)　8…(D)
9…(B)　10…(B)　11…(D)　12…(A)

B　③　(例)彼女が壁をつくるまでは，私たちにとても親しくさせてくれるというだけだった。
⑤　(例)彼女が偶然私の足を蹴ったのか，あるいは彼女は自分がしていることをちゃんとわかっていたのか，そのとき私はわからなかったし，今もわからない。
⑦　(例)彼女は同級生のとても多くの人についてあまりにたくさん知っていたので，私は驚いた。

C　1　Reason 1　(例) Somehow she knew his interest in aviation, and so she brought him newspaper articles about it every Monday. (18語)
Reason 2　(例) She gave him a job so that he could earn money to go on the school trip to Washington. (19語)

2　(i)　(例) He sat down with the textbook in his lap opened to the poem and carefully read it. (17語)
(ii)　(例) He memorized the last verse of "Thanatopsis" to recite it from memory in front of her. (16語)

3　(例) By meeting and talking to her for the first time in nearly six years, he finally got over what had been bothering him for a long time. Also, she knew he learned a lesson from her. So, there was no more reason for them to meet. (46語)

I 〔長文読解─適語(句)選択─Eメール〕

≪全訳≫こんにちは，アラン！／Eメールをどうもありがとう！　君が僕と同じように日本の漫画を好きなことは知っているから，君が日本に来たときに楽しく過ごすための計画を伝えるね。電車でお台場に行って，コミックマーケットを開催している東京ビッグサイトで3時間過ごすつもりだよ。コミックマーケット，コミケという名の方がよく知られているものだけど，これは日本最大のポップカルチャーイベントの1つなんだ。これは見逃すべきではないよ。ドラゴンボールが君の人生に大きな影響を与えたと君は言っていたよね。ドラゴンボールが一番印象的だということには完全に同意するよ。登場人物が多くて，ストーリーがおもしろいもの。他の作品では見られないようなストーリーだよ。君が到着する前にもっと時間があるとき，アニメのキャラクターにふんしたコスプレイヤーの写真を何枚か，別のEメールで送るよ。／早く会えるといいね！／君の友人，アキラ

＜解説＞1．直前のlikeは「～と同じように」の意味の接続詞。「僕が好きなのと同じように君も好き」という意味になるので，前にあるyou likeに対応するI doが入る。このdoはlikeの代わりとなる代動詞。　2．‘tell＋人＋about＋物事’「〈人〉に〈物事〉を伝える」　3．文として成り立つのは，plan to ～「～するための計画」と‘make＋目的語＋形容詞’「～を…にする」を組み合わせた形となるCだけ。　4．‘時’を表す副詞節では未来の出来事も現在時制で表す。　5．Tokyo Big Sightを先行詞とする関係詞節が考えられる。whichは主格の関係代名詞，holdは「～を開催する」という他動詞でComic Marketを目的語にとる。　6．(be) known as ～「～として知られている」　7．‘one of＋限定された複数名詞’「～のうちの1つ」の形。コミックマーケットは「イベント」である。なお‘数えられる名詞’のbusinessは「会社，企業」の意味。

8．storyを修飾する適切な関係詞節を選ぶ。storyは他動詞find「～を見つける」の目的語となる。

9．同じ文中のI will以下が主節となるので，副詞節を導く接続詞が入る。　10．直後のe-mailが単数形であることに注目。電子メールがこれを含めて2通とは決まっていないので，the otherは不適切。

Ⅱ〔誤文訂正〕

1．almost「ほとんど」は副詞なので，名詞を直接修飾できない。the subjectsの前に形容詞allを補う。　「1835年，大阪に生まれた福澤諭吉は，ほとんど全ての教科が得意な習得の早い人だった」

2．「アメリカの船が到着するのを見たとき」という意味になるには，‘知覚動詞＋目的語＋動詞の原形’「～が…するのを見る〔聞く，感じる〕」の形になる必要がある。　「1853年の夏にアメリカの船が到着するのを見たとき，福澤は彼の胸が高鳴るのを感じた」

3．Through「～を通じて」は前置詞なので，続く語句は名詞句になる。　「福澤は，海外を旅するうちに，技術の進歩が欧米諸国を豊かにしてきたことに気づくようになった」

4．現在完了形は明確に過去を示す語句とともに使うことはできない。　「福澤は生後わずか18か月で，下級武士であった父を亡くした」

5．‘bring＋人＋up’〔‘bring up＋人’〕は「〈人〉を育てる」という意味。ここは，「育てられている間」となるべきなので受け身にする。　「福澤は，母や姉たちに育てられながら，彼女たちが懸命に働く姿を見ており，福澤が大きな役割を果たした1つの領域が，女性の立場である」

6．間接疑問の疑問詞がwhyでは意味が通らない。‘how＋形容詞’の形でhow limitedとすれば「どれほど限られているか」となる。　「女性の役割がどれほど限られているかを女性の視点を通して見ることによって理解するよう，福澤は男性に奨励した」

7．直前が所有格なので，形容詞dependentは不適切。また，depend on ～「～に頼る」と同様，前置詞はwithではなくonが適切。　‘believe ～ to be …’「～を…だと考える」　「福澤は，女性の男性への依存の主な原因は，適切な雇用が欠けていることだと考えた」

8．‘so that＋主語＋can ～’「～できるように」　「福澤は，女性がお金を稼ぐために今持っている技術を生かせるよう，慶応義塾のキャンパスで女性の就職機会を広げようとした」

9．whatは関係代名詞で「福澤が望んでいたもの」という意味だと考えられるので，‘what＋主語＋動詞...’の形にする。　「福澤が望んだことのほとんどは，今日までいまだ実現されてはいない」

10．‘title＋*A*＋*B*’で「*A*に*B*と表題をつける」という意味を表す。よってThe book titled *Gakumon no susume*で「『学問のすゝめ』と題された本」となる。forは不要。　「『学問のすゝめ』と題された本は，当時のどの本よりも多く売れた」

**Ⅲ**〔長文読解─適語補充─説明文〕

≪全訳≫❶世界で毎日約400万トンのゴミが捨てられている。これは，ゴミ収集車35万台分，エンパイアステートビル10棟をいっぱいにするのに十分な量だ。その廃棄物のうちの約12.8パーセントがプラスチックで，それは野生動物にとって大きな問題を引き起こす。プラスチックを食べ物と間違える動物もいれば，ゴミに巻き込まれる動物もいる。❷サッカーの試合や活動に向かう途中，冷蔵庫から冷たいボトルの水をすぐに手に取るのは簡単だ。しかし，そういったペットボトルは全て化石燃料を大量に使い，環境を汚染している。４分の１まで石油が入ったボトルを想像してほしい。それはそのボトルを製造するのに必要な石油の量と同じくらいだ。❸水は体にいいから，飲み続ければよい。しかし，水のボトルを使う頻度について考えて何か変化を起こせないか確かめてほしい。そして，そう，あなたは違いを生み出せるのだ。ペットボトル１本をリサイクルすると，60ワットの電球に６時間電気を供給するのに十分なエネルギーが節約できる。

＜解説＞(1) throw away ～〔throw ～ away〕「～を捨てる」　(2)‘enough(＋物)＋to ～’「～するのに十分(な〈物〉)」　(3) cause problems「問題を引き起こす」　(4)‘mistake *A* for *B*’「*A*を*B*と間違える」　(5)接続詞 while には「～である一方」という‘対照’の意味もある。　(6) pollute は「～を汚染する」の意味。fossil fuels「化石燃料」が何を汚染するかを考える。　(7) fill a bottle a quarter of the way up「ボトルの４分の１まで入れる」がもとの形。　(8) keep ～ing「～し続ける」の形。　(9)筆者が読者に変化を促す部分。石油を使うプラスチックのボトルをどれくらい「頻繁に」使っているか考えるよう促している。　(10) make a difference「違いを生み出す」　(11)プラスチックボトルをどうすれば，エネルギーの節約につながるかを考える。主語になるので動名詞(～ing)にすることに注意。

**Ⅳ**〔長文読解総合(英問英答形式)─物語〕

≪全訳≫❶彼女は中学と高校の英語を教え，上級生の担任もしていた。彼女は背の高い女性で，ほとんどの生徒やほとんどの男性教員よりも背が高かった。学校ではテニスシューズを履いて，背筋を伸ばして歩いていたが，テニスシューズを履くのは当時の女性としては聞いたことがないものだった。彼女の雪のように白い髪は，くしでとかしているようには見えなかった。化粧もせず，宝石もつけず，腕時計をしていただけだった。目が悪かったので，コーラの瓶のような厚さの眼鏡をいつもかけていたが，それでもまだ机の上の資料の間近まで身をかがめていた。集中しているときや不安になったときには，舌先を出す癖があった。いつも同じ白いロングドレスを着ているようで，それはテニスシューズの上まで垂れ下がっていた。❷彼女のイニシャルは A.W.A. だった。W は Wadsworth を表すと，彼女はあるとき私たちに言ったことがある。私たちは彼女についてほとんど何も，彼女の家族のことも，出身地も，経歴についても何も知らなかったが，彼女がスミス大学を卒業したことだけは知っていた。彼女は学校の近くにある大きな家に１人で住んでいた。天気が良ければ学校まで歩いて通い，朝，用務員が校舎を開けるとすぐに，自分が担任をしているクラスの机の前に座った。❸私たちには，彼女がずっとこの高校で教えていたように思えた。私より５歳年上の兄は，彼女に英語を習い，担任もしてもらった。彼は私に，宿題は必ずやり，授業への準備をし，そして絶対に彼女にうそをつかないように忠告した。彼女は厳しく採点するが，公平だと彼は言った。❹彼女の授業は活気があり，全員が何らかの形で授業に参加するようになっていた。彼女の授業は興味深く，多くの知識を学べ，そして驚いたことに，とても楽しかった。私たちは，彼女が教えていることにすら気づかずに学んでいた。❺彼女は詩が好きだったので，Wadsworth というミドルネームは詩と関係のある謎めいた家柄を示すのではないかと私たちは推測したが，真相はわからなかった。詩は彼女の授業の課題において重要な部分だった。授業の多くの時間は詩人の書いたものを読んで理解しようとすることに割かれた。彼女はまた，生徒のことを知ろうと必ず努力した。私たちの一人ひとりがどのくらいのレベルで作業できて学べるかを知っていて，私たちのうち必要とする生徒には特別な配慮をしてくれた。私がバスケットボールと野球で学校代表チームの選手だったことや，下級生のクラスの学級委員長や成績優秀者だったことを彼女に話した記憶はないが，彼女は知っていた。彼女は私の読書感想文や作文が好きだと言い，私の作品は正直さ，誠実さ，勤勉さを表していると言った。❻その当時ニューヨーク・タイムズ日曜版には，「航空」という完全に独立した欄があり，私の飛行機への興味をどういうわけか彼女は知っていたので，毎週月曜日の朝にはその欄がきちんと丸めて輪ゴムでとめられ，私の教室の机の上に置かれていた。❼その年の初め，毎年一度あるワシントンへの上級生クラスの修学旅行に参加するつもりかと彼女は私に尋ねた。私は彼女に，家庭の経済状況のためできそうにないと言った。彼女は，石だらけの庭の面倒をみたり，その他の家の周りの雑用をしたりする人が必要だと私に言った。その仕事は，私が毎週土曜日に働くごとに2ドルになった。彼女の援助のおかげで私はクラス旅行に行けた。後で知ったのだが，彼女は私たちのクラスの他の人たちにも旅行に行く助けになるよう仕事の手配をしていたのだった。❽彼女のクラスには，誰一人として先生のお気に入りと考えられるようなことはなかった。彼女が壁をつくるまでは，私たちにとても親しくさせてくれるというだけだった。だが私は，これまでのどの生徒にも劣らず，彼女のお気に入りに近づけたような気がしていた。❾彼女の上級クラスの期末テストでは，彼女の詩への，特にある1つの詩への愛が反映された。彼女はこれまで，どんな詩だろうと授業で暗唱することを私たちに求めたことはなかった。しかし最終試験では，生徒全員に『タナトプシス』の最後の一節を暗唱するよう求めた。この暗唱は，それまで毎年そうであったように試験の成績の50パーセントを占めることになっていた。❿彼女は，私たちは現実の人生に向けて卒業していくのだから，この節は私たちが人生をどのように生きるべきかを完璧に描いていると説明した。ウィリアム・カレン・ブライアントは，自分の詩の最後の節で，それ自体で完結した教訓である人生に対する平易な哲学を明確かつ雄弁に述べている，と彼女は言った。⓫私たちの暗唱の最終試験の方法は簡単だった。彼女は毎日朝早く，自分のクラスの机の前に座っていた。授業がない残りの時間は，階の間の踊り場にある小さな机で仕事をしていた。どちらの机でも，彼女はいつもうつむいて座り，決して視線を上げず，完全に自分の仕事に集中していた。彼女はあらゆる生徒の声をその場で判別したので，誰かがその詩を暗唱するために座ると，彼女はただ心の中に記録しておき，後でその生徒の名前に印をつけ，試験の口頭試問は完了したとするのだ。⓬期限の最後の日，私はその詩を覚えておらず，そうしていない正当な理由もなかった。絶望的な状況の中，簡単だと思った脱出策に思い当たった。生徒が暗唱するとき彼女が決して顔を上げないことを私は知っていたので，その詩の箇所を開いた教科書を膝に置いて座り，それをていねいに読みさえすればよかったのだ。⓭彼女が偶然私の足を蹴ったのか，あるいは彼女は自分がしていることをちゃんとわかっていたのか，そのとき私はわからなかったし，今もわからない。彼女が私の足を蹴ったとき，爆弾が破裂したような音とともに重い英語の教科書が床に落ちた。⓮彼女はすぐに顔を上げたが，彼女の顔に浮かんだ表情は私が決して忘れることのできないものだった。彼女は言った。「ジェームズ，あなたは不合格よ」⓯私はすぐにその本を拾い上げて歩き去った。その夜，私は『タナトプシス』の最後の一節を暗記した。次の朝，私は教室で彼女の机の前に立ち，何か言ってもよいかと彼女に尋ねた。彼女は顔を上げず，返事もしなかった。私はその詩を朗読した。⓰生きよ，あの神秘的な領域に向かう無数のほろ馬車たちに加われと君の呼ぶ声がしたときに。そこでは一人ひとりが静かな死の広間に自分の部屋をとる。君よ，夜にむち打たれて地下牢に入る採石場の奴隷のように行ってはならない。そうではなく，揺るぎない確信によって動ぜず落ち着いて，君の墓に向かえ。寝床の掛け布で自分を包み込み，横になって心地よい夢を見る者のように。⓱依然として彼女は顔を上げず，言葉も発しなかった。私は「ありがとうございました」と言って歩き去った。彼女はその試験で私に落第点を与えたが，私は卒業した。⓲彼女と再び話すことは6年近くなかった。私は自分の人生を歩んでいたが，その出来事は私の中に残った。[19]2月のある寒い日，航空学校を卒業し空軍から休暇をもらって家にいたとき，私はもう一度彼女に会おうと決めた。最初に電話をしておくこともなく，車で彼女の家に行き，ドアの呼び鈴を鳴らした。彼女は私を見ても驚いてはいないようだった。それどころか，私が来ることを予期していたように見えた。彼女は私が最後に会ったときと少しも変わっていなかった。[20]私たちはお茶を飲み，彼女は私の空軍記章を見ると，私が空を飛ぶことに関わることをすると思っていたと言った。私の同級生の何人かについて情報交換をしたが，彼女はそのとても多くの人についてあまりにたくさんのことを知っていたので，私は驚いた。私をとても長い間悩ませていたあの出来事には私たちのどちらもふれることはなく，彼女はそれを覚えているのだろうかと私は思った。どういうわけか，彼女が覚えていることが私にはわかった。さよならを言ったとき，もう二度と会うことはないだろうと私たちはわかっていた。[21]彼女はさらに何年も教え続け，『タナトプシス』の最後の一節は，彼女の上級クラスの英語の期末試験の50パーセントとして残った。彼女は102歳で亡くなった。[22]兄が彼女の授業で使っていて私に譲ってくれた，2つの穴にリングを通したノートを私はまだ持っている。私は彼女の授業でそれを使い，彼女の授業で書いた読書感想文やその他のレポートの多くをいまだに持っている。[23]私はあの背の高い白髪の先生を決して忘れたことはなく，私に不合格だと言ったときに彼女の顔に浮かんだ表情も忘れたことはない。彼女は私の足を蹴ったとき，決して忘れることのない教訓を私に与えた。今日まで，私の真言は『タナトプシス』の最後の一節だ。1日に少なくとも1回，毎日それを暗唱している。

A＜英問英答＞

1＜内容一致＞「筆者の先生は(　　)」―(C)「自分がどう見えるかには注意を払わなかった」　第1段落後半参照。

2＜内容一致＞「生徒たちは彼女のことをよく知らなかった，(　　)」―(A)「だがジェームズは彼女が熱心に働く教師であることがわかるようになった」　第2段落最終文など参照。朝早くから，授業中以外でも常に机で集中して働いている。

3＜内容一致＞「兄はジェームズに，(　　)と言った」―(D)「彼は事前に授業の準備をするべきだ」　第3段落第3文参照。　‘advise＋人＋to ～’「〈人〉に～するよう助言する」　be prepared「準備ができている」

4＜内容一致＞「彼女の授業は(　　)」―(C)「楽しく，生徒たちは新しいことをたくさん学んだ」　第4段落第2文参照。　informative「知識を与える，見聞を広める」

5＜内容一致＞「彼女のイニシャルはA.W.A.であり，(　　)」―(C)「ジェームズは彼女のミドルネームが何かを知っていた」　第2段落第1，2文参照。

6＜内容一致＞「彼女は(　　)生徒の面倒をよくみていた」―(A)「教師としてより良い働きができるように」　第5段落後半～第7段落参照。

7＜要旨把握＞「下線部①から何がわかるか」―(D)「彼女はジェームズに，彼の将来のキャリアに役立つ物を持ってきた」　下線部①は，彼女がジェームズに航空に関する新聞記事を毎週月曜日に持ってきてくれていたことを示す内容。その理由は，第20段落第1文で明らかになる。彼女は，ジェームズが将来航空関連の仕事をすると予想していたのである。

8＜文脈把握＞「下線部②で，彼らはどのような『人々』だったか」―(D)「最終的に自分のしたかったことを実現した人々」　下線部は，彼女がクラスの他の生徒にも修学旅行に行けるようにするため，仕事の手配をしていたことを示す内容。仕事の手配をしてもらったことで行きたかった修学旅行に行けるようになったと考えられる。

9＜内容一致＞「期末試験では，生徒たちは(　　)」―(B)「違う種類のテストを受け，別々に採点された」　第９段落最終文参照。詩の暗唱が最終試験の成績に占める割合は50パーセントなので，残りは別の試験によって採点されるとわかる。また，第11段落最終文には the oral part of the exam とあるので，口頭でない部分があると考えられる。

10＜内容一致＞「ジェームズがテストの準備ができていなかったのは，(　　)からだ」―(B)「どういうわけか，彼は準備するのに十分な意欲がなかった」　第12段落第１文参照。正当な理由がないということは，怠けてしまったと考えられる。　motivated「やる気のある」

11＜内容真偽＞「彼女について正しい記述はどれか」　(A)「彼女はしばしば自分の作品を教材として使った」…×　(B)「彼女は，航空業界で働いていた亡き夫がいないのを寂しがっていた」…×　(C)「彼女は生徒たちに，詩だけでなく本も読むように勧めた」…×　(D)「彼女は『タナトプシス』は生徒が覚えておく必要があるものだと信じ続けた」…○　第９，10段落および第21段落第１文参照。彼女は『タナトプシス』の最後の一節の暗唱を長年にわたり最終試験としており，その理由を第10段落で説明している。

12＜表題選択＞「この物語のタイトルは何か」―(A)「学んだ教訓」　最終段落参照。期末試験での経験は筆者に教訓として残り，現在でも詩を暗唱することでそれを忘れないようにしている。

B＜英文和訳＞

③生徒の誰一人として teacher's pet「先生のお気に入り」になれなかった理由を説明した文。'allow＋人＋to ～' は「〈人〉に～することを許す」。誰でも彼女とかなり親しくはなれるものの，それ以上になる前に彼女は壁をつくったということ。先生は誰かを特別扱いすることなく誰にでも平等に接していたのである。なお，ここでの would は '過去の習慣' を表す用法。

⑤'not ～ nor …'「～でなければ…でもない」の形。nor の後が do I know と倒置されているのは，前に否定語 nor があるため。know の目的語は whether ～「～であるか」以下。

⑦ with は「～によって」という '手段' を表す。how much 以下は '疑問詞＋主語＋動詞...' の語順の間接疑問なので，直訳すれば「どれだけ多くのことを知っていたかによって」となるが，単に「たくさんのことを知っていて」とした方が日本語として適切だろう。

C＜英問英答＞

1＜文脈把握＞「下線部④で，彼にその『感情』を持たせたのは何か。20語程度の英語で理由を２つ書きなさい」　自分が先生に気に入られていると考える理由となるエピソードが，第５段落～第７段落にかけて紹介されている。先生が，筆者が伝えていないことを知っていたり，筆者のレポートを褒めてくれたり，筆者に役立つ行動をしてくれたりといった内容の中から２つを選んでまとめる。

2＜要旨把握＞「下線部⑥で，(i)ジェームズが試験中にしたこと，(ii)彼がその場から離れた後にしたこと，について説明しなさい。それぞれ15語程度で答えること」　試験中にしたことは，第12段落最終文に，試験後にしたことは第15段落第２文以降に書かれている。それぞれの内容を15語程度にまとめる。

3＜文脈把握＞「下線部⑧で，彼らは再び会うことはないということがどうしてわかったと思うか。自分の考えを20語以上で書きなさい」　お互いが久しぶりに会ったことで，それぞれの感情が満たされたことを示す内容にすればよいだろう。筆者は久々に先生に会って話したことで，長年心の中に残っていた試験のことを吹っきることができ，先生もジェームズの姿を見て，あのときの経験が教訓となっていることがわかって，どちらもこれ以上会う必要を感じなくなったと考えられる。

# 2023年度／慶應義塾高等学校

## 数学解答

**1** (1) 43　(2) 18560　(3) 1400
(4) 22　(5) (順に) $-\frac{1}{4}$, $\frac{17}{2}$
(6) (順に)2, −5, 3, −4
〔(順に)3, −4, 2, −5〕
(7) $\frac{12}{7}$

**2** (1) $\frac{117}{125}$　(2) $\frac{44}{125}$　(3) $\frac{57}{125}$

**3** (1) 12　(2) 16, 81
(3) 4, 25, 27, 49

**4** $-19+5\sqrt{17}$

**5** (1) $\frac{4\sqrt{3}}{9a^2}$　(2) 2：1

**6** (1) $\frac{5}{18}\pi$　(2) $(2\sqrt{2}+4)\pi$

**1**〔独立小問集合題〕

(1)＜数の性質＞100でわった余りは，その整数の下2けたの数となるから，$7^1=7$，$7^2=49$，$7^3=7^2\times7=49\times7=343$より，$7^1$，$7^2$，$7^3$を100でわった余りはそれぞれ7，49，43である。$7^4=7^3\times7$より，$7^4$を100でわった余りは，〔$7^3$の下2けたの数〕×7の下2けたの数となるので，$43\times7=301$より，1となる。$7^5=7^4\times7$だから，同様に考えて，$1\times7=7$より，$7^5$を100でわった余りは7となる。この後も，$7\times7=49$より，$7^6$を100でわった余りは49，$49\times7=343$より，$7^7$を100でわった余りは43，……となるので，100でわった余りは，$7^1$から順に，7，49，43，1の4つの数の繰り返しとなる。$123\div4=30$あまり3より，$7^{123}$を100でわった余りは，$7^3$を100でわった余りと同じだから，43である。

(2)＜数の計算＞与式$=(30^2+37^2+44^2+51^2+58^2+65^2+72^2+79^2)-(1^2+8^2+15^2+22^2+29^2+36^2+43^2+50^2)=(30^2-1^2)+(37^2-8^2)+(44^2-15^2)+(51^2-22^2)+(58^2-29^2)+(65^2-36^2)+(72^2-43^2)+(79^2-50^2)=(30+1)(30-1)+(37+8)(37-8)+(44+15)(44-15)+(51+22)(51-22)+(58+29)(58-29)+(65+36)(65-36)+(72+43)(72-43)+(79+50)(79-50)=31\times29+45\times29+59\times29+73\times29+87\times29+101\times29+115\times29+129\times29=(31+45+59+73+87+101+115+129)\times29=640\times29=18560$

(3)＜数の計算＞与式$=\left(\frac{\sqrt{2023}+\sqrt{2022}}{\sqrt{2}}\right)^2+(\sqrt{2023}+\sqrt{2022})(\sqrt{63}-\sqrt{2022})+\left(\frac{\sqrt{63}-\sqrt{2022}}{\sqrt{2}}\right)^2$として，$\sqrt{2023}+\sqrt{2022}=A$，$\sqrt{63}-\sqrt{2022}=B$とおくと，与式$=\left(\frac{A}{\sqrt{2}}\right)^2+AB+\left(\frac{B}{\sqrt{2}}\right)^2=\frac{A^2}{2}+AB+\frac{B^2}{2}=\frac{1}{2}(A^2+2AB+B^2)=\frac{1}{2}(A+B)^2$となる。$A+B=(\sqrt{2023}+\sqrt{2022})+(\sqrt{63}-\sqrt{2022})=\sqrt{2023}+\sqrt{63}=\sqrt{17^2\times7}+\sqrt{3^2\times7}=17\sqrt{7}+3\sqrt{7}=20\sqrt{7}$だから，与式$=\frac{1}{2}\times(20\sqrt{7})^2=\frac{1}{2}\times2800=1400$となる。

(4)＜数の性質＞正$n$角形($n\geqq3$)の1つの外角を$y°$とすると，1つの内角が$x°$より，$x°+y°=180°$となるから，$x$の値が整数のとき，$y$の値も整数である。正$n$角形の外角の和は360°だから，$y=\frac{360}{n}$である。よって，$n$は，360の約数で3以上の整数だから，3，4，5，6，8，9，10，12，15，18，20，24，30，36，40，45，60，72，90，120，180，360の22個あり，正$n$角形は22個ある。

(5)＜関数―$\boldsymbol{a}$，$\boldsymbol{b}$の値＞$x$の変域が$8a\leqq x\leqq-24a$より，$8a<-24a$だから，$a<0$である。よって，一次関数$y=ax+b$は，$x$の値が増加すると$y$の値は減少する。$y$の変域が$7\leqq y\leqq9$となるので，$x=8a$のとき$y$は最大の$y=9$，$x=-24a$のとき$y$は最小の$y=7$となる。$y=ax+b$に$x=8a$，$y=9$を代入して，$9=a\times8a+b$より，$8a^2+b=9$……①となり，$x=-24a$，$y=7$を代入して，$7=a\times(-24a)+b$より，$24a^2-b=-7$……②となる。①＋②より，$8a^2+24a^2=9+(-7)$，$32a^2=2$，$a^2=\frac{1}{16}$，$a=\pm\frac{1}{4}$と

なり，$a<0$ だから，$a=-\frac{1}{4}$ である。①に $a^2=\frac{1}{16}$ を代入すると，$8\times\frac{1}{16}+b=9$，$\frac{1}{2}+b=9$，$b=\frac{17}{2}$ となる。

(6)＜連立方程式＞$x^2y+xy^2-9xy=120$……①，$xy+x+y-9=-22$……②とする。①より，$xy(x+y-9)=120$……①′　②より，$x+y-9=-xy-22$……②′　②′を①′に代入して，$xy(-xy-22)=120$，$(xy)^2+22xy+120=0$，$(xy+10)(xy+12)=0$　$\therefore xy=-10$，$-12$　$xy=-10$ を②′に代入すると，$x+y-9=-(-10)-22$，$y=-x-3$ となるので，これを $xy=-10$ に代入して，$x(-x-3)=-10$，$x^2+3x-10=0$，$(x-2)(x+5)=0$　$\therefore x=2$，$-5$　$x=2$ のとき，$y=-2-3$，$y=-5$ となり，$x=-5$ のとき，$y=-(-5)-3$，$y=2$ となる。$x>y$ より，$x=2$，$y=-5$ である。また，$xy=-12$ を②′に代入すると，$x+y-9=-(-12)-22$，$y=-x-1$ となるので，これを $xy=-12$ に代入して，$x(-x-1)=-12$，$x^2+x-12=0$，$(x-3)(x+4)=0$　$\therefore x=3$，$-4$　$x=3$ のとき，$y=-3-1$，$y=-4$ となり，$x=-4$ のとき，$y=-(-4)-1$，$y=3$ となる。$x>y$ より，$x=3$，$y=-4$ である。以上より，$x=2$，$y=-5$，または，$x=3$，$y=-4$ である。

(7)＜平面図形―長さ＞右図で，AB∥EF より，△ABC∽△EFC となるから，AC：EC＝AB：EF＝$4:\frac{12}{5}=5:3$ となり，EA：EC＝$(5-3):3=2:3$ となる。また，AB∥DC より，△ABE∽△CDE となるから，AB：CD＝EA：EC＝2：3 となり，CD＝$\frac{3}{2}$AB＝$\frac{3}{2}\times4=6$ である。さらに，EF∥DC より，△EFG∽△CDG となるから，GE：GC＝EF：CD＝$\frac{12}{5}:6=2:5$ となり，EC：GC＝$(2+5):5=7:5$ となる。EF∥GH より，△EFC∽△GHC だから，EF：GH＝EC：GC＝7：5 となり，GH＝$\frac{5}{7}$EF＝$\frac{5}{7}\times\frac{12}{5}=\frac{12}{7}$ である。

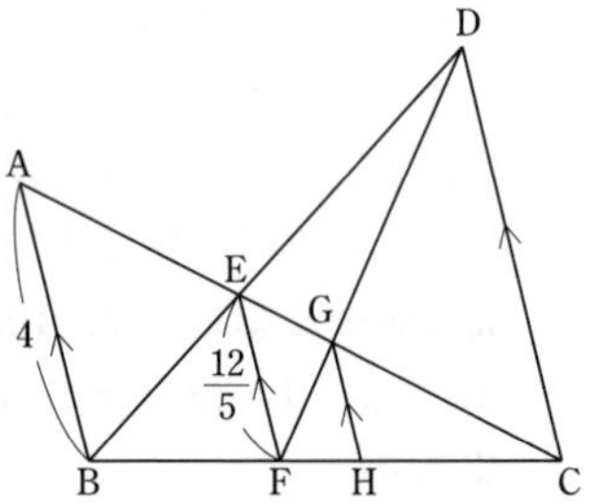


**2**〔データの活用―確率―カード〕

(1)＜確率＞取り出したカードをもとに戻すので，カードの取り出し方は，1回目，2回目，3回目いずれも5通りであり，全部で $5\times5\times5=125$(通り)ある。よって，$x$，$y$，$z$ の組も125通りある。このうち，$xyz$ が偶数にならない場合を考えると，これは奇数になる場合で，$x$，$y$，$z$ が全て奇数である。奇数は，1，3の2通りだから，$xyz$ が奇数になる場合は $2\times2\times2=8$(通り)ある。したがって，$xyz$ が偶数になる場合は $125-8=117$(通り)だから，求める確率は $\frac{117}{125}$ となる。

(2)＜確率＞$9=3^2$ より，$xyz$ が9の倍数になるのは，3の倍数のカードを2回以上取り出すときである。3の倍数のカードは，3，6なので，$x=1$ のとき，$y$，$z$ はそれぞれ，3，6の2通りより，$2\times2=4$(通り)ある。$x=2$，4のときも同様に4通りずつある。$x=3$ のとき，$y$，$z$ の少なくともどちらかが3の倍数である。$y=1$ とすると，$z=3$，6の2通りあり，$y=2$，4としても同様に2通りずつある。$y=3$ とすると，$z=1$，2，3，4，6の5通りあり，$y=6$ としても5通りある。よって，$x=3$ のとき，$2\times3+5\times2=16$(通り)ある。$x=6$ のときも同様に16通りある。よって，$xyz$ が9の倍数になる場合は $4\times3+16\times2=44$(通り)あるから，求める確率は $\frac{44}{125}$ となる。

(3)＜確率＞$8=2^3$ より，$xyz$ が8の倍数になるのは，$xyz$ の素因数2の個数が3個以上になるときである。$4=2^2$，$6=2\times3$ だから，$x=1$ のとき，$(y,\ z)=(2,\ 4)$，$(4,\ 2)$，$(4,\ 4)$，$(4,\ 6)$，$(6,\ 4)$ の5通りある。$x=3$ のときも5通りある。$x=2$ のとき，$y=1$ とすると，$z=4$ の1通りあり，$y=3$ としても1通りある。$y=2$ とすると，$z=2$，4，6の3通りあり，$y=6$ としても3通りある。$y=4$ とすると，$z=1$，2，3，4，6の5通りある。よって，$x=2$ のとき，$1\times2+3\times2+5=13$(通り)ある。$x=$

6のときも13通りある。$x=4$のとき，$y=1$とすると$z=2$，4，6の3通りあり，$y=3$としても3通りある。$y=2$とすると，$z=1$，2，3，4，6の5通りあり，$y=4$，6としても5通りずつある。よって，$x=4$のとき，$3\times2+5\times3=21$(通り)ある。したがって，$xyz$が8の倍数になる場合は$5\times2+13\times2+21=57$(通り)あるから，求める確率は$\frac{57}{125}$となる。

**3**〔数と式―数の性質〕

(1)＜約数の個数＞108の正の約数は，1，2，3，4，6，9，12，18，27，36，54，108の12個だから，[108]=12である。

≪別解≫ $108=2^2\times3^3$だから，108の正の約数は，$2^2$の約数$(1,\ 2,\ 2^2)$の1つと，$3^3$の約数$(1,\ 3,\ 3^2,\ 3^3)$の1つとの積で全てを表すことができる。$2^2$の約数は3個，$3^3$の約数は4個だから，その積は$3\times4=12$(通り)でき，108の正の約数の個数は12個となる。よって，[108]=12である。

(2)＜自然数$\boldsymbol{n}$の値＞$[n]=5$より，自然数$n$は，正の約数が5個の自然数である。$n$の素因数が1種類のとき，その素因数を$a$とすると，5個の正の約数は1，$a$，$a^2$，$a^3$，$a^4$である。よって，$n$は$n=a^4$と表される自然数であり，$2^4=16$，$3^4=81$，$5^4=625$より，300以下の自然数$n$は，$n=16$，81である。$n$の素因数が2種類のとき，その素因数を$a$，$b$として，$n=ab$と表せるとすると，$n$の正の約数は1，$a$，$b$，$ab$の4個あり，$n=a^2b$と表せるとすると，$n$の正の約数は1，$a$，$b$，$a^2$，$ab$，$a^2b$の6個あるから，$[n]=5$とはならない。$n$の素因数が3種類以上のときも$[n]=5$とはならないので，求める自然数$n$は$n=16$，81である。

(3)＜自然数$\boldsymbol{n}$の値＞$[n]<[3n]$だから，$[n]+[3n]=9$より，$([n],\ [3n])=(1,\ 8)$，$(2,\ 7)$，$(3,\ 6)$，$(4,\ 5)$である。$[n]=1$のとき，$n$の約数は1個だから，$n=1$である。$3n=3\times1=3$となり，3の約数は1，3の2個だから，$[3n]=[3]=2$である。$[n]=1$のとき，$[3n]=8$とならないので，適さない。$[n]=2$のとき，$n$は素数である。$n$が3以外の素数とすると，$3n$の正の約数は1，3，$n$，$3n$の4個だから，$[3n]=4$となる。$n=3$とすると，$3n=3\times3=9$より，$3n$の正の約数は1，3，9の3個だから，$[3n]=3$となる。$[n]=2$とき，$[3n]=7$とならないので，適さない。$[n]=3$のとき，$a$を素数として，$n$の正の約数は，1，$a$，$a^2$となるから，$n=a^2$と表せる数である。$a$が3以外の素数とすると，$3n=3a^2$の正の約数は1，3，$a$，$3a$，$a^2$，$3a^2$の6個だから，$[3n]=6$となり，適する。$a=3$とすると，$3n=3\times3^2=27$の正の約数は1，3，9，27の4個だから，$[3n]=4$となり，適さない。よって，$[n]=3$とき，$2^2=4$，$5^2=25$，$7^2=49$，$11^2=121$より，100以下の自然数$n$は，$n=4$，25，49である。$[n]=4$のとき，$[3n]=5$である。$n\leqq100$だから，$3\times100=300$より，$3n\leqq300$である。(2)より，$[3n]=5$となる300以下の自然数$3n$は，$3n=16$，81である。$3n=16$とすると，$n$は自然数にならないので，適さない。$3n=81$とすると，$n=27$となり，27の正の約数の個数は4個より，$[n]=4$であり，適する。以上より，求める自然数$n$は，$n=4$，25，27，49である。

**4**〔数と式―二次方程式の応用〕

容器Aは，1%の食塩水400gから$50x$gを取り出し，容器Bから取り出した6%の食塩水$25x$gが入るので，食塩水の量は$400-50x+25x=400-25x$(g)，含まれる食塩の量は$(400-50x)\times\frac{1}{100}+25x\times\frac{6}{100}=4+x$(g)となり，濃度は$\frac{4+x}{400-25x}\times100$%となる。また，容器Bは，6%の食塩水100gから$25x$gを取り出し，容器Aから取り出した1%の食塩水$50x$gが入るので，食塩水の量は$100-25x+50x=100+25x$(g)，含まれる食塩の量は$(100-25x)\times\frac{6}{100}+50x\times\frac{1}{100}=6-x$(g)となり，濃度は$\frac{6-x}{100+25x}\times100$%となる。よって，容器Bの食塩水の濃度が，容器Aの食塩水の濃度の2倍になったことから，$\frac{6-x}{100+25x}\times100=\frac{4+x}{400-25x}\times100\times2$が成り立つ。これを解くと，$\frac{6-x}{25(4+x)}\times100=$

$\dfrac{4+x}{25(16-x)}\times 100\times 2$，$(6-x)(16-x)=2(4+x)^2$，$96-6x-16x+x^2=32+16x+2x^2$，$x^2+38x-64=0$ より，$x=\dfrac{-38\pm\sqrt{38^2-4\times1\times(-64)}}{2\times1}=\dfrac{-38\pm\sqrt{1700}}{2}=\dfrac{-38\pm10\sqrt{17}}{2}=-19\pm5\sqrt{17}$ となる。$50x<400$，$25x<100$ より，$x<8$，$x<4$ だから，$0<x<4$ であり，$x=-19+5\sqrt{17}$ である。

**5** 〔関数―関数 $y=ax^2$ と一次関数のグラフ〕

⑴<面積>右図で，3点O，D，Fを結ぶと，六角形OCDEFGが正六角形より，△OCD，△DEF，△OGFは合同になり，OD＝DF＝OFとなるから，△ODFは正三角形である。△OABが正三角形なので，2点D，Fはそれぞれ線分OA上，OB上の点である。よって，△OABと正六角形OCDEFGが重なっている部分は，四角形ODEFである。点Cから $x$ 軸に垂線CC′を引き，正六角形OCDEFGの対角線OE，CF，DGの交点をPとする。このとき，△POC，△PCD，△PDE，△PEF，△PFG，△POGは合同な正三角形となるので，∠POC＝60°より，∠COC′＝90°－60°＝30°となる。これより，△COC′は3辺の比が $1:2:\sqrt{3}$ の直角三角形だから，直線OCの傾きは $\dfrac{\mathrm{CC'}}{\mathrm{OC'}}=\dfrac{1}{\sqrt{3}}=\dfrac{\sqrt{3}}{3}$ となり，直線OCの式は $y=\dfrac{\sqrt{3}}{3}x$ となる。点Cは放物線 $y=ax^2$ と直線 $y=\dfrac{\sqrt{3}}{3}x$ の交点となるから，$ax^2=\dfrac{\sqrt{3}}{3}x$，$3ax^2-\sqrt{3}x=0$，$x(3ax-\sqrt{3})=0$ より，$x=0$，$\dfrac{\sqrt{3}}{3a}$ となり，点Cの $x$ 座標は $\dfrac{\sqrt{3}}{3a}$ である。したがって，$\mathrm{OC'}=\dfrac{\sqrt{3}}{3a}$ であり，$\mathrm{PO}=\mathrm{OC}=\dfrac{2}{\sqrt{3}}\mathrm{OC'}=\dfrac{2}{\sqrt{3}}\times\dfrac{\sqrt{3}}{3a}=\dfrac{2}{3a}$ となるから，$\mathrm{EO}=2\mathrm{PO}=2\times\dfrac{2}{3a}=\dfrac{4}{3a}$ である。△ODEは，$\mathrm{EO}=\dfrac{4}{3a}$ を底辺と見ると，高さは $\mathrm{OC'}=\dfrac{\sqrt{3}}{3a}$ だから，$\triangle\mathrm{ODE}=\dfrac{1}{2}\times\dfrac{4}{3a}\times\dfrac{\sqrt{3}}{3a}=\dfrac{2\sqrt{3}}{9a^2}$ となり，〔四角形ODEF〕$=2\triangle\mathrm{ODE}=2\times\dfrac{2\sqrt{3}}{9a^2}=\dfrac{4\sqrt{3}}{9a^2}$ である。

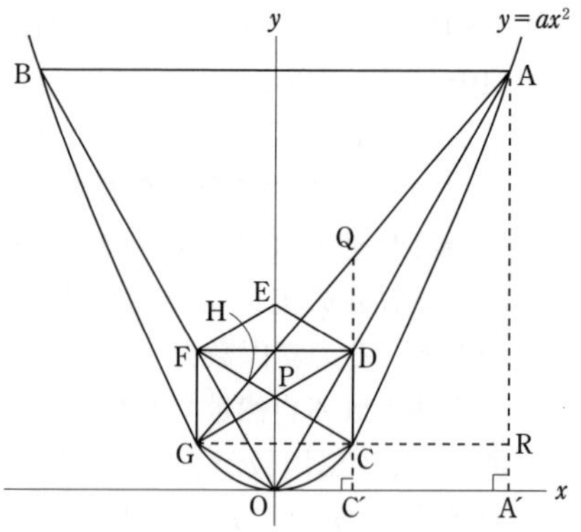


⑵<長さの比>右上図で，CDの延長と線分AGの交点をQとすると，QC∥FGより，△CQH∽△FGHとなり，CH：HF＝CQ：FGである。⑴より，$\mathrm{FG}=\mathrm{PO}=\dfrac{2}{3a}$ である。また，$\mathrm{CC'}=\dfrac{1}{2}\mathrm{OC}=\dfrac{1}{2}\times\dfrac{2}{3a}=\dfrac{1}{3a}$ となるので，$\mathrm{C}\left(\dfrac{\sqrt{3}}{3a},\ \dfrac{1}{3a}\right)$ であり，2点G，Cは $y$ 軸について対称だから，$\mathrm{G}\left(-\dfrac{\sqrt{3}}{3a},\ \dfrac{1}{3a}\right)$ である。点Aから $x$ 軸に垂線AA′を引く。$\angle\mathrm{AOE}=\dfrac{1}{2}\angle\mathrm{AOB}=\dfrac{1}{2}\times60^\circ=30^\circ$ より，∠AOA′＝90°－30°＝60°だから，△AOA′は3辺の比が $1:2:\sqrt{3}$ の直角三角形である。これより，直線OAの傾きは $\dfrac{\mathrm{AA'}}{\mathrm{OA'}}=\dfrac{\sqrt{3}}{1}=\sqrt{3}$ となるので，直線OAの式は $y=\sqrt{3}x$ である。点Aは放物線 $y=ax^2$ と直線 $y=\sqrt{3}x$ の交点となるから，$ax^2=\sqrt{3}x$，$ax^2-\sqrt{3}x=0$，$x(ax-\sqrt{3})=0$ より，$x=0$，$\dfrac{\sqrt{3}}{a}$ となり，点Aの $x$ 座標は $\dfrac{\sqrt{3}}{a}$ である。$y=a\times\left(\dfrac{\sqrt{3}}{a}\right)^2=\dfrac{3}{a}$ となるので，$\mathrm{A}\left(\dfrac{\sqrt{3}}{a},\ \dfrac{3}{a}\right)$ である。直線GCと線分AA′の交点をRとすると，GRは $x$ 軸に平行だから，$\mathrm{RA}=\dfrac{3}{a}-\dfrac{1}{3a}=\dfrac{8}{3a}$ となり，$\mathrm{GC}=\dfrac{\sqrt{3}}{3a}-\left(-\dfrac{\sqrt{3}}{3a}\right)=\dfrac{2\sqrt{3}}{3a}$，$\mathrm{CR}=\dfrac{\sqrt{3}}{a}-\dfrac{\sqrt{3}}{3a}=\dfrac{2\sqrt{3}}{3a}$ となる。よって，GC＝CRだから，CQ∥RAより，△QGC∽△AGRとなり，CQ：RA＝GC：GR＝1：2である。したがって，$\mathrm{CQ}=\dfrac{1}{2}\mathrm{RA}=\dfrac{1}{2}\times\dfrac{8}{3a}=\dfrac{4}{3a}$ である。以上より，$\mathrm{CH}:\mathrm{HF}=\mathrm{CQ}:\mathrm{FG}=\dfrac{4}{3a}:\dfrac{2}{3a}=2:1$ となる。

**6** 〔空間図形―回転体〕

(1)＜体積＞右図1で，△ABCはAB＝ACの直角二等辺三角形であり，点Oは辺BCの中点だから，OA⊥BC，OA＝OB＝OC＝1となる。線分OAと線分CDの交点をEとし，点Dから線分OAに垂線DFを引く。2点B，Eを結んでできる△BOEは△COEと合同だから，直線OAを軸として△BCDを1回転させてできる立体は，直線OAを軸として四角形OEDBを1回転させてできる立体であり，△AOBを1回転させてできる円錐から，△ADF，△EDFを1回転させてできる2つの円錐を除いた立体となる。△AOBを1回転させてできる円錐は，底面の半径がOB＝1，高さがOA＝1だから，その体積は$\frac{1}{3}\times\pi\times1^2\times1=\frac{1}{3}\pi$である。次に，△ADF∽△ABOより，DF：BO＝AF：AO＝AD：AB＝1：2だから，DF＝$\frac{1}{2}$BO＝$\frac{1}{2}\times1=\frac{1}{2}$，AF＝$\frac{1}{2}$AO＝$\frac{1}{2}\times1=\frac{1}{2}$となり，FO＝AO－AF＝$1-\frac{1}{2}=\frac{1}{2}$となる。さらに，△DEF∽△CEOだから，EF：EO＝DF：CO＝$\frac{1}{2}$：1＝1：2だから，EF＝$\frac{1}{1+2}$FO＝$\frac{1}{3}\times\frac{1}{2}=\frac{1}{6}$となる。よって，△ADF，△EDFを1回転させてできる円錐は，底面の半径がともにDF＝$\frac{1}{2}$で，高さがそれぞれAF＝$\frac{1}{2}$，EF＝$\frac{1}{6}$だから，その体積は，それぞれ，$\frac{1}{3}\times\pi\times\left(\frac{1}{2}\right)^2\times\frac{1}{2}=\frac{1}{24}\pi$，$\frac{1}{3}\times\pi\times\left(\frac{1}{2}\right)^2\times\frac{1}{6}=\frac{1}{72}\pi$となる。以上より，求める立体の体積は$\frac{1}{3}\pi-\frac{1}{24}\pi-\frac{1}{72}\pi=\frac{5}{18}\pi$である。

図1

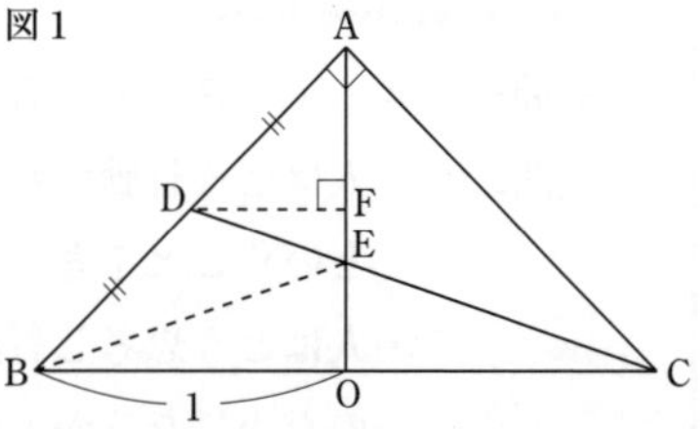


(2)＜面積＞右図2で，△ABCを含む平面と円Oを含む平面は垂直であり，△ABCは直角二等辺三角形で，点Oは辺BCの中点だから，線分OAは円Oを含む平面は垂直である。円Oの周上に点Pをとると，△APO≡△ABOとなるから，△APOは直角二等辺三角形であり，AP＝AB＝AC＝$\sqrt{2}$OA＝$\sqrt{2}\times1=\sqrt{2}$となる。∠BAC＝90°だから，円Oの周の部分を直線ABを軸として1回転させると，点Aを中心とする半径が$\sqrt{2}$の半球の曲面の部分となる。また，△ABCを直線ABを軸として1回転させると，底面の半径をAC＝$\sqrt{2}$，高さをAB＝$\sqrt{2}$とする円錐となる。△ABCを含む平面と円Oを含む平面が垂直であることから，円Oの内部が，△ABCを1回転させてできる円錐の内部を通ることはない。よって，円Oが通る部分は，右上図3のように，半球から円錐を取り除いた立体となる。その表面積は，円錐部分の側面積と半球の曲面部分の面積の和となる。BC＝$\sqrt{2}$AB＝$\sqrt{2}\times\sqrt{2}=2$だから，円錐部分の側面を展開すると，右図4のようになる。おうぎ形BCC′の中心角を$x$とすると，$\overset{\frown}{CC'}$の長さと円Aの周の長さは等しいので，$2\pi\times2\times\frac{x}{360^\circ}=2\pi\times\sqrt{2}$が成り立ち，$\frac{x}{360^\circ}=\frac{\sqrt{2}}{2}$となる。これより，円錐部分の側面積は，〔おうぎ形BCC′〕＝$\pi\times2^2\times\frac{x}{360^\circ}=\pi\times2^2\times\frac{\sqrt{2}}{2}=2\sqrt{2}\pi$となる。半球の曲面部分の面積は，$4\pi\times(\sqrt{2})^2\times\frac{1}{2}=4\pi$だから，求める表面積は$2\sqrt{2}\pi+4\pi=(2\sqrt{2}+4)\pi$となる。

図2

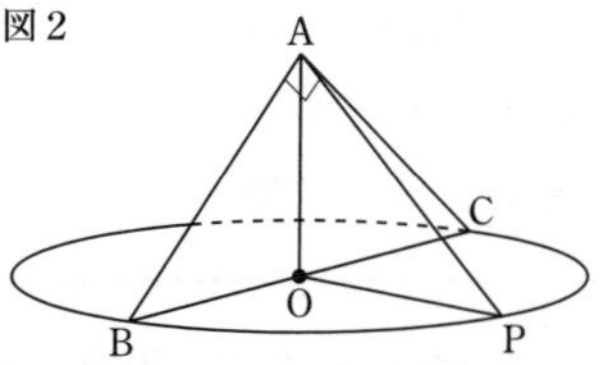


図3

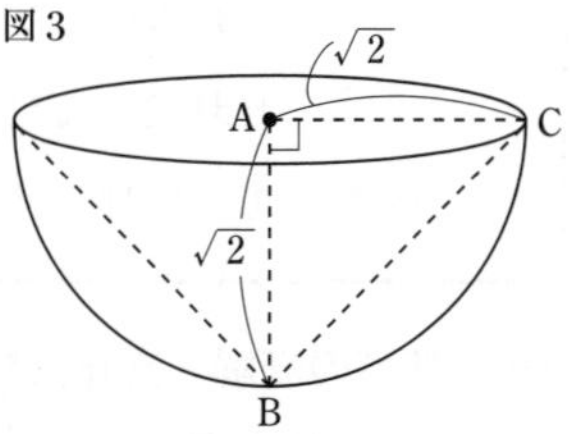


図4

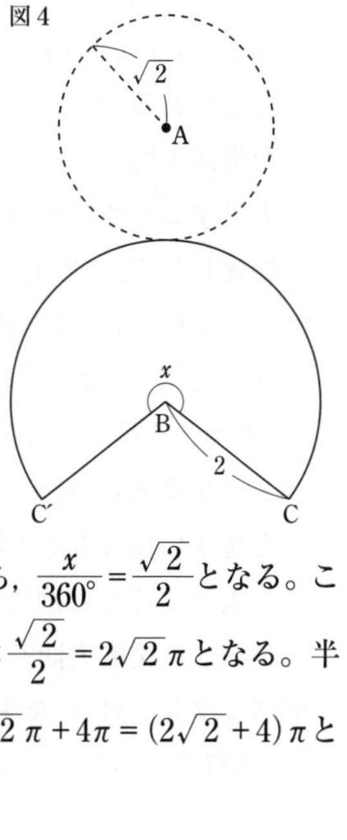

## 2023年度／慶應義塾高等学校

### 国語解答

一 問一 A 下 B 上 C 上

問二 ・人はどう行動すれば美しいか，ということを考える
・人はどう思考し行動すれば公益のためになるかということを考える

問三 形而上的思考によって行動し，私的な野望がほとんどないから。(29字)

問四 ［明治後の人々は］個人的物欲を肯定する［から］

問五 イ 問六 エ

問七 河井継之助という人物の描き方が不十分かもしれないという怖れ。(30字)

問八 お母さまは女の身ゆえとやかく言われるかもしれませんが，このことお父さんに頼み参らせます

問九 ① 処理 ② 教養 ③ 求道 ④ 保 ⑤ 接近

二 問一 ① 視界 ② 印象 ③ 俳優 ④ 薬指 ⑤ 経験

問二 A…ウ B…ウ C…イ

問三 1…ウ 2…カ 3…ア 4…エ

問四 エ

問五 1…ア 2…イ 3…ア 4…イ 5…ア 6…ア 7…イ 8…ア 9…イ 10…ア

問六 かえって文章全体に張りを持たせ，快いテンポを生み出すこと

問七 X する Y 統括 Z 従属

問八 Ⅰ をり Ⅱ ゐる Ⅲ ようやく Ⅳ ましょう

問九 敬体文のところは，直接読者にはたらきかけているが，常体文の部文は間接的である。

問十 書き終わった後で一度読み返すこと。

一〔随筆の読解―文化人類学的分野―日本人〕出典；司馬遼太郎『峠』「あとがき」。

問一＜文章内容＞A．戦国期の日本人には，まだ「形而上的なもの」に精神を托するということがなかった。「人間を昂奮させ，それを目標へ駆りたてるエネルギー」として，例えば「物欲，名誉欲」などがあるが，これらはあくまで「形而下的なもの」である。　B・C．戦国期の日本人は「まだ形而上的なものに精神を托するということがなかった」が，「江戸時代も降るにしたがって日本人はすこしずつ変って」いった。江戸時代に武士階級は「読書階級」になり，「形而上的思考法が発達」して，「形而上的なもの」が「形而下的なもの」より優位に立つようになったのである。

問二＜文章内容＞江戸時代に，武士階級は「読書階級」になり，幕末にかけて「形而上的思考法が発達」していった。「幕末人」に見られた形而上的思考法とは，「人はどう行動すれば美しいか」や「人はどう思考し行動すれば公益のためになるか」を考えるようになった。

問三＜文章内容＞「形而上的思考法が発達」して，江戸時代という教養時代が「それなりに完成」した幕末に出てきた人物たちは，「形而上的昂奮をともなわなければ」動かなくなった。彼らは，「戦国人のような私的な野望というものが，まったくといっていいほどすくない」という意味で，「類型のない美的人間」だった。

問四＜文章内容＞「幕末期に完成した武士という人間像」は，「人間の芸術品」とまでいえるような，「類型のない美的人間」だった。彼らには，「私的な野望」がなかったからである。このような人々

と比べたときに「カッコワルイ」と感じられるような人間は，「私的な野望」を持つ人間，つまり，「個人的物欲を肯定する」人間だと考えられる。

問五＜古典の知識＞「越後」は，今の新潟県である。

問六＜文学史＞新渡戸稲造は，教育者であり思想家でもあった。彼は，日本人の「武士道倫理的なもの」を欧米に紹介するために，英語で『武士道』を著した。

問七＜文章内容＞松蔵は，河井継之助の下僕で，継之助が死ぬと，その死体を焼いた。そのとき，松蔵は「灰のなかからたんねんに骨をひろいあげた」が，そうしたのは，「もし骨のひろい方が足りないで，これ松蔵や，貴様のそこつのためにおれの骨が一本足りぬ，などとあの世に行ってから叱られては」立つ瀬がないと恐れたからである。筆者は，河井継之助のことを書いたが，描き方が「足りない」かもしれないという「怖れ」もあり，「松蔵の怖れ」を他人事とは思えないのである。

問八＜表現＞「現在のジェンダー観」では，男女は平等であり，社会的・文化的に差別することはあってはならない。それに照らすと，「お母さまは女の身ゆえ～このことお父さんに頼み参らせます」という表現は，望ましくないことになる。

問九＜漢字＞①「処理」は，物事をさばいてきちんと始末をつけること。　②「教養」は，学問や芸術などを通じて得られる知識や精神的な豊かさのこと。　③「求道」は，正しい道理・真理を求めること。　④音読みは「保管」などの「ホ」。　⑤「接近」は，近づくこと。

二〔説明文の読解―芸術・文学・言語学的分野―日本語〕出典；斎賀秀夫「敬語の使い方」（岩淵悦太郎編著『悪文――伝わる文章の作法』所収）。

≪本文の概要≫敬体と常体を混用した文章は，読み手に心理的抵抗を与える。そのような文章は，一種の悪文といってよい。書き終わった後で一度でも読み返す用意があれば，文体の不統一はすぐに発見できるはずだと思うが，実際に活字になった文章には，文体が混用されているものがいくつもある。さて，敬体と常体は，いつの場合にでも機械的に統一せよというわけではなく，例外がある。常体の文中に敬体を交えることはほとんどないが，敬体文の中に部分的に常体を交えるケースは，いくつか考えられる。一つは，切迫した場面に常体の現在法を使うことである。また，全体の基調が敬体文であっても，その中の箇条書きの部分だけは常体にしてもよい。さらに，文の途中では，混用してもかまわない。読者に直接はたらきかける部分と間接的にはたらきかける部分がある場合は，敬体文の中に常体表現を交えてもよい。むしろ，その方がかえって文章全体に張りを持たせ，快いテンポを生み出すことにもなる。このような例外は別として，原則として常体と敬体とは混用しないように心がけるべきである。

問一＜漢字＞①「視界」は，見渡すことのできる範囲のこと。　②「印象」は，心に残った感じのこと。　③「俳優」は，役者のこと。　④「薬指」は，親指から数えて四番目の指のことで，薬を水に溶かしたりつけたりするのに用いたところから，この名がついたといわれる。　⑤「経験」は，実際に自分で見聞きしたり行ったりすること。

問二＜語句＞A．「面食らう」は，思いがけない出来事に驚き慌てる，という意味。　B．「シャクシ定規」は「杓子定規」で，一定の規則や規準にとらわれて，応用や融通がきかないこと。　C．「冗長」は，文章や話などがだらだらした感じで長いこと。

問三＜表現＞1．常体のうち，「だ」は，やや乱暴な感じや相手に対して無礼な感じを伴う。　2．常体のうち，「である」は，いくらか堅苦しい感じを伴う。　3．敬体のうち，「であります」は，堅苦しくかしこまった感じを伴う。　4．敬体のうち，「でございます」は，とてもていねいな感じを伴う。

問四＜文学史＞『枕草子』は，平安時代の随筆で，作者は清少納言。『方丈記』は，鎌倉時代の随筆で，作者は鴨長明。『徒然草』も，鎌倉時代の随筆で，作者は兼好法師。『古事記』は，奈良時代の歴史書で，稗田阿礼の口述を太安万侶が編さんしたもの。

問五＜文章内容＞1．第一段落は，「～である」「～でもあろう」など，全ての文が常体である。
2．第二段落は，「迎えました」「受けますので」など，全ての文が敬体で，その後もほとんどの文は敬体である。　3．第三段落には「あった」，第四段落には，「受ける」「食べる」というように，ところどころ常体文が混じっている。　4．「ドラマでした」「やっていたのですが」など，文章は敬体で始まる。　5．敬体で始まった文章が，途中から「もだえ出した」「抵抗する」など，常体に変わっている。　6・7．途中で「切迫した場面の描写のため」に常体が現れたのだとしても，敬体で文章を始めた以上，その部分が終わったら，もとの敬体に戻すべきである。
8．文章は，敬体に戻されないまま，最後まで常体になっている。　9・10．文章は敬体で始まり，途中から最後まで常体になっている。

問六＜文章内容＞「敬体文の中に，部分的に常体をまじえる」ことがよい方向にはたらいている例として挙げられているのは，福田恆存の文章である。このような文章では，「敬体を全体の基調とする文章」の中に「常体表現をまじえる」ことにより，「かえって文章全体に張りを持たせ，快いテンポを生み出すことにもなる」のである。

問七．X＜表現技法＞箇条書きの部分を「常体に改めて」書くと，「募集します」は「募集する」になる。　Y＜文章内容＞福田恆存の文章の例では，常体文の部分だけが「直接に読者にはたらきかけるのではなくて，あとに続く文の『それが』という語句にいったん統括されて，そこではじめて読者にはたらきかける」ようになっている。これと同じように，「入口から書きはじめる，そんなことばかりやつているのです」という文では，「書きはじめる」が「そんなこと」で「統括」される関係になっている。　Z＜文章内容＞福田恆存の文章の例では，間接的にはたらきかけている「常体文は後行の敬体文に従属する地位」にある。これと同じように，「入口から書きはじめる，そんなことばかりやつているのです」という文では，「常体表現」が「後行の敬体表現」に「従属」する。

問八＜歴史的仮名遣い＞Ⅰ．「おる(居る)」は，歴史的仮名遣いでは「をる」である。　Ⅱ．「いる(居る)」は，歴史的仮名遣いでは「ゐる」である。　Ⅲ．歴史的仮名遣いの「au」は，現代仮名遣いでは「ou」になる。　Ⅳ．歴史的仮名遣いの「eu」は，現代仮名遣いでは「you」になる。

問九＜文章内容＞福田恆存の文章の例では「常体文の部分と，他の敬体文の部分とを見比べると，決して同じ次元では読者に対していない」，つまり「次元を異に」している。「同じ次元では読者に対していない」とは，「敬体文のところは，直接読者にはたらきかけているが，常体文の部分は間接的である」ということである。

問十＜文章内容＞敬体と常体の混用が「おとなの書く文章」に見られるのは「考えてみればふしぎなこと」である。なぜなら，「書き終わったあとで一度でも読み返す用意があれば，そうした不統一はすぐに発見できるはずだと思う」からである。

# 2022年度 慶應義塾高等学校

【英　語】（60分）〈満点：100点〉

## I　Rewrite each sentence by filling in each blank with **one word**.

1．You cannot share this information with anyone.
＝This information must (　　) (　　) secret from (　　).

2．I've been learning English for three years.
＝(　　) been three years (　　) I (　　) learning English.

3．"You must hand in your summer homework on the first day of class," she said.
＝She (　　) us that we (　　) to hand in (　　) summer homework on the first day of class.

4．My mother didn't think my grades would be so good.
＝My grades were (　　) (　　) (　　) what my mother expected.

5．All the members of the group agreed with the plan.
＝There were (　　) members of the group (　　) (　　) agree with the plan.

6．I see these kinds of mistakes in English essays all the time.
＝I (　　) (　　) to (　　) these kinds of mistakes in English essays.

7．I never thought I'd see you here !
＝(　　) (　　) pleasant (　　) to see you here !

8．Spring break will start soon.
＝It (　　) be (　　) (　　) spring break starts.

9．My smartphone broke, so I asked the shop to fix it.
＝My smartphone broke, so I (　　) (　　) (　　) at the shop.

10．You really should keep your mask on when you're in public places.
＝You (　　) (　　) (　　) take off your mask when you're in public places.

## II　Choose the alternative that is grammatically and / or idiomatically incorrect and **correct the whole part**. Look at the example below :

【Example】 I want to thank you to show me the way to the station.
(A: want to thank　B: to show me　C: the way　D: to the station)

【Example Answer】 Letter : B,　Correct Form : for showing me

1．Do you mind checking the essay that I wrote it for my English class homework ?
(A: Do you mind checking　B: that　C: I wrote it　D: for my English class)

2．The police is asking for any information that can help in finding the lost child.
(A: is asking for　B: any information　C: help in finding　D: lost child)

3．The train has left 20 minutes ago, and the next one won't be here for another hour.
(A: train has left　B: the next one　C: be here for　D: another hour)

4．How come a bowl of *ramen* in town costs twice as many the one at the school cafeteria ?
(A: How come　B: costs　C: twice as　D: many the one)

5．I need to buy a new fry pan because the food keeps sticking to the bottom.
(A: need to buy　B: new fry pan　C: because　D: keeps sticking to)

6 . This is a so smart device that it can understand what I say no matter how I say it.
A　B　C　D

7 . Even though I used a dictionary, I found difficulty to understand this English article.
A　B　C　D

8 . I think we have to finish this homework by the end of this week, haven't we ?
A　B　C　D

9 . You could get caught in the doors to close if you try to rush onto the train.
A　B　C　D

10. I must have been fast asleep ; that's why I didn't hear he came home last night.
A　B　C　D

**III** Fill in each blank with **one word** that best completes the meaning of the passage.

Online shopping is very popular all over the world. By using the Internet, you can access online stores and buy products or services. The description of each product is listed in the online stores with texts, photos, and sometimes even [ 1 ] clips. Many stores will also provide customer reviews, ratings, as well as outside links for extra information. All these can help you decide [ 2 ] product or service is the best choice.

The main advantage of online shopping is its [ 3 ]. As [ 4 ] as you have a computer or smartphone, you can do your shopping from home or from work. There is no need to take the time to go to a physical store. Also, online stores operate [ 5 ] hours a day, so you don't have to worry about having to access them only during regular business hours.

Another advantage is [ 6 ] online stores have a huge number of items to choose from. Physical stores only have a limited amount of space to display their products, and they want to use that space for the latest models and the most popular items. [ 7 ], with online stores, they can keep the older models and [ 8 ] popular items somewhere else and offer them online as well.

Also, there is no need to [ 9 ] in line at the check-out counter once you have your items. You don't even have to lift any heavy or large packages. Your items are collected with the click of a button and put into your shopping cart [ 10 ] any physical effort on your part.

**IV** Read the following passage and answer the questions below. [See the footnotes for the meaning of each numbered word.]

It was a typical June day in San Francisco, cool and [1] overcast. Reading the newspaper, I noticed the East Coast was suffering a heat wave, and Father's Day was approaching. Father's Day, like Mother's Day, never meant much to me. (A)I've generally regarded those days as good for merchants and convenient for children.

Putting the paper down, I looked at a photograph on my desk. My sister had taken it several summers ago in Biddeford Pool, Maine. Father and I stood together on the porch of a cottage, our arms around each other's shoulders. By the looks of us (B1)the apple didn't fall far from the tree. *Father's Day*, I [2] mused, and thought about calling to see how he and Mother were doing.

Picking up the photograph, I examined it closely. With his top teeth out, my old man [3] grinned like a [4] grizzled ex-hockey player. His eyes were set deep in a [5] sun-creased face, with a [6] cocky [7] stance at seventy years old.

It was a younger man who used to chase me along the beach and take me into the water, a stronger man who taught me to row, skate and split firewood. That was before his plastic knee, false teeth and hearing aid. I decided to give the old man a call.

"Good afternoon!" he shouted.

Mother picked up the other phone and told him to put his hearing aid in.

"I've got it here in my pocket," he said, and I heard him [8] fumbling for it.

Mother said the air-conditioning was a [9] godsend, her plastic hip was alright, but the new dog was driving her nuts.

"Actually," she said, "it's not the dog, it's your father."

"What's the matter?" I asked.

"Shep jumps over the fence whenever the mood strikes him, then takes off into God knows where. Your father worries and waits up until he comes back. He's out there at two in the morning, calling the dog and making an awful [10] racket. Then, when Shep comes back, he scolds him '[11] Malo [12] perro, malo, malo,' as if we were back in Peru and the dog understands Spanish."

"I think he's learning," said Father, back on the line. "Your mother thinks I'm a [13] damn fool, and she's probably right."

"You're still shouting," said Mother.

He ignored her and asked how I was doing. I told him.

"[14] Freelancing is fine," he said loudly, "but you need security. You're too old to be working on yachts, [15] tending bar and working construction. (i) You've got a college education. Why don't you use it? What are you going to do if you get sick? You know how much it costs to stay in a hospital?"

"You know," I told him, "I can't figure you out. You smoke too much, drink too much, don't exercise, you eat all the wrong foods, and still you're a tough old goat."

"You're right. And I'm outliving all my classmates." He said it without [16] bragging.

There was something I wanted to tell him, and I was having a difficult time getting it out.

"Do you read the newspaper clippings I send you?" he asked.

"Sure I do."

"I don't know whether you do or not, you never write."

I wasn't forgetting that he and I had had our differences over the past forty-four years and that we had angered, disappointed and [17] cursed each other often. But those times seemed long ago and I wanted to tell him I loved him. I wanted to be funny and I wanted the phone call to flow.

"Listen," I told him, "I understand Father's Day is coming up."

"Oh?" he said, uninterested. He never [18] kept track.

"It's the seventeenth," said Mother on the other phone.

"I'm sorry I jumped through the top of your [19] convertible."

"You were six," he said and [20] chuckled. "I couldn't believe it at first."

I wanted to thank him for the hockey games, chess games, books and lobster dinners. I wanted to apologize for punching him in the eye when I was eighteen.

"Thanks for being my father," I said.

(ii) He was quiet on his end and mother was too. A long-distance [21] microstatic filled the [22] void.

"I wish I'd been better," he said, his voice [23] subdued for the first time.

"You were just fine," I said. "A guy couldn't have had a better father."

"Good of you to say, old boy, but not true. I wish it were," he said with regret in his voice.

"It is true," I said, and hurried on. "Do you remember when I wanted to feed sugar to the donkey at the Cricket Club and you patted him on the [24]rump and he kicked you ?"

"Yes," chuckled Father. "Smashed my knee, damn beast. You always thought that was funny."

"And all those ships you took me aboard," I added.

"There were a few of those," he [25]conceded. "Boy, you're really taking me back."

"I loved the ships," I told him.

"But still I couldn't convince you to go in the Navy."

"I wanted you to go to college after high school," said Mother.

"But you wouldn't listen," said Father. "You had to be a Marine."

I didn't say anything. I heard them remembering.

"And we flew out to California," he went on, "to say good-bye before you left for Vietnam."

"We stayed at the Newporter Inn," said Mother, "and went to Disneyland."

"I remember I had to leave that Sunday night by helicopter to catch a flight out of Los Angeles," he continued. "Your mother and the girls stayed in the motel and you walked me to the helipad. You were in uniform and we shook hands. . . ." His voice [26]trailed off. "It tore me up. (iii)<u>I didn't know if I'd ever see you again.</u> I cried on that helicopter. It tore me up, your leaving."

"I know," I said, and felt a lump in my throat.

"We prayed for you," he said, his voice beginning to [27]tremble. "We lived for your letters."

"And I for yours," I told him. This was crazy, I thought. My eyes were [28]damp, and I swallowed to clear the lump.

"I called to wish you a happy Father's Day," I managed.

"That was good of you, old boy. I'll hang up now, don't want to run up your bill." His voice was shaking.

"Don't worry about the bill," I said. "I love you."

"I love you, too. Good-bye and God bless you," he said hurriedly and hung up.

"(C)<u>You know how he gets,</u>" said Mother quietly on the other phone.

"I know," I replied, and after another minute we said good-bye and hung up. I looked at the photograph of Father and me on the porch in Maine. *Yes,* I thought, *I know how he gets.* I wiped my eyes, smiled at the picture and blew my nose loudly. (B2)<u>The apple didn't fall far from the tree.</u>

[Masters, George E. "A Father's Day Phone Call." *Chicken Soup for the Parent's Soul : Stories of Loving, Learning, and Parenting,* compiled by Jack Canfield(et al.), Health Communications, Inc., 2000, pp. 157-161.]

1 overcast : cloudy　2 mused : thought over　3 grinned : smiled　4 grizzled : gray-haired
5 sun-creased : having lines from being in the sun too often　6 cocky : very confident
7 stance : the way one stands　8 fumbling : using one's hands unskillfully
9 godsend : a very helpful thing　10 racket : a loud and unpleasant noise　11 malo(Spanish) : bad
12 perro(Spanish) : dog　13 damn : a word used to emphasize or express anger
14 freelancing : being self-employed　15 tending : managing　16 bragging : saying proudly
17 cursed : said bad things to　18 kept track : followed　19 convertible : a car with a folding roof
20 chuckled : laughed quietly　21 microstatic : a hissing sound over the phone　22 void : emptiness
23 subdued : quiet　24 rump : the rear end of the body　25 conceded : admitted

26 trailed off : gradually became quieter　27 tremble : shake　28 damp : wet

A. Choose the alternative that best reflects the content of the passage.

1. The writer didn't
(A) think Mother's Day and Father's Day were special events.
(B) know what Mother's Day and Father's Day were for.
(C) like to be reminded of Mother's Day or Father's Day.
(D) want Mother's Day or Father's Day to come.

2. The writer decided to call his father because he
(A) thought he might need some help.
(B) wanted to talk about all the good times they had.
(C) knew he would be feeling uncomfortable from the heat.
(D) was a little worried about his health.

3. The writer's father was shouting into the phone because
(A) he didn't want to put his hearing aid in.
(B) he couldn't hear his own voice very well.
(C) his hearing aid wasn't working very well.
(D) he was angry with his son for not calling more often.

4. What was the writer's mother upset about ?
(A) They had no idea where their dog ran off to.
(B) Every time their dog ran off, her husband would make a big deal out of it.
(C) Her husband found out that she thought he was a fool.
(D) Her husband thought they were still living in Peru.

5. The writer couldn't believe his father had the nerve to
(A) lecture him even though he himself didn't lead a healthy lifestyle.
(B) brag about living longer than all his friends.
(C) say that he would need to go to a hospital soon.
(D) tell him that freelancing had no security.

6. The writer and his father
(A) were speaking to each other for the first time in many years.
(B) made each other angry every time they talked.
(C) didn't get along very well for many years.
(D) hardly ever wrote to each other.

7. The writer wanted to
(A) see if his father was still angry about all the fights they had.
(B) make sure whether he still loved his father or not.
(C) make his father laugh at his funny jokes.
(D) put the past behind him and have a pleasant conversation with his father.

8. The writer
(A) tried to make his father pay more attention to when Father's Day was.
(B) was struggling to put his feelings towards his father into words.
(C) lied about what he thought of his father.
(D) thought that other people didn't have good fathers.

9．We can tell that the writer's father
(A) was enjoying their conversation about past events.
(B) was sorry about being his son's father.
(C) wanted to be a better father from now on.
(D) didn't like being wished a happy Father's Day.

10．We can tell that
(A) the writer had no choice but to join the Marines.
(B) the writer's father also wanted to join the Navy when he was young.
(C) the writer joined the Marines because he didn't want to study anymore.
(D) the writer's father was disappointed with his son's decision to join the Marines.

11．The writer's family went to California because
(A) the writer's father had to go to Los Angeles anyway.
(B) it would be their last ever holiday trip together.
(C) they wanted to see the writer before he reported for duty.
(D) they wanted to go to Disneyland together.

12．The writer didn't think that
(A) he would talk for so long on the phone with his father.
(B) he would wish his father a happy Father's Day.
(C) he would get so emotional talking to his father.
(D) his father would write him letters.

13．The writer and his father
(A) didn't call each other very often because the phone bill was expensive.
(B) were finally able to tell each other their true feelings.
(C) hoped that their relationship would get better in the future.
(D) thought that it was easier to talk to each other over the phone.

B．Answer each question in English.
1．In underline (i), what is the writer's father trying to say ?
2．In underline (ii), why was the writer's father silent ?
3．In underline (iii), why did the writer's father think he might never see his son again ?

C．Answer each question in Japanese.
1．下線部(A)で筆者が母の日と父の日をどのように見なしていたか，分かりやすく説明しなさい（**直訳不可**）。
2．下線部(B1)・(B2)はことわざだが，それに相当する日本語を書きなさい（**直訳不可**）。
3．下線部(C)で筆者の母親は「お父さんったら，いつもああなるのよね。」と言っているが，それは父親のどのような点を指しているのか，直前の筆者とのやり取りから判断して説明しなさい。
4．下線部(B1)と(B2)とでは，筆者の指している内容が異なる。各々の内容を簡潔に書きなさい。

**【数　学】**（60分）〈満点：100点〉

（注意）　1．**【答えのみでよい】**と書かれた問題以外は，考え方や途中経過をていねいに記入すること。

2．答えには近似値を使用しないこと。答えの分母は有理化すること。円周率は$\pi$を用いること。

3．図は必ずしも正確ではない。

**1**　次の空欄をうめよ。**【答えのみでよい】**

(1)　$(x+2y)(2x-y)(3x+y)(x-3y)$ を展開すると □ である。

(2)　$\sqrt{2022}$ の整数部分を $a$，小数部分を $b$ とするとき，$\dfrac{a-1}{b}$ の値は □ である。

(3)　$\begin{cases} x=\sqrt{11}+\sqrt{5}+4 \\ y=\sqrt{11}+\sqrt{5}-4 \end{cases}$ とするとき，$x^3y+2x^2y^2+xy^3$ の値は □ である。

(4)　1つのさいころを3回投げて，1回目，2回目，3回目に出た目の数をそれぞれ $a$，$b$，$c$ とするとき，$\dfrac{b+c}{2^a}=\dfrac{1}{4}$ となる確率は □ である。

(5)　生徒7人のテストの得点を低い順に並べたら，26，X，42，50，Y，75，93となった。7人の平均点は54点，下位3人の平均点が上位4人の平均点より35点低いとき，X＝□，Y＝□ である。

**2**　円Sに内接する二等辺三角形ABCは，AB＝AC＝5，BC＝8である。頂点Aから辺BCに垂線ADを引き，線分ADと線分BDと円Sに接する円をTとする。

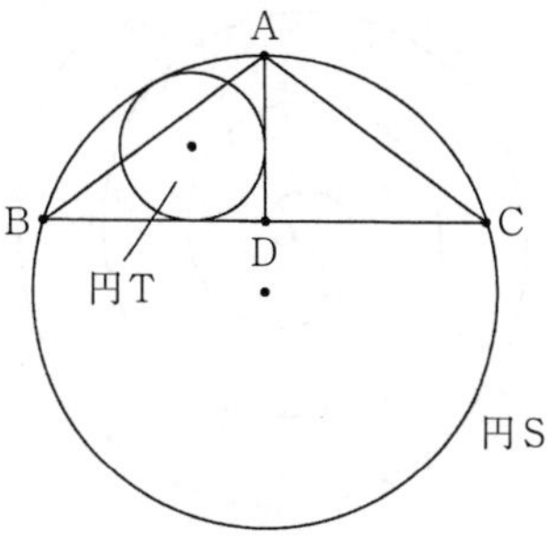


(1)　円Sの半径を求めよ。

(2)　三角形ABCの内接円の半径と円Tの半径は等しいことを示せ。

**3**　2つの自然数 $m$，$n$ は，等式 $2^m-1=(2n+1)(2n+3)$ を満たす。

(1)　$m=6$ のとき，$n$ の値を求めよ。

(2)　この等式を満たす $(m,\ n)$ の組を $m$ の値の小さい順に並べる。このとき，5番目の組を求めよ。

**4**　図のように，放物線 $y=ax^2\ (a>0)$ と直線 $y=bx+\dfrac{15}{2}\ (b<0)$ の2つの交点のうち，$x$ 座標が負の点をPとする。また，1辺の長さが3の正方形ABCDは，頂点Aが放物線上に，辺BCが $x$ 軸上に，頂点Dが直線上にある。点Bの $x$ 座標が3のとき，次の問いに答えよ。ただし，原点をOとする。

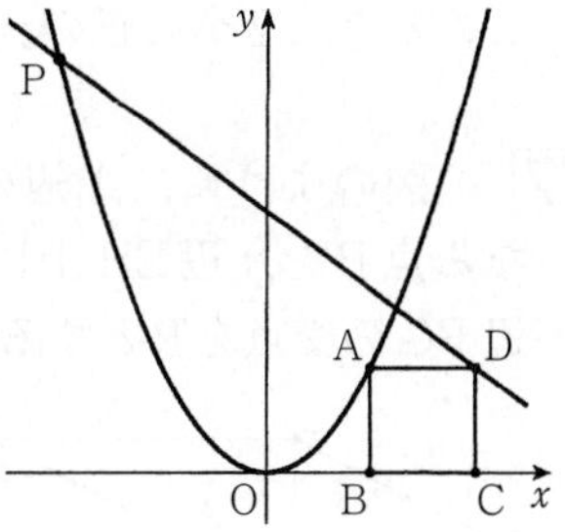


(1)　$a$，$b$ の値を求めよ。

(2)　∠PODの2等分線と線分PDの交点をQとするとき，点Qの座標を求めよ。

(3)　直線 $y=kx$ によって四角形OPDBが面積の等しい2つの図形に分けられるとき，$k$ の値を求めよ。

**5**　1辺の長さが4のひし形ABCDは，$\angle BAD=120^\circ$とする。辺ABと辺ADの中点をそれぞれE，Fとし，辺CD上にCG：GD=1：3となる点Gをとる。線分AGと線分EFの交点をHとするとき，次の問いに答えよ。

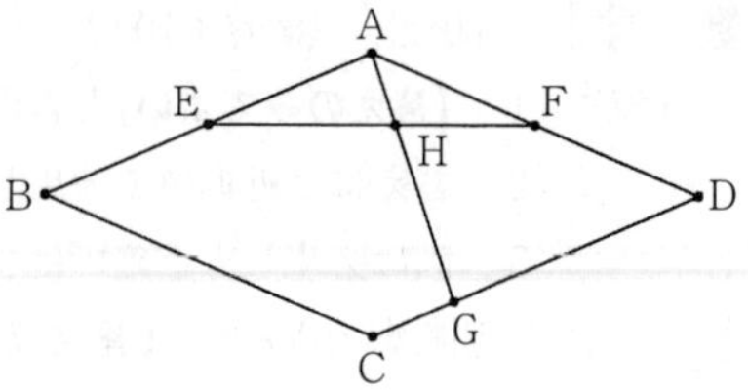


(1)　線分比AH：HGを最も簡単な整数の比で表せ。

(2)　三角形EGHの面積を求めよ。

**6**　点Aから始まる渦巻《うずまき》線を，図のように，Aが原点Oと重なるように座標平面上におく。渦巻線と座標軸との交点は，Oに近い方から次のように定める。

$x$軸の正の部分では，$A_1$，$A_5$，$A_9$，……

$y$軸の正の部分では，$A_2$，$A_6$，$A_{10}$，……

$x$軸の負の部分では，$A_3$，$A_7$，$A_{11}$，……

$y$軸の負の部分では，$A_4$，$A_8$，$A_{12}$，……

このとき，線分$OA_k$の長さは$k$とする。例えば，$OA_5=5$である。

Aから始まる渦巻線

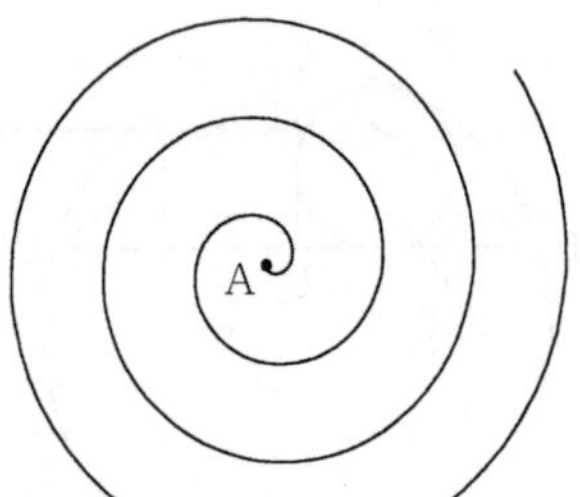


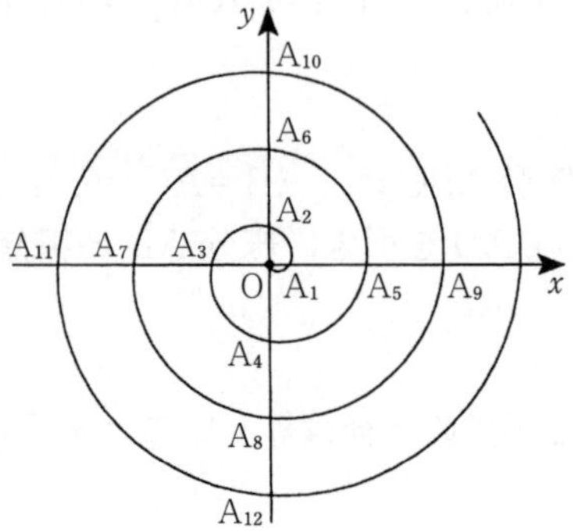


(1)　次の空欄をうめよ。**【答えのみでよい】**

(i)　点$A_{2022}$の座標は(　　　，　　　)である。

(ii)　3点$A_{13}$，$A_{14}$，$A_{15}$を頂点とする三角形の面積は　　　である。

(2)　3点$A_k$，$A_{k+1}$，$A_{k+2}$を頂点とする三角形の面積を$S_k$とする。例えば，(1)(ii)の面積は$S_{13}$である。このとき，2つの正の整数$a$，$b$に対して，$S_a-S_b=72$となる($S_a$，$S_b$)の組をすべて求めよ。

**7**　図のように，1辺の長さが5の立方体ABCD-EFGHがある。辺BF上にBP：PF=1：2となる点Pを，辺EH上にEQ：QH=3：1となる点Qをとる。また，3点A，P，Qを通る平面と辺FGの交点をRとする。

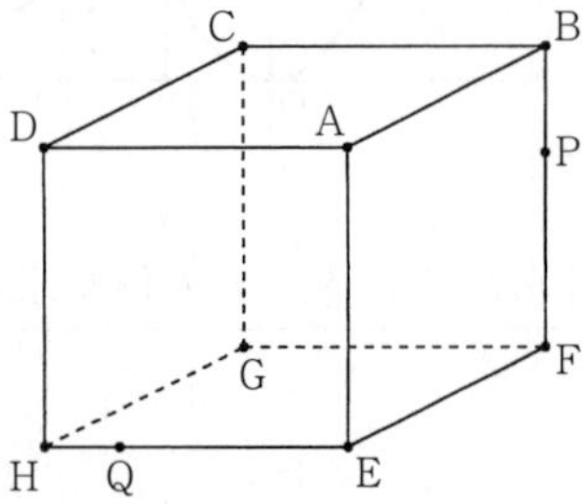


(1)　線分FRの長さを求めよ。

(2)　四角形APRQの面積は，三角形APQの面積の何倍か求めよ。

(3)　平面APQで分けられた2つの立体のうち，頂点Eを含む方の立体の体積を求めよ。

京の歌の、ますますわれに妙味あるか。4わが郷さきに沙門《しゃもん》良寛を出《いだ》せり。菴を国上《くがみ》の山下に結び、風狂にして世を終ふ。われその遺作を欽賞することここに二十余年、この頃やうやく5都門に其名を知る者あるを見る。その示寂《じじゃく》以後実に九十四年なり。良寛常にいへらく、⑤ヘイゼイ書家の書と歌人の歌とを好まずと。われ亦《ま》た少しく翰墨《かんぼく》に遊び、塗鴉《とあ》いささか自ら怡《よろこ》ぶ。遂に6一の能《よ》くするなしといへども、また法家の余臭を帯びざるを信ず。ただ平素詳《つまびら》かに歌壇の消息を知らず。徒《いたずら》に7当世作家の新奇と匠習とを排すといへども、良寛をしてわが歌を8地下に聞かしめば、しらず果して何の評を下すべきかを。又しらず、今より百年の後、北国更に一風狂子を出し、其人垢衣《こうい》にして被髪し、野処して放歌し、9吾等をして地下に【5】を欹《そばだ》てしむべきものありや否やを。

10大正十三年九月東京下落合の秋艸《しゅうそう》堂にて

*会津八一「『南京新唱』自序」より。

本文は『自註鹿鳴集』（岩波文庫）に拠った。

**問一** ＝①～⑤のカタカナを漢字に改めなさい。

**問二** ――1の意味の説明としてもっとも適切なものを選び、記号で答えなさい。

ア　がっかりして失望していること。
イ　はなはだしく好んでいること。
ウ　愛憎相半ばしていること。
エ　憎しみを抱いていること。

**問三** 【1】【5】には身体に関係する言葉が入る。それぞれ適切な漢字一字を答えなさい。

**問四** 【2】【3】【4】には色を表す言葉が入る。それぞれにもっとも適切なものを選び、記号で答えなさい。

ア　白　イ　黒　ウ　青　エ　黄　オ　緑　カ　朱

**問五** ――2について、前後の文章をヒントにしながら、作者が言おうとしていることを十字以内でわかりやすく言い換えなさい。

**問六** ――3、――4、――5はどこを指すか。それぞれもっとも適切なものを選び、記号で答えなさい。

ア　東京　イ　京都　ウ　奈良
エ　北国（主に新潟県のあたり）　オ　西国（主に畿内全域）

**問七** ――6は具体的に何を言おうとしているのか。主語と目的語を明確にしつつ、二十五字以内で説明しなさい。

**問八** ――7のなかの「匠習」の部分をもっとも具体的に示す漢字一字を本文から抜き出しなさい。

**問九** ――8と言っているのはなぜか。その理由を説明した文章のうち、もっとも適切なものを選び、記号で答えなさい。

ア　良寛はすでに亡くなっているから。
イ　良寛は出家して人前に出なくなっており、隠遁していたから。
ウ　世間一般で流行らずとも、地下での人気は得たいから。
エ　高楼から階下に向かって吾が歌を響かせてみたいから。

**問十** ――9は誰と誰のことか。二人の人名を答えなさい。

**問十一** ――10は西暦で何年か。漢数字で答えなさい。

**問十二** ――10のちょうど一年前に起きた出来事を選び、記号で答えなさい。

ア　大逆事件　イ　関東大震災
ウ　日露戦争　エ　世界恐慌

**問十三** 作者の歌に対する考え方にもっとも近いものを選び、記号で答えなさい。

ア　歌はその折々の流行の傾向を把握して詠んだ方がよい。
イ　歌は流行を考えずに、新奇の材料を詠んだ方がよい。
ウ　歌はきまりや作法にしっかり則って詠んだ方がよい。
エ　歌は技術的に精巧に詠んだ方がよい。
オ　歌は私自身と向き合って詠んだ方がよい。

**問十四** 作者が好む自らの歌について具体的に説明したもっとも適切な箇所を本文から五十字以内で抜き出しなさい。

二つ目は、水分を減らしたり空気を含ませたりして軽い食感にするという方法である。料理をふっくらさせたり、サクサクさせたりすると、【11】油が入っていても軽い感じになる。【12】、お好み焼きなどは山芋の力を借りてD気泡を十分に含ませれば軽くなる。

考えてみると、重い・軽いは単なる反対語ではない。「重い」は舌と鼻で感じるものであり、「軽い」はE歯触りを通して味わうものである。味覚か【13】覚か、キャッチする感覚⑤キカンは別なのである。

（「重い・軽い」）

＊早川文代『食語のひととき』（毎日新聞社）より。

問一 【1】【2】【6】【11】【12】にもっとも適切なものをそれぞれ選び、記号で答えなさい。同じ記号を二度以上答えてはいけません。

ア たとえ　イ 例えば　ウ つまり
エ ところで　オ なぜなら　カ やがて
キ やはり

問二 【3】にもっとも適切な語を考えてひらがなで答えなさい。

問三 【4】に当てはまる作品名を選び、記号で答えなさい。

ア 風立ちぬ　イ 高瀬舟　ウ トロッコ
エ 雪国　オ 門

問四 【5】にもっとも適切な語をこれより前の本文から抜き出しなさい。

問五 【7】にふさわしい一文を考えて二十字以上四十字以内で答えなさい。

問六 【8】【9】にもっとも適切な漢字二字をそれぞれ本文から抜き出しなさい。

問七 【10】にふさわしい五字以内の表現を答えなさい。

問八 【13】にふさわしい漢字一字を答えなさい。

問九 ――A～Eの漢字の読み方を現代仮名遣いで答えなさい。

問十 ――①～⑤のカタカナを漢字に改めなさい。

# 二

次の文章を読んで後の問題に答えなさい。

もし歌は約束をもて詠むべしとならば、われ歌を詠むべからず。もし流行に順《したが》ひて詠むべしとならば、われまた歌を詠むべからず。吾《われ》は世に歌あることを知らず、世の人また吾に歌あるを知らず。吾またわが歌の果してよき歌なりや否やを知らず。

たまたま今の世に巧なりと称せらるる人の歌を見ることあるも、巧なるがために吾これを好まず。奇なるを以て称せらるるものを見るも、奇なるがために吾これを好まず。新しといはるるもの、強しといはるるもの、吾またこれを好まず。吾が真に好める歌とては、己が歌あるのみ。

採訪散策の時、いつとなく思ひ泛《うか》びしを、いく度《たび》もくりかへし口ずさみて、おのづから詠み据ゑたるもの、これ吾《わ》が歌なり。さればにや、一人にて遠き路を歩きながら、声低くこれを唱ふるとき、わが歌の、ことに吾に妙味あるを覚ゆ。

われ奈良の①フウコウと美術とを1酷愛して、其間《そのかん》に徘徊《はいかい》することすでにいく度ぞ。遂《つい》に或《あるい》は【1】をここに埋めんとさへおもへり。ここにして詠じたる歌は、吾ながらに心ゆくばかりなり。われ今これを誦《じゅ》すれば、【2】山たちまち遠く繞《めぐ》り、【3】樹甍《いらか》に迫りて、恍惚《こうこつ》として、身はすでに旧都の中に在《あ》るが如《ごと》し。しかもまた、伽藍《がらん》寂寞《じゃくまく》、【4】柱たまたま傾き、堊壁《あへき》ときに破れ、寒鼠《かんそ》は梁上に鳴き、香煙は床上に絶ゆるの状を②ソウキして、愴然《そうぜん》これを久しうす。おもふに、かくの如き仏国の荒廃は、諸経もいまだ③トかざりしところ、この荒廃あるによりて、わが神魂の遠く此間に奪ひ去らるるか。

西国三十三番の霊場を巡拝する善男善女は、ゆくゆく御詠歌を高唱して、羇旅《きりょ》の辛労を忘れむとす。各々その笠に書して④ドウギョウ二人《ににん》といふ。蓋《けだ》し行住つねに大慈大悲の加護を信ずるなり。しかるにわが世に於《お》けるや、実に2乾坤《けんこん》に孤筇《こきょう》なり。独往して独唱し、昂々《こうこう》として顧返することなし。しかも歩々今やうやく蹉跎《さだ》、まことに廃墟の荒草を践《ふ》むが如し。ああ行路かくの如くにして、吾が3南

# 二〇二二年度　慶應義塾高等学校

**【国語】**（六〇分）〈満点：一〇〇点〉

（注意）字数制限のある設問については、句読点・記号等すべて一字に数えます。

**一**　次の文章を読んで後の問題に答えなさい。

料理の味付けやお菓子が度を過ぎて甘いとき「甘ったるい」と言うことがある。甘ったるいジュースやケーキには、正直なところ少しうんざりしてしまう。

甘ったるいは、もともとは甘弛《あまたゆ》しといった。弛しは、疲れて萎《な》える感じをいう。【１】、甘すぎてぐったり疲れるような感じだろうか。甘弛しが甘たるしとなり、【２】甘ったるいとなった。かひ弛《たゆ》しが、かいだるし、【３】となったのと同じ変化だ。

江戸中期の洒落本『当世穴知鳥』では「煮物をこんな風に煮たら甘ったるくなる」と、文句を言うときに使われている。明治初期の落語では「甘ったるい、アクの抜けない大変な菓子を食って」と揶《や》揄《ゆ》している。

夏目漱石の『【４】』に、主人公宗助の前で、知人の坂井が、甘たるい金玉糖《きんぎょくとう》（ざらめをまぶした寒天菓子：漱石注）をA幾切れかほおばったという場面がある。ひそかに深く苦悩する宗助は甘い菓子を食べるどころではなかったが、何も知らない坂井はぺろりと甘たるい菓子を食べるのである。宗助が食べていたら、それこそ【５】とするような甘たるさだっただろう。

【６】、考えてみると、「〜ったるい」は、しょっぱい、すっぱい、苦いなど、他の味にはない表現だ。食べ物の甘みは塩味や①サンミに比べて範囲が広い。砂糖は、飲料では二〜一二％、チョコレートで三〇〜五〇％、キャラメルでは六〇〜八〇％と食べ物によって範囲はさまざまだし、同じ種類の食べ物でも範囲が広い。人はさまざまな甘味を食べているのだ。一方の塩は、B汁物で〇・六〜一・〇％、煮物で一・〇〜二・〇％、漬物でも二・〇〜七・〇％と範囲が狭い。度を過ぎた塩辛さは料理として成り立たない。

【７】。だから、甘いにだけ「甘ったるい」という表現があるのだろう。

（「甘ったるい」）

暑さが続いたり、体調が悪かったりすると、ステーキやトンカツを重く感じるようになる。そんなときは軽いものを食べたくなる。

「重い」の語源はC定かではないが、朝鮮語の母《オモ》と関係があるという説がある。②ボケイ家族の思想から母《オモ》が主《おも》につながり、これが重いにつながったというのである。一方の「軽い」は、空《から》、乾《からび》、枯《かれ》などが転じたという説がある。重いにはずっしりとした重量感、しっかり詰まった緊密感があり、逆に、軽いには、【８】の少なさ、【９】の多さなどが関係しているようだ。

料理を重い・軽いと言うとき、油脂の多さに結びつけがちだが、実際にはそれほど差はない。調理の研究者を③タイショウに、重い・軽いから連想されるメニューを調べたところ、「重い」からはビーフステーキ、カツ丼、天ぷら、うなぎの蒲焼き、パウンドケーキなどが挙げられ、「軽い」からはスナック菓子、茶漬け、マシュマロ、せんべい、天ぷらなどが挙げられた。料理の油脂含有量の平均値は、重いが一四・二％、軽いが一三・八％と、ほとんど差がなかった。

つまり、【10】ではないのだ。調理の方法次第で仕上がりは重くも軽くもなる。

軽くしたければ方法は二つある。一つ目の方法は、重さの原因となる油脂のにおいをシャットアウトする方法である。そのために、においの少ない油、例えばサラダ油の中でも④ナタネ（キャノーラ）油などを使うとよい。もちろん、新鮮であるほど良いのは言うまでもない。仕上げにレモンなどの柑橘《かんきつ》類を添えて、香りで油のにおいをマスクする（隠す）のも効果的である。

## 英語解答

**I**
1 be kept, everyone
2 It's, since, started〔began〕
3 told, had, our
4 much〔far〕 better than
5 no, who didn't
6 never fail, see
7 What a, surprise
8 won't, long before
9 had it fixed
10 had better not

**II**
1 C, I wrote
2 A, are asking for
3 A, train left
4 D, much as the one
5 B, new frying pan
6 A, such a smart／so smart a
7 C, found it difficult
8 D, don't we
9 B, closing doors
10 C, him coming〔come〕 home

**III**
1 video　2 which
3 convenience　4 long
5 twenty-four　6 that
7 However　8 less
9 wait　10 without

**IV**
A　1…(A)　2…(D)　3…(B)　4…(B)
5…(A)　6…(C)　7…(D)　8…(B)
9…(A)　10…(D)　11…(C)　12…(C)
13…(B)

B　1 (例) He is trying to say his son could get a stable job because he had a college degree.
2 (例) Because he was surprised that his son thanked him for being his father, and didn't know what to say.
3 (例) Because he was afraid that his son might be killed in the war.

C　1 (例)父母への贈り物を売る業者にとっては商品がよく売れるので良い日であり，子どもにとっては親孝行であるふりができる都合の良い日。
2 子は親に似る〔カエルの子はカエル〕
3 (例)感情が揺さぶられたときに，恥ずかしさを隠すために，そっけなく振る舞ってしまう点。
4 (B1)　父と外見が似ていること。
(B2)　父と性格が似ていること。

**I**〔適語(句)補充〕

1.「この情報を誰とも共有してはいけない」→「この情報は誰にも秘密にされねばならない」　'keep＋物事＋secret (from＋人)'「〈物事〉を(〈人〉から)秘密にする」の受け身形にする。「秘密にする」のは「全ての人」に対してなので最後の空所は everyone が最適。

2.「私は英語を3年間学び続けている」→「私が英語を学び始めてから3年になる」　'It is〔has been〕＋期間＋since …'「…して以来～たつ」の形にする。

3.「『夏休みの宿題を授業の初日に提出しなければなりません』と彼女は言った」→「彼女は私たちに夏休みの宿題を授業の初日に提出しなければならないと言った」　直接話法から間接話法への書

き換え。話法の書き換えでは，伝達動詞，時制，代名詞などに気をつける。

4．「母は，私の成績がそれほど良くなるとは思っていなかった」→「私の成績は，母が予想していたよりもずっと良かった」　ここでの much は「ずっと，はるかに」の意味で比較級を強調する用法。代わりに far を使ってもよい。

5．「グループのメンバー全員がその計画に賛成した」→「グループのメンバーでその計画に賛成しない人はいなかった」　下は‘no＋名詞’「1つの～もない」を用いて二重否定の文にする。

6．「英文エッセーでこのような種類の間違いをいつも見かける」　all the time「いつでも」　never fail to ～「いつも～する」

7．「ここであなたに会えるとは思っていなかった！」→「ここであなたに会えるなんて，なんてうれしい驚きでしょう！」　What a pleasant surprise (to ～)！は，思いがけない喜びがあったことを表す定型的表現。

8．「もうすぐ春休みが始まります」→「春休みが始まるまでもうすぐだ」　It won't be〔is not〕 long before ～「ほどなく〔すぐに〕～」

9．「スマートフォンが壊れたので，お店に修理を頼んだ」→「スマートフォンが壊れたので，お店で修理してもらった」　‘have＋目的語＋過去分詞’「～を…してもらう」の形にする。

10．「公共の場では本当にマスクをつけたままでいるべきだ」→「公共の場にいるときは，マスクを外すべきではない」　had better ～「～する方がよい，～すべきだ」は強い忠告を表す表現。否定形は had better not ～。not の位置に注意。

Ⅱ〔誤文訂正〕

1．下線部Bの that は目的格の関係代名詞。先行詞 the essay が wrote の目的語となるので it は不要。　「私が英語の授業の宿題で書いたエッセーをチェックしてもらえますか」

2．police は通例複数扱い。　「警察はその迷子を見つけるのに役立つどんな情報でも求めている」

3．20 minutes ago という明確に過去を示す語句があるので現在完了形は使えない。　「列車は20分前に出発していて，次の列車は，あと1時間はここに来ない」

4．「～倍」は，‘倍数詞＋as＋原級＋as ～’「～の—倍…」の形になる。また，動詞 cost「(費用が)かかる」は many ではなく much で修飾する。　‘How come＋主語＋動詞...?’「どうして～なのか」「どうして町のラーメンは学校食堂の2倍するのですか」

5．「フライパン」は一般に a frying pan と表す。「底に食べ物がくっつくので，新しいフライパンを買う必要がある」

6．‘so ～ that …’「とても～なので…」の構文だが，‘～’の部分に名詞がくる場合は‘such(＋a/an＋形容詞)＋名詞＋that …’と表すのが一般的。so を使っても表せるが，その場合は，‘so＋形容詞＋a＋単数名詞’の語順になる。　‘no matter＋疑問詞＋主語＋動詞’「たとえ～でも」　「これはとても賢い装置なので，私がどんな話し方をしても何を言ったか理解できる」

7．difficulty を使う場合は have difficulty (in) ～ing「～するのが大変だ」の形が適切。ここでは後ろに to不定詞があるので‘find it＋形容詞＋to ～’「～するのは…だ」の形式目的語構文にする。　「辞書を使っても，この英文記事を理解するのは難しかった」

8．have to ～ の否定形は don't have to ～ なので，肯定文につく付加疑問は‘don't＋主語を受ける代名詞＋?’の形になる。なお，I think (that)…. の文の付加疑問は，従属節(ここでは we have to 以下)が対象となる。　「今週末までにこの宿題を終わらせないといけないんだっけ」

9．get caught in ～ は「～に挟まれる」という意味。電車に乗る場面で挟まれると考えられるのは「閉まりかけているドア」。　「電車に駆け込もうとすると，閉まるドアに巻き込まれることがある」

10．‘hear(＋that)＋主語＋動詞...’は「～ということを耳にする」という意味になるので，ここでは‘hear＋目的語＋動詞の原形〔～ing〕’「(人などが)～する〔している〕のが聞こえる」の知覚動詞の構文にする。「私はぐっすり眠っていたに違いない。だから昨夜は彼が家に帰ってくる音が聞こえなかった」

**Ⅲ**〔長文読解―適語補充―説明文〕

≪全訳≫❶オンラインショッピングは世界中でとても人気がある。インターネットを使ってオンラインストアにアクセスし，商品やサービスを買うことができる。オンラインストア内にはそれぞれの商品の説明が，文章や写真，ときには動画で掲載されている。また，多くのストアでは，顧客によるレビューや評価のほか，追加の情報を得るための外部リンクも提供している。これらはどれも，どの製品やサービスが最良の選択なのか選ぶのに役立つ。❷オンラインショッピングの最大の利点はその利便性だ。パソコンやスマートフォンさえあれば，自宅や職場から買い物ができる。時間をかけて実店舗に行く必要はない。また，オンラインストアは24時間営業なので，通常の営業時間内にアクセスしなければいけないという心配もない。❸もう１つの利点は，オンラインストアでは選べる商品の数が膨大であることだ。実店舗は商品を並べる空間が限られており，その空間を最新モデルや最も人気の商品のために使いたがる。しかしオンラインストアでは，古いモデルや人気があまりない商品をどこか別の場所に保管できるし，オンラインで提供することもできる。❹また，商品を手にした後に，レジの列に並んで待つ必要もない。重い大きな荷物を持ち上げる必要もない。あなたの方では何の身体的な労力もかけずに，ボタンをクリックするだけで，商品が集められてショッピングカートに入れられるのだ。

＜解説＞１．video clip で「(宣伝用につくられた)短い動画」という意味。　２．‘decide＋間接疑問’の形だと考えられる。ここでは，数ある商品やサービスの中から「どの商品」が最良かがわかるということ。　３．この後，同じ段落で説明されているのは，オンラインショッピングの「利便性」である。　４．as long as ～ で「～するかぎり」。　５．オンラインショップは，１日24時間運営している。　６．直後に‘主語＋動詞...’の形が続いていることに着目。be動詞と‘主語＋動詞...’をつなぐのは補語となる名詞節を導く接続詞 that。　７．空所前後は実店舗とオンライン店舗の対比になっている。直後にカンマがあるので，However「しかしながら，けれども」が適切。　８．最新モデルと古いモデル，人気商品と「人気のない」商品，という前の文との対比関係を読み取る。　９．オンラインストアでは列に並んで「待つ」必要はない。stand としてもよいだろう。check-out counter「レジ，精算台」　10．ボタン１つで物が買えるので，身体的労力なしで買い物ができる。

**Ⅳ**〔長文読解総合―物語〕

≪全訳≫❶涼しくて曇り空という，サンフランシスコらしい６月のある日のことだった。新聞を読んでいると，東海岸が猛暑に見舞われていること，そして父の日が近づいていることを知った。父の日は，母の日と同様，私にとってあまり大きな意味はなかった。それらの日は総じて，商売人にとっては喜ばしく子どもにとっては都合のいい日だと，私は見なしていた。**2**新聞を置き，机の上の写真に目を向けた。その写真は数年前の夏，姉がメイン州のビッドフォード・プールで撮ってくれた。父と私はコテージの入り口で，お互いの肩に腕を回して一緒に立っていた。私たちの外見からは，カエルの子はカエルだ。父の日だなと，私は思いを巡らせ，父と母がどうしているのか電話で確かめようと思った。**3**写真を手に取ってよく見てみた。上の歯を突き出して，私の父は白髪まじりの元ホッケー選手のような顔でにやりと笑っている。日に焼けてできたしわのある顔の奥で目はくぼみ，ふんぞり返って立っている70歳だ。**4**かつて私を浜辺で追いかけ，海の中に連れていってくれたのはもっと若い男だったし，私にボートの漕《こ》ぎ方やスケート，まき割りを教えてくれたのはもっと屈強な男だった。それは，プラスチックの入った膝や入れ歯，補聴器よりも前のことだった。私はその老人に電話をかけることにした。**5**「こんにちは」と父は大きな声を出した。**6**母はもう１台の電話を取り，父に補聴器をつけるように言った。**7**「ポケットの中にあるよ」と父は言い，手で探る音が聞こえた。**8**母が言うには，エアコンはとても助かるもので，プラスチックを入れた腰の調子は良いが，新しい犬のせいでいらいらしているそうだ。**9**「本当はね，犬じゃなくて，あなたのお父さんのせいなのよ」と彼女は言った。**10**「どうしたの？」と私は尋ねた。**11**「シェップは気が向いたら柵を飛び越えて，どこかに行っちゃうの。お父さんが心配して，戻ってくるまでずっと待っているのよ。夜中の２時に外に出て犬の名前を呼んで，すごくうるさい音を立てるの。そしてシェップが戻ってきたら，まるでペルーに戻ったみたいに「悪い犬め，この，この」って怒るのよ。だからあの犬はスペイン語がわかるの」**12**「あいつは学習中なのさ」と再び電話に出た父が言った。「お前のお母さんは俺を馬鹿にしているが，それはたぶん正しいぞ」**13**「まだ声が大きいわよ」と母が言った。**14**父は母を無視し，私が元気か尋ねてきた。私は父に話した。**15**「フリーランスもいいんだが」と父は大きな声で言った。「でも，保証がいるだろう。船で働いたり，バーテンダーをやったり，建設現場で働くにはもう年だ。大学も出ているんだ。それを使えばいいじゃないか。病気になったらどうするんだ？　入院するといくらかかるか知ってるのか？」**16**「あのねえ」と私は言った。「僕は父さんのことが理解できないよ。タバコは吸いすぎ，酒は飲みすぎ，運動はしない，体に悪い物ばかり食べて，それでもまだ丈夫なじいさんなんだから」**17**「そうさ。同級生の誰よりも長生きしてるからな」　父はそう言ったが，得意げではなかった。**18**私は父に言いたいことがあったが，なかなか言い出せずにいた。**19**「俺が送る新聞の切り抜きを読んでいるか？」と父は尋ねた。**20**「もちろん読んでるよ」**21**「読んでるのかどうか俺にはわからないな。お前は手紙を寄越したことがないから」**22**この44年間の間に，父と私には仲違《たが》いがあり，しばしばお互いを怒らせ，失望させ，罵り合っていたことを忘れていたわけではない。だが，その頃は遠い昔のように思え，私は父に愛していると伝えたかった。おもしろいことを言って，電話で話がはずめばいいと思っていた。**23**「聞いてくれよ」と私は言った。「父の日が近いらしいよ」**24**「はあ？」と父は興味がなさそうに言った。彼は乗ってこなかった。**25**「17日ね」と母がもう１台の電話で言った。**26**「ごめんね，父さんのコンバーチブルの屋根をぶち破って」**27**「お前は６歳だった」と父は言って笑った。「最初は信じられなかったよ」**28**私にホッケー，チェス，本，ロブスターのディナーを与えてくれたことを父に感謝したかった。18歳のとき，父の目を殴ったことを謝りたかった。**29**「僕の父親でいてくれてありがとう」と私は言った。**30**父は電話の向こうで黙っていて，母もそうだった。遠距離電話のヒス音がその空白を埋めていた。**31**「もっといい父親だったらなと思うよ」と父は言った。父は初めて声を小さくした。**32**「あのままでよかったよ」と私は言った。「これ以上の父親がいるやつはいない」**33**「そんなことを言ってくれるとは優しいな，お前。

でもそうじゃない。そうだったらいいけどな」と父は残念そうな声で言った。34「そうだよ」と私は言い，先を急いだ。「僕がクリケットクラブのロバに砂糖をあげようとしたとき，ロバの尻をなでた父さんをロバが蹴ったのを覚えてる？」35「ああ」と父は笑った。「俺の膝を砕いたんだ，あの獣め。お前はそれをいつもおもしろがっていたな」36「それと，父さんが乗せてくれたいろいろな船」と私はつけ加えた。37「そんなのもいくつかあったな」と彼は認めた。「お前のおかげで本当に昔を思い出すよ」38「ああいう船が大好きだったよ」と私は言った。39「でも，お前を海軍に行かせることはできなかったな」40「私はあなたが高校を出たら，大学に行ってほしかったのに」と母は言った。41「でもお前は聞こうとしなかった」と父は言った。「海兵隊員にならないとだめだった」42私は何も言わなかった。2人が思い出話をするのを聞いていた。43「それからカリフォルニアに行ったな」と父は続けた。「お前がベトナムに出発する前に，お別れを言うために」44「ニューポーターインに泊まって」と母が言った。「ディズニーランドに行ったわ」45「あの日曜の夜，ロサンゼルス発の飛行機に乗るのにヘリコプターで出発しなけりゃいけなかったのを覚えているよ」と父は続けた。「母さんと娘たちはモーテルに泊まり，お前はヘリポートまで俺につき添ってくれた。お前は制服を着ていて，俺たちは握手をした…」　父の声はだんだん小さくなった。「俺は胸が張り裂けそうだった。またお前に会えるかわからなかった。ヘリコプターの中で泣いたんだ。お前が行ってしまうなんて，胸が張り裂けそうだった」46「わかってる」と私は言った。そして喉がつかえるのを感じた。47「俺たちはお前のために祈った」と父は言った。父の声が震え出した。「俺たちはお前からの手紙を待ちながら生きていた」48「そして僕はあなたたちのを待って生きていた」と私は父に言った。これはどうかしてると思った。私の目は涙でぬれ，私は喉のつかえを取り除こうとつばを飲み込んだ。49「父の日のお祝いをしようと思って電話したんだ」と，私はどうにか言った。50「優しいな，お前。もう切るよ。お前の電話代を増やしたくないからな」　父の声は震えていた。51「電話代なんか気にしないでいいよ」と私は言った。「愛しているよ」52「俺もお前を愛しているよ。じゃあな。神のご加護を」と父は急いで言うと，電話を切った。53「父さんはああなるのよね」　もう1つの電話で母が静かに言った。54「わかってる」と私は答え，1分ほどで「さようなら」と言って電話を切った。私はメイン州のコテージの入り口で父と私が写っている写真に目を向けた。そうだ，私は父がああなるのを知っている，と思った。私は目をぬぐい，その写真にほほ笑み，大きな音で鼻をかんだ。子は親に似たのだ。

A＜内容一致＞1．「筆者は(　　)わけではない」―(A)「母の日や父の日が特別な行事だと思っていた」　第1段落第3文参照。　2．「筆者が父に電話することを決めたのは，(　　)からだ」―(D)「父親の健康を少し心配した」　第4段落参照。電話をすることに決めた直前で筆者は，父親が使用している器具などを挙げている。また何か変化があったのではないかと気になって電話したのだと考えられる。　3．「筆者の父が電話で大声を出していたのは(　　)からだ」―(B)「自分の声がよく聞こえなかった」　第5，6段落参照。大きな声で電話に出たときはまだ補聴器をつけていない。　4．「筆者の母親は何に腹を立てていたか」―(B)「飼い犬が逃げ出すたびに，夫が大騒ぎをした」　第8～11段落参照。　make a big deal out of ～「～で騒ぎ立てる」　5．「筆者は父の，(　　)という臆面のなさが信じられなかった」―(A)「自分自身は健康的な生活を送っていないのに，彼に説教をする」　第15段落最後の2文と第16段落参照。　have the nerve to ～「あつかましくも～する」　6．「筆者と父は(　　)」―(C)「長い間，あまり仲が良くなかった」　第22段落第1文参照。　get along「仲良くやっていく」　7．「筆者は(　　)たかった」―(D)

「過去のことは脇に置いて，父親と楽しい会話をし」　第22段落参照。　‘put ～ behind …’「～を考えないようにする，忘れようとする」　8．「筆者は(　　)」―(B)「父親への自分の気持ちを言葉にするのに苦労していた」　第18段落参照。　struggle to ～「～しようと努力する，もがく」　9．「筆者の父が(　　)ということがわかる」―(A)「過去の出来事についての会話を楽しんでいる」　第34～37段落参照。　chuckle「(気分良く)くすくす笑う」　10.「(　　)ということがわかる」―(D)「筆者の父は，海兵隊に入る息子の決断にがっかりした」　第39～41段落参照。‘convince＋人＋to ～’「〈人〉を説得して～させる」　11.「筆者の家族がカリフォルニアに行ったのは，(　　)からだ」―(C)「筆者が軍務につく前に会いたかった」　第43段落参照。Vietnam「ベトナム」とあるのは，第41段落の Marine「海兵隊員」，第45段落後半の uniform「制服」という言葉から，ベトナム戦争への出征と考えられる。　report for duty「出勤する，任務につく」　12.「筆者は，(　　)とは思わなかった」―(C)「父と話してそこまで感情的になる」　第48段落参照。This was crazy という 1 文から，筆者の「こんなはずじゃなかった」という思いが読み取れる。　13.「筆者と父は(　　)」―(B)「ようやく本当の気持ちをお互いに伝えられた」　筆者は第29～38段落で，父親は第45～47段落でそれぞれの思いを伝え，第51，52段落で改めて I love you. と伝え合っている。

B＜英問英答・文脈把握＞1．「下線部(i)で，筆者の父は何を言おうとしているのか」―「(例)彼は，息子は大学の学位を持っているのだから安定した仕事につけるということを言おうとしている」　前の 2 文から，筆者が不安定な仕事を転々としていることがわかる。それを案じた父親は大学の学位を利用して安定した仕事を見つけるように促しているのである。　2．「下線部(ii)で，筆者の父はなぜ静かだったのか」―「(例)息子の父でいたことを感謝されて驚いたので，何と言っていいかわからなかった」　父親は突然息子に感謝の気持ちを伝えられたので，驚いて言葉が出なかったのだと考えられる。　3．「下線部(iii)で，筆者の父はなぜに二度と息子に会えないかもしれないと思ったのか」―「(例)息子が戦争で死ぬかもしれないと思ったから」　Marine，Vietnam，uniform といった言葉から，筆者がベトナム戦争に赴いて戦死するのではないかと不安に思っていたのだと考えられる。

C＜英文解釈＞1．「分かりやすく」とあるので，文中の good と convenient の意味をそれぞれ具体的に説明する。merchant「商人」は，父母の日の贈り物を売ってもうけられる。またふだんは親孝行などしない子どもでも，この日に贈り物をしさえすれば親孝行と見なされるという意味で都合が良い。　2・4．The apple doesn’t fall far from the tree.「リンゴは木から遠くには落ちない」で，「子は親に似る」という意味のことわざ。下線部(B1)の前の look(s) が「見た目，容貌」の意味であることや，下線部(B2)の 2 文前で父の性格をよく理解していることがイタリック体で強調されていることが手がかりとなる。　3．息子から感謝され，お互いを思いやる気持ちが通じた会話だったのに，父は電話代の心配などという見え透いた言い訳で電話を切ってしまった。His voice trailed off.(第45段落)，… his voice beginning to tremble.(第47段落)，His voice was shaking.(第50段落)という描写から，父親が感極まっていく様子が読み取れる。父親はそんな自分を知られるのが恥ずかしかったのだと考えられる。

## 数学解答

**1** (1) $6x^4-7x^3y-36x^2y^2+7xy^3+6y^4$

(2) $\dfrac{\sqrt{2022}+44}{2}$　(3) $128\sqrt{55}+880$

(4) $\dfrac{1}{24}$　(5) (順に)34，58

**2** (1) $\dfrac{25}{6}$

(2) (例)△ABCの内接円の半径を$x$とすると，△ABCの面積について，$\frac{1}{2}\times5\times x+\frac{1}{2}\times8\times x+\frac{1}{2}\times5\times x=\frac{1}{2}\times8\times3$が成り立ち，$x=\frac{4}{3}$となるので，△ABCの内接円の半径は$\frac{4}{3}$である。また，円TとADとの接点をEとし，円Tの半径を$y$とすると，△TESで三平方の定理より，$y^2+\left(y+\frac{7}{6}\right)^2=\left(\frac{25}{6}-y\right)^2$が成り立つ。これを解くと，$y=\frac{4}{3}$，$-12$となるので，円Tの半径は$\frac{4}{3}$である。よって，△ABCの内接円の半径と円Tの半径は等しい。

**3** (1) 3　(2) $(m,\ n)=(12,\ 31)$

**4** (1) $a=\dfrac{1}{3}$，$b=-\dfrac{3}{4}$　(2) (2，6)

(3) $\dfrac{47}{4}$

**5** (1) 2：5　(2) $\dfrac{10\sqrt{3}}{7}$

**6** (1) (i) (順に)0，2022　(ii) 196

(2) $(S_a,\ S_b)=(81,\ 9)$，$(121,\ 49)$，$(361,\ 289)$

**7** (1) $\dfrac{5}{2}$　(2) $\dfrac{5}{3}$倍　(3) $\dfrac{2375}{72}$

**1** 〔独立小問集合題〕

(1)＜式の計算＞与式$=(2x^2-xy+4xy-2y^2)(3x^2-9xy+xy-3y^2)=(2x^2+3xy-2y^2)(3x^2-8xy-3y^2)=6x^4-16x^3y-6x^2y^2+9x^3y-24x^2y^2-9xy^3-6x^2y^2+16xy^3+6y^4=6x^4-7x^3y-36x^2y^2+7xy^3+6y^4$

(2)＜数の計算＞$44^2=1936$，$45^2=2025$だから，$\sqrt{1936}<\sqrt{2022}<\sqrt{2025}$より，$44<\sqrt{2022}<45$である。よって，$\sqrt{2022}$の整数部分$a$は$a=44$，小数部分$b$は$b=\sqrt{2022}-44$だから，$\dfrac{a-1}{b}=\dfrac{44-1}{\sqrt{2022}-44}=\dfrac{43\times(\sqrt{2022}+44)}{(\sqrt{2022}-44)(\sqrt{2022}+44)}=\dfrac{43(\sqrt{2022}+44)}{2022-1936}=\dfrac{43(\sqrt{2022}+44)}{86}=\dfrac{\sqrt{2022}+44}{2}$となる。

**覚えておこう！**

$\dfrac{c}{\sqrt{a}+\sqrt{b}}$を有理化するには，分母，分子に，$\sqrt{a}-\sqrt{b}$をかければよい。
分母が$\sqrt{a}-\sqrt{b}$のときは，$\sqrt{a}+\sqrt{b}$をかける。

(3)＜数の計算＞与式$=xy(x^2+2xy+y^2)=xy(x+y)^2$となる。$\sqrt{11}+\sqrt{5}=A$とおくと，$xy=(\sqrt{11}+\sqrt{5}+4)(\sqrt{11}+\sqrt{5}-4)=(A+4)(A-4)=A^2-4^2=(\sqrt{11}+\sqrt{5})^2-16=11+2\sqrt{55}+5-16=2\sqrt{55}$となる。また，$x+y=(\sqrt{11}+\sqrt{5}+4)+(\sqrt{11}+\sqrt{5}-4)=2\sqrt{11}+2\sqrt{5}$だから，与式$=2\sqrt{55}(2\sqrt{11}+2\sqrt{5})^2=2\sqrt{55}(44+8\sqrt{55}+20)=2\sqrt{55}(64+8\sqrt{55})=128\sqrt{55}+880$となる。

(4)＜確率―さいころ＞1つのさいころを3回投げるとき，目の出方は全部で$6\times6\times6=216$(通り)あるから，$a$，$b$，$c$の組は216通りある。$2^a$の値は2，$2^2=4$，$2^3=8$，$2^4=16$，$2^5=32$，$2^6=64$である。$b+c$は最小で$1+1=2$であり，$\dfrac{1}{4}=\dfrac{2}{8}=\dfrac{2}{2^3}$であるから，$\dfrac{b+c}{2^a}=\dfrac{1}{4}$となるのは，$a\geqq3$であ

る。$a=3$ のとき，$\frac{b+c}{2^3}=\frac{1}{4}$ より，$b+c=2$ だから，$(b,\ c)=(1,\ 1)$ の1通りある。$a=4$ のとき，$\frac{b+c}{2^4}=\frac{1}{4}$ より，$b+c=4$ だから，$(b,\ c)=(1,\ 3)$，$(2,\ 2)$，$(3,\ 1)$ の3通りある。$a=5$ のとき，$\frac{b+c}{2^5}=\frac{1}{4}$ より，$b+c=8$ だから，$(b,\ c)=(2,\ 6)$，$(3,\ 5)$，$(4,\ 4)$，$(5,\ 3)$，$(6,\ 2)$ の5通りある。$a=6$ のとき，$\frac{b+c}{2^6}=\frac{1}{4}$ より，$b+c=16$ であるが，このようになる $b$，$c$ はない。よって，$\frac{b+c}{2^a}=\frac{1}{4}$ となる $a$，$b$，$c$ の組は $1+3+5=9$(通り)だから，求める確率は $\frac{9}{216}=\frac{1}{24}$ である。

(5)＜連立方程式の応用＞7人の平均点が54点より，7人の合計点について，$26+X+42+50+Y+75+93=54\times7$ が成り立ち，$X+Y=92$……①となる。また，下位3人の平均点が上位4人の平均点より35点低いことより，$\frac{26+X+42}{3}=\frac{50+Y+75+93}{4}-35$ が成り立ち，$4(X+68)=3(Y+218)-420$，$4X+272=3Y+654-420$，$4X-3Y=-38$……②となる。①×3＋②より，$3X+4X=276+(-38)$，$7X=238$，$X=34$ となり，これを①に代入して，$34+Y=92$，$Y=58$ となる。これらは $26\leqq X\leqq42$，$50\leqq Y\leqq75$ を満たすので，適する。

**2**〔平面図形—円，二等辺三角形〕

≪基本方針の決定≫(1)　辺BCは円Sの弦であることに着目する。

(1)＜長さ＞右図1で，点Sと2点C，Dを結ぶ。△ABCはAB＝ACの二等辺三角形であり，AD⊥BCだから，直線ADは線分BCの垂直二等分線となる。これより，点Sは直線AD上にある。$\mathrm{CD}=\frac{1}{2}\mathrm{BC}=\frac{1}{2}\times8=4$ だから，△ADCで三平方の定理より，$\mathrm{AD}=\sqrt{\mathrm{AC}^2-\mathrm{CD}^2}=\sqrt{5^2-4^2}=\sqrt{9}=3$ となる。$\mathrm{SC}=\mathrm{SA}=r$ とすると，$\mathrm{SD}=\mathrm{SA}-\mathrm{AD}=r-3$ となる。△SCDで三平方の定理より，$\mathrm{SC}^2=\mathrm{SD}^2+\mathrm{CD}^2$ だから，$r^2=(r-3)^2+4^2$ が成り立ち，$r^2=r^2-6r+9+16$，$6r=25$，$r=\frac{25}{6}$ となるので，円Sの半径は $\frac{25}{6}$ である。

図1

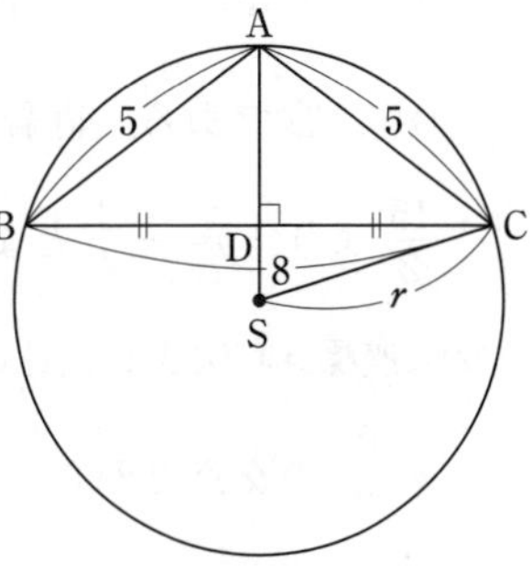


(2)＜証明＞右図2で，△ABCの内接円(△ABCの3辺に接する円)の中心をIとし，半径を $x$ とする。△IAB，△IBC，△ICAは，底辺をそれぞれAB，BC，CAと見ると，高さはいずれも $x$ となるので，$\triangle\mathrm{ABC}=\triangle\mathrm{IAB}+\triangle\mathrm{IBC}+\triangle\mathrm{ICA}=\frac{1}{2}\times5\times x+\frac{1}{2}\times8\times x+\frac{1}{2}\times5\times x$ と表せる。また，$\triangle\mathrm{ABC}=\frac{1}{2}\times\mathrm{BC}\times\mathrm{AD}=\frac{1}{2}\times8\times3$ である。一方，右図3で，円Tと線分AD，線分BD，円Sとの接点をそれぞれE，F，Gとし，円Tの半径を $y$ とする。$\angle\mathrm{TED}=\angle\mathrm{TFD}=\angle\mathrm{EDF}=90^\circ$，TE＝TFより，四角形TEDFは正方形だから，$\mathrm{ED}=\mathrm{TE}=y$ である。$\mathrm{AE}=\mathrm{AD}-\mathrm{ED}=3-y$ だから，$\mathrm{ES}=\mathrm{SA}-\mathrm{AE}=\frac{25}{6}-(3-y)=y+\frac{7}{6}$ となる。また，$\mathrm{ST}=\mathrm{SG}-\mathrm{TG}=\frac{25}{6}-y$ である。△TESで三平方の定理より，$\mathrm{TE}^2+\mathrm{ES}^2=\mathrm{ST}^2$ だから，$y^2+\left(y+\frac{7}{6}\right)^2=\left(\frac{25}{6}-y\right)^2$ が成り立つ。解答参照。

図2

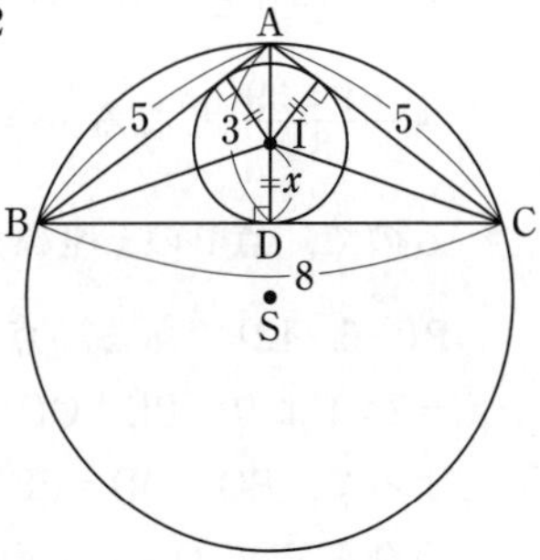


図3

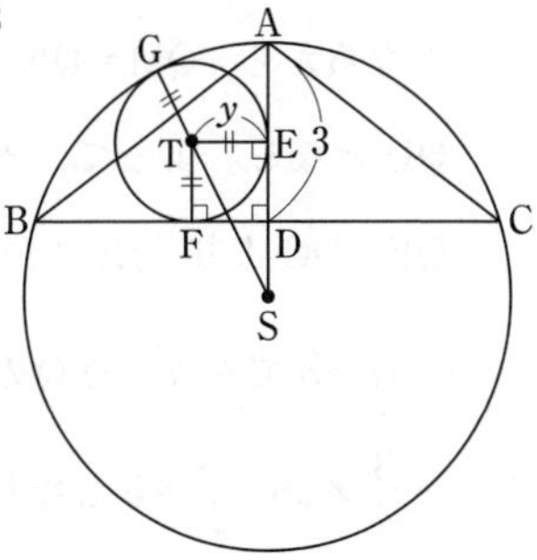

**3** 〔数と式—数の性質〕

(1)＜**$n$の値**＞$m=6$より，等式は，$2^6-1=(2n+1)(2n+3)$，$63=(2n+1)(2n+3)$となる。$n$は自然数だから，$2n+1$，$2n+3$は連続する正の奇数である。$63=7\times9$だから，$2n+1=7$であり，$n=3$となる。

(2)＜**$m$，$n$の組**＞$2^m-1=(2n+1)(2n+3)$より，$2^m-1=4n^2+8n+3$，$2^m=4n^2+8n+4$，$2^m=4(n^2+2n+1)$，$2^m=2^2(n+1)^2$となるから，$n+1=2$，$2^2$，$2^3$，……である。$n+1=2$のとき，$2^m=2^2\times2^2$より，$2^m=2^4$だから，$m=4$であり，$n=1$となる。$n+1=2^2$のとき，$2^m=2^2\times(2^2)^2$より，$2^m=2^2\times2^4$，$2^m=2^6$だから，$m=6$であり，$n=3$となる。$n+1=2^3$のとき，$2^m=2^2\times(2^3)^2$より，$2^m=2^2\times2^6$，$2^m=2^8$だから，$m=8$であり，$n=7$となる。$n+1=2^4$のとき，$2^m=2^2\times(2^4)^2$より，$2^m=2^2\times2^8$，$2^m=2^{10}$だから，$m=10$であり，$n=15$となる。$n+1=2^5$のとき，$2^m=2^2\times(2^5)^2$より，$2^m=2^2\times2^{10}$，$2^m=2^{12}$だから，$m=12$であり，$n=31$となる。よって，等式を満たす自然数$m$，$n$の組は，$m$の値の小さい方から，$(m,\ n)=(4,\ 1)$，$(6,\ 3)$，$(8,\ 7)$，$(10,\ 15)$，$(12,\ 31)$となるので，5番目の組は$(m,\ n)=(12,\ 31)$である。

**4** 〔関数—関数$y=ax^2$と一次関数のグラフ〕

(1)＜**比例定数，傾き**＞右図1で，点Bの$x$座標が3で，AB＝3だから，A(3，3)である。放物線$y=ax^2$は点Aを通るから，$3=a\times3^2$より，$a=\frac{1}{3}$となる。また，AD＝3より，点Dの$x$座標は$3+3=6$だから，D(6，3)である。直線$y=bx+\frac{15}{2}$は点Dを通るから，$3=b\times6+\frac{15}{2}$より，$b=-\frac{3}{4}$となる。

図1

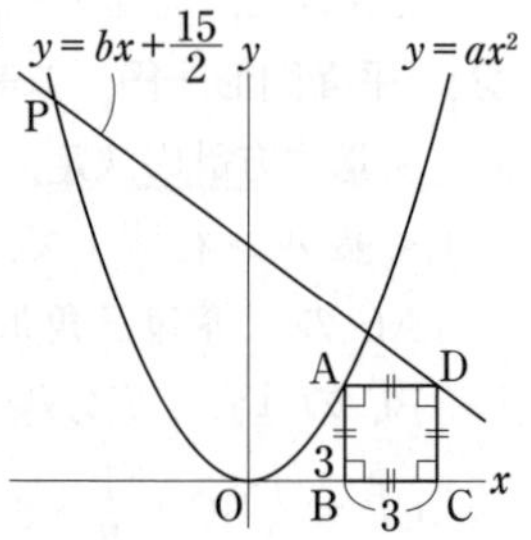


(2)＜**座標**＞右図2で，(1)より，点Pは放物線$y=\frac{1}{3}x^2$と直線$y=-\frac{3}{4}x+\frac{15}{2}$の交点だから，この2式より，$\frac{1}{3}x^2=-\frac{3}{4}x+\frac{15}{2}$，$4x^2+9x-90=0$となり，$x=\frac{-9\pm\sqrt{9^2-4\times4\times(-90)}}{2\times4}=\frac{-9\pm\sqrt{1521}}{8}=\frac{-9\pm39}{8}$となる。$x=\frac{-9+39}{8}=\frac{15}{4}$，$x=\frac{-9-39}{8}=-6$となるので，点Pの$x$座標は$-6$である。$y=\frac{1}{3}\times(-6)^2=12$だから，P$(-6,\ 12)$である。点Pから$x$軸に垂線PEを引くと，PE：OC＝12：6＝2：1，EO：CD＝6：3＝2：1より，PE：OC＝EO：CDであり，∠PEO＝∠OCD＝90°だから，△PEO∽△OCDである。よって，PO：OD＝PE：OC＝2：1である。次に，△OPQ：△OQD＝PQ：QDである。また，点QからPO，ODにそれぞれ垂線QM，QNを引くと，∠QOM＝∠QONより，△OQM≡△OQNとなるから，QM＝QNである。これより，△OPQ：△OQD$=\frac{1}{2}\times$PO$\times$QM：$\frac{1}{2}\times$OD$\times$QN＝PO：ODとなる。よって，PQ：QD＝PO：OD＝2：1となる。点Qから$x$軸に垂線QFを引くと，PE∥QF∥DCより，EF：FC＝PQ：QD＝2：1となる。EC$=6-(-6)=12$だから，EF$=\frac{2}{2+1}$EC$=\frac{2}{3}\times12=8$であり，点Qの$x$座標は$-6+8=2$となる。点Qは直線$y=-\frac{3}{4}x+\frac{15}{2}$上にあるので，$y=-\frac{3}{4}\times2+\frac{15}{2}=6$となり，Q(2，6)である。

図2

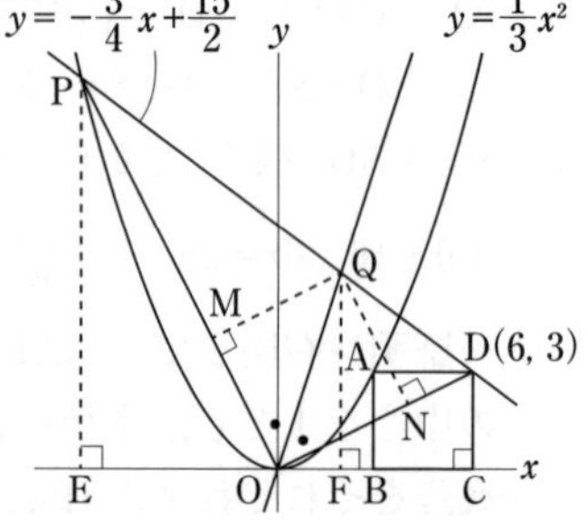

(3)＜**比例定数**＞右図3で，直線$y=-\frac{3}{4}x+\frac{15}{2}$と$y$軸の交点をGとすると，$OG=\frac{15}{2}$であり，$\triangle OPG=\frac{1}{2}\times\frac{15}{2}\times6=\frac{45}{2}$となる。また，〔四角形OGDB〕＝〔台形OGDC〕－$\triangle DBC=\frac{1}{2}\times\left(\frac{15}{2}+3\right)\times6-\frac{1}{2}\times3\times3=27$である。$\frac{45}{2}<27$より，△OPG＜〔四角形OGDB〕だから，直線$y=kx$が四角形OPDBの面積を2等分するとき，直線$y=kx$は線分GDと交わる。その交点をHとし，点Hから$y$軸に垂線HIを引く。$\triangle OPH=\frac{1}{2}$〔四角形OPDB〕$=\frac{1}{2}\times$(△OPG＋〔四角形OGDB〕)$=\frac{1}{2}\times\left(\frac{45}{2}+27\right)=\frac{99}{4}$だから，$\triangle OGH=\triangle OPH-\triangle OPG=\frac{99}{4}-\frac{45}{2}=\frac{9}{4}$となる。よって，△OGHの面積について，$\frac{1}{2}\times\frac{15}{2}\times HI=\frac{9}{4}$が成り立ち，$HI=\frac{3}{5}$となるから，点Hの$x$座標は$\frac{3}{5}$である。点Hは直線$y=-\frac{3}{4}x+\frac{15}{2}$上にあるから，$y=-\frac{3}{4}\times\frac{3}{5}+\frac{15}{2}=\frac{141}{20}$より，$H\left(\frac{3}{5},\ \frac{141}{20}\right)$である。直線$y=kx$が点Hを通るから，$\frac{141}{20}=k\times\frac{3}{5}$が成り立ち，$k=\frac{47}{4}$となる。

図3
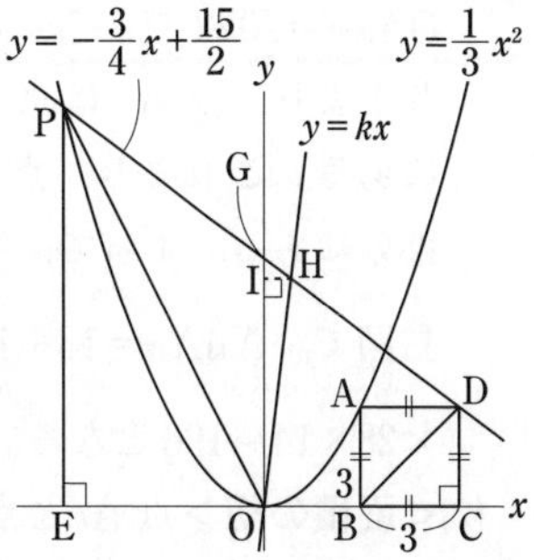


**5**〔平面図形―ひし形〕

(1)＜**長さの比**＞右図のように，線分EFの延長と辺CDの延長の交点をIとする。四角形ABCDはひし形だから，AE∥IGであり，△HAE∽△HGIとなる。これより，AH：HG＝AE：GIとなる。点Eは辺ABの中点だから，$AE=\frac{1}{2}AB=\frac{1}{2}\times4=2$である。また，CG：GD＝1：3だから，$GD=\frac{3}{1+3}CD=\frac{3}{4}\times4=3$である。さらに，FD＝FA，∠FDI＝∠FAE，∠DFI＝∠AFEより，△FDI≡△FAEだから，DI＝AE＝2である。よって，GI＝GD＋DI＝3＋2＝5であり，AE：GI＝2：5となるから，AH：HG＝2：5である。

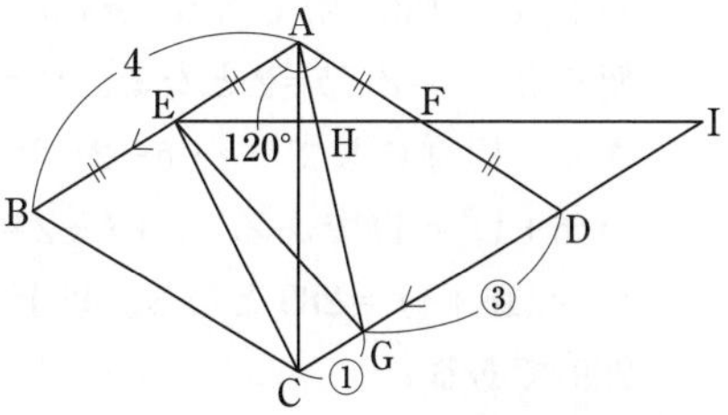


(2)＜**面積**＞右上図で，2点A，C，2点C，Eを結ぶ。(1)より，△AEH：△EGH＝AH：HG＝2：5だから，$\triangle EGH=\frac{5}{2+5}\triangle AEG=\frac{5}{7}\triangle AEG$である。また，AB∥DCより，△AEG＝△AECだから，$\triangle EGH=\frac{5}{7}\triangle AEC$である。$\angle BAC=\frac{1}{2}\angle BAD=\frac{1}{2}\times120^\circ=60^\circ$，AB＝BCより，△ABCは正三角形である。点Eは辺ABの中点だから，△AECは3辺の比が$1:2:\sqrt{3}$の直角三角形となり，$EC=\sqrt{3}AE=\sqrt{3}\times2=2\sqrt{3}$である。よって，$\triangle AEC=\frac{1}{2}\times2\times2\sqrt{3}=2\sqrt{3}$だから，$\triangle EGH=\frac{5}{7}\times2\sqrt{3}=\frac{10\sqrt{3}}{7}$となる。

**6**〔特殊・新傾向問題〕

**≪基本方針の決定≫**(2)　$S_a$，$S_b$をそれぞれ$a$，$b$の式で表す。

(1)＜**座標，面積**＞(i)$A_k$で表される点は，$A_1$から順に，$x$軸の正の部分，$y$軸の正の部分，$x$軸の負の部分，$y$軸の負の部分の点となるから，2022÷4＝505あまり2より，点$A_{2022}$は点$A_2$と同じ部分の点となる。点$A_2$は$y$軸の正の部分にあるので，点$A_{2022}$は$y$軸の正の部分にある。また，

$OA_{2022}=2022$ だから，$A_{2022}(0,\ 2022)$ である。　(ii)$13\div4=3$ あまり 1 より，点 $A_{13}$ は点 $A_1$ と同じ部分にあるので，$x$ 軸の正の部分にある。これより，点 $A_{14}$ は $y$ 軸の正の部分，点 $A_{15}$ は $x$ 軸の負の部分にある。よって，$A_{13}(13,\ 0)$，$A_{14}(0,\ 14)$，$A_{15}(-15,\ 0)$ となる。右図で，$A_{13}A_{15}=13+15=28$，$OA_{14}=14$ だから，$\triangle A_{13}A_{14}A_{15}=\dfrac{1}{2}\times28\times14=196$ となる。

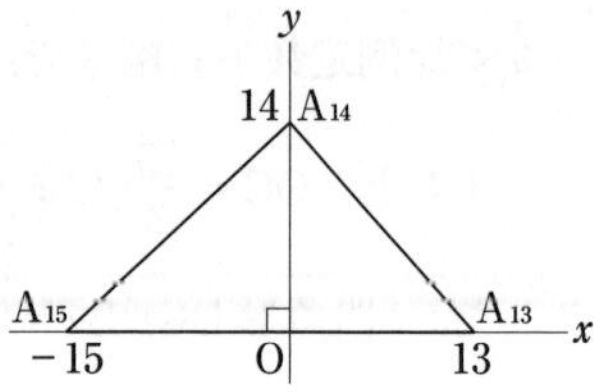


(2)＜**面積の組**＞点 $A_k$ と点 $A_{k+2}$ は，同じ座標軸上にあり，どちらかが正の部分，どちらかが負の部分にあるから，$A_kA_{k+2}=k+(k+2)=2k+2$ である。$OA_{k+1}=k+1$ だから，$S_k=\triangle A_kA_{k+1}A_{k+2}=\dfrac{1}{2}\times(2k+2)\times(k+1)=(k+1)^2$ となる。よって，$S_a=(a+1)^2$，$S_b=(b+1)^2$ だから，$S_a-S_b=72$ より，$(a+1)^2-(b+1)^2=72$ が成り立つ。$a+1=M$，$b+1=N$ とすると，$M^2-N^2=72$，$(M+N)(M-N)=72$，$\{(a+1)+(b+1)\}\{(a+1)-(b+1)\}=72$，$(a+b+2)(a-b)=72$ となる。$a$，$b$ は正の整数だから，$a+b+2$ は正の整数であり，$a-b$ も正の整数となる。$a+b+2>a-b$ だから，$a+b+2$，$a-b$ の組は $(a+b+2,\ a-b)=(9,\ 8)$，$(12,\ 6)$，$(18,\ 4)$，$(24,\ 3)$，$(36,\ 2)$，$(72,\ 1)$ が考えられる。ここで，$a+b+2$ が偶数のとき，$a$，$b$ はともに偶数か，ともに奇数だから，$a-b$ は偶数となり，$a+b+2$ が奇数のとき，$a$，$b$ のどちらかが偶数，どちらかが奇数だから，$a-b$ は奇数である。このことから，$a+b+2$，$a-b$ はともに偶数か，ともに奇数となるので，$(a+b+2,\ a-b)=(12,\ 6)$，$(18,\ 4)$，$(36,\ 2)$ である。$a+b+2=12$……①，$a-b=6$……②のとき，①，②を連立方程式として解くと，$a=8$，$b=2$ となる。$S_8=(8+1)^2=81$，$S_2=(2+1)^2=9$ となるから，$(S_a,\ S_b)=(81,\ 9)$ である。同様にして，$a+b+2=18$，$a-b=4$ のとき，$a=10$，$b=6$ となり，$S_{10}=(10+1)^2=121$，$S_6=(6+1)^2=49$ である。$a+b+2=36$，$a-b=2$ のとき，$a=18$，$b=16$ となり，$S_{18}=(18+1)^2=361$，$S_{16}=(16+1)^2=289$ となる。以上より，求める $S_a$，$S_b$ の組は $(S_a,\ S_b)=(81,\ 9)$，$(121,\ 49)$，$(361,\ 289)$ である。

## 7 〔空間図形—立方体〕

(1)＜**長さ**＞右図で，線分 AP の延長と辺 EF の延長との交点を I とすると，線分 IQ と辺 FG の交点が点 R となる。〔面 AEHD〕//〔面 BFGC〕より，三角錐 I-AQE と三角錐 I-PRF は相似であるから，EQ：FR＝AE：PF＝BF：PF＝(1＋2)：2＝3：2 となる。よって，$FR=\dfrac{2}{3}EQ$ である。EQ：QH＝3：1 より，$EQ=\dfrac{3}{3+1}EH=\dfrac{3}{4}\times5=\dfrac{15}{4}$ だから，$FR=\dfrac{2}{3}\times\dfrac{15}{4}=\dfrac{5}{2}$ となる。

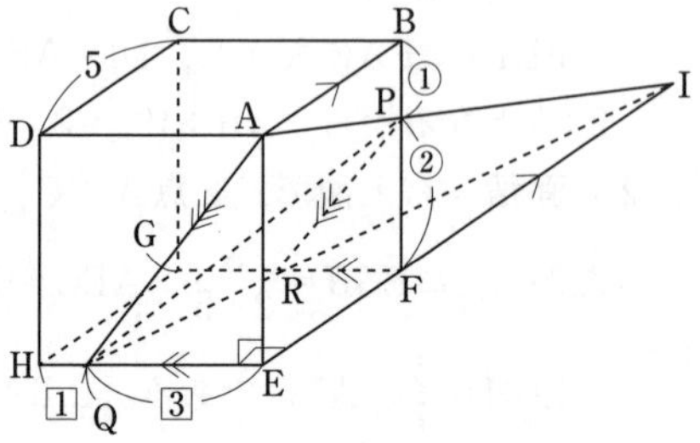


(2)＜**面積比**＞右上図で，AQ//PR だから，△APQ と△PQR は，辺 AQ，辺 PR をそれぞれの底辺としたときの高さは等しい。よって，△APQ：△PQR＝AQ：PR である。AQ：PR＝AE：PF＝3：2 となるから，△APQ：△PQR＝3：2 となる。よって，$\triangle PQR=\dfrac{2}{3}\triangle APQ$ であり，〔四角形 APRQ〕$=\triangle APQ+\triangle PQR=\triangle APQ+\dfrac{2}{3}\triangle APQ=\dfrac{5}{3}\triangle APQ$ となるので，四角形 APRQ の面積は△APQ の面積の $\dfrac{5}{3}$ 倍である。

(3)<**体積**>前ページの図で，頂点Eを含む方の立体は，五面体PRF-AQEである。三角錐I-AQEと三角錐I-PRFは相似であり，相似比はAE：PF＝3：2だから，体積比は$3^3:2^3=27:8$である。これより，〔三角錐I-AQE〕：〔五面体PRF-AQE〕＝27：(27－8)＝27：19である。また，EI：FI＝3：2であるから，EF：FI＝(3－2)：2＝1：2であり，FI＝2EF＝2×5＝10より，EI＝EF＋FI＝5＋10＝15となる。よって，〔三角錐I-AQE〕$=\frac{1}{3}\times\left(\frac{1}{2}\times\frac{15}{4}\times5\right)\times15=\frac{375}{8}$だから，求める立体の体積は，〔五面体PRF-AQE〕$=\frac{19}{27}$〔三角錐I-AQE〕$=\frac{19}{27}\times\frac{375}{8}=\frac{2375}{72}$となる。

## ＝読者へのメッセージ＝

3には，自然数$m$を使って，$2^m-1$と表される数が登場しました。このように表される自然数をメルセンヌ数といいます。$2^m-1$が素数になるとき，$m$は必ず素数となりますが，この逆は成り立ちません。

## 国語解答

一 問一 【1】…ウ 【2】…カ 【6】…エ
【11】…ア 【12】…イ

問二 かったるい　問三 オ

問四 ぐったり

問五 度を過ぎた濃さが，まがりなりにも食べ物として許容されるのは甘味だけである(36字)

問六 【8】 水分 【9】 空気

問七 油脂の量　問八 触

問九 A いくき　B しるもの
C さだ　D きほう
E はざわ

問十 ① 酸味 ② 母系 ③ 対象
④ 菜種 ⑤ 器官

二 問一 ① 風光 ② 想起 ③ 説
④ 同行 ⑤ 平生

問二 イ　問三 【1】 骨 【5】 耳

問四 【2】…ウ 【3】…オ 【4】…カ

問五 世界に独りきりである

問六 3…ウ 4…エ 5…ア

問七 私は書を上手にすることができない，ということ。(23字)

問八 巧　問九 ア

問十 良寛，会津八一

問十一 一九二四[年]　問十二 イ

問十三 オ

問十四 採訪散策の時，いつとなく思ひ泛びしを，いく度もくりかへし口ずさみて，おのづから詠み据ゑたるもの

一〔説明文の読解―芸術・文学・言語学的分野―日本語〕出典；早川文代『食語のひととき』「甘ったるい」／「重い・軽い」。

≪本文の概要≫料理やお菓子が度を過ぎて甘いとき，「甘ったるい」と言うことがある。甘ったるいは，もともと甘弛しといい，甘すぎてぐったり疲れるような感じだろうか。「〜ったるい」は，しょっぱい，すっぱい，苦いなど，他の味にはなく，甘みにだけある表現である。これは，甘みが塩味や酸味に比べて範囲の広い味覚だからであろう。料理について重い・軽いと言うとき，油脂の多さに結びつけがちである。しかし，実際には油脂の量にそれほど差はなく，調理の方法次第で仕上がりは重くも軽くもなる。軽くする方法は二つあり，一つは，重さの原因となる油脂のにおいをシャットアウトする方法，もう一つは，水分を減らしたり空気を含ませたりして軽い食感にする方法である。重い・軽いは単なる反対語ではなく，「重い」は舌と鼻で感じるもの，「軽い」は歯触りを通して味わうものである。これらは，キャッチする感覚器官が別なのである。

問一【1】＜表現＞「甘弛し」の「弛し」は，「疲れて萎える感じ」をいい，「甘弛し」とは，要するに「甘すぎてぐったり疲れるような感じ」であろう。　【2】＜表現＞「甘弛し」が「甘たるし」となり，そのうちに「甘ったるい」となった。　【6】＜接続語＞それはそれとして，「〜ったるい」は，「しょっぱい，すっぱい，苦いなど，他の味にはない表現」である。　【11】＜表現＞「料理をふっくらさせたり，サクサクさせたりする」と，仮に「油が入って」いても「軽い感じ」になる。【12】＜表現＞「料理をふっくらさせたり，サクサクさせたりする」ことで「油が入っていても軽い感じになる」例として，「お好み焼きなどは山芋の力を借りて気泡を十分に含ませれば軽くなる」ということが挙げられる。

**問二＜文章内容＞**「甘弛し」が「甘たるし」となり，それが「甘ったるい」となったのと，「かひ弛し」が「かいだるし」となり，それが「かったるい」となったのは「同じ変化」である。

**問三＜文学史＞**『風立ちぬ』は，昭和11～13(1936～38)年に発表された堀辰雄の小説。『高瀬舟』は，大正５(1916)年に発表された森鷗外の小説。『トロッコ』は，大正11(1922)年に発表された芥川龍之介の小説。『雪国』は，昭和10～22(1935～47)年に発表された川端康成の小説。

**問四＜表現＞**「甘ったるい」は，「甘すぎてぐったり疲れるような感じ」を表す。宗助は「深く苦悩」していたので，そこへ「甘たるい菓子」を食べたのでは，さらに「ぐったり」としただろう。

**問五＜文章内容＞**「度を過ぎた塩辛さは料理として成り立たない」が，甘味に関しては「甘ったるい」という「度を過ぎた」甘さがある。「～ったるい」という表現が「しょっぱい，すっぱい，苦いなど，他の味」にはないところからみても，度を過ぎた濃い味は，甘味についてだけあり，甘味のみ，度を過ぎた濃い味であっても食べ物として成り立っているといえる。

**問六＜文章内容＞**「軽い」は，「空，乾，枯などが転じた」という説がある。「重い」に「ずっしりとした重量感，しっかり詰まった緊密感」があるのに対し，「軽い」にはそのどちらもない。料理が「水分を減らしたり空気を含ませたり」した場合には「油が入っていても軽い感じになる」ように，「水分」が少なくて「空気」をたくさん含んでいるために「重量感」も「緊密感」もないのが，「軽い」ということのようである。

**問七＜文章内容＞**「料理を重い・軽いと言うとき，油脂の多さに結びつけがち」である。しかし，「料理の油脂含有量の平均値」を見ると，連想される「重い」メニューと「軽い」メニューには，ほとんど差がない。このことは，料理が「重い」か「軽い」かは，油脂がどれだけ含まれているかで決まるのではないことを示している。

**問八＜文章内容＞**「重い」は「舌と鼻で感じるもの」である。つまり，味覚と嗅覚が「重い」をキャッチする。一方，「軽い」は「歯触りを通して味わうもの」である。「軽い」をキャッチするのは，触覚なのである。

**問九＜漢字＞**Ａ．「幾」は，数量や程度がはっきりしないことを表す接頭辞。　Ｂ．「汁」の音読みは「果汁」などの「ジュウ」。　Ｃ．「定か」は，確かである，はっきりしているさま。　Ｄ．「泡」の訓読みは「あわ」。　Ｅ．「触」の他の訓読みは「ふ(れる)」，音読みは「感触」などの「ショク」。

**問十＜漢字＞**①「酸味」は，すっぱい味のこと。　②「母系」は，母親の系統のこと。　③「対象」は，意識や行為が向けられる先のこと。　④「菜種」は，アブラナまたはアブラナの種子のこと。⑤「器官」は，体の中にあって特定のはたらきをする組織。「感覚器官」は，体の外部からくる物理的・化学的な刺激を感覚としてとらえる組織のこと。

**二**〔**随筆の読解―芸術・文学・言語学的分野―文学**〕出典；会津八一「『南京新唱』自序」(『自註鹿鳴集』所収)。

**問一＜漢字＞**①「風光」は，景色，風景のこと。　②「想起」は，思い起こすこと。　③音読みは「説明」などの「セツ」。　④「同行」は，ともに行く人のこと。特に，一緒に神仏に参詣する人々のこと。　⑤「平生」は，ふだん，日頃のこと。

**問二＜語句＞**「酷」は，ひどい，甚だしい，という意味。

問三＜慣用句＞【1】その地で死ぬことを，「骨を埋める」という。　【5】注意してしっかり聞き取ろうとすることを，「耳をそばだてる」という。

問四＜語句＞【2】「青山(せいざん)」は，樹木が茂った山のこと。　【3】「緑樹」は，青葉の茂った木のこと。　【4】「朱柱(しゅばしら)」は，寺院などの朱で塗られた柱のこと。

問五＜文章内容＞「乾坤」は，天地のこと。「笻」は，つえのことで，「孤笻」で一本のつえということ。「西国三十三番の霊場を巡拝する善男善女」は「同行二人」と笠に書いており，「行住つねに大慈大悲の加護」を信じている。巡拝するとき，常に弘法大師がともにいてくれると信じているのである。それに対して，「われ」は，「乾坤」に独りきりなのである。

問六＜文章内容＞3．「南京」は，南都，すなわち「奈良」のこと。「われ」は，「奈良の風光と美術とを酷愛」してたびたび訪れ，「ここにして詠じたる歌は，吾ながらに心ゆくばかり」であり，独りで散策し，独りで歌をよむ中で，「吾が南京の歌」にますます「妙味」を感じている。　4．「わが郷」の出身には「さきに沙門良寛」がいるが，今から百年後に「北国更に一風狂子」を出して，「吾等」に歌を聞かせる者がいるだろうかと，「われ」は思っている。　5．「都門」は，「都」の入り口のこと。「東京下落合」とあるので，ここでは東京のことである。

問七＜文章内容＞「能くする」は，心得がある，上手にする，という意味。「翰墨」と「塗鴉」は，ともに，書のことを表す。「われ」は，書を十分上手にすることがないのである。

問八＜文章内容＞「匠習」は，技芸の優れた人の習わしのこと。「われ」は，「たまたま今の世に巧なりと称せらるる人の歌を見ること」があっても，「巧なるがために」それを好まないし，「奇なるを以て称せらるるものを見る」ことがあっても，「奇なるがために」それを好まない。「当世作家の新奇と匠習」の「新奇」が「奇」，「匠習」が「巧」に当たる。

問九＜文章内容＞「良寛をしてわが歌を地下に聞かしめば」は，良寛に私の歌を地下で聞かせれば，という意味。良寛は江戸時代の人であるから，当然すでに亡くなっており，今いる所は「地下」である。

問十＜文章内容＞「われ」と良寛は同郷で，「われ」が「都門に其名を知る者ある」のを見たのは，良寛の死後「九十四年」もたってからだった。今，「われ」は，良寛は「われ」の歌をどう評するだろうと思っているが，さらに今から百年の後，同じ北国に「風狂子」が出て，良寛と「われ」の二人に地下で耳をそばだてさせる者がいるだろうかとも思っている。

問十一．大正十三年は，西暦一九二四年である。

問十二．大正十二年には，関東大震災が起きた。

問十三＜文章内容＞「われ」は，「約束をもて詠む」ことも「流行に順ひて詠む」こともしない。「たまたま今の世に巧なりと称せらるる人の歌」や「奇なるを以て称せらるるもの」は好まない。「採訪散策の時，いつとなく思ひ泛びしを，いく度もくりかへし口ずさみて，おのづから詠み据ゑたるもの」が「吾が歌」である。「われ」が心から愛する奈良でよんだ歌は「吾ながらに心ゆくばかり」であり，そのように自分の心と向き合っておのずから思い浮かんだことをよむのがよいのである。

問十四＜文章内容＞「吾が真に好める歌」とは，「己が歌あるのみ」である。そして，「吾が歌」とは，「採訪散策の時，いつとなく思ひ泛びしを，いく度もくりかへし口ずさみて，おのづから詠み据ゑたるもの」である。

# 2021年度 慶應義塾高等学校

**【英　語】**（60分）〈満点：100点〉

**Ⅰ**　各組の英文がほぼ同じ意味を表すように，各々の（　）内に適切な１語を入れなさい。

1．This is a new experience for me.
　＝I (　　　) (　　　) (　　　) this experience before.

2．He knows more about history than I do.
　＝I don't know (　　　) (　　　) about history (　　　) he does.

3．You don't have to talk so loudly.
　＝(　　　) is (　　　) (　　　) for you to talk so loudly.

4．The number of people who have become *infected by the coronavirus is increasing.　＊感染した
　＝(　　　) (　　　) (　　　) people have become infected by the coronavirus.

5．I'm excited that we will be working together.
　＝I'm (　　　) (　　　) (　　　) working together with you.

6．Nothing could be done because it was very late.
　＝It was (　　　) late for (　　　) (　　　) be done.

7．Let's go to the movies tomorrow.
　＝(　　　) (　　　) (　　　) to the movies tomorrow?

8．He won the race and also set a new record.
　＝(　　　) (　　　) did he win the race, (　　　) he also set a new record.

9．I would like you to help me put the chairs away.
　＝(　　　) you (　　　) (　　　) me put the chairs away?

10．Why aren't you dressed yet?　You'll be late for school!
　＝(　　　) (　　　) and get dressed (　　　) you'll be late for school!

**Ⅱ**　例にならって，各英文の下線部Ａ～Ｄの中から文法的・語法的に間違っているものを１つ選び，**選んだ箇所全体**を正しい形に直しなさい。

【例】 It is kind for you to tell me the way to the station.
　A: It　B: for you　C: to tell　D: the way

【解答例】　記号：B　　正しい形：of you

1．The results from your health check-up is going to be sent to your parents next week.
　A: from your health check-up　B: is going to　C: be sent to　D: next week

2．There is no Internet connection right now, so please wait until it fixes.
　A: There is no　B: please wait　C: until　D: it fixes

3．She said that she didn't know who can she ask for help.
　A: said that　B: didn't know　C: who can she ask　D: for help

4．I like living in the city.　My wife, in one hand, prefers life in the countryside.
　A: I like　B: living in　C: in one hand　D: prefers life in

5．We have to leave very early tomorrow, so we had good going to bed now.
　A: have to leave　B: very early　C: so　D: good going to

6. I got lost but someone was kind much show me the easiest way to get to the station.
A B C D

7. Make products in Japan are very popular because of their high quality.
A B C D

8. I can't talk to Mary right now because I'm in a meeting. Could you have called me back later?
A B C D

9. If it will be nice tomorrow, I think we should go on a picnic to the park.
A B C D

10. Please be quiet so that you don't wake up the baby sleep.
A B C D

**Ⅲ** 次の英文を完成させるために [ 1 ] ～ [ 10 ] に適切な1語を入れなさい。＊の付いている語(句)には【注】がある。

The 2020 Summer Olympics, commonly known [ 1 ] Tokyo 2020, was originally scheduled to be held from 24 July to 9 August 2020. However, because of the COVID-19 pandemic, it was announced in March 2020 that it would be *postponed and [ 2 ] place from 23 July to 8 August 2021. [ 3 ] it will be held in 2021, the name Tokyo 2020 will be kept for *marketing and *branding purposes. This is the first time that the Olympic Games have been postponed [ 4 ] than cancelled.

At the *IOC Session in Buenos Aires, Argentina, on 7 September 2013, Tokyo *won the bid to host the Olympics, beating out rival [ 5 ] Istanbul, Turkey and Madrid, Spain. Japan will be hosting the Summer Olympics for the second time—the first time also being in Tokyo in 1964—making it the first Asian city to host [ 6 ] event twice. Overall, this will be the [ 7 ] Olympic Games to be held in Japan, which also hosted the Winter Olympics in 1972 (Sapporo) and 1998 (Nagano).

Several new sports and events have been added for Tokyo 2020; entirely new sports such as karate, sport climbing, surfing, and skateboarding, new events such as freestyle BMX and 3x3 basketball, as [ 8 ] as the return of baseball and softball for the first time [ 9 ] 2008. In total, there will be 339 events *representing 33 different sports, many of [ 10 ] will be held in *venues located mainly in the city's central and bay areas.

【注】 postpone：延期する　marketing：営業戦略　branding：ブランド戦略　IOC Session：IOC総会
win the bid to host：開催権を勝ち取る　representing：代表する　venue：会場

**Ⅳ** 次の英文を読み，設問A，B，Cに答えなさい。＊の付いている語(句)には【注】がある。

[1]

I can't help feeling these days that my dad is not my dad any more.

We used to be really close. We were *practically buddies. We understood each other. It was a real man-to-man thing that not even Mom or Susie could easily get into, and that's how Dad himself *described our relationship whenever the women in our house ①envied us.

I don't know if this is something special between any father and son; my best friend Jerry has envied me for having a father so close by, since his own has been away to Taiwan on business and rarely comes home; Tony at school always tells me how he *hates his father's guts; and Casey who lives a block away from our place doesn't even have a dad. According to Jerry, we are like *soulmates, always sending each other messages by *telepathy and understanding one another without using words.

Jerry says he has felt (ア)this invisible tie between us when we took him out for fishing in May. It was a good season for *trout, and we took Jerry out together to Lake Merced on a Sunday. He insisted that we were tied together by telepathy, catching one trout after another without exchanging any words, acting back and forth as a fisher and a capturer while we were there catching more than twenty trout on that magical day.

However, for me, it was the very day when I first felt this strange distance between my father and I. There was a small *incident on that day. I got too excited flipping around my fishing pole for the next trout to catch, and I accidentally stuck my hook into my father's ear. That must have hurt really badly, for my father's face *grimaced in pain, and just for one second his eyes met mine, which seemed as if they were ②blaming me of acting so thoughtlessly and like an amateur after all the fishing experiences we have gone through.

I guess I panicked and just froze ; I should have pulled the hook calmly and gently out of my father's skin, but Dad did that himself. Of course I said I'm sorry, and of course he told me not to worry, but (i)それ以来ずっと父は僕に怒っているんじゃないだろうか。

Or maybe it's because of my math grades going down in middle school. Math was my favorite subject up until sixth grade, and Dad seemed very proud of me as an *accountant's son, even though he did not show it so openly. He has always told me that I can do anything I want to do in the future, but that I should study hard on all the subjects so that I get to have a number of options to choose from. But I could see how his eyes *gleamed for a second when I told him that I want to be an accountant like him because it seemed like a real cool job. And ③I wasn't just trying to win his favor to get me a new road bike on my birthday ; I really did feel that becoming an accountant would be a good choice for my future at that time because I was good at math and Dad was my *role model as a cool adult.

But ever since *algebra came up, I have been *struggling, and while I have been barely able to keep the average score in the tests, Jerry, always a natural in math, has always kept the top-three position in our class. And these days I don't even envy Jerry like I used to, gradually getting to know my own limits, at the same time realizing that I am much more into reading and writing stories than building up *formulas in my head.

The other night I saw a really scary science fiction movie called **The Invasion of the Body Snatchers*. In the movie, aliens from outer space take over the bodies of people on Earth, and the whole population of a small town turns into aliens, slowly but steadily. (イ)What's so terrible is that the switching takes place overnight when you are sleeping, and this giant *pod-like thing that is secretly put under your bed sucks out your life force and in turn grows a completely human-looking creature inside the pod, a creature that looks completely like you ! And as the real you has all the force sucked out of your body and *withers and finally disappears, the *fake you gets up in the morning and starts another day as if nothing has happened. Only, the greatest difference between the real you and the fake you is that the fake you does not have any human emotions, so that they all look empty and *expressionless, never smiling but only nodding to your neighbors.

I usually ④get a great kick out of these late-night scary movies, but this one has particularly stuck in my head and given me nightmares for days. In the dream, it is always Dad that turns into the podperson, the very first one in the family, and hides another pod under Mom's bed, Susie's bed, and finally mine.

Now I don't mean to say that Dad has lost all his emotions ; he still laughs at dinner, smiles and kisses Mom, or gets excited and then angry whenever *the Mariners lose a game on TV. But it seems to me that he is only *pretending it. He seems so *vacant these days, as if the real Dad has hidden away somewhere deep inside him and doesn't want to come out. He could just be stressed out from his work. (ii)父は僕らには分からない問題で悩んでいるのかもしれない。 He told me once that the work of an accountant could be a real *pain in the neck.

Or he could be sick but not telling us in order not to worry us. Whatever happened to the yearly health check that is done at his office ? He hasn't spoken a word about it. Perhaps Mom knows something, but if there was anything wrong with Dad, she could never hold it back ; it should show in every word, expression, and movement of hers.

That is, if Mom is still Mom ; he could already have had her taken over by the pods. . . .

Tonight, as I *ponder over these things like I do every night in bed recently, I can't seem to go to sleep. I hear Mom and Dad talking downstairs. Of course, I can't hear what they're actually saying, but their tone of voice sounds like they are whispering secrets to each other, something they don't want heard by Susie and me. That's not unusual for parents, you may say, but I do sense a kind of *slyness in their voices.

Perhaps they are going over their plan to turn Susie and me into pod people.

Now they have stopped talking. Now I hear footsteps coming up the stairs, which is certainly Dad's ; I can always tell from their slow and heavy pace on the carpet. And now they have landed on the second floor, coming toward my room.

And now the footsteps have stopped in front of my room. I can feel him out there on the other side of my door, holding his breath, *straining his ears to check if I am asleep or not.

Holding the pod in his hands, ready to slide it quietly under my bed. . . .

Now he is going for the knob. I hear it slowly turning. I want to scream, but how can I ? If I scream, they will know that I know, and then they will do anything they have to do, however *rough, to turn me into one of them. I must be quiet and pretend that I am asleep. And then when he sets the pod down, thinking that they will have me for sure, and goes out of my room, I will set the pod on fire with the lighter I have secretly kept for an *emergency just like this (in the movie the pod lit up and burned so easily like paper, leaving nothing behind but some *chars), and see if I can escape from the window quietly. Perhaps I can seek for help at Jerry's, if they haven't already been turned into pods. I really should take Susie with me, but how can I sneak out of my room, go into her room, wake her up, make her understand that our parents have turned into aliens, and take her with me out the window without our parents noticing, or without Susie crying out loud ? I must come back for her later, if it is not too late.

Now the door has opened, and I feel Dad coming into my darkened room. I close my eyes firmly and try my hardest to breathe naturally and regularly, pretending that I am *sound asleep. I am so scared that sweat is breaking out from every *pore on my body.

And suddenly, I remember all the good times I had together with Dad, and I feel like crying. I feel so sad and angry thinking of my nice and cool dad taken away from me by aliens, or, even if that's just my imagination, how he has changed these days in ways that our distance has gotten further away from each other.

Actually, I can't stop the tears welling up in my eyes and flowing down over my cheeks. I know I shouldn't do this since Dad, or the fake Dad, is watching me closely over my body on my bed; he can see I'm faking sleep and might decide to take rougher ways any second, like forcing me to *sniff some drugs to make me fall asleep.

All I have to do is pretend that I am asleep, and even if tracks of my tears show on my cheeks, he may think that I am having a bad dream and just let me sleep, with or without the pod under my bed. So just ⑤hold on. Hold on a little while longer until he goes out of my room, until he feels satisfied that I am asleep, innocent and helpless. Just a while longer. . . .

2

I can't understand my son lately.

I have always thought we were very close. We have had so much fun together. We shared the same taste in movies, and sometimes music. Maybe I haven't been a very manly father who can train his son to be a good athlete, but still I taught him how to fish, how to ride a bike, and how girls can be *moody once in a while. We had our own set of in-jokes which couldn't be shared with the women in our family.

Perhaps he is just going through his *adolescence the way all boys and girls go through. I have been through such a period of teenage *angst myself, during which I felt an uncontrollable anger toward my parents, but that all passed like a rainstorm after I went away to attend college in New York.

But as for my son, it all seems so sudden; we were all right until the end of summer, but ever since his final year in middle school started last month, he has turned so distant and *reserved toward me like a pod person, as if he has built a wall around himself, *peeping outside from a small hole in the wall. It even seems as if he is scared of me.

I hope I haven't been giving too much pressure on his studies; I have always been happy to help with his schoolwork, and he was especially good at math, which I thought was another thing we both shared. But these days he seems to be struggling with it, even though I cannot tell for sure, since he doesn't come to me for help any longer. (ウ)That is a good sign of independence, or that is how I like to think, but if he is feeling *guilty about his struggles, then I may have been pushing him too hard to get good grades in math as an accountant's son without noticing it. I was really happy when he once told me that he would like to be in the same profession as I, but I am open to my son's future, and ⑥limiting it is the last thing I want to do.

Maybe I was acting too distant toward my family myself for the past few weeks, worried so much about the result of the health check at my workplace. It came back yesterday reporting the shadow seen in the X-ray of my stomach turned out to be *benign. I haven't told anyone about this, not even my wife, but I should have come out and told everyone over dinner jokingly, now that my worry turned out to be ⑦in vain.

Tonight, I have talked to my wife about it. My wife, who *majored in child *psychology in the university, says it's just a teenage boy thing, feeling especially *hostile against one's father, the parent of the same sex and the boss of the family. I am also worried if our son has been bullied at school, but she has *denied it right away, saying that he has good friends like Jerry and Tony to hang around with, and even if someone is mean to him that they will always stand by him. Of course, I am relieved to hear this from a master in psychology, and a mother who looks after him by day, but then what really is eating him these days ?

(iii)息子の様子を確かめに彼の部屋に行かずにはいられない。 It is late and he has turned in more than an hour ago, so I'm sure that he must be asleep now.

I go up the stairs quietly and stand in front of his door. The lights are out, and it seems very quiet in the room.

I turn the knob very slowly, opening the door and sliding myself into the darkened room. My son is in bed, breathing regularly. I approach his bedside and look down on his face.

He looks sound asleep. His sleeping face seems so childish and unchanged since he was a baby, and I feel an *overwhelming love toward my boy.

But he seems to be sweating, even though it is already very cool at night at this time of the year. I hope he is not having nightmares.

Now are those tears running down his cheeks ? Oh, no, what is going on in his poor little mind ? What kind of a dream makes him cry like that in his sleep ?

Come on, buddy. This is certainly a tough world you live in, but you got me. Your mother and I will always stand by you and Susie no matter what happens.

So don't you cry anymore.

【注】 practically：実際に　describe：表す　hate one's guts：人を心底嫌う　soulmate：気性の合う人　telepathy：以心伝心；テレパシー　trout：鱒(ます)　incident：出来事　grimace：顔をゆがめる　accountant：会計士　gleam：キラリと輝く　role model：模範　algebra：代数　struggle：苦戦する　formula：公式　*The Invasion of the Body Snatchers*：『ボディ・スナッチャー／恐怖の街』(1956年米国公開，その後何度もリメイクされている古典的侵略物SF映画)
pod-like：まゆのような　wither：しぼむ　fake：偽物　expressionless：無表情な
the Mariners：シアトル・マリナーズ(米国ワシントン州シアトルのメジャーリーグ野球チーム)
pretend：ふりをする　vacant：空虚な　pain in the neck：頭痛の種　ponder：熟考する
slyness：ずるさ　strain：(耳を)すます　rough：乱暴な　emergency：緊急事態　char：灰
sound：ぐっすり　pore：毛穴　sniff：嗅ぐ　moody：気分屋の　adolescence：思春期
angst：悩み　reserved：よそよそしい　peep：のぞき見る　guilty：後ろめたい　benign：良性の
major：専攻する　psychology：心理学　hostile：敵意のある　deny：否定する　overwhelming：圧倒的な

A：下の1～16の設問に対して，本文の内容を最も的確に反映したものを(a)～(d)の中から選び，記号で答えなさい。

1．What is the relationship between *I* in [1] and *I* in [2] ?

(a) The same person.　(b) Two good friends.
(c) A married couple.　(d) A boy and his father.

2．What does the underlined word ①envied (←envy) mean ?

(a) To wish that you had something others have.
(b) To feel that you are superior to someone.
(c) To respect someone secretly in your heart.

(d) To tell someone directly that he or she is wrong.

3. What does the underlined word ②blaming (←blame) mean?

(a) To regard someone highly.
(b) To care less about someone.
(c) To say or feel that someone is bad or wrong.
(d) To feel guilty about doing something bad or wrong.

4. How did the boy feel after the fishing accident?

(a) He was proud of his special tie with his father.
(b) He was afraid of his father being disappointed in him.
(c) He was glad to see that his father was not hurt so badly.
(d) He didn't want his friend Jerry to see him hurt his father.

5. How can you write the underlined part ③I wasn't just trying to win his favor in another way?

(a) I only said so
(b) I just didn't want my dad to think I said so
(c) It was not my only way to act like his favorite son
(d) I didn't say that only to please my dad

6. Which is **NOT** one of the reasons why the boy thinks his father has changed?

(a) He is not feeling well.
(b) He has turned into an alien.
(c) He is unhappy about his favorite baseball team.
(d) He is expecting too much and getting too little.

7. What is the point of introducing *The Invasion of the Body Snatchers* in the story?

(a) It tells the readers exactly when this story takes place.
(b) It tells the readers that the boy doesn't really like scary movies.
(c) It makes the readers expect that the story will have a happy ending.
(d) It scares the readers by making them feel the same way as the boy.

8. How can you write the underlined part ④get a great kick out of in another way?

(a) get very bored with
(b) get very excited about
(c) make my parents angry for watching
(d) feel strongly that I shouldn't have watched

9. Why does the boy start crying while he is pretending to be asleep?

(a) He is having a bad dream.
(b) He misses the good times with his father.
(c) He is scared of being turned into a pod person.
(d) He is sad that his mother won't help him at all.

10. How can you write the underlined part ⑤hold on in another way?

(a) don't fall asleep
(b) keep still and quiet
(c) wait until Dad returns to my real Dad
(d) don't be scared of the pod under my bed

11. Which is **NOT** one of the reasons why the father thinks the boy has changed?

(a) The boy has been going through difficult times as a teenager.
(b) The boy may be feeling bad about his math grades going down.
(c) He got angry when the boy stuck the fishing hook in his ear by accident.
(d) He has been troubled with himself lately and hasn't been very friendly to the boy.

12. Which is true about the father's feelings toward his son?
(a) He wants his son to become an accountant like him.
(b) He also thinks that his son has turned into a pod person.
(c) He doesn't want his son to grow up and be on his own so quickly.
(d) He tries to understand his son by remembering his own teenage years.

13. How can you write the underlined part ⑥limiting it is the last thing I want to do in another way?
(a) I don't want to limit his future
(b) I want to think of the final future for him
(c) I am the only person to influence his future
(d) I will share my opinion on his future at last

14. What does the underlined expression ⑦in vain mean?
(a) different (b) funny (c) true (d) useless

15. Which is **NOT** true?
(a) The father probably knows that the boy is pretending to be asleep in his bed.
(b) The mother seems much cooler and calmer toward the son's change than the father.
(c) The boy thinks that both of his parents may turn against him and take away his freedom.
(d) Susie, the boy's little sister, probably has no idea of what is troubling his brother so much.

16. What will probably **NOT** happen after this?
(a) The boy will be turned into a pod person.
(b) The boy will check under his bed and look for something strange.
(c) The boy will keep feeling the distance between his father and himself.
(d) The boy and his father will come to see their misunderstanding toward each other.

B：下線部(ア)〜(ウ)の具体的な内容を日本語でまとめなさい。

C：下線部(i), (ii), (iii)を英訳しなさい。

**【数　学】**　(60分)〈満点：100点〉

(注意)　1．**【答えのみでよい】**と書かれた問題以外は，考え方や途中経過をていねいに記入すること。

2．答えには近似値を使用しないこと。答えの分母は有理化すること。円周率は$\pi$を用いること。

3．図は必ずしも正確ではない。

## 1　次の空欄をうめよ。**【答えのみでよい】**

(1)　$(a^2-2a-6)(a^2-2a-17)+18$ を因数分解すると □ となる。

(2)　2次方程式 $(2021-x)(2022-x)=2023-x$ の解は，$x=$ □ である。

(3)　連立方程式 $\begin{cases} \dfrac{5}{x-\sqrt{2}}+\dfrac{2}{x+\sqrt{2}\,y}=1 \\ \dfrac{1}{x-\sqrt{2}}-\dfrac{5}{x+\sqrt{2}\,y}=2 \end{cases}$ の解は，$x=$ □，$y=$ □ である。

(4)　次のデータは，6人の生徒が体力テストで計測した腕立て伏せの回数である。

26，28，23，32，16，28

この6個のデータの値のうち1つが誤りである。正しい値に直して計算すると，平均値は26，中央値は28となる。

誤っているデータの値は，□ で，正しく直した値は，□ である。

## 2　次の問いに答えよ。

(1)　AB＝2，AD＝3の長方形ABCDにおいて，辺ABの中点をE，辺ADを2：1に分ける点をFとする。このとき，∠AFE＋∠BCEの大きさを求めよ。

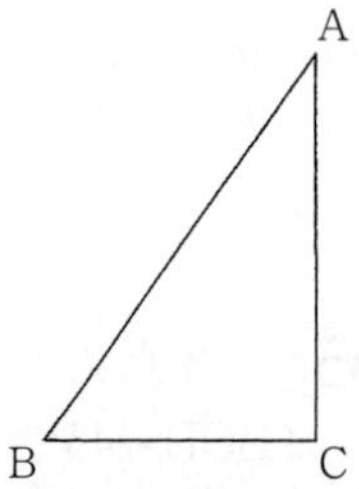


(2)　∠C＝90°の直角三角形ABCがある。頂点A，B，Cを中心とする3つの円は互いに外接している。また，3つの円の半径はそれぞれ$ka$，$a+1$，$a$である。$a$が自然数，$k$が3以上の自然数とするとき，$k$は奇数になることを証明せよ。

(3)　三角形ABCにおいて，AB＝AC，BC＝2，∠BAC＝36°であるとき，ABの長さを求めよ。

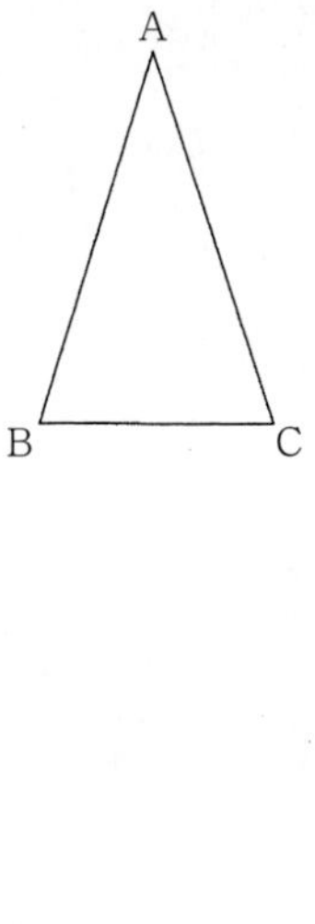

**3**　展開図が下の図のようになる立体について次の問いに答えよ。ただし，図中の長さの単位はcmとする。

(1)　この立体の表面積を求めよ。

(2)　この立体の体積を求めよ。

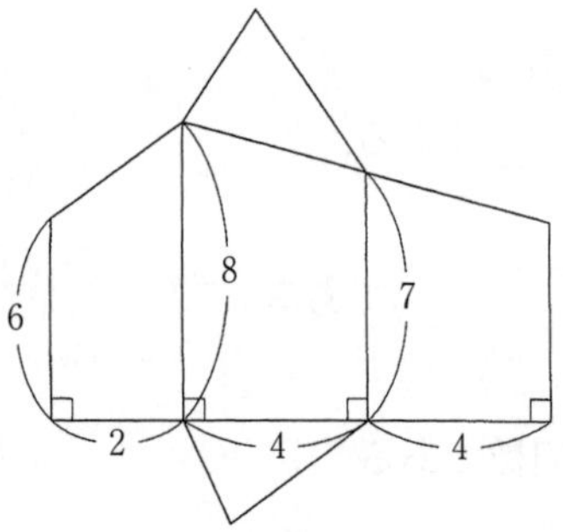


**4**　1から20までの自然数から異なる4つの数を選び，それらを小さい順にa，b，c，dと並べる。次の問いに答えよ。

(1)　c=8のとき，残りの3つの数の選び方は何通りあるか答えよ。

(2)　c=$k$のとき，残りの3つの数の選び方が455通りであった。$k$の値を求めよ。

**5**　2つの実数$x$，$y$に対して，計算記号$T(x,\ y)$は，$\dfrac{x+y}{1-x\times y}$の値を求めるものとする。

(1)　次の空欄をうめよ。**【答えのみでよい】**

$T\left(\dfrac{1}{2},\ \dfrac{1}{3}\right)$の値は，［　　　　］で，$T\left(\dfrac{1}{4},\ t\right)=1$となる$t$の値は，［　　　　］である。

(2)　$a$，$b$，$c$，$d$，$e$，$f$は，すべて0より大きく1より小さい実数とする。

$T(a,\ f)=T(b,\ e)=T(c,\ d)=1$のとき，$(1+a)(1+b)(1+c)(1+d)(1+e)(1+f)$の値を求めよ。

**6**　3点A，B，Cは放物線$y=ax^2$上にあり，点Dは$x$軸の正の部分にある。$\angle\mathrm{AOD}=30°$，$\angle\mathrm{BOD}=45°$，$\angle\mathrm{COD}=60°$，$a>0$であるとき，次の問いに答えよ。

(1)　3点A，B，Cの座標を$a$を用いて表せ。

(2)　三角形BOCの面積が1のとき，三角形AOBの面積を求めよ。

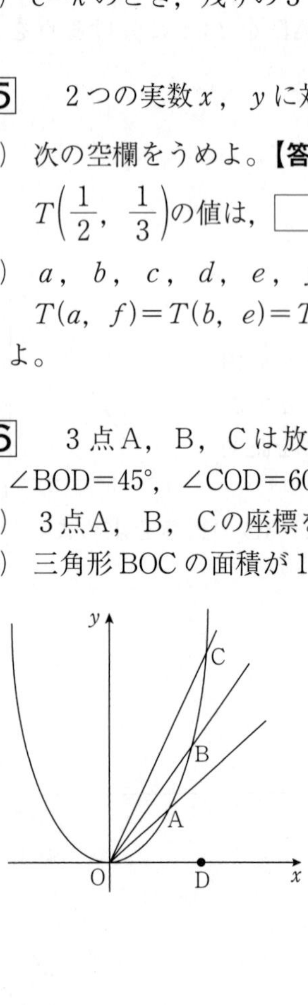

7　四面体OABCは底面ABCがAB＝1cm，BC＝3cm，CA＝$\sqrt{10}$cmの直角三角形で，OA＝OB＝OC＝4cmである。動点PはOA間を，動点QはOB間を，動点RはOC間をそれぞれ毎秒1cm，2cm，4cmで往復している。3つの動点P，Q，Rが同時に点Oを出発したとき，次の問いに答えよ。

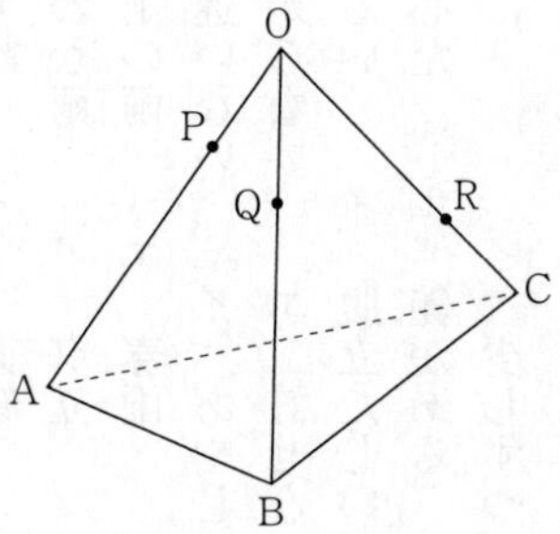


(1)　四面体OABCの体積を求めよ。

(2)　下図は動点Pについて，出発から8秒後までの点Oからの距離の変化の様子をグラフに示したものである。同様にして，2つの動点Q，Rについて出発から8秒後までの変化の様子をグラフに実線で書き加えよ。

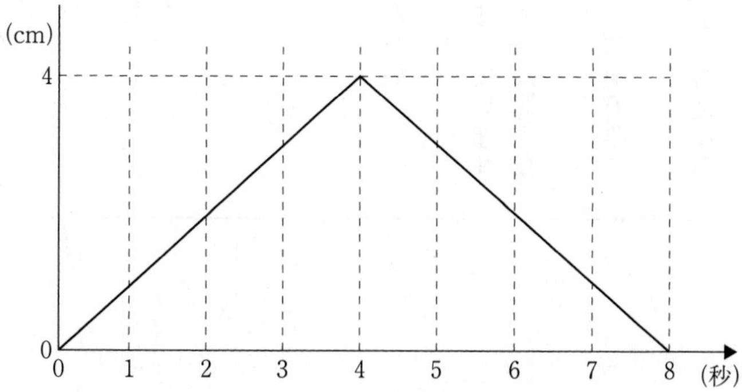


(3)　$t$秒後に初めて三角形PQRが底面の三角形ABCと平行になった。そのときの$t$の値と四面体OPQRの体積を求めよ。

② ア 放射状　イ 一直線　ウ 大量　エ 高速

③ ア にわか雨　イ 夕立
ウ 梅雨の雨　エ 春雨

④ ア 間違いない　イ あやしくない
ウ わからない　エ 許せない

⑧ ア ずるい　イ 腹立たしい
ウ 感心だ　エ 艶がある

⑨ ア 急に　イ 少しずつ
ウ たくさん　エ きちんと

**問五**　【Q】に本文中より最適な二字を抜き出して入れなさい。

**問六**　【R】に入る最適なひらがな七字を考えて答えなさい。

**問七**　――⑤には、名詞「退治」が動詞化した語が含まれています。この動詞の活用する行と活用の種類を解答欄に合うように答えなさい。

**問八**　――⑥は加賀の国を指しますが、ここは現在どの都道府県に含まれますか。漢字で答えなさい。

**問九**　――⑦の意味を十字以上二十字以内でわかりやすく答えなさい。なお「銷」は「消」と同じ意味で使われています。

**問十**　――⑩のここでの最適な読み方を左記から選び、記号で答えなさい。

ア いろ　イ かたき　ウ あだ　エ きゅう

**問十一**　――⑪に当てはまる文法的説明を左記から一つ選び、記号で答えなさい。

ア 疑問　イ 仮定　ウ 断定　エ 反語

**問十二**　【S】に最適な語を左記から選び、記号で答えなさい。

ア 失っ　イ 吐い　ウ 取られ
エ 遣っ　オ 落ち

**問十三**　泉鏡花の作品を左記から一つ選び、記号で答えなさい。

ア 浮雲　イ 一握の砂　ウ 三四郎
エ 雪国　オ 高野聖

裏《り》に、灰の中から、笠のかこみ一尺ばかりの真っ黒な茸が三本ずつ、続けて五日も生えた、というのが、6テヂカな＊三州奇談に出て居《い》る。家族は一統、7加持よ祈禱《きとう》よ、と青くなって騒いだが、私に似ないその主人、肝が据わっていささかも騒がない。茸だから生えると言って、むしっては捨て、むしっては捨てたので、やがて妖《よう》は止んで、一家に何事の触りもなかった――⑦鉄心銷怪。偉い！……とその編者は賞《ほ》めている。私は笑われても仕方がない。なるほど、その八畳にうたた寝をすると、とろりとすると8シタバラがチクリと疼《いた》んだ。針のような茸が洒落《しゃれ》に突《つつ》いたのであろうと思って、もう一度身ぶるいすると同時に、どうやらその茸が、一つずつ芥子《けし》ほどの目を剝《む》いて、ぺろりと舌を出して、店賃《たなちん》の安いのをあざ笑っていたようで、少々⑧癪《しゃく》だが、しかしおかしい。おかしいが、気味が悪い。

能の狂言に「茸」がある。――山家あたりに住むものが、邸《やしき》じゅう、座敷まで大きな茸が幾つともなく出て祟《たた》るのに困《こう》じて、大峰葛城を渡った知音《ちいん》の山伏を頼んで来ると、「それ、山伏と＊言っぱ山伏なり、何と殊勝＊なか。」とまず威張って、兜巾《ときん》を傾け、＊いらたかの9数珠を揉みに揉んで、祈るほどに、祈るほどに、祈れば祈るほど、大きな茸の、あれあれ思いなしか、目鼻手足のようなものの見えるのが、⑨おびただしく出て、したたか⑩仇をなし、引き着いて悩ませる。「いで、この上は、茄子《なすび》の印を結んで掛け、【　R　】と祈るならば、⑪などか奇特のなかるべき、などか、ちりぬるをわかンなれ。」と祈る時、傘を半びらきにした、中にも毒々しい魔形なのが、＊二の松へ這《は》って出る。これにぎょっとしながら、いま一祈り祈りかけると、その茸、傘を開いてスックと立ち、躍りかかって、「ゆるせ、」と逃げ回る山伏を、「取って嚙《か》もう、取って嚙もう。」と脅《おびやか》すのである。――彼らを軽んずる人間に対して、茸のために気を【　S　】たものである。臆病なくせに私はすきだ。

そこで茸の扮装《ふんそう》は、縞《しま》の着附《きつけ》、括袴《くくりばかま》、腰帯、脚絆《きゃはん》で、＊見徳《けんとく》、＊嘯吹《うそぶき》、＊上髯《うわひげ》の面を被《かぶ》る。その傘の＊逸《いち》もつが、鬼頭巾《おにずきん》で武悪《ぶあく》の面だそうである。＊岩茸《いわたけ》、＊灰茸《はいたけ》、＊鳶茸《とびたけ》、＊坊主茸《ぼうずたけ》の類《たぐい》であろう。いずれも、塗笠《ぬりがさ》、檜笠《ひがさ》、菅笠《すげがさ》、坊主笠《ぼうずがさ》を被《かぶ》って出るという。……この狂言はまだ見ないが、古寺の広室《ひろま》の雨、孤屋《ひとつや》の10霧のたそがれを舞台にして、ずらりとこの形で並んだら、並んだだけで、おもしろかろう。……中に、紅絹《もみ》の切《きれ》に、白い顔の目ばかり出して褄折笠《つまおりがさ》の姿がある。＊紅茸《べにたけ》らしい。あの露を帯びた色は、幽《かす》かに光をさえ放って、たとえば、妖女の艶《えん》がある。庭に植えたいくらいに思う。食べるのじゃあないから――茸よ、取って嚙むなよ、取って嚙むなよ。

……

泉　鏡花『鏡花随筆集』岩波文庫より。

出題のために一部表記を変更した。

＊注

「麹町」…現在の東京都千代田区内にある町名。

「京間」…京阪地方で定められた一間を六尺五寸（他地域は六尺）とする尺度に従って作られた部屋。一尺は約三十センチメートル。

「三州奇談」…江戸時代の怪奇伝説集。堀麦水の編。

「言っぱ」…言えば、の意。

「〜なか」…〜であることか、の意。

「いらたか」…数珠の種類の一つ。

「二の松」…能舞台で、楽屋を出て舞台に進む通路の脇に三本ある松の二本目のもの。

「見徳・嘯吹・上髯」…それぞれ面の種類。

「逸もつ」…群を抜いてすぐれたもの。

「岩茸・灰茸・鳶茸・坊主茸・紅茸」…それぞれキノコの種類。

**問一**　‖1 2 5 6 8のカタカナを漢字に改めなさい（楷書でていねいに書くこと）。

**問二**　‖3 4 7 9 10の読み方を現代仮名遣いのひらがなで答えなさい。

**問三**　――①とありますが、茸の旬はいつですか。春夏秋冬のいずれか一字で答えなさい。

**問四**　――②③④⑧⑨の最適な意味を左記からそれぞれ選び、記号で答えなさい。

問四　――③の「見返り」とは具体的に何ですか。本文中の五字で答えなさい。

問五　【2】に本文中より最適な四字を抜き出して入れなさい。

問六　――④とは具体的にどのようなことですか。本文中の語句を適切に用い、十字以上十五字以内で答えなさい。

問七　【3】に入る語を本文中の漢字二字で答えなさい。

問八　【4】に入る語を漢字二字で答えなさい。

問九　――⑤とはどのような行動ですか。本文中の語句を適切に用い、解答欄の「～こと。」に続くよう、二十字以上三十字以内で答えなさい。

問十　――⑥の「貢献」とは具体的にどのようなことですか。本文中の語句を適切に用い、四十字以上五十字以内で答えなさい。

問十一　【5】【7】に入る最適なものを左記からそれぞれ選び、記号で答えなさい。

ア　感情的な世論（一時的なもの）に左右されてはならない。
イ　真実に忠実（知的に誠実）であらねばならない。
ウ　実験結果の再検証を虚心で受け入れなければならない。
エ　何があっても事実を正直に公開しなければならない。
オ　社会に役立つ科学の実現に向けて努力しなければならない。

問十二　【6】に入る最適な語を左記から選び、記号で答えなさい。

ア　あたる　　イ　はかる　　ウ　いたる
エ　かたる　　オ　もとる

問十三　＝＝1～5のカタカナを漢字に改めなさい（楷書でていねいに書くこと）。

## 二

次の文章を読んで後の問題に答えなさい。＊の付いた語には後に注があります。

御馳走には①旬《しゅん》がまだ早いが、ただ見るだけなら何時《いつ》でも構わない。食料に成る成らないは別として、今頃の梅雨には種々《さまざま》の茸《きのこ》がにょきにょきと野山に生える。

野山に、にょきにょき、と言って、あの形を想うと、何となくおどけてきこえて、大分1アンチョクに扱うようだけれども、とんでもないこと、あれでなかなか凄みがある。

先年、＊麹町《こうじまち》の土手三番町の堀端寄りに住んだ2シャクヤは、ひどい湿気で、遁《に》げ出すように引っ越した事がある。いったい三間《みま》ばかりの棟割り長屋に、八畳も、＊京間《きょうま》で広々として、柱に3唐草彫りの釘かくしなどがあろうという、書院づくりの一座敷を、無理につきつけて、家賃をお邸《やしき》なみにしたのであるから、天井は高いが、床は低い。――大掃除の時に、4床板を剝がすと、下は水溜まりになっていて、溢《あふ》れたのがちょろちょろと②蜘蛛手に走ったのだから恐ろしい。この邸……いやこの【Q】へ茸が出た。

生えた……などと尋常なことは言うまい。「出た」とおばけらしく話したい。③五月雨のしとしととする時分、家内が朝の間、掃除をする時、5エンのあかりで気が付くと、畳のへりを横縦にすっと一列に並んで、小さい雨垂れに足の生えたようなもののむらがり出たのを、黴《かび》にしては寸法が長し、と横に透かすと、まあ、④怪《け》しからない、ことごとく茸であった。細い針ほどな一寸法師が、一つ一つ、と、歩き出しそうな気配がある。びっくりして、煮え湯で雑巾を絞って、よくぬぐって、まず⑤退治た。が、暮れ方の掃除に視《み》ると、同じように、ずらりと並んで揃って出ていた。これが茸なればこそ、目もまわさずに、じっと堪《こら》えて私には話さずに秘していた。私が臆病だからである。

何しろ梅雨あけ早々にそこは引っ越した。が、……私はあとで聞いて身ぶるいした。むかしは⑥加州山中の温泉宿に、住居の大囲《い》炉《ろ》ませることが必須であろう。
現状において、多くの科学者が社会の【 4 】(扇動?)役を任じている。科学のマイナス面を一切述べず(あるいは過小評価し)、プラス面ばかりを過大に吹聴するばかりであるからだ。特に経済的利得や安全・安心を過大に強調する。おそらく、そのように語ることが世の中の役に立っていると矜持《きょうじ》を持っているためだろう。原子力ムラの人々は原発の良さばかりを喧伝《けんでん》し、その4ヒハン者には圧力を加えてきた。その結果、世の中に伝わるのは原発推進派の声ばかりとなり、それが「安全神話」を生み出す原因の一つにもなった。⑤そのような行動を科学者としての義務と錯覚していたと思われるのだ。

原発が事故を起こした後、原子力の専門家は楽観的な推移ばかりを語り、放射線の専門家は微量放射線は何ら恐れるに足りないと語り続けた。この場合は、マイナス面を過小評価したのである。人々が不安でパニックになってはいけないという配慮からだと言われたが、それは本当に人間を大切にした行為なのだろうか。少なくとも、上からの目線で市民を導いてやっているという傲慢《ごうまん》さは指摘しておかねばならない。

私は、科学者は「社会のカナリア」ともいうべき存在であると思っている。炭鉱に入る鉱夫はカナリアを先頭にする。有毒ガスが少しでも発生していれば、カナリアはそれを感知して鉱夫に知らせるからだ。それと同じように、社会にとって何らかの危険を察知すれば、科学者は前もってそれを市民に知らせる役割を果たせるはずである。専門的知識と経験によって、科学に関わる事項には想像力を発揮できる存在であるからだ。ともすれば善の側面からのみ科学がクローズアップされがちな現代において、事前の警告を与えることは科学者のなし得る⑥社会への大きな貢献なのではないだろうか。「人間を大切にする科学」に、そのような意味合いを込めている。

ここで、私が考える科学者の倫理規範を提示しておこう。科学者は【 5 】いかなる人間も正確な情報を得る権利があるからだ。それがあればこそ、最初は小さな混乱があるかもしれないが、結局人々は次の行動への的確な判断をするのである。いかなる理由があろうとも、情報の隠蔽《いんぺい》や虚偽は科学者の倫理に【 6 】と言わざるを得ない。

そして、科学者は現実を直視しなければならない。いかに自分の気に入らない結果であろうと、それをそのまま受け取ることである。実は、それは普段の研究において極めて自然に行っている行動で、思わしくない結果が出れば誤魔化さず受け入れ、別の方向を探っている。そこで敢えてデータを捏造《ねつぞう》したり偽造したりはしていないはずである。科学的事実は人間の望みとは関係しないという当たり前のことをよく知っているからだ。しかしなぜ、いざ社会的な事件となると現実を糊塗《こと》しようとするのだろうか。これは科学者としての倫理違反なのである。

もう一つは、【 7 】自分の意見が間違っておれば潔くそれを認め、意見を変える点において吝《やぶさ》かであってはならない。これも普段の研究生活では毎日行っている習慣で、自分のアイデアや理論が間違っていればすぐに自然にそれらを修正しているからだ。しかし、いざ対外的な問題になるとメンツや自尊心、5ドリョウの狭さや政治的配慮などから、素直に認められなくなる。これも倫理的過ち以外の何ものでもない。

池内 了『科学の限界』ちくま新書より。
出題のために一部省略した箇所がある。

問一 ——①筆者は、そのために必要なのはどのようなことだと述べていますか。本文中より二点、それぞれ十五字以上二十字以内で抜き出し、解答欄の「〜こと。」に続くように答えなさい。

問二 【1】に本文中より最適な四字を抜き出して入れなさい。

問三 ——②とはどのような科学ですか。左記の文の空欄 a に十五字以上二十字以内の、本文中の箇所を抜き出して入れなさい。

a ことを通して、人間の可能性を拡大するような科学。

# 二〇二一年度 慶應義塾高等学校

## 【国　語】（六〇分）〈満点：一〇〇点〉

（注意）　字数制限のある設問については、句読点・記号等すべて一字に数えます。

一　次の文章を読んで後の問題に答えなさい。

　私は、①科学が再び文化のみに寄与する営みを取り戻すべきと考えている。壁に飾られたピカソの絵のように、なければないで済ませられるが、そこにあれば楽しい、なければ何か心の空白を感じてしまう、そんな【　1　】としての科学である。世の中に役立とうというような野心を捨て、自然と戯れながら自然の偉大さを学んでいく科学で良いのではないだろうか。好奇心、探究心、美を求める心、想像する力、普遍性への憧れ、そのような人間の感性を最大限練磨して、人間の可能性を拡大する営みのことである。

　むろん、経済一辺倒の現代社会では、そんな②原初的な科学は許されない。一般に文化の創造には金がかかる。ましてや科学は高価な実験器具やコンピューターを必要とするから一定の投資をしなければならず、そうすれば必ずその分の③見返りが要求される。「文化より明日のコメを」という声も絶えることがない。社会もムダと思われるものに金を投ずるのを忌避《きひ》するからだ。それが【　2　】科学とならねばならない要因で、科学者もセールスマンのように次々目新しい商品を用意して社会の要求に迎合していかねばならなくなる。それを逆手にとって、あたかも世の中を1ギュウジっているかのように尊大に振る舞う科学者すら登場するようになった。これほど社会に貢献しているのだから、もっと金をよこせというわけである。金を通しての科学者と社会の綱引き状態と言えるだろうか。

　それでいいのかと改めて考え直してみる必要がある。確かに科学には金がかかり、それには社会の支持が欠かせない。「無用の用」にすらならないムダも多いだろう。しかし、ときに科学は世界の見方を変える大きな力を秘めている。事実、科学はその力によって自然観や世界観を一変させ、社会のありように大きな変化をもたらしてきた。社会への見返りとは、そのような概念や思想を提供する役目にあるのではないか。それは万に一つくらいの確率であるかもしれないが、科学の営み抜きにしては起こり得ない貢献である。むろん、天才の登場を必要とする場合が多いが、その陰には無数の無名の科学者がいたことを忘れてはならない。それらの積み上げがあってこそ天才も活躍できるのである。

　今必要なのは、「文化としての科学」を広く市民に伝えることであり、科学の楽しみを市民とともに共有することである。実際、本当のところ市民は「役に立つ科学」ではなく、「役に立たないけれど知的なスリルを味わえる科学」を求めている。市民も知的冒険をしたいのだ。それは「はやぶさ」の人気、日食や月食や2リュウセイグンに注がれる目、ヒッグス粒子発見の騒動などを見ればわかる。そこに共通する要素は、④「物語」があるという点だ。科学は冷徹な真理を追い求めているのには相違ないが、その道筋は「物語」に満ちている。科学の行為は科学者という人間の営みだから、そこには数多くのエピソードがあり、成功も失敗もある。それらも一緒に紡ぎ合わせることによって「文化としての科学」が豊かになっていくのではないだろうか。それが結果的に市民に勇気や喜びを与えると信じている。

　その「物語」を貫く一つの芯として、科学（および科学者）の【　3　】を据えなければならないと思う。科学には二面性があり、善用も悪用も可能なのである。飼い慣らしていたはずの科学の所産が、ひとつ間違えば大きな災厄となり得る。生活に役立つ3ミンセイ用にも、人を殺す軍事用にも転用できる。人々に大きな利益をもたらす一方、最初から反倫理性を内包している科学もある。科学は、それらをどう考え、社会はどう選択していくべきかを語る「物語」でもなければならない。そのためには、科学者としての倫理を研ぎ澄

# 英語解答

**Ⅰ**
1 have never had
2 as〔so〕 much, as
3 It, not necessary
4 More and more
5 looking forward to
6 too, anything to
7 How〔What〕 about going
〔Shall we go, Why not go〕
8 Not only, but
9 Would, mind helping
10 Hurry up, or

**Ⅱ**
1 記号…B　正しい形…are going to
2 記号…D　正しい形…it is fixed
3 記号…C
正しい形…who she could ask
4 記号…C
正しい形…on the other hand
5 記号…D　正しい形…better go to
6 記号…B
正しい形…enough to show
7 記号…A
正しい形…Products made
8 記号…D
正しい形…her call me back
9 記号…A　正しい形…If it is
10 記号…D
正しい形…sleeping baby

**Ⅲ**
1 as　2 take
3 Though〔Although〕
4 rather　5 cities　6 the
7 fourth　8 well　9 since
10 which

**Ⅳ**
A　1…(d)　2…(a)　3…(c)　4…(b)
5…(d)　6…(c)　7…(d)　8…(b)
9…(b)　10…(b)　11…(c)　12…(d)
13…(a)　14…(d)　15…(a)　16…(a)

B　(ア) 言葉を使わなくても以心伝心で理解し合える，目には見えない父と僕の絆。
(イ) 一晩寝ている間に，巨大なまゆ状のものが人の生命力を吸い取り，その人そっくりの生物を育て，その人と入れかわること。
(ウ) 息子が父親に助けを求めに来なくなったこと。

C　(i) I wonder if he has been angry with me since then.
(ii) He might be worried about some problems we can't understand.
(iii) I can't help going to his room to see how he is doing.

**Ⅰ**〔書き換え―適語補充〕

1.「これは私にとって新しい経験だ」→「私はこれまでこの経験をしたことがない」　現在完了形の‘経験’用法を使えばよい。

2.「彼は歴史について私よりもよく知っている」→「私は歴史について彼ほどよく知らない」　‘not as〔so〕… as ～’「～ほど…ない」の形を使う。‘…’には原級のmuchが入る。

3.「そんなに大声で話す必要はない」→「あなたにとってそんなに大声で話すのは必要ないことだ」　‘It is ～ for … to ―’「…にとって―することは～だ」の形式主語構文にすればよい。

4.「コロナウイルスに感染した人が増えている」→「ますます多くの人々がコロナウイルスに感染するようになった」　‘more and more＋名詞’で「ますます多くの～」という意味を表せる。

5.「私は私たちが一緒に働くことにワクワクしている」→「私はあなたと一緒に働くことを楽しみにしている」　look forward to ～ing「～することを楽しみにする」

6．「とても遅かったので何もできなった」→「何かが行われるには遅すぎた〔＝もう手遅れなので，何もできない〕」　下の文は，‘too ～ for … to —’「あまりにも～なので…は—できない」の構文で，最初の空所には too，最後の空所には to が入る。残りの for の後に入る to不定詞の意味上の主語は，上の文の主語 nothing を，否定の内容で使われる anything に変える。

7．「明日映画に行きましょう」→「明日映画に行くのはどうですか〔明日映画に行きませんか〕」　‘Let's＋動詞の原形...’「～しましょう」を，いずれも‘提案・勧誘’を表す How〔What〕 about ～ing ?，‘Shall we＋動詞の原形 ?’，‘Why not＋動詞の原形 ?’のいずれかに書き換える。

8．「彼はレースに勝ち，新記録も樹立した」→「彼はレースに勝っただけでなく，新記録も樹立した」　「～だけでなく…も」の意味を表す‘not only ～ but also …’を用いて書き換える。下の文の最初の空所の後が did he win と疑問文の形になっていることに注目。否定語が文頭に置かれると，その後に続く主語と動詞に倒置が起こる。また，also が文の中に入り，but と離れることがあることも覚えておくとよい。

9．「あなたに椅子を片づけるのを手伝ってほしいのですが」→「椅子を片づけるのを手伝っていただけませんか」　上は‘would like ～ to …’「～に…してほしいのだが」という‘ていねいな願望’を表す言い方。これを下では，‘ていねいな依頼’を表す Would you mind ～ing ? の文に書き換える。または同じく‘ていねいな依頼’を表す Could you possibly ～ ? の形で最初の空所に Could，残りの空所に possibly と help を入れてもよい。

10．「なぜまだ服を着ていないの？　学校に遅れてしまうよ！」→「急いで服を着なさい。さもないと学校に遅れるよ！」　‘命令文(,) or …’「～しなさい，さもないと…」の形に書き換えればよい。

Ⅱ〔誤文訂正〕

1．主語が The results と複数形なので，is を are にする。　「あなたの健康診断の結果は来週あなたの両親のところに送られる」

2．fix は「～を修理する」という意味の他動詞なので，it is fixed と受け身形で表す。　「現在，インターネット接続が中断しているので，修理されるまでお待ちください」

3．間接疑問は‘疑問詞＋主語＋動詞...’の語順で表す。また，can は時制の一致により could にする。「彼女は誰に助けを求めたらよいかわからないと言った」

4．Cは意味が通らない。「一方〔他方〕では」という意味を表す on the other hand に直す。なお，この表現は次の例のようによく on (the) one hand とセットで使われる。　(例) On the one hand food was enough, but on the other hand water was running short.「一方で食物は豊富だったが，他方では水が不足してきていた」　「私は街に住むのが好きだ。一方，妻は田舎での生活の方を好む」

5．Dは意味が通らない。‘had better＋動詞の原形’「～した方がよい」の表現に直す。　「私たちは明日，とても早く出発しなければならないので，今寝た方がよい」

6．Bは意味が通らない。‘形容詞〔副詞〕＋enough to ～’「～できるくらい十分…」の表現に直す。「私は道に迷ったが，誰かが親切にも駅に行く最も簡単な方法を教えてくれた」

7．「人気がある」のは products なので，「日本製の製品」とする。Products という名詞を made in Japan という分詞句が後ろから修飾する形にする。　「日本製の製品は高品質でとても人気がある」

8．Dは意味が通らない。‘have＋目的語＋動詞の原形’「～に…してもらう〔させる〕」の形にする。「私は会議中なので，今メアリーと話すことができません。彼女に後でまた電話をくれるように言ってくれますか」

9．‘時’や‘条件’を表す副詞節中は，未来の内容でも現在形で表す。　「明日天気がよければ，公園にピクニックに行くべきだと思う」

10. Dはwake (up)の目的語になる部分。形容詞的用法の現在分詞を用いて，sleeping baby「眠っている赤ちゃん」とする。「眠っている赤ちゃんを起こさないように静かにしてください」

## Ⅲ〔長文読解─適語補充─説明文〕

≪全訳≫❶一般に「東京2020」として知られる2020年夏季オリンピックは，もともと2020年7月24日から8月9日まで開催される予定だった。しかし，COVID-19の大流行により，大会が延期されて2021年7月23日から8月8日に行われることが2020年3月に発表された。2021年に開催されるが，東京2020という名前は営業戦略とブランド戦略のために保持される。オリンピックが中止ではなく延期されたのは今回が初めてだ。❷2013年9月7日にアルゼンチンのブエノスアイレスで開催されたIOC総会で，東京はライバル都市であるトルコのイスタンブールとスペインのマドリードを破り，オリンピックの開催権を勝ち取った。日本は2度目の夏季オリンピックを開催することになり――最初は1964年にやはり東京で開催――その結果，アジアで初めて夏季オリンピックを2回開催する都市になる。1972年(札幌)と1998年(長野)の冬季オリンピックも開催されているので，全体として，これは日本で開催される4回目のオリンピックになる。❸東京2020では，新しいスポーツや種目がいくつか追加されている。空手，スポーツクライミング，サーフィン，スケートボードなどの全く新しい競技，フリースタイルBMXや3人制バスケットボールなどの新しい種目のほか，野球とソフトボールが2008年以来初めて復活する。合計で33のさまざまな競技を代表する339の種目が行われ，その多くは主に都内の中心部と湾岸地域にある会場で開催される。

＜解説＞1．be known as ～ で「～として知られる」。be known for ～「～で知られる」との違いに注意。　(例)She is known as a good singer.「彼女は歌がうまいことで知られている」(She＝a good singer)／She is known for her beautiful voice.「彼女は美しい声で知られている」(She≠her beautiful voice)　2．take place「行われる，開催される」　3．「2021年に開催される」と「東京2020という名前は～保持される」は相反する内容なので，「～であるが」の意味の接続詞Though〔Although〕を入れる。　4．‘～ rather than …’「…ではなく～」，「…というよりむしろ～」　5．後ろのイスタンブールとマドリードは「都市」である。rival cities＝Istanbul and Madridという‘同格’の関係を読み取る。rivalはここでは形容詞。　6．直後のeventと合わせて，この文の前半にあるthe Summer Olympicsを意味する語句にする。theのほか，thisでもよいだろう。　7．文頭のOverallは「全体として」という意味。この後，冬季オリンピックが2回開催されていることが説明されている。　8．‘～ as well as …’「…と同様～も」　9．for the first time since ～「～以来初めて」　*cf.* for the first time in ～「～ぶりに」　10．manyの前がピリオドでなくカンマであることに着目。前にandのような接続詞もないのでthemは入らない。関係代名詞whichには，前の節の一部を先行詞とする用法がある。　(類例)I have two daughters, both of whom are studying abroad.　これは，I have two daughters.　Both of them are studying abroad.という2つの文を，関係代名詞whomを用いて1文にしたもの。two daughtersを受ける代名詞themを目的格の関係代名詞whomに変えることで1文にまとめることができる。

## Ⅳ〔長文読解総合─物語〕

≪全訳≫[1] ❶最近，僕の父はもう父ではないと感じずにはいられない。❷以前はとても親密だった。実際，僕たちは仲間だった。僕たちはお互いを理解していた。それは，母やスージーでさえ簡単に立ち入ることのできない本当の男と男の世界であり，家の女性たちが僕たちをうらやむときに父自身が僕たちの関係をそういうふうに説明した。❸これが父親と息子の間で特別なことなのかどうか僕にはわからない。親友のジェリーは，父親が仕事で台湾に赴任していて帰ってくることはめったにないから，父親がごく身近にいることをうらやましく思っている。トニーは学校でいつも，父親を心底嫌っているのだと言う。そして，僕たちの場所から１ブロック離れた場所に住んでいるケーシーには父親さえいない。ジェリーによれば，僕たち親子は気の合う仲間のようであり，常に以心伝心でメッセージを送り，言葉を使わずにお互いを理解している，というのだ。❹ジェリーはこの５月，父と僕が彼を釣りに連れていったとき，僕たちの間にこの目に見えない絆があるのを感じたと言っている。マスを釣るのによい季節だったので，日曜日にジェリーをマーセッド湖に連れていったのだ。彼が強調して言ったのは，その魔法の日，僕たち親子は以心伝心でつながり，言葉を交わさずに次々とマスを捕まえ，釣りあげる人と捕獲する人としてあちこち移動しながら20匹以上のマスを捕まえたということだ。❺しかし，僕にとっては，父と僕とのこの奇妙な距離を最初に感じたのがまさにその日だったのだ。その日に，ちょっとした出来事があった。次のマスを釣りあげようと釣り竿を振ることに興奮しすぎて，誤って父の耳に釣り針を刺してしまったのだ。あれは本当にひどく痛かったに違いない。というのは，父は痛みに顔をゆがめていたからだ。そしてほんの一瞬，父と目が合ったが，その視線は，これほどまでに釣りの経験を積んできたにもかかわらず，とても不注意に，アマチュアのように振る舞ったことを非難しているように見えた。❻僕はパニックになり，ただ体が凍りついていたと思う。父の肌から針をそっと優しく抜くべきだったのに，父は自分でそうした。もちろん僕は謝り，そしてもちろん父は心配しないでいいと言ってくれたが，それ以来ずっと父は僕に怒っているんじゃないだろうか。❼あるいは，もしかしたらミドルスクールで僕の数学の成績が下がったせいかもしれない。数学は６年生まで僕の好きな科目で，父はそんなに表に出すわけではなかったが，会計士の息子として僕のことをとても誇らしく思っているようだった。彼は常々僕に将来やりたいことは何でもしていいと言っていたが，多くの選択肢から選ぶことができるように，全ての科目を一生懸命勉強するべきだとも言った。でも，本当にすばらしい仕事に思えたので，父のような会計士になりたいと言ったら，父の目が一瞬輝いたのがわかった。そして，僕は誕生日に新しいロードバイクを買ってもらうためにただ父の機嫌を取ろうとしたわけではなかった。僕は数学が得意で，父はかっこいい大人としての僕の模範となる人だったので，会計士になることが僕の将来にとってよい選択だとあのときは本当に思ったのだ。❽しかし，代数が現れてからというもの，僕は苦戦し，テストで平均点を維持するのがやっとだったが，一方，ジェリーはいつも数学では生まれながらの達人で，常にクラスのトップ３の地位を維持している。最近は，以前のようにジェリーをうらやむこともなく，徐々に自分の限界を知るようになると同時に，頭の中で数式を構築するよりも，物語を読んだり書いたりすることにずっと興味があることに気づいた。❾先日，『ボディ・スナッチャー／恐怖の街』というとても恐ろしいSF映画を見た。その映画では，宇宙から来たエイリアンが地球上の人々の体を乗っ取り，小さな町の全人口がゆっくりと，しかし着実にエイリアンに変わる。とても恐ろしいのは，寝ている間の一晩でその切りかえが行われ，ベッドの下にこっそりと置かれたこの巨大なまゆのようなものが人間の生命力を吸い出すと，今度はまゆの中で人間にそっくりの生き物，つまりあなたにそっくりの生き物に成長することだ。そして，本物のあなたは体から全ての力を吸い取られ，しぼんで最後には消えてしまう間，偽物のあなたが朝起きて，何も起こらなかったかのように次の日を始める。ただ，本物のあなたと偽物のあなたの最大の違いは，偽物のあなたは人間の感情を持っていないということだ。そのため，彼らは皆，空っぽで無表情に見え，決して笑顔を見せず，隣人にうなずくだけなのだ。❿僕はたいていこれらの深夜の怖い映画を見て大いに興奮するのだが，これは特に僕の頭の中に張りつき，何日間も悪夢をもたらした。夢の中では，家族で最初のまゆ人間になり，母のベッド，スージーのベッド，そして最後に僕のベッドの下に別のまゆを隠すのはいつも父なのだ。⓫今，僕は父が全ての感情を失ったと言っているわけではない。彼は今もまだ夕食中に笑ったり，ほほ笑んだり，母にキスをしたり，テレビでマリナーズが試合に負けるたびに興奮して怒ったりしている。でも，僕には父がそれを装っているだけのように思える。まるで本物の父が自身のどこか奥深くに隠れていて，外に出たくないかのように，最近とてもぼんやりしているように思えるのだ。仕事上のストレスを感じているだけなのかもしれない。僕らにはわからない問題で悩んでいるのかもしれない。父はかつて僕に，会計士の仕事は悩みの種にもなると言ったことがある。12あるいは，父は病気なのに僕たちを心配させないために伝えていないのかもしれない。会社で行われる毎年の健康診断はどうだったんだろう？　父はそれについて一言も話していない。ひょっとしたら母は何かを知っているのかもしれないが，父に何か問題があれば，母はそれを隠すことができないだろう。そのことは，母の全ての言葉，表現，そして動きに現れてしまうはずだ。13言い換えれば，母がまだ母であっても，父がすでにまゆで彼女を乗っ取ってしまっているのかもしれない…14最近ベッドの中で毎晩やっているように，今夜もこのようなことを考えていると，眠りにつけないように思える。母と父が１階で話しているのが聞こえる。もちろん，彼らが実際に何を言っているのかは聞き取れないのだが，彼らの声のトーンは，お互いに秘密をささやいているような感じだ。スージーと僕に聞かれたくない何かを。それは親には珍しいことではない，と言うかもしれないが，僕は彼らの声にずるさのようなものを感じるのだ。15ひょっとすると彼らはスージーと僕をまゆ人間に変える計画を検討しているのかもしれない。16今，彼らは話すのをやめた。そして僕には階段を上ってくる足音が聞こえるが，それは間違いなく父のものだ。じゅうたんの上をゆっくりと重々しいペースで歩く様子からいつもそうだとわかる。そして今，その足音は２階に達し，僕の部屋に向かってくる。17そして今，足音は僕の部屋の前で止まった。父がドアの向こう側で息を止め，僕が眠っているかどうかを確認しようと耳をすませているのを感じ取ることができる。18まゆを手に持ち，ベッドの下に静かに滑り込ませる準備をしている…19今，父はノブを回そうとする。それがゆっくり回っているのが聞こえる。叫び声を上げたいが，どうしてできるだろうか。僕が悲鳴を上げれば，彼らは僕が気づいていることを知り，そうなればどんな乱暴なことであっても，僕を彼らの１人に変えるためにしなければならないことを何でもするだろう。僕は静かにし，眠っているふりをしなければならない。そして，父がまゆを置いて，確実に僕をまゆ人間にすることができると思って部屋から出たら，このような緊急時に備えてこっそり保管していたライターでまゆに火をつけ(映画ではまゆは紙のように簡単に着火して燃え，灰だけが残る)，そして静かに窓から脱出できるかどうかを確認しよう。ひょっとしたらジェリーの家に助けを求めることができるかもしれない，ジェリーの家の人たちがまだまゆ人間になっていなければの話だが。本当はスージーを連れていくべきだが，部屋からこっそり出て，彼女の部屋に入り，彼女を起こして，両親がエイリアンに変わったことを彼女に理解させ，両親に気づかれず，そしてスージーが大声で叫ぶことなく彼女を窓の外に連れ出すことがどうしてできるだろう。後で彼女を助けに戻ってこなければならない。手遅れでなければの話だが。20今，ドアが開いて，父が僕の暗い部屋に入ってきたのがわかる。しっかりと目を閉じ，自然に規則正しく呼吸するようにしながら，ぐっすり眠っているふりをしている。とても怖いので体中の毛穴から汗が噴き出ている。21すると不意に，父と一緒に過ごした楽しい時間を思い出し，泣きたい気分になった。優しくてかっこいい父がエイリアンに連れ去られたこと，あるいは単に僕の思い過ごしかもしれないが，僕たちの距離が互いに遠くなってしまうほど父が最近変わってしまったことを考えると，僕はとても悲しくて怒りを覚える。22実際に，涙が目に浮かび頬に流れ落ちるのを止めることができない。父が，いや偽の父かもしれないが，僕のベッドの脇で僕の体をじっと見つめているので，僕はこれをすべきではないことがわかっている。父は僕がたぬき寝入りをしていることがわかっており，僕を眠らせるために薬を嗅がせるなど，より荒々しい方法をすぐにでも取ろうと決断するかもしれない。㉓僕がしなければならないのは眠っているふりをすることだけだ。僕の頬に涙の跡が見えたとしても，彼は僕が悪い夢でも見ているのだろうと思って，僕をそのまま眠らせるかもしれない。ベッドの下にまゆがあってもなくても。だから静かにしているんだ。父が僕の部屋を出るまで，僕が眠っていて，純真で無力であることに対して彼が満足するまで，もう少し静かにしているんだ。もう少しだけ…

[2] ❶最近息子のことが理解できない。❷私はいつも私たちがとても親密だと思っていた。私たちはとても楽しい時間を一緒に過ごしてきた。私たちは映画，ときには音楽でも，同じ趣味を共有した。私は息子を良いアスリートに育てるような男らしい父親ではなかったかもしれないが，それでも私は彼に釣りの仕方，自転車の乗り方，そして女の子がときどき不機嫌になることを教えた。私たちは，家族の女性たちと共有することのできない，私たちにしかわからないジョークを言い合ったものだった。❸ひょっとすると，全ての男の子と女の子が経験するような思春期を彼なりに経験しているだけなのかもしれない。そんな10代に特有の悩みを私も抱えていたが，その間，私は両親に対して抑えることのできない怒りを感じていた。しかし，そんなことはどれも，ニューヨークの大学に通うために家を出た後は嵐のように過ぎ去ってしまった。❹しかし，私の息子に関しては，それは全て突然の出来事のように思える。私たちは夏の終わりまではうまくいっていたのだが，先月ミドルスクールの最終学年が始まって以来，まゆ人間のように，私を敬遠し，よそよそしく振る舞うようになった。まるで自分の周りに壁をつくり，壁の小さな穴から外をのぞき込んでいるかのように。私を怖がっているようにさえ見えるのだ。❺私が今まで彼の勉強に対してプレッシャーをかけすぎていなければいいのだが。私はいつも彼の学業を喜んで手伝っていたし，彼は特に数学が得意だったが，それは私たちが共有したもう１つのことだと私は思っていた。しかし，最近彼は数学に苦労しているようだ。もう助けを求めに来ないのではっきりとしたことは言えないが。それは自立の良い兆候であり，私はそう考えたいと思うが，悪戦苦闘していることに彼が後ろめたさを感じているなら，私は気づかないうちに彼に会計士の息子として数学で良い成績を取るように押しつけすぎてしまっていたのかもしれない。彼が私と同じ職業になりたいと言ったときは本当にうれしかったが，私は息子の将来にこだわりはなく，それを制限することだけはしたくない。❻もしかすると，私は職場での健康診断の結果を心配しすぎるあまり，この数週間，自分の家族に対してあまりにもよそよそしく振る舞いすぎたのかもしれない。結果は昨日戻ってきて，胃のレントゲン写真に見られた影は良性であることが判明した，と書かれてあった。これについては妻も含めて誰にも話していないのだが，心配していたのが無駄だったことがわかったので，夕食時にでも出ていって皆に冗談めかして話すべきだった。❼今夜，私は妻にそのことについて話した。大学で児童心理学を専攻していた妻は，これは10代の少年にはありがちなことで，特に同性の親であり，家族の長である父親に対して敵意を抱くものだと言っている。私はまた，息子が学校でいじめられているのではないかと心配したが，妻は，ジェリーやトニーのような一緒に遊ぶ仲の良い友達がいて，誰かが彼に意地悪をしたとしても，彼らがいつも彼の味方をしてくれると言って，すぐに否定した。もちろん，心理学の達人で日々彼の世話をしている母親からこのことを聞いて私は安心したが，それなら最近彼をむしばんでいるのは実際何なのだろうか。❽息子の様子を確かめに彼の部屋に行かずにはいられない。もう遅い時間であり，彼は１時間以上前に床についたので，もう寝ているに違いない。❾私は静かに階段を上り，彼のドアの前に立つ。明かりは消えていて，部屋の中はとても静かなようだ。❿ノブをゆっくり回し，ドアを開け，暗い部屋の中に滑り込む。息子はベッドに入っており，規則正しく呼吸している。私は彼のベッドに近づき，彼の顔を見下ろす。⓫彼はぐっすり眠っているようだ。彼の寝顔は子どもっぽくて赤ん坊の頃から変わっておらず，我が息子への大きな愛情が湧きあがるのを感じる。⓬しかし，この時期の夜

はすでに涼しいというのに，彼は汗をかいているようだ。悪夢を見ていなければいいのだが。⓭今，彼の頰を流れ落ちているのは涙だろうか？　ああ，彼のかわいそうな小さな心の中で何が起こっているのだろうか？　眠っている間に彼をこのように泣かせる夢とはどんな夢なのだろうか？⓮さあ，相棒よ。ここは確かに君が住んでいる厳しい世界だが，君には私がついている。君の母と私は，何が起こっても常に君とスージーのそばにいる。⓯だからもう泣くな。

A＜**総合問題－英問英答**＞

1＜**英問英答**＞「[1]の『私』と[2]の『私』の関係は何か」―(d)「少年と彼の父親」　[1]は少年の手記，[2]はその父親の手記である。

2＜**語句解釈**＞「下線部①の envied(←envy)という語はどういう意味か」―(a)「他人が持っているものが自分にもあればいいなと願うこと」　envy は「～をうらやむ」という意味。この意味を知らなくても文脈から判断できる。

3＜**語句解釈**＞「下線部②の blaming(←blame)という語はどういう意味か」―(c)「誰かが悪いまたは間違っていると言ったり感じたりすること」　blame は「～を非難する」という意味。釣りの初心者ではない「僕」のミスによって父が抱きうる心情を考える。なお，主語の they は his eyes を指す。

4＜**英問英答**＞「釣りの事故の後，少年はどのように感じたか」―(b)「父親が彼に失望するのを恐れた」　[1]の第6段落最終文参照。(b)の ...was afraid of his father being disappointed は，his father が動名詞 being disappointed の意味上の主語になっている形。

5＜**英文解釈**＞「下線部③の I wasn't just trying to win his favor を別の言い方でどのように表すか」―(d)「私は父を喜ばせるためだけにそれを言ったのではない」　win ～'s favor は「～の機嫌を取る」という意味。これは「～を喜ばす」ということ。この後，当時は本当に会計士になりたいと思っていたことが述べられていることから判断できる。

6＜**文脈把握**＞「少年が父親は変わったと思う理由の1つではないのはどれか」―(c)「彼は大好きな野球チームに不満を持っている」　[1]の第11段落参照。ここでは父の以前と変わっていない姿が描写されている。「マリナーズが試合に負けるたびに興奮して怒ったりする」のはふだんの父の姿である。

7＜**英問英答**＞「物語の中で『ボディ・スナッチャー／恐怖の街』を紹介する意味は何か」―(d)「読者を少年と同じように感じさせることで，読者を怖がらせるため」　この映画に感化され，父親をまゆ人間ではないかと疑い，それに恐怖を覚える少年の思いが[1]の手記全体から感じられることから，読者にもその恐怖を共有してもらいたいというのが筆者の意図だと考えられる。

8＜**語句解釈**＞「下線部④の get a great kick out of を別の言い方でどのように表すか」―(b)「非常に興奮する」　下線部の後に，but this one has particularly stuck in my head「これは特に僕の頭の中に張りつき」とあることから判断できる。この stuck は「こびりつく，いつまでも残っている」という意味の動詞 stick の過去分詞。　stick－stuck－stuck

9＜**文脈把握**＞「なぜ少年は眠っているふりをしているのに泣き始めるのか」―(b)「彼は父親との楽しい時間を懐かしんでいるから」　[1]の第21段落～第22段落第1文参照。　miss「～を懐かしむ」

10＜**語句解釈**＞「下線部⑤の hold on を別の言い方でどのように表すか」―(b)「じっと静かにしている」　前後の文脈から，まゆ人間にされないよう，父が部屋を出ていくまでもう少しの間じっとしていようとする少年の心情が読み取れる。　hold on「待つ，耐える」

11＜**文脈把握**＞「父親が少年は変わったと思う理由の1つではないのはどれか」―(c)「少年が誤って

釣り針を耳に刺したとき，彼が腹を立てた」　父親の手記にはこの件に関する言及がないことから，父親はこの件を何とも思っていないことがわかる。

12＜**文脈把握**＞「父親の息子に対する気持ちについて正しいのはどれか」―(d)「自分が10代だったときを思い出すことで息子のことを理解しようとしている」　[2]の第３，４段落参照。

13＜**英文解釈**＞「下線部⑥の limiting it is the last thing I want to do を別の言い方でどのように表すか」―(a)「彼の将来を制限したくない」　limiting it（＝my son's future）が主語になる動名詞句。'the last ～＋to不定詞〔関係代名詞〕...' は「最も…（しそう）でない～」という意味を表す。（例）He's the last man (that) I want to see.「彼は私が一番会いたくない人だ」

14＜**語句解釈**＞「下線部⑦の in vain はどういう意味か」―(d)「無駄な」　父親の健康診断の結果，影が良性であることが判明したのだから，彼の心配は「無駄」だったといえる。　turn out (to be) ～「～であることがわかる〔判明する〕」

15＜**内容真偽**＞「正しくないのはどれか」　(a)「父親は，少年がベッドで寝ているふりをしていることをおそらく知っている」…×　[2]の第11～15段落参照。父親は息子がぐっすり眠っていると思っている。　(b)「母親は父親よりも息子の変化について冷静で落ち着いているように思える」…○　[2]の第７段落に一致する。　(c)「少年は両親２人が自分の敵になり，自分の自由を奪い取るだろうと思っている」…○　[1]の第14段落第３文～第15段落に一致する。　(d)「少年の妹のスージーは，おそらく何が少年を悩ませているのか知らない」…○　物語は少年と少年の父親の心の中の問題であり，第三者のスージーには彼らの思いはわからないと考えられる。

16＜**英問英答**＞「この後，起こりそうもないことはどれか」―(a)「少年がまゆ人間になる」「まゆ人間」の話は想像上の話である。

B＜**語句解釈・指示語**＞(ア)invisible は「目に見えない」，tie は「絆，つながり」。this invisible tie とあるように，この具体的な内容は直前の文で説明されているので，その部分をまとめる。　(イ)What's so terrible is that ... なので，What's so terrible「とても恐ろしいのは」＝that 以下ということ。that 以下の内容をまとめる。　suck out「～を吸い出す」　life force「生命力」　(ウ)That＝a good sign of independence「自立の良い兆候」である。「自立の良い兆候」と考えられるのは，直前の文に書かれているので，その内容をまとめる。　not ～ any longer「もはや～しない」

C＜**和文英訳**＞(i)「～じゃないだろうか」は '自問' を表す I wonder if〔whether〕～「～かどうかと思いを巡らす」の形にするとよいだろう。「ずっと父は僕に怒っている」は現在完了（'継続' 用法）で表せる。「それ以来」は since then。　be angry with ～「～に腹を立てる」　(ii)「～に悩む」は be worried about ～，suffer from ～，be troubled by ～ などで表せる。「分からない」は「想像できない」と言い換えられるので imagine を使ってもよいだろう。　(iii)「～せずにはいられない」は can't help ～ing または 'can't but＋動詞の原形' で表せる。あるいは単に have to ～ としてもよい。「息子の様子を確かめに」は「息子が大丈夫かどうか確かめに」と考えて to see if he is OK〔all right〕などとしてもよいだろう。

## 数学解答

**1** (1) $(a+2)(a-4)(a+3)(a-5)$

(2) $2021-\sqrt{2}$，$2021+\sqrt{2}$

(3) (順に) $3+\sqrt{2}$，$-1-3\sqrt{2}$

(4) (順に) 26，29

**2** (1) $45^\circ$

(2) (例) 頂点Cを中心とする円の半径が $a$ だから，頂点A，Bを中心とする円の半径をそれぞれ $ka$，$a+1$ とすると，$AB=ka+(a+1)=a(k+1)+1$，$BC=(a+1)+a=2a+1$，$CA=a+ka=a(k+1)$ である。△ABCは∠C$=90^\circ$ の直角三角形だから，三平方の定理より，$(2a+1)^2+\{a(k+1)\}^2=\{a(k+1)+1\}^2$ が成り立つ。これを $k$ について解くと，$4a^2+4a+1+a^2(k+1)^2=a^2(k+1)^2+2a(k+1)+1$，$2a(k+1)=4a^2+4a$，$k+1=2a+2$ より，$k=2a+1$ となる。$a$ は自然数だから，$2a+1$ は奇数であり，$k$ は奇数となる。

(3) $1+\sqrt{5}$

**3** (1) $70+\sqrt{15}+\sqrt{30}$ cm$^2$

(2) $7\sqrt{15}$ cm$^3$

**4** (1) 252通り　(2) 15

**5** (1) (順に) 1，$\dfrac{3}{5}$　(2) 8

**6** (1) $A\left(\dfrac{\sqrt{3}}{3a}, \dfrac{1}{3a}\right)$，$B\left(\dfrac{1}{a}, \dfrac{1}{a}\right)$，$C\left(\dfrac{\sqrt{3}}{a}, \dfrac{3}{a}\right)$

(2) $\dfrac{\sqrt{3}}{9}$

**7** (1) $\dfrac{3\sqrt{6}}{4}$ cm$^3$　(2) 下図

(3) $t=\dfrac{8}{3}$，体積…$\dfrac{2\sqrt{6}}{9}$ cm$^3$

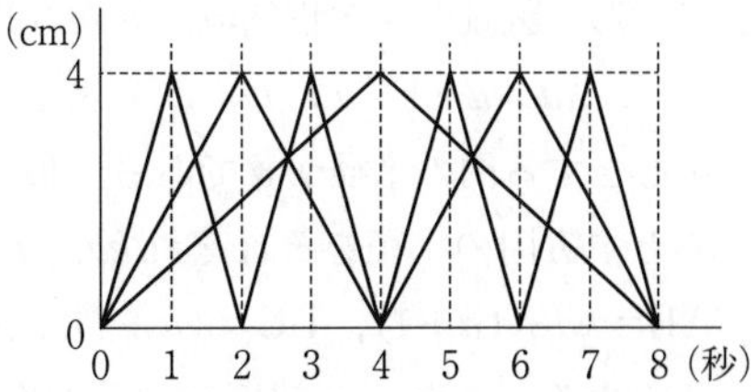


**1**〔独立小問集合題〕

(1)＜因数分解＞$a^2-2a=A$ とおくと，与式$=(A-6)(A-17)+18=A^2-23A+102+18=A^2-23A+120=(A-8)(A-15)$ となる。$A$ をもとに戻して，与式$=(a^2-2a-8)(a^2-2a-15)=(a+2)(a-4)(a+3)(a-5)$ である。

(2)＜二次方程式＞$2022-x=2021-x+1$，$2023-x=2021-x+2$ だから，$2021-x=A$ とおくと，二次方程式は $A(A+1)=A+2$ となり，$A^2+A=A+2$，$A^2=2$，$A=\pm\sqrt{2}$ となる。$2021-x=\pm\sqrt{2}$ だから，$2021-x=\sqrt{2}$ より，$x=2021-\sqrt{2}$ となり，$2021-x=-\sqrt{2}$ より，$x=2021+\sqrt{2}$ となる。

(3)＜連立方程式＞$\dfrac{5}{x-\sqrt{2}}+\dfrac{2}{x+\sqrt{2}y}=1$……①，$\dfrac{1}{x-\sqrt{2}}-\dfrac{5}{x+\sqrt{2}y}=2$……②とする。$\dfrac{1}{x-\sqrt{2}}=A$，$\dfrac{1}{x+\sqrt{2}y}=B$ とおくと，①は，$5A+2B=1$……③となり，②は，$A-5B=2$……④となる。③−④×5より，$2B-(-25B)=1-10$，$27B=-9$　$\therefore B=-\dfrac{1}{3}$　これを④に代入して，$A+\dfrac{5}{3}=2$　$\therefore A=\dfrac{1}{3}$　よって，$\dfrac{1}{x-\sqrt{2}}=\dfrac{1}{3}$ より，$x-\sqrt{2}=3$　$\therefore x=3+\sqrt{2}$　$\dfrac{1}{x+\sqrt{2}y}=-\dfrac{1}{3}$ より，$x+\sqrt{2}y=-3$ とし，$x=3+\sqrt{2}$ を代入して，$3+\sqrt{2}+\sqrt{2}y=-3$，$\sqrt{2}y=-\sqrt{2}-6$　$\therefore y=-1-3\sqrt{2}$

(4)＜資料の活用＞誤った値を含む6個のデータの合計は，$26+28+23+32+16+28=153$ である。正しい値に直して求めた平均値は26だから，正しい値のデータの合計は，$26\times6=156$ である。よって，156－153＝3より，6個のデータ26，28，23，32，16，28のうちの1つが，正しい値にすると3大きい値となる。また，誤った値を含む6個のデータを小さい順に並べると，16，23，26，28，28，32となる。正しい値に直すと，中央値が28となるので，3番目と4番目が28となる。このようになるのは，26を26＋3＝29とするときだから，誤っているデータの値は26，正しく直した値は29である。

## 2 〔独立小問集合題〕

(1)＜**図形―角度**＞右図1で，点Eを通り辺ADに平行な直線を引いて点Eより右に点Gをとり，2点F，Cを結ぶ。AD∥EG，EG∥BCだから，∠AFE＝∠FEG，∠BCE＝∠CEGとなり，∠AFE＋∠BCE＝∠FEG＋∠CEG＝∠FECである。点Eが辺ABの中点より，AE＝$\frac{1}{2}$AB＝$\frac{1}{2}\times 2=1$であり，AF：DF＝2：1より，AF＝$\frac{2}{3}$AD＝$\frac{2}{3}\times 3=2$，DF＝3－2＝1である。よって，AE＝DF，AF＝DC，∠EAF＝∠FDC＝90°だから，△AEF≡△DFCとなる。これより，EF＝FCである。また，∠AEF＝∠DFCだから，∠AFE＋∠DFC＝∠AFE＋∠AEF＝180°－∠EAF＝180°－90°＝90°となり，∠EFC＝180°－(∠AFE＋∠DFC)＝180°－90°＝90°である。したがって，△EFCは直角二等辺三角形だから，∠FEC＝45°となり，∠AFE＋∠BCE＝45°である。

図1

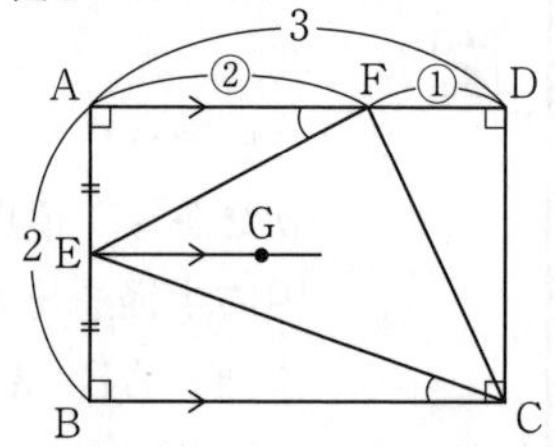


(2)＜**図形―論証**＞$a$が自然数，$k$が3以上の自然数より，$ka>a+1>a$だから，右図2で，頂点Cを中心とする円の半径が$a$である。頂点A，Bを中心とする円の半径をそれぞれ$ka$，$a+1$とすると，AB＝$ka+(a+1)$，BC＝$(a+1)+a$，CA＝$a+ka$となる。また，△ABCは∠C＝90°の直角三角形だから，三平方の定理より，$\mathrm{BC}^2+\mathrm{CA}^2=\mathrm{AB}^2$である。解答参照。

図2

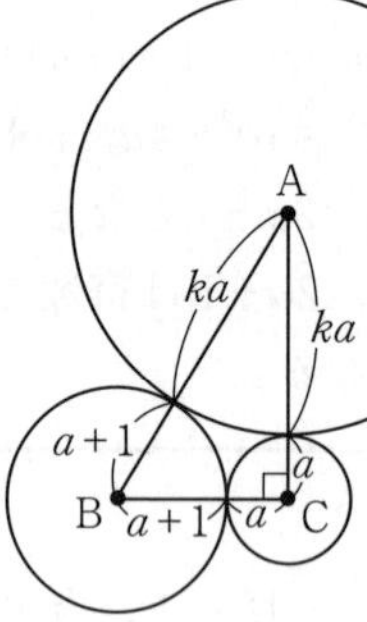


図3

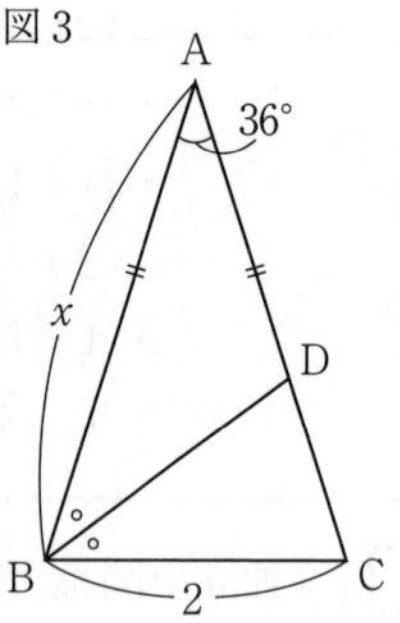


(3)＜**図形―長さ**＞右図3で，∠ABCの二等分線と辺ACとの交点をDとする。AB＝ACより，∠ABC＝∠ACB＝(180°－36°)÷2＝72°だから，∠ABD＝∠DBC＝$\frac{1}{2}$∠ABC＝$\frac{1}{2}\times 72°=36°$である。よって，∠DBC＝∠BACとなり，∠BCD＝∠ACBだから，△BDC∽△ABCである。これより，BD：AB＝DC：BCである。△ABCが二等辺三角形より，△BDCも二等辺三角形だから，BD＝BC＝2である。また，∠DAB＝∠ABD＝36°より，AD＝BD＝2だから，AB＝AC＝$x$とおくと，DC＝$x-2$となる。したがって，$2:x=(x-2):2$が成り立つ。これを解くと，$x(x-2)=2\times 2$，$x^2-2x-4=0$より，$x=\frac{-(-2)\pm\sqrt{(-2)^2-4\times 1\times(-4)}}{2\times 1}$$=\frac{2\pm\sqrt{20}}{2}=\frac{2\pm 2\sqrt{5}}{2}=1\pm\sqrt{5}$となる。$x>2$だから，$x=1+\sqrt{5}$であり，AB＝$1+\sqrt{5}$である。

## 3 〔空間図形―五面体〕

**《基本方針の決定》**(2)　同じ立体を2個組み合わせたものを考える。

(1)＜**面積―三平方の定理**＞次ページの図1のように，点A～点Jを定める。四角形ABCJ，JCEH，HEFGは台形であり，GF＝AB＝6だから，〔台形ABCJ〕＝$\frac{1}{2}\times(6+8)\times 2=14$，〔台形JCEH〕＝$\frac{1}{2}\times(8+7)\times 4=30$，〔台形HEFG〕＝$\frac{1}{2}\times(7+6)\times 4=26$である。また，ED＝EF＝4より，EC＝EDだから，△ECDは二等辺三角形である。CD＝CB＝2だから，点Eから辺CDに垂線EKを引く

と，CK＝DK＝$\frac{1}{2}$CD＝$\frac{1}{2}\times2=1$ となり，△ECKで三平方の定理より，EK＝$\sqrt{\mathrm{EC}^2-\mathrm{CK}^2}=\sqrt{4^2-1^2}=\sqrt{15}$ となるから，△ECD＝$\frac{1}{2}\times2\times\sqrt{15}=\sqrt{15}$ である。次に，点Aから線分JCに垂線AL，点Gから線分HEに垂線GM，点Hから線分JCに垂線HNを引くと，AL＝2，GM＝4，HN＝4，LJ＝8－6＝2，MH＝7－6＝1，NJ＝8－7＝1となる。AL＝LJより，△ALJは直角二等辺三角形となり，IJ＝AJ＝$\sqrt{2}$AL＝$\sqrt{2}\times2=2\sqrt{2}$ である。△HGMで三平方の定理より，HI＝HG＝$\sqrt{\mathrm{GM}^2+\mathrm{MH}^2}=\sqrt{4^2+1^2}=\sqrt{17}$ となり，同様にして，HJ＝$\sqrt{17}$ となる。HI＝HJより，△HIJは二等辺三角形だから，点Hから辺IJに垂線HOを引くと，IO＝JO＝$\frac{1}{2}$IJ＝$\frac{1}{2}\times2\sqrt{2}=\sqrt{2}$ となる。△HIOで三平方の定理より，HO＝$\sqrt{\mathrm{HI}^2-\mathrm{IO}^2}=\sqrt{(\sqrt{17})^2-(\sqrt{2})^2}=\sqrt{15}$ となるから，△HIJ＝$\frac{1}{2}\times2\sqrt{2}\times\sqrt{15}=\sqrt{30}$ である。以上より，求める表面積は，$14+30+26+\sqrt{15}+\sqrt{30}=70+\sqrt{15}+\sqrt{30}$ (cm²)となる。

図1

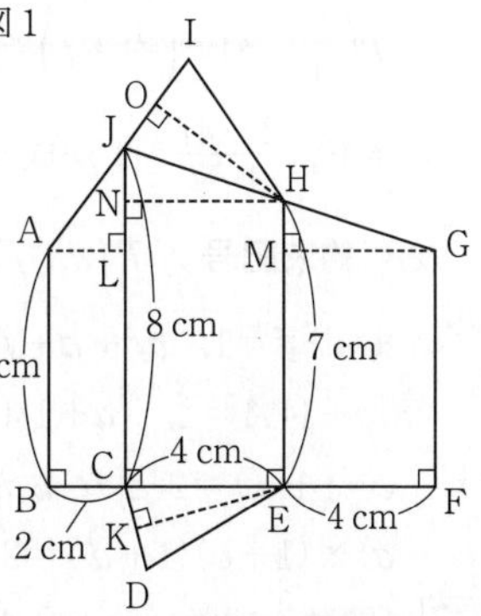


図2

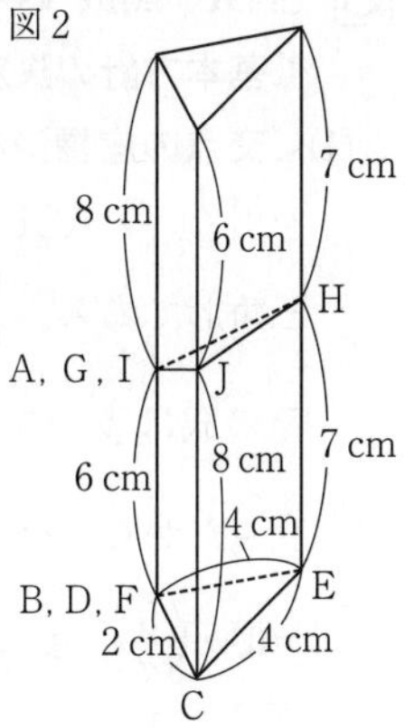


(2)＜**体積**＞右上図1で，HI＝HJであり，7＋7＝14，6＋8＝14だから，右図2のように，同じ立体を2個組み合わせると，底面積が $\sqrt{15}$ cm²，高さが14cmの三角柱ができる。よって，求める立体の体積は $\sqrt{15}\times14\div2=7\sqrt{15}$ (cm³)である。

## 4 〔場合の数〕

**《基本方針の決定》**(2)　素因数分解を利用する。

(1)＜**場合の数**＞$c=8$ のとき，$a$，$b$ は1から7までの自然数，$d$ は9から20までの自然数である。1から7までには自然数は7個あるので，$a$，$b$ の大小を問わないと，$a$，$b$ の組は $7\times6=42$ (通り)ある。$a<b$，$a>b$ となる場合は同じ数ずつあるので，$a<b$ となる2つの数 $a$，$b$ の選び方は $42\div2=21$ (通り)ある。また，9から20までには自然数は $20-8=12$ (個)あるから，$d$ の選び方は12通りある。よって，$c=8$ のときの残りの3つの数の選び方は，$21\times12=252$ (通り)ある。

(2)＜***k*の値**＞$c=k$ のとき，$a$，$b$ は1から $k-1$ までの自然数，$d$ は $k+1$ から20までの自然数である。(1)と同様に考えると，1から $k-1$ までには自然数は $k-1$ 個あるので，$a$，$b$ の大小を問わないと，$a$，$b$ の組は $(k-1)(k-2)$ 通りあり，$a<b$ となる2つの数 $a$，$b$ の選び方は $\frac{1}{2}(k-1)(k-2)$ 通りある。また，$k+1$ から20までには自然数は $20-k$ 個あるから，$d$ の選び方は $20-k$ 通りある。よって，$c=k$ のときの残りの3つの数の選び方は，$\frac{1}{2}(k-1)(k-2)(20-k)$ 通りある。これが455通りとなるので，$\frac{1}{2}(k-1)(k-2)(20-k)=455$ が成り立ち，$(k-1)(k-2)(20-k)=910$ となる。$910=2\times5\times7\times13$ であり，$k-2$ と $k-1$ は連続する自然数だから，$910=(2\times7)\times13\times5=14\times13\times5$ とすると，$k-1=14$，$k-2=13$，$20-k=5$ となり，いずれにおいても $k=15$ となる。

## 5 〔特殊・新傾向問題―約束記号〕

(1)＜**式の値，*t*の値**＞$T(x,\ y)=\frac{x+y}{1-x\times y}=(x+y)\div(1-x\times y)$ となる。$x=\frac{1}{2}$，$y=\frac{1}{3}$ のとき，$x+y=\frac{1}{2}+\frac{1}{3}=\frac{5}{6}$，$1-x\times y=1-\frac{1}{2}\times\frac{1}{3}=\frac{5}{6}$ だから，$T\left(\frac{1}{2},\ \frac{1}{3}\right)=\frac{5}{6}\div\frac{5}{6}=1$ である。また，

$T\left(\frac{1}{4},\ t\right)=\left(\frac{1}{4}+t\right)\div\left(1-\frac{1}{4}\times t\right)=\frac{1+4t}{4}\div\frac{4-t}{4}=\frac{1+4t}{4}\times\frac{4}{4-t}=\frac{1+4t}{4-t}$ だから，$T\left(\frac{1}{4},\ t\right)=1$ より，$\frac{1+4t}{4-t}=1$ が成り立つ。両辺に $4-t$ をかけて解くと，$1+4t=4-t$ より，$t=\frac{3}{5}$ となる。

(2)＜**約束記号**＞$T(a,\ f)=1$ より，$\frac{a+f}{1-a\times f}=1$ が成り立つ。これを変形すると，$a+f=1-af$，$af+a+f=1$，$af+a+f+1=1+1$，$a(f+1)+(f+1)=2$ となり，$f+1=A$ とおくと，$aA+A=2$，$(a+1)A=2$，$(a+1)(f+1)=2$，$(1+a)(1+f)=2$ となる。同様にして，$(1+b)(1+e)=2$，$(1+c)(1+d)=2$ となるから，$(1+a)(1+b)(1+c)(1+d)(1+e)(1+f)=(1+a)(1+f)\times(1+b)(1+e)\times(1+c)(1+d)=2\times2\times2=8$ である。

## 6 〔関数―関数 $y=ax^2$ と直線〕

**≪基本方針の決定≫**(1)　特別な直角三角形の辺の比を利用する。

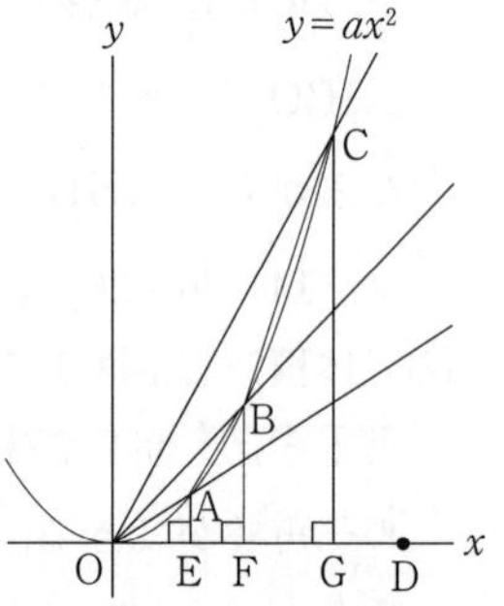


(1)＜**交点の座標**＞右図で，3点A，B，Cから $x$ 軸に垂線AE，BF，CGを引く。$\angle AOE=30^\circ$ だから，△AOEは3辺の比が $1:2:\sqrt{3}$ の直角三角形である。$\frac{EA}{OE}=\frac{1}{\sqrt{3}}=\frac{\sqrt{3}}{3}$ より，直線OAの傾きは $\frac{\sqrt{3}}{3}$ だから，その式は $y=\frac{\sqrt{3}}{3}x$ である。点Aは放物線 $y=ax^2$ と直線 $y=\frac{\sqrt{3}}{3}x$ の交点だから，$ax^2=\frac{\sqrt{3}}{3}x$ より，$3ax^2-\sqrt{3}x=0$，$x(3ax-\sqrt{3})=0$　$\therefore x=0,\ \frac{\sqrt{3}}{3a}$　よって，点Aの $x$ 座標は $\frac{\sqrt{3}}{3a}$ であり，$y$ 座標は $y=\frac{\sqrt{3}}{3}\times\frac{\sqrt{3}}{3a}=\frac{1}{3a}$ となるから，$A\left(\frac{\sqrt{3}}{3a},\ \frac{1}{3a}\right)$ である。次に，$\angle BOF=45^\circ$ より，△BOFは直角二等辺三角形だから，OF＝FBであり，$\frac{FB}{OF}=1$ である。これより，直線OBの式は $y=x$ である。点Bは放物線 $y=ax^2$ と直線 $y=x$ の交点だから，$ax^2=x$ より，$ax^2-x=0$，$x(ax-1)=0$　$\therefore x=0,\ \frac{1}{a}$　点Bの $x$ 座標は $\frac{1}{a}$ であり，$y=\frac{1}{a}$ となるから，$B\left(\frac{1}{a},\ \frac{1}{a}\right)$ となる。同様にして，$\angle COG=60^\circ$ より，$\frac{GC}{OG}=\frac{\sqrt{3}}{1}=\sqrt{3}$ だから，直線OCの式は $y=\sqrt{3}x$ である。点Cは放物線 $y=ax^2$ と直線 $y=\sqrt{3}x$ の交点だから，$ax^2=\sqrt{3}x$ より，$ax^2-\sqrt{3}x=0$，$x(ax-\sqrt{3})=0$　$\therefore x=0,\ \frac{\sqrt{3}}{a}$　点Cの $x$ 座標は $\frac{\sqrt{3}}{a}$ となり，$y=\sqrt{3}\times\frac{\sqrt{3}}{a}=\frac{3}{a}$ となるから，$C\left(\frac{\sqrt{3}}{a},\ \frac{3}{a}\right)$ となる。

(2)＜**面積**＞右上図で，△BOC＝△COG－△BOF－〔台形BFGC〕である。$C\left(\frac{\sqrt{3}}{a},\ \frac{3}{a}\right)$ より，$OG=\frac{\sqrt{3}}{a}$，$GC=\frac{3}{a}$ だから，$\triangle COG=\frac{1}{2}\times\frac{\sqrt{3}}{a}\times\frac{3}{a}=\frac{3\sqrt{3}}{2a^2}$ である。また，$B\left(\frac{1}{a},\ \frac{1}{a}\right)$ だから，$OF=\frac{1}{a}$，$FB=\frac{1}{a}$ となり，$\triangle BOF=\frac{1}{2}\times\frac{1}{a}\times\frac{1}{a}=\frac{1}{2a^2}$ である。$FG=\frac{\sqrt{3}}{a}-\frac{1}{a}=\frac{\sqrt{3}-1}{a}$ となるから，〔台形BFGC〕$=\frac{1}{2}\times\left(\frac{1}{a}+\frac{3}{a}\right)\times\frac{\sqrt{3}-1}{a}=\frac{2(\sqrt{3}-1)}{a^2}$ となる。よって，$\triangle BOC=\frac{3\sqrt{3}}{2a^2}-\frac{1}{2a^2}-\frac{2(\sqrt{3}-1)}{a^2}=\frac{3-\sqrt{3}}{2a^2}$ となるので，$\frac{3-\sqrt{3}}{2a^2}=1$ である。これより，$2a^2=3-\sqrt{3}$ である。次に，$A\left(\frac{\sqrt{3}}{3a},\ \frac{1}{3a}\right)$ より，$OE=\frac{\sqrt{3}}{3a}$，$EA=\frac{1}{3a}$ であり，$EF=\frac{1}{a}-\frac{\sqrt{3}}{3a}=\frac{3-\sqrt{3}}{3a}$ だから，同様にして，△AOB＝△BOF－△AOE－〔台形AEFB〕$=\frac{1}{2}\times\frac{1}{a}\times\frac{1}{a}-\frac{1}{2}\times\frac{\sqrt{3}}{3a}\times\frac{1}{3a}-\frac{1}{2}\times\left(\frac{1}{3a}+\frac{1}{a}\right)\times\frac{3-\sqrt{3}}{3a}=\frac{\sqrt{3}-1}{6a^2}$ となる。$6a^2=3\times2a^2=3(3-\sqrt{3})$ であるから，$\triangle AOB=\frac{\sqrt{3}-1}{3(3-\sqrt{3})}=$

$\frac{\sqrt{3}-1}{3\sqrt{3}(\sqrt{3}-1)}=\frac{1}{3\sqrt{3}}=\frac{\sqrt{3}}{9}$となる。

**7**〔関数—関数と図形・運動〕

**《基本方針の決定》**(1)　△ABCが直角三角形であることに着目する。

(1)**＜体積—三平方の定理＞**右図1のように，辺ACの中点をMとし，点Mと2点O，Bを結ぶ。△OACはOA＝OCの二等辺三角形だから，OM⊥ACである。また，△ABCは直角三角形であり，$1<3<\sqrt{10}$より辺ACが斜辺だから，∠ABC＝90°である。これより，AM＝BM＝CMである。辺OMは共通であり，OA＝OB＝OC＝4だから，△OAM，△OBM，△OCMは合同となる。よって，∠OMB＝∠OMA＝90°となる。したがって，OM⊥〔面ABC〕だから，〔四面体OABC〕$=\frac{1}{3}\times$△ABC×OMとなる。AM$=\frac{1}{2}$CA$=\frac{1}{2}\times\sqrt{10}=\frac{\sqrt{10}}{2}$だから，△OAMで三平方の定理より，OM$=\sqrt{\mathrm{OA}^2-\mathrm{AM}^2}=\sqrt{4^2-\left(\frac{\sqrt{10}}{2}\right)^2}=\sqrt{\frac{54}{4}}=\frac{3\sqrt{6}}{2}$となり，〔四面体OABC〕$=\frac{1}{3}\times\left(\frac{1}{2}\times1\times3\right)\times\frac{3\sqrt{6}}{2}=\frac{3\sqrt{6}}{4}$(cm³)である。

図1

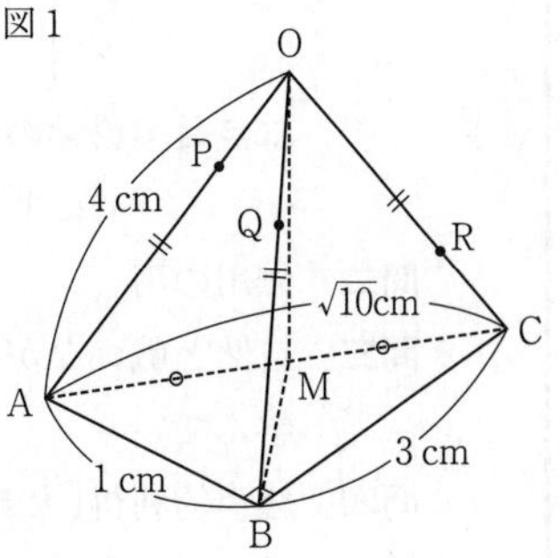


(2)**＜グラフ＞**2点Q，Rの速さはそれぞれ毎秒2 cm，毎秒4 cmだから，4÷2＝2，4÷4＝1より，点Qは2秒後に点B，点Rは1秒後に点Cに着く。よって，点Qの点Oからの距離は，2秒後に4 cm，4秒後に0 cm，6秒後に4 cm，8秒後に0 cmとなる。また，点Rの点Oからの距離は，1秒後に4 cm，2秒後に0 cm，3秒後に4 cm，4秒後に0 cm，……，8秒後に0 cmになる。したがって，グラフは右図2のようになる。

図2

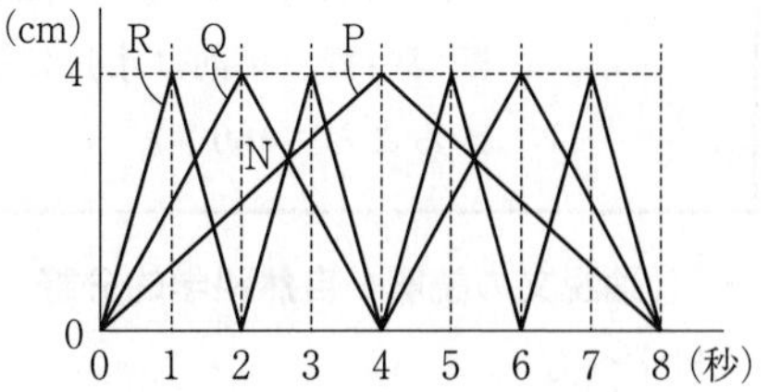


(3)**＜時間，体積—相似＞**右上図1で，OA＝OB＝OCだから，△PQRが△ABCと平行になるのは，3点P，Q，Rの点Oからの距離が等しくなるときである。これは，右図2で，3つのグラフが1点で交わるときであるから，初めて△PQRが△ABCと平行になるときを表すのは点Nである。このとき，点Pは点Oから点Aに向かっているから，OP$=1\times t=t$と表せる。点Qは，2秒後に点Bで折り返して点Oに向かっているから，OQ$=4\times2-2\times t=8-2t$と表せる。よって，OP＝OQより，$t=8-2t$が成り立ち，$t=\frac{8}{3}$(秒)後となる。右図3で，〔面PQR〕∥〔面ABC〕より，四面体OPQRと四面体OABCは相似である。$t=\frac{8}{3}$より，OP$=\frac{8}{3}$だから，相似比は$\frac{8}{3}:4=2:3$である。よって，〔四面体OPQR〕：〔四面体OABC〕$=2^3:3^3=8:27$だから，〔四面体OPQR〕$=\frac{8}{27}$〔四面体OABC〕$=\frac{8}{27}\times\frac{3\sqrt{6}}{4}=\frac{2\sqrt{6}}{9}$(cm³)となる。

図3

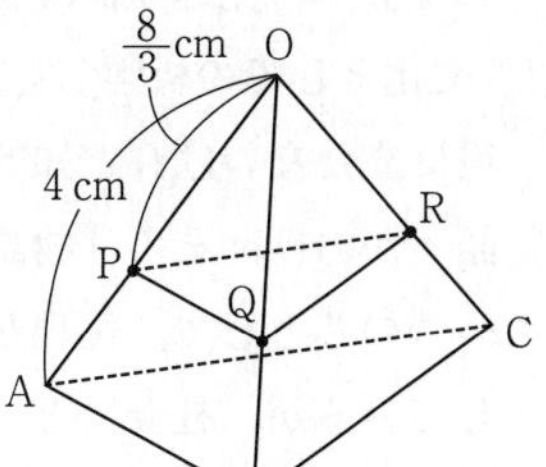


## ═読者へのメッセージ═

3では，三角柱を斜めに切ってできた五面体について考えました。問題になっている立体をその一部として持つ，より扱いやすい立体が見つかると，見通しがよくなります。ちょっと立ち止まって考えてみる習慣をつけるとよいでしょう。

## 国語解答

一 問一 一点目 「文化としての科学」を広く市民に伝える［こと。］
二点目 科学の楽しみを市民とともに共有する［こと。］

問二 無用の用

問三 自然と戯れながら自然の偉大さを学んでいく

問四 経済的利得〔大きな利益〕

問五 役に立つ

問六 科学者の成功や失敗のエピソード

問七 倫理　問八 先導

問九 科学のマイナス面を過小評価し，プラス面ばかりを過大に吹聴する(30字)［こと。］

問十 社会にとっての何らかの危険を察知した際に，専門的知識と経験に基づいて，事前に市民に警告を与えること。(50字)

問十一 5…エ　7…イ

問十二 オ

問十三 1 牛耳　2 流星群　3 民生　4 批判　5 度量

二 問一 1 安直　2 借家　5 縁　6 手近　8 下腹

問二 3 からくさ　4 ゆかいた　7 かじ　9 じゅず　10 きり

問三 秋

問四 ②…ア　③…ウ　④…エ　⑧…イ　⑨…ウ

問五 座敷　問六 いろはにほへと

問七 ザ［行］上一段［活用］

問八 石川県

問九 非常に強い心があれば怪異は消え失せる

問十 ウ　問十一 エ　問十二 イ

問十三 オ

一〔**論説文の読解―自然科学的分野―科学**〕出典；池内了『科学の限界』「限界のなかで――等身大の科学へ」。

**≪本文の概要≫**科学は，経済一辺倒の現代社会では，役に立つ科学であることを要求される。しかし，科学は，文化のみに寄与する営みを取り戻して，無用の用としての科学となるべきである。科学の社会への見返りは，世界の見方を変える概念や思想を提供する役目にあるだろう。今必要なのは，「文化としての科学」を広く市民に伝え，科学の楽しみを市民と共有することである。市民も実は，役に立たないけれど知的なスリルを味わえる科学を求めている。そこには人間の営みならではの「物語」があり，その「物語」を含めて「文化としての科学」が豊かになっていく。この「物語」を貫く一つの芯として，倫理が重要である。現状では，多くの科学者が科学のプラス面ばかりを過大に吹聴しているが，社会にとって何らかの危険を察知すれば，科学者は，事前の警告を与えるべきである。科学者は何があっても事実を公開しなければならないこと，また，科学者は真実に忠実であらねばならないことが，私の考える科学者の倫理規範である。現実を取り繕うのは倫理違反であり，間違いを素直に認めないのもまた，倫理的過ち以外の何ものでもない。

**問一＜文章内容＞**現代社会は「経済一辺倒」で，科学にも投資に対する見返りを要求するため，科学は，「役に立つ科学」とならねばならない。科学が「文化のみに寄与する営みを取り戻す」には，まずその考え方を見直してみる必要がある。「今必要」なことは，「『文化としての科学』を広く市民に伝えること」，そして，「科学の楽しみを市民とともに共有すること」である。

問二＜文章内容＞「科学には金がかかり，それには社会の支持が欠かせない」が，科学は，そもそも「『無用の用』にすらならないムダも多い」ものである。「なければないで済ませられるが，そこにあれば楽しい，なければ何か心の空白を感じてしまう」というようなものは，「ピカソの絵」のように，「無用の用」の存在なのである。なお，「無用の用」は，荘子の言葉で，役に立たないものや必要でないものが，大きな役割を果たすこと。

問三＜文章内容＞「好奇心，探究心，美を求める心，想像する力，普遍性への憧れ，そのような人間の感性を最大限練磨して，人間の可能性を拡大する」ような，「自然と戯れながら自然の偉大さを学んで」いく「原初的な科学」は，「経済一辺倒の現代社会」では許されない。

問四＜文章内容＞「投資」に対する「見返り」とは，人々にもたらされる「大きな利益」であり，より具体的にいえば，「経済的利得」である。

問五＜文章内容＞社会は，「ムダと思われるものに金を投ずるのを忌避」し，投資が「ムダ」にならない科学，実際に「役に立つ」ことが明らかな科学を要求する。

問六＜文章内容＞科学は「冷徹な真理を追い求めている」が，「その道筋は『物語』に満ちて」いる。科学の行為は科学者という人間の営みであるため，「そこには数多くのエピソード」があり，「成功も失敗も」ある。そのようなエピソードが，科学の「物語」である。

問七＜文章内容＞科学が「文化としての科学」として豊かになっていくときには，「数多くのエピソード」を「一緒に紡ぎ合わせる」ことになる。その「物語」には，科学を「どう考え，社会はどう選択していくべきかを語る『物語』」もなければならない。それを語るためには，「科学者としての倫理を研ぎ澄ませることが必須」である。つまり，「『物語』を貫く一つの芯」として，科学(および科学者)の「倫理」がなければならないのである。

問八＜文章内容＞現状では，多くの科学者が，科学の「プラス面」を語り，そうすることで世の中を自分が先頭に立って導こうと思っている。その行為は，「扇動」にも近い「先導」である。

問九＜文章内容＞「原子力ムラの人々」は，「原発の良さばかりを喧伝し，その批判者には圧力を加え」ることを，「科学者としての義務と錯覚していた」らしいのである。原発の場合のこの「原発の良さばかりを喧伝」することは，「科学のマイナス面を一切述べず(あるいは過小評価し)，プラス面ばかりを過大に吹聴する」行為である。

問十＜文章内容＞「科学者のなし得る社会への大きな貢献」とは，「事前の警告を与えること」である。科学者は，「専門的知識と経験」があり，その知識と経験に基づいて「科学に関わる事項には想像力を発揮できる存在」である。だからこそ，危険があると気づいたら重大な問題が起こる前に，そのことを市民に知らせることが可能であり，科学技術を用いることに関して「社会にとって何らかの危険を察知」したときには，「前もってそれを市民に知らせる役割」を果たすことは，社会に「大きな貢献」をしたことになる。

問十一＜文章内容＞５．「いかなる人間も正確な情報を得る」ことができるようにするためには，科学者が，事実を正直にありのままに一般に向けて知らせなければならない。　７．「自分の意見が間違っておれば潔くそれを認め，意見を変える」ということは，「自分の意見」よりあくまで「科学的事実」つまり「真実」を尊重するという態度である。科学者が従い大事にすべきものは，「真実」であり，「真実」を何より尊重するということは，知的に誠実であるということである。

問十二＜語句＞「情報の隠蔽や虚偽」は，科学者としての倫理に反することである。背くことを，「もとる」という。

問十三＜漢字＞1．組織や集団の長として，その組織や成員を思うままに操ること。　2．多数の流星が観測される現象のこと。　3．「軍事用」に対して，一般市民向けであること。　4．人や物事の能力や価値などを評価すること。　5．心が広くて人を受け入れる性質のこと。

**二**〔随筆の読解―自伝的分野―生活〕出典；泉鏡花「くさびら」。

問一＜漢字＞1．安易であるさま。　2．「借」の訓読みは「か(りる)」。　5．縁側のこと。　6．手もとに近く，手が届く場所のこと。　8．腹の下の方のこと。

問二＜漢字＞3．つる草の一種。「唐草彫り」は，唐草模様の彫り物のこと。　4．床に張った板のこと。　7．災厄を除いて願いをかなえるために仏の加護を祈ること。　9．仏事の際に手にかける，小さい玉をいくつも糸に通してある用具のこと。　10．音読みは「濃霧」などの「ム」。

問三＜語句＞マツタケが秋の代表的な味覚であることからわかるように，茸の旬は秋である。「茸」は秋の季語でもある。

問四＜語句＞②クモの足が八方に出ているように，また，クモの巣のように，物が放射状に分かれて伸びている状態のこと。　③陰暦五月の頃に降る長雨，すなわち梅雨のこと。　④異様だ，感心できない，不法・不都合である，などの意味。　⑧腹が立つ，という意味。　⑨形容詞「おびただしい」の連用形。「おびただしい」は，程度がはなはだしいことを表す語で，大きさについても数についても用いられるが，ここでは数が非常に多いことを表す。

問五＜文章内容＞「私」が住んだ家は，「三間ばかりの棟割り長屋」に，「京間で広々として，柱に唐草彫りの釘かくしなどがあろうという，書院づくりの一座敷」を「無理につきつけて，家賃をお邸なみにした」ものである。「茸が出た」のは，「縁のあかり」が入るその「座敷」である。

問六＜古典の知識＞狂言に出てくる山伏の祈りは，いろは歌の「ちりぬるを」にかけて，「いろはにほへとと祈る」ならば，「奇特」なことがあって，問題の茸が「ちりぬるをわかンなれ」，すなわち，散ってなくなるだろうという，もっともらしいことを言っているのである。

問七＜品詞＞「退治る」は，退治する，という意味の動詞。語幹は「たい」，活用語尾は「じ／じ／じる／じる／じれ／じろ・じよ」である。

問八＜古典の知識＞「加賀」は，現在の石川県の南部。

問九＜文章内容＞加州山中の温泉宿の大囲炉裏に，「妖」というべき「真っ黒な茸」が「三本ずつ，続けて五日も生えた」とき，その主人が，「肝が据わっていささかも騒がない」で「茸だから生えると言って，むしっては捨て，むしっては捨てた」ので，「やがて妖は止んで，一家に何事の触りもなかった」という。主人の動じない強い心が，「怪」を消したのである。「鉄心」は，鉄のように強固な精神のこと。「銷怪」は，「怪」を消すこと。

問十＜慣用句＞「仇」は，ここでは恨み，という意味。恨んで仕返しをすることを，「仇(あだ)をなす」という。

問十一＜古典文法＞どうして奇特なことがなかろうか，いや，奇特なことがあるはずだ，という意味。「などか」は，多くの場合，下に打ち消しの語を伴って反語表現をつくる。

問十二＜慣用句＞威勢のよさを示すことを，「気を吐く」という。

問十三＜文学史＞『高野聖』は，明治33(1900)年に発表された，泉鏡花の小説。『浮雲』は，明治20(1887)年に発表された，二葉亭四迷の小説。『一握の砂』は，明治43(1910)年に発表された，石川啄木の歌集。『三四郎』は，明治41(1908)年に発表された，夏目漱石の小説。『雪国』は，昭和10～22(1935～47)年に発表された，川端康成の小説。

# 2020年度　慶應義塾高等学校

【英　語】（60分）〈満点：100点〉

**I**　次の各組の英文がほぼ同じ意味を表すように，各々の(　)内に適切な１語を入れなさい。

1．(a) She said to me, “Where do your parents live now ?”
　(b) She (　　　) me where my parents lived (　　　).

2．(a) This curry is too spicy for children.
　(b) This curry is (　　　) spicy that children can’t eat (　　　).

3．(a) It’s hot today.　Let’s go swimming.
　(b) It’s hot today.　How about (　　　) (　　　) a swim ?

4．(a) I’m sure that the team will win the game.
　(b) I’m sure of the team’s (　　　) the game.

5．(a) I want to spend some time by myself.
　(b) I want to (　　　) (　　　) (　　　) for a while.

6．(a) I left early in order to avoid heavy traffic.
　(b) I left early (　　　) (　　　) I (　　　) avoid heavy traffic.

7．(a) I don’t like pink of all the colors.
　(b) Pink is my (　　　) (　　　) color.

8．(a) It will be easy for me to find his house because I have visited it before.
　(b) I will (　　　) his house (　　　) because I have visited it before.

9．(a) Everybody thinks that he is an honest man.
　(b) He is (　　　) (　　　) be an honest man.

**II**　例にならって，各英文の下線部Ａ～Ｄの中から文法的・語法的に間違っているものを１つ選び，**選んだ箇所全体**を正しい形に直しなさい。

【例】 It(A) is kind for you(B) to tell(C) me the way(D) to the station.

【解答例】　記号：B　　正しい形：of you

1．When I lived in Nagano, I would often go fishing(A) in the lake(B) with my father by car, but I haven’t fished(C) only twice since I moved to(D) Tokyo.

2．The dictionary sold(A) so well(B) that its new edition(C) published(D) at last.

3．The ticket that(A) you reserve it(B) in advance(C) is a little cheaper(D).

4．I don’t like this scarf(A) very much, especially(B) the design.　Show me(C) other(D).

5．The number of(A) foreign travellers(B) who visit Japan(C) are growing(D).

6．What to use the library is the key to a successful school life.
A B C D

7．Which do you think have a larger population, Tokyo or New York ?
A B C D

8．I'm going to sleep. Please remember turning off the light before you go to bed.
A B C D

9．My video game collection is almost twice as large as John.
A B C D

Ⅲ　次の英文を完成させるために［ 1 ］～［ 10 ］に適切な１語を入れなさい。＊が付いている語(句)には【注】がある。

The Beatles were a *legendary rock group formed in Liverpool, England in 1960, and totally ［ 1 ］ the meaning of popular music from just teenage *entertainment to a highly *commercial and creative art form in less than ten years ［ 2 ］ their *breakup in 1970.

The Beatles produced a number of all-time popular songs people all over the world have listened to and sung for more than fifty years, such as "Yesterday", "Hey Jude", and "Let It Be", just to name a ［ 3 ］. ［ 4 ］ is amazing about their songs is not only that their worldwide sales have been ［ 5 ］ than any other artist, ［ 6 ］ that they have been loved over three generations. That means teenagers today still love their music and buy it online, the same music that their parents bought as CDs and their grandparents bought as *LP records.

But perhaps their greatest gift to the younger generation was the positive message and different values that they carried through their music and their activities. They told young men that it is O.K. to ［ 7 ］ their hair long. They showed that there is no *boundary in music, which can be ［ 8 ］ by blacks and whites, the young and the old, the rich and the poor. They *encouraged younger musicians to write and perform their own songs. They showed that music can fight *the power and send the message that war is ［ 9 ］, that love and peace can change the world. In our country Japan, they *proved that a rock band can have a successful show at Budokan, which had been thought at that time to be a *holy place only for traditional Japanese *martial arts.

None of the above had been easy to be realized ［ 10 ］ the Beatles and their challenges.

【注】 legendary：伝説的な　entertainment：娯楽　commercial：商業的　breakup：解散
LP records：塩化ビニール盤の LP レコード　boundary：境界線　encourage：奨励する
the power：権力　prove：証明する　holy：神聖なる　martial arts：武道

Ⅳ　次の英文を読み，設問Ａ，Ｂ，Ｃ，Ｄ，Ｅに答えなさい。＊の付いている語(句)には【注】がある。

Martin starts thinking he may have made a ①wrong choice, watching **Halloween* on TV with Annie by his side after finishing his homework.

His friend Jimmy tells him at school that on TV they cut out all the bloody parts ("And I know you'll be disappointed, but all the sexy parts, too," Jimmy adds) from the original movie, and erase all the bad words by covering the *beep* sound over them, so that the TV station won't get any *complaint calls from all the parents across the U.S.A. He also tells Martin that he has seen the original "uncut" version of *Halloween* in theater with his brother, so he is not going to see it on TV tonight with most of the exciting parts cut out.

The movie has come to the part where the *boogeyman in mask is going to kill his first victim with his long knife. Annie screams and runs toward the kitchen, covering her eyes. Martin wants to do the same, but he has to watch this, (i)<u>partly to make sure if Jimmy is right, partly to keep his pride as an older brother</u>. Now the knife is lifted high in the air toward the victim, a young woman in bed. Now the knife is coming down. Martin feels his *palms getting *sticky with his sweat. And now the woman's screaming starts, and then, blackness. . . . Jimmy's right, after all. No bloody scenes.

That is a sort of ②<u>relief</u> for Martin, a 14-year-old who is still even afraid of going to the bathroom in the middle of the night when all the others are asleep. He will certainly have *nightmares for days to come if he sees the actual scene of murder. "Then why do you even want to watch such a scary movie?" his father often asks him smilingly, as if he already knew the answer to his own question. Martin knows that his father's favorite movie as a boy was **Creature From The Black Lagoon*, which also gave him bad dreams. His mother just *scorns and shakes her head, meaning to say, '[ 1 ]' At least his parents are not the type to call the TV station and complain about the bad effects of sex and violence to the children; that is for sure.

But the movie has just started. There are more scary parts yet to come. Martin wonders if he can watch it all the way through. He hopes that his parents will be back before the movie is over, but he knows from experience that their visit to the Smiths tends to be a long one, often until around midnight, and by that time Martin and Annie are certainly expected to be fast asleep in their beds. He hates to think about bedtime coming in a few more hours; after all, he has to be the one to put Annie into her bed, and go around the house to see if all the doors and windows are locked before turning out all the lights by himself.

Now they had a choice. His parents offered to take them to the Smiths and spend the evening there with their son, Paul, while the parents played *bridge. The problem is, he hates Paul. Even though they are the same age, Paul is much bigger and stronger. And he is mean, constantly *picking on Martin whenever he has the chance. They have gone to the same kindergarten, the same elementary school, and now they are in the same middle school. (ii)<u>Ten years, which is more than enough time to get to know each other from head to toe.</u> Paul knows Martin *wet his pants in the second grade. Paul also knows that Martin *had a secret crush on Susie Tyrell, and how he cried quietly when she moved to Chicago. Martin in turn knows that it was Paul that put a dead rat in Mrs. Moore's desk, and that it was also Paul that tore away the page that showed the painting of a *naked woman from a big art book in the school library. (Of course Martin has been wise enough not to tell, since he knows how Paul will get back to him later.)

Being a typical *bully, Paul is far from stupid. Paul is *sly enough to know when to "do things" to Martin and when not to. That means he will never *tease Martin in front of their parents, or even Annie. Only behind closed doors, when they are all by themselves, or "having a man-to-man talk" according to Paul, certainly an excuse to get away from their parents' eyes. And then he does all sorts of things to Martin, like kicking, pinching, smacking on the head, pouring down water in the back of his shirt when he's playing video games, sticking a gum in Martin's hair on purpose and then cutting that part of his hair with scissors "to help him," just to give a few examples. Paul also knows how easily Martin gets scared, so he tells all these scary stories with bloody details that he has either made up or picked up from movies, enjoying Martin's reaction.

So when his parents ask him if he and Annie would like to go together, Martin says that he has homework to do at home, and since Annie doesn't like to go to the Smiths anyway with no girls in the family to play with, it's their choice to stay home for the evening. But now, more than ever, he wants company other than his little sister, the pair of parents who are too much *absorbed in their own playing cards to talk to him, or even this mean-spirited boy who has kept *haunting his life for more than ten years.

Annie comes back from the kitchen, sensing that the scary part is over for the time being. She is biting a piece off the chocolate-chip cookie of their mother's homemade in her right hand, holding more cookies in her left.

"Hey, you've already had your share of cookies. I'll take them," Martin says, yanking them out of her hands.

"You ate more than me. Now give them back," Annie reaches out her left arm but not quick enough and not quite reaching.

Martin licks the surface of all the cookies in his hand. "[ 2 ]"

"I'll tell Mom that you took all the cookies away from me," Annie starts *sobbing.

"Stop being a baby. ③<u>俺はお前の兄貴なんだからお前より沢山食べる権利がある.</u>"

"You just wait and see till Mom and Dad are back. [ 3 ]"

"Shut up. I'm watching the movie."

Annie is still sobbing, but Martin *ignores her and keeps watching the TV screen, munching away his cookies. In the movie it is daylight now, on the morning of Halloween. A typical *suburban neighborhood, just like where Martin lives. The main character, who is a high school girl, an all-A type, is walking to school with her friend when she sees the reflection of a strange man in the mask on the corner. When she looks again, he is gone. It could be the man who escaped from an *insane asylum the night before, but Martin is not sure because he was fighting with her sister over the cookies and missed that scene. Suddenly, Martin remembers something. Something scary he was told at school. And from none other but Paul!

It has been on the news that a mass murderer has broken out of the state prison the week before, and is still *on the loose. The police have found a handmade boat that he used to cross the bay on the coast of North Beach, which means that he may have headed toward their town. "He has killed thirteen innocent people so far, and five of them were children," Paul said. "And you know what? ④<u>テレビに映ってた男とそっくりのでっかいやつを昨日モールで見たんだ</u>, with the beard and the tattoo on his forearm. I *bet you five *bucks it was him. He could be hiding somewhere in this neighborhood." Martin thought he saw a trace of smile in Paul's seemingly serious and scared-looking eyes. After all, it was Paul talking, and (ア)<u>[ he / by / has / how / this / been / many / bully / times / fooled ]</u>? But Martin is far too sensitive to laugh and forget about it. Instead, he begins to imagine this big shadow of a man lurking behind the backyard of his house, looking in. . . .

Paul is angry. He cannot believe that Martin didn't come to his house with their parents. He had all sorts of ideas in his head as to what he could do with Martin. What he could do *to* Martin. He certainly looked so pale when he told him about the escaped prisoner at school.

His parents are playing bridge with Martin's parents in the living room. And they are concentrating on their game, trapped in their own world. That's what Paul hates about his parents playing bridge; they leave him all by himself, not even listening when he speaks to them. How boring! With Martin, he could have so much fun.

Thinking of Martin not spending time with him but staying home with his baby sister makes him angrier. 'I bet he's watching another scary movie on TV. I don't understand how he's such a chicken but still loves those scary movies,' he thinks. '[ 4 ] He likes to be scared. That's why we've been friends for such a long time. He needs me, so he can *get a kick out of me scaring him!'

Now a wonderful idea hits his head. He can go to Martin's house and scare him to death! He can pretend to be this killer on the loose, bang on the doors and knock on the windows from outside and make weird noises. See how that skinny little kid turns. And it's only three blocks away from his house. He can tell them that he wants Martin to help him with his homework, and that he will stay there with Martin and Annie until their parents come home. Yes, it will make such a great evening to kick away this boredom of having to stay at home quietly with nobody to keep company. He feels himself getting so much excited with this idea....

Annie has fallen asleep in front of the TV before the movie is over. It is (イ)[ a / of / to / she / how / can / such / hard / sleep / believe / scary movie / in the middle ], but Martin has his task to do as a big brother, to make her brush her teeth, go to the bathroom, and sleep in her bed. The boogeyman was shot many times and should have been killed, but when they looked again in the yard where his body should be, it was gone. A mysterious and nightmarish ending that *gave Martin the creeps.

It is past ten when he turns off the lights in Annie's bedroom, with Annie already fast asleep in her bed, and then goes around the house to check all the locks. Now comes the scariest hour of staying home without his parents. He can go to bed at eleven, maybe not being able to sleep until they come home around midnight, but until then, he has to spend his time all alone in this house with many rooms and shadows everywhere, even if he turns on all the lights. (iii)And the more lights he turns on, the more he has to turn off, one by one, before getting into his room to turn off the last one beside his bed....

Suddenly, he hears a strange scratching noise, like some animal clawing at the door. It is coming from the back door, which connects to the outside garage. (ウ)[ to / is / it / the / wind / make / just / tries / Martin / believe / himself ]. But now the doorknob rattles, as if someone is checking to see if it is unlocked. Someone with the *intention of coming inside, and it is certainly not his parents; they have the keys to the house, and Martin will surely hear their car coming into the garage. He thinks of calling the Smiths and asking them to come home right away, but then what will Paul say to that? Martin almost wishes it is Paul outside trying to scare him, but that is impossible. Paul will not be hanging around outside at this time of the night. His parents won't let him.

And now there is a tap on the kitchen window behind where he is standing. Martin freezes. The tapping sounds regular and rhythmical, the kind which no wind can make. Martin thinks he can never turn his head and look in that direction, but he does so with great effort. And the moment he looks at the window, the tapping stops, but he thinks he has seen a shadow moving toward the backyard. Martin wants to scream. He wants to go wake up Annie, but how can he? He is sure he has locked all the doors and windows, but what if he has missed one of them?

'Turn off all the lights or he can see you from outside!' his inner voice speaks to him. He runs around the house as quietly as possible, switching off all the lights one by one. He thinks he hears another tapping on his parents' bedroom window, but he keeps turning off the lights. When he is done, he takes a kitchen knife with him and hides behind a sofa in the living room, wrapping himself up in a blanket. He will stay in his position, meaning to give a surprise attack to the *intruder if it came to that. He is totally frightened, but at the same time he is strangely excited about all this. Perhaps it is the effect of the movie. . . .

After rattling the garage door, Paul opens the side gate as quietly as possible, goes around the side of the house, and peeks inside the kitchen through the window. As he sees the back of Martin facing the garage door, Paul holds back the *giggle that almost comes out of his mouth and starts tapping on the window, hiding himself low under it. Now he is really getting excited, planning to go around the house, rattle every doorknob and tap every window. He stays low but moves to the backyard, and approaches a pair of glass sliding doors that look into a dark bedroom, perhaps his parents'. He taps again on the glass rhythmically, imagining how Martin cannot help following the sounds around the house coming from different directions, and holds back another giggle.

Paul does not notice anything behind him as he is too excited with his own game of scaring Martin, not until a giant and strong hand suddenly grips his mouth, while another slips around his throat. Paul does not even have time to start screaming when both hands start pressing stronger and stronger. . . .

It is a little after eleven when his parents are finally home, and they are surprised to see the house in total darkness. They are even more surprised to see Martin in such a state.

“Hey, Martin. What are you up to ? Now you don't want to play around with a knife like that. You'll hurt yourself. Where is Paul ?” Father asks.

“P, Paul ? What do you mean Paul ?”

“［　5　］ Hey, Paul, come out of your hiding place. It's past eleven and we'll take you home.”

“No, Dad. Paul never came here. I thought I heard someone outside, but . . .”

“Now that's strange. He wanted to do his homework with you, so he left his house around nine and headed here, or that's how we thought. He said he was going to stay with you until we're back, so we actually came home a little earlier than usual because we were worried about you guys staying up too late for school tomorrow.”

“So where did Paul go ?” Mother asks.

Martin starts to *shiver.

【注】 *Halloween*：『ハロウィン』（1978年米国公開のホラー映画）　complaint calls：苦情の電話
boogeyman：ブギーマン（伝説上の怪物）　palm：手のひら　sticky：ベタベタする　nightmare：悪夢
*Creature From The Black Lagoon*：『大アマゾンの半魚人』（1954年米国公開のホラー映画）
scorn：軽蔑する　bridge：ブリッジ（トランプゲームの一種）　pick on：いじめる
wet one's pants：おもらしする　have a crush on ～：～に片思いをする　naked：裸の
bully：いじめっ子　sly：ずる賢い　tease：いじめる　absorbed：夢中になる　haunt：悩ませる
sob：べそをかく　ignore：無視する　suburban neighborhood：郊外の住宅地
insane asylum：精神病院　on the loose：逃亡中　bet：（お金を）かける　buck：（略式）ドル
get a kick out of：興奮する　give ～ the creeps：～をぞっとさせる　intention：意志
intruder：侵入者　giggle：くすくす笑い　shiver：震える

A：次の１～10の質問に対する答えとして，本文の内容に最も適切なものを(a)～(d)の中から１つ選び，記号で答えなさい。

1．What is the wrong choice (underline ①) that Martin thinks he has made ?
(a) That he chose to stay home with his sister.
(b) That he missed the very first part of the movie.
(c) That he let Jimmy give away the exciting parts of the movie.
(d) That he let Annie watch the movie beside him instead of sending her to bed.

2．What is the relief (underline ②) for Martin ?
(a) That the parents are away from home.
(b) That he has sweated and felt refreshed.
(c) That he has more courage than her sister.
(d) That the bloody scene has been cut on TV.

3．What do Martin's parents think about their son watching scary movies ?
(a) His father understands him, and his mother lets him do what he wants.
(b) His father wants to watch them together, but his mother doesn't like it.
(c) Neither his father nor his mother cares so much about what kind of movie he watches.
(d) Both his father and his mother are strongly against Martin watching such movies on TV.

4．What does Martin usually have to do when his parents are away ?
(a) He has to call his parents to tell them that he and Annie are OK.
(b) He has to stay awake until their parents are back home.
(c) He has to send his sister to bed and make sure the doors and windows are locked.
(d) He has to tell Annie not to eat too many sweets.

5．Which is NOT true about Paul ?
(a) He knows a lot about Martin.
(b) He finds pleasure in making fun of Martin.
(c) He thinks he and Martin are good friends.
(d) He is bigger and stronger, but less smart than Martin.

6．Why did Martin NOT tell the teachers about Paul's bad behaviors at school ?
(a) Because he thought that the teachers would not believe him.
(b) Because everyone already knew that Paul was a bad boy.
(c) Because Martin wanted to protect his friend Paul.
(d) Because Martin was afraid of Paul's revenge.

7．Choose one similar point that Martin and Paul share.
(a) They both liked Susie Tyrell.
(b) They both get in a lot of trouble in school.
(c) They both watch scary movies.
(d) They are both neglected by their parents.

8．Which is NOT the reason why Martin decided to stay home ?
(a) He can stay away from Paul.
(b) There are no girls at the Smiths.
(c) His parents don't pay much attention to him.
(d) He had things to do at home such as studying and watching TV.

9. Which is least likely to happen right after this?

(a) They will call the police.

(b) Martin will be in big trouble for teasing his sister.

(c) Paul will be found in the backyard.

(d) They will get back to the Smiths to see if Paul is home.

10. What do many readers think about this story?

(a) It is more like a comedy than a horror story.

(b) There never really was a killer on the loose.

(c) It has a lot in common with the movie *Halloween*.

(d) It was a trick that Paul and Martin planned together to scare their parents.

B：[ 1 ]～[ 5 ]に入れるのに最も適切なものを(い)～(ほ)より1つずつ選び，記号で答えなさい。

(い) You're in big trouble!

(ろ) Come on, stop playing games with us.

(は) Boys will be boys.

(に) See if you can eat this.

(ほ) I know why.

C：下線部(ア)～(ウ)の[　]内の語を，内容に合わせ正しい語順に並べ替えなさい。文頭に来るべき語も小文字になっているので注意すること。

D：下線部(i)，(ii)，(iii)を和訳しなさい。

E：下線部③，④を英訳しなさい。

**【数　学】**（60分）〈満点：100点〉

（注意）　1．**【答えのみでよい】**と書かれた問題以外は，考え方や途中経過をていねいに記入すること。
2．答には近似値を使用しないこと。答の分母は有理化すること。円周率は$\pi$を用いること。
3．図は必ずしも正確ではない。

**1**　次の空欄をうめよ。**【答えのみでよい】**

(1)　$\sqrt{24}$ の小数部分を$a$とするとき，$a^2+8a=$□である。

(2)　$\dfrac{3007}{3201}$ を既約分数に直すと，□である。

(3)　$3x^2-15x+7=0$ のとき，$3x^4-15x^3+35x-16$ の値は□である。

(4)　50人の生徒がA，B２つの問いに答えたところ，Aを正解した生徒が32人，Bを正解した生徒が28人だった。このとき，A，Bともに不正解となった生徒の人数は最大で□人，また，A，Bともに正解した生徒の人数は最小で□人である。

(5)　長さも太さも色も同じひもが３本ある。ひもをすべて半分に折り，折った箇所を袋の中に隠し，ひもの両端が袋から出た状態のくじを作った。A，B，C，D４人の生徒が順に６本のひもの端から１つずつ選んだとき，同じひもの両端を選ぶペアが２組となる確率は□である。

(6)　箱の中に入ったビー玉のうち，125個を取り出して印をつけ，元に戻した。よくかきまぜて$x$個取り出して調べたところ，印のついたビー玉が35個含まれていたため，箱に入ったビー玉は全部で１万個と推定した。$x=$□である。

**2**　座標平面上に放物線 $y=\dfrac{1}{2}x^2$ …①と直線 $y=-\dfrac{1}{2}x+3$ …②がある。

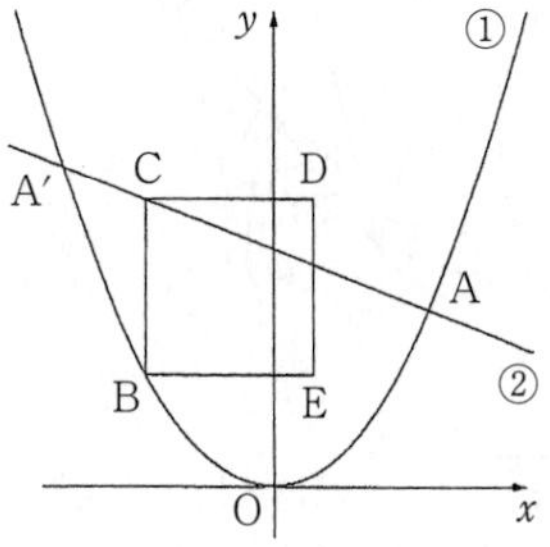


点A，A′は①と②の交点，点B，Cはそれぞれ①と②の上の点であり，四角形BCDEは，辺BCが$y$軸に平行な正方形である。４点A，A′，C，Dを$x$座標の小さい順に並べるとA′，C，D，Aである。次の問いに答えよ。

(1)　点Aの座標を求めよ。

(2)　点Bの$x$座標を$t$とおくとき，点Dの座標を$t$の式で表せ。

(3)　直線ADの傾きが$-2$であるとき，$t$の値を求めよ。

**3**　２地点A，Bを結ぶ一本道がある。P君は地点Aから地点Bへ，Q君は地点Bから地点Aへ向かって同時に出発した。P君，Q君はそれぞれ一定の速さで動き，出発してから２時間30分後に地点Bから20kmの地点ですれ違い，P君が地点Bに到着してから３時間45分後にQ君が地点Aに到着した。

このとき，２地点A，B間の距離を求めよ。

**4**　２つの店A，Bへ順に行き，それぞれの店で２種類の商品X，Yをいくつか買った。

①　商品Xについて，店Aでは定価から10%引き，店Bでは定価から５%引きされていた。

②　商品Yについて，店Aでは定価で売られていたが，店Bでは１つあたり50円引きされていた。

③　店Aでは9,600円，店Bでは8,600円を支払ったが，合計は商品をすべて定価で買った場合より1,600円少なかった。

④　２つの店で買ったものをすべて数えると，商品Xは20個，商品Yは28個あった。

⑤　商品Xと商品Yの１個ずつの定価の合計は850円である。

消費税は考えないものとし，支払った金額は四捨五入などされていないものとして次の問いに答えよ。

(1) 商品Xの定価を求めよ。

(2) 店Aで買った商品Xと商品Yの個数を求めよ。

**5** 次の問いに答えよ。

図1

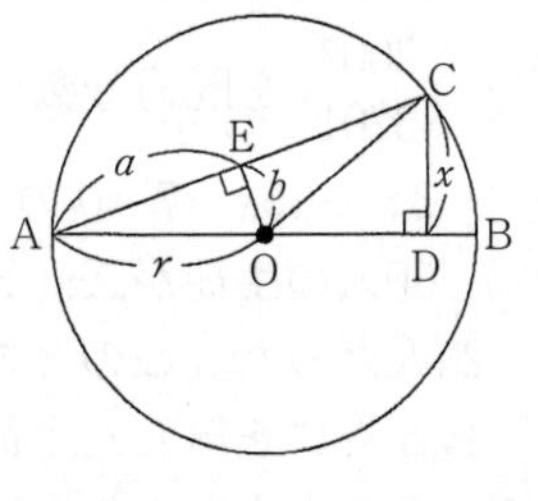


(1) 図1の円は点Oを中心としABを直径とする半径$r$の円である。点Cは円周上の点であり，点CからABにおろした垂線をCDとし，点OからACにおろした垂線をOEとする。AE＝$a$，OE＝$b$のとき，CDの長さ$x$を$a$，$b$，$r$の式で表せ。平方根は用いないこと。

(2) 図1において，∠OAE＝15°であるとき，$ab$の値を$r$の式で表せ。平方根は用いないこと。

(3) 図2において，FH，LJはともに長さが$2r$で，それぞれ長方形FGHI，長方形LIJKの対角線である。また，FI＝FLである。LI，IJの長さ$y$，$z$をそれぞれ$r$の式で表せ。

図2

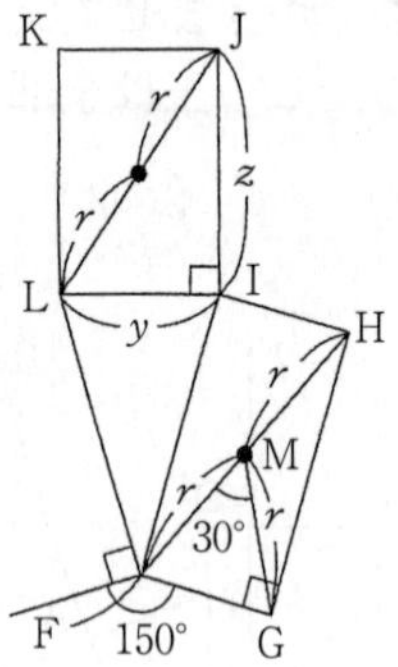


**6** 下の図は，1辺の長さ$6a$の正多角形の面のみでできた立体の展開図である。完成した立体の表面に沿って点Pと点Qを最短経路でつないだとき，最短経路の長さを求めよ。

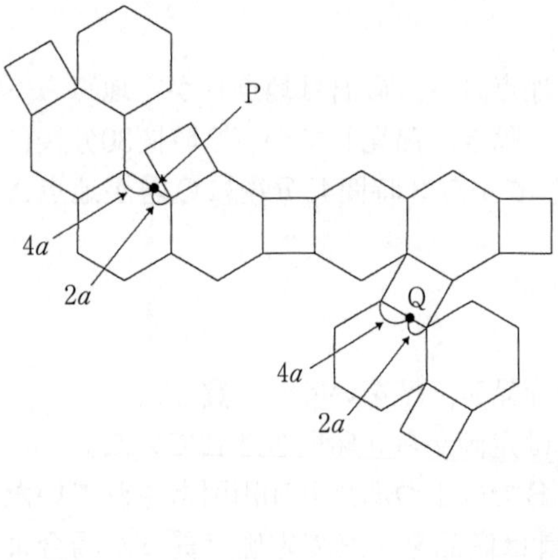

**7** 座標平面上を3つの動点P，Q，Rが原点Oを同時に出発し，以下のような経路で毎秒1の速さで動く。ただし，点と点の間は最短経路を進むものとする。

動点P：原点O→点(0，4)→点(2，4)→点(2，6)→点(0，6)

動点Q：原点O→点(−2，0)→点(−2，2)→点(0，2)→点(0，4)→点(2，4)

動点R：原点O→点(6，0)→点(2，0)

原点を出発してから $t$ 秒後の △PQR の面積を $y$ とするとき，次の問いに答えよ。

(1) $0<t\leqq 2$ のとき，$y$ を $t$ の式で表せ。

(2) $0<t\leqq 8$ のとき，$y$ と $t$ の関係を表すグラフを(答)の欄内にかけ。

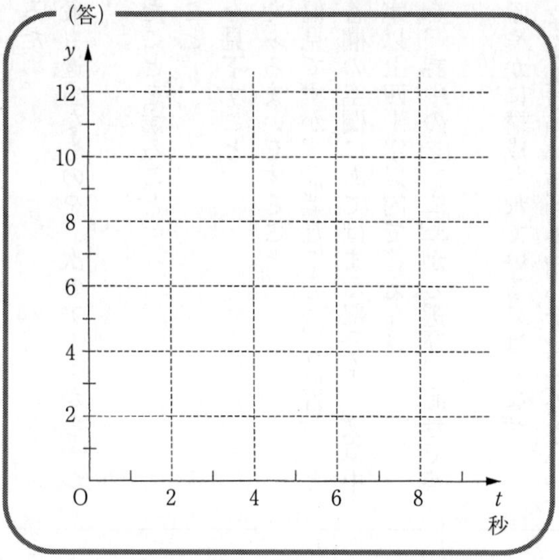


(3) $8\leqq t\leqq 10$ のとき，$t=a$ で3つの動点P，Q，Rが一直線上に並ぶ。$a$ の値を求めよ。

で抜き出しなさい。

〔　　〕ことを避けるため。

**問五** ――⑤の意味として最も適当なものを、次のア～エから一つ選び、記号で答えなさい。

ア　立場を越えて出過ぎたことをすること。

イ　恥知らずで見苦しいこと。

ウ　おごりたかぶって人を見下すこと。

エ　礼儀や作法にはずれたふるまいをすること。

**問六** ――⑥はどのような偏見ですか。「他者は～という偏見。」という形になるように、解答欄の空欄にあてはまる部分を、文章中の語句を用いて、三十五字以上四十字以内で答えなさい。

**問七** 次の三行が入る箇所を、詩中の［イ］～［ニ］から選び、記号で答えなさい。

そのように／世界がゆるやかに構成されているのは／なぜ？

**問八** ［　］にあてはまる五字を文章中の語句を用いて答えなさい。

**問九** 【1】～【5】にあてはまる最も適当なものを、次のア～オからそれぞれ一つずつ選び、記号で答えなさい。

ア　どこか　　イ　やっぱり　　ウ　いうまでもなく

エ　ひどく　　オ　かえって

**問十** ［A］・［B］にあてはまる漢字一字をそれぞれ書きなさい。

**問十一** ＝a・bの漢字の読みをひらがなで書きなさい。

**問十二** ＝1～5のカタカナを漢字に改めなさい（楷書でていねいに書くこと）。

私の見知らぬ誰かが、私の幸・不幸の結実を助けてくれる蜂や虻や風である筈《はず》です。

　この「他者同士」の関係は、お互いがお互いのための虻や風であることを意識していない関係です。ここが良い。他者に一々、礼を言わなくてもいい、[B]に着たり、又、[B]に着せたり、恨みに思ったり思われたりという関係がありません。

　世界をこのようにつくった配慮は実に巧妙で粋なものだと、つくづく思います。一つの生命が自分だけで完結できるなどと、万が一にも自惚《うぬぼ》れることのないよう、すべてのものに欠如を与え、欠如の充足を他者に4ユダねた自然の摂理の妙を思わずにはいられません。

　私は今日、どこかの誰かが実るための虻だったかなと想像することは、⑤僭越ではない楽しさだと思うのですが、いかがですか。

▼この作品に至るまでの若干の経過

　この体験は、最初、ある俳句同人誌に散文で書き、次に三回、詩で書き、その都度、詩の雑誌に発表しましたが不出来でした。そして四回目に書き改めたものが、ここにご披露した最終作品(五回目)の原型になりました。その四回目のものというのは、最終作品の第一連のあとに次の五行を加えた形です。

〈私は今日／どこかの花のための／虻だったかもしれない／そして明日は誰かが／私という花のための虻であるかもしれない〉

　この短いほうの作品が、なぜ、最終の形に改められたのかと言えば、⑥「他者」についての私の偏見をはっきり表現する必要を感じたからなのです。

　四回目の作品では、「他者」が単になつかしい存在としてとらえられていますが、私は必ずしも他者を好ましく思っているわけではなく、むしろ煩わしくさえ感じています。人間は本質的に自己中心的に生きるものであって、他者よりは本能的に自己を守る生物です。他者のことは、本来はどうでもいいのであり、うとましく思うことのほうが自然なのです。

　しかし、それにも拘《かか》わらず、私たちは、そのような「他者」によって自己の欠如を埋めてもらうのであり、人間の世界は「他者」によって構成されています。私も「他者」です。そこで、単になつかしいだけでなく、うとましくもある他者、うとましいだけでなく、なつかしくもある他者――そういう視点をすべりこませたわけです。

▼改作の意図は達せられたか

　自分ではわかりません。四回目のものと最終のものとの二つを読む機会のあった友人たちのうち、何人かは四回目のものを、何人かは最終のものを支持してくれまして、目下、5ケイセイ二分です。

▼自己評価

　読み返して一番いい気分になれるところは次の二行。私は【５】寛大ではなかった!!

〈ときに／うとましく思うことさえも許されている間柄〉

また、不幸の結実にも、お互いが関与しあうという視点をもう少し強く出してもよかったと思っています。全体にアマイ。

（吉野　弘『詩のすすめ　詩と言葉の通路』思潮社より。
出題のために一部を省略し、表記を改めた箇所がある。）

**問一**　――①で用いられている修辞法を漢字で書きなさい。

**問二**　――②はどのような存在ですか。「誰かの～存在。」という形になるように、解答欄の空欄にあてはまる部分を、文章中から十五字以内で抜き出して答えなさい。

**問三**　――③はどのような姿ですか。解答欄の「姿。」に続くように、十字以上十五字以内で答えなさい。

**問四**　――④について、花が「他者抜きでの自己完結を避けようとする」のはなぜですか。その理由を次のようにまとめるとき、空欄にあてはまる表現を、文章中のこれより前の部分から十字以内

▼なぜ、「他者」だったのか

芙蓉の花を眺めていて、なぜ、「他者」という言葉を思い浮かべたのか、それを辿《たど》ってみます。

花の目的は、めしべが受粉し実を結び種子をつくることです。そして、受粉が容易に行なわれるためには、めしべとおしべの背丈が一つ花の中で揃っているほうがいいわけですが、芙蓉の花の場合は、めしべが大層長いのに、おしべはひどく矮小《わいしょう》です。めしべの下半分をとりまいて疎《まば》らに生えていますが、その背丈はめしべの半分にも足りません。一つの花の中の、長いめしべと短いおしべ――この姿は、めしべが同じ花の中のおしべの花粉を心待ちしている姿とは、どうも見えません。芙蓉の花は五弁の花びらが合わさって深い鉢型をなしており、やや横向きに咲きます。めしべは花の基部から長く外へ突き出て、その先端が天を向いてぐいと曲っており、受粉の意志を強く感じさせますが、その2シコウは、あきらかに外部に対して表示されています。それが、同じ花のおしべからの受粉を望んでいない姿であるとすれば、残されているのは、外部への期待だけです。芙蓉の花を眺めていて「他者」を、そして「他者」の必要を直観的に感じたのは、芙蓉の花の、③そのような姿のせいだったと思われます。

他者は、具体的に言えば、虫3バイ花、鳥3バイ花、風3バイ花、水3バイ花における、虫、鳥、風、水だったわけですが、その個々ではなく全体の観念表象でした。

あとで、受粉に自花受粉と他花受粉のあることを知りました。自花受粉は同一の遺伝形質を受け継ぐため種の退化をきたすことが多いので、花は一般的に自花受粉を避ける傾向があるそうです。芙蓉の花の、めしべとおしべの長短も、自花受粉回避の形だといえます。(ちなみに、他者という言葉を思いついたとき、芙蓉に蜂や虻はいませんでした。不在がイメージ喚起の条件になったのでしょう。もし蜂や虻が花に来ていたら、他者が目に見えていたことで、【1】他者という観念を取り逃がしたかもしれません。)

さて、他者という言葉を思い浮かべたとき、私は、花が自己を完結させるために自己以外の力を借りるということに、【2】新鮮さを感じ、ある種の驚きを覚えていました。もちろん、自然界には雌雄同体で自己交接をとげる動物もおり、花にも自花受粉をいとなむものもありますが、全体としての進化の方向は、他者依存の形をとっているようです。これは生物の生殖過程が安易に進行することを避けようとする自然界の配慮でしょう。ここには④他者抜きでの自己完結を避けようとする生命の意志が感じられないでしょうか。

思うに生命というものは、自己に同意し、自己の思い通りに振舞っている末には、ついに衰滅するような性質のものなのではないか、その自己完結、自己同意を破る力として、外部からa殊更、他者を介入させるのが、生命の世界の維持原理なのではないでしょうか。この原理の中で、おそらくすべての生命が他者とのかかわりあいをもつように運命づけられているのではないでしょうか。

もしも、このような感じ方が見当ちがいでないならば、生命体はすべてその内部に、それ自身だけでは完結できない「欠如」を抱いており、それを他者によって埋めるように運命づけられていると言えるでしょう。実を言えば、「欠如を抱いている生命」という観念は、「他者」がひらめいたとき、同時に感じられていたものでした。「欠如を抱いている」という言い方は、日本語にあまり馴染まない言い方で、【3】ホンヤクくさい匂いがあるのですが、他に言い替えをしたくないという気持が強いのです。他者なしでは完結することの不可能な生命、そして、お互いがお互いにとって必要な他者である関係は、b大仰に言えば私の感じとった世界像のようなものだったからです。

【4】私は、ここで、花と虫、花と風、花と水の関係だけを見ているのではありません。そのままが人間同士の関係です。つまり、私は、ある時ある人にとっての蜂や虻や風であり、ある人の幸福や恋や、時には不幸の実るのを、知らずに助けているのであり、又、

エ　日本の中でも、地域によって異なる社会が形づくられていたから。
オ　日本の中でも、近代化による変質をとげていない社会があるから。

**問十**　＝＝1〜5のカタカナを漢字に改めなさい（楷書でていねいに書くこと）。

## 二

次の詩と文章を読み、後の問いに答えなさい。

生命は

生命は
自分自身だけでは完結できないように
つくられているらしい
花も
めしべとおしべが揃っているだけでは
不充分で
①虫や風が訪れて
めしべとおしべを仲立ちする
生命は
その中に［　　］
それを他者から満たしてもらうのだ

［イ］

世界は多分
他者の 1ソウワ
しかし
互いに
欠如を満たすなどとは
知りもせず
知らされもせず
ばらまかれている者同士
無関［A］でいられる間柄
ときに
うとましく思うことさえも許されている間柄

［ロ］

花が咲いている
すぐ近くまで
虻《あぶ》の姿をした他者が
光をまとって飛んできている

［ハ］

私も　あるとき
②誰かのための虻だったろう
あなたも　あるとき
私のための風だったかもしれない

［ニ］

▼はじめに

ここにご披露した「生命は」が私の代表作かどうか、全くわかりません。なにしろ、ごく最近出した詩集『北入曾《きたいりそ》』に、書き下ろしのような形で収録したばかりのものですから、名作になれるかどうかは、これからのオタノシミといったところです。

▼この作品を書くことになったキッカケ

夏の日盛り、大輪の白い芙蓉《ふよう》の花を眺めていたとき、不意に「他者」という言葉が私の脳裡をかすめました。それがキッカケです。

## 問題文Ⅱ

日本では、もともと村とか集落といった言葉は、人間の社会をさすものではなく、自然と人間が暮らす共同の空間をさす言葉であった。「わが村」とは、「わが人間たちの村」を意味しているのではなく、「わが自然と人間の村」のことであった。村や集落の半分は自然によって構成されていた。

その自然は、日本では、大きな地域差をもっている。北から南へと延びる日本列島にはさまざまな気候があり、多様な地形と川や森がある。だから、その自然とかかわりながら形成されてきた各地の村々には、その村が育んできた農業のかたちや、生活の習慣、自然利用の形態がある。この自然と人間の時間とが5チクセキされるようにしてつくられたさまざまな【２】土。共同体とは、この【２】土とともに生まれたものである。

とすると、⑤「日本の農村共同体とは」という言い方が、そもそも、不適当だということにならないだろうか。日本の共同体は、その地域の自然がそれぞれ異なる以上、ひとつひとつの差異が大きかったのではないか。つまり、日本には同じ構造をもつ共同体が各地にあったのではなく、さまざまな共同体が各地に展開していた、と考えたほうがよいのではないのか。

もちろん、稲作などからくる共通性があったとしても、近代化による変質をとげていない共同体は、自然と人間の村や集落として、それぞれの地域にローカルな社会としてつくられていたのだと、私は考えている。

（内山　節『「里」という思想』新潮選書より。
出題のために一部を省略し、表記を改めた箇所がある。）

**問一**　――①とは、言いかえると世界がどのような方向に向かっていくことですか。解答欄の「方向。」に続くように、問題文Ⅰから十字以内で抜き出しなさい。

**問二**　――②について、日本の村落がそうなった理由を、筆者はどのように考えていますか。問題文Ⅱの内容に即して、六十字以上七十字以内で答えなさい。

**問三**　――③は、何のために作られたのですか。問題文Ⅰの語句を用いて、二十字以上三十字以内で答えなさい。

**問四**　――④は、問題文Ⅱでは何と呼ばれていますか。一語で答えなさい。

**問五**　問題文Ⅰで述べられている多層的な世界を、次のようにまとめるとき、空欄①～③に入る語句を、問題文Ⅰからそれぞれ二字で抜き出しなさい。

ひとつの【①】の内部に、地域によって異なる【②】と【③】を両立させる、さまざまな社会が存在する様。

**問六**　問題文Ⅰにおいて、次の文章が入る部分の直前の五字を抜き出しなさい。

それは森をもたない弱い立場の人を守る習慣でもあり、森が村の生活にとって重要であった時代には、村から脱落者を出さないように配慮する仕組みとして、機能していた。だから、いまでも、村らしさの基盤として残っている。もっとも今日では、この習慣があるがゆえに、都市の人々が山菜や茸を乱獲し、村人は困ってもいるのだが。

**問七**　【1】にあてはまるものを次のア～オから一つ選び、記号で答えなさい。

ア　絆　イ　掟　ウ　法　エ　型　オ　組

**問八**　【2】にあてはまるものを次のア～オから一つ選び、記号で答えなさい。

ア　浄　イ　領　ウ　原　エ　風　オ　捲

**問九**　――⑤「不適当」と言える理由として、筆者の考えに最も近いものを次のア～オから一つ選び、記号で答えなさい。

ア　日本だけでなく、海外においても同様の社会は存在するから。
イ　日本に限らず、近代化による変質は地域によって異なるから。
ウ　日本だけでなく海外においても、地域の営みは多様だから。

# 二〇二〇年度 慶應義塾高等学校

【国　語】（六〇分）〈満点：一〇〇点〉

（注意）字数制限のある設問については、句読点・記号等すべて一字に数えます。

一　次の問題文Ⅰ、Ⅱを読み、後の問いに答えなさい。

問題文Ⅰ

二十世紀の後半になって、多くの思想は、「世界はひとつ」から、「世界は多元的」へと考え方を変えた。①世界はひとつの方向にむかって発展しているのであり、社会の違いは発展1トジョウの過程で現れたものである、という考え方から、世界にはさまざまな文化と歴史をもつ等価値の社会があり、この多元的な社会を基礎にして世界はつくられている、という考え方へと変わったのである。

それは、欧米社会を、発展した社会のモデルとみる視点を変更させるうえで、大きな役割をはたしたけれど、私にはそれだけでは物足りない。なぜなら、世界は多元性とともに、②多層性をももっているように、私には感じられるからである。

たとえば、ヨーロッパの川で釣りをするときには、面倒な思いをすることがあった。船が2コウコウできない河川は個人が所有していると考える昔の習慣が、法律とは別に存在している地域が結構あって、「河川所有者」の許可なしには、事実上釣りができないことがよくあるからである。法律は法律、③地域の習慣は習慣として、どちらもが機能している。

このような国の法律と地域の習慣との関係は、日本でも、農山村にいけばいたる所にあるといってもよいだろう。たとえばかつての日本では、森の所有権は生きている立木《たちき》にしか及ばない、とほとんどの農山村の人々が考えていた。この習慣はいまでも私の暮らす群馬県上野村では残っていて、だから誰でも山菜や茸を3サイシュしたり、薪として枯れ木や落枝を集めることができる。法律のうえでは、それらのものもすべて森の所有者のものであっても、この問題では地域の習慣が優先する。

このような様子をみていると、社会はけっしてひとつのシステムだけではつくられていない、という気がしてくる。暮らしや労働の文化に独自のものがある以上、人々は自分たちの文化を守るために、法律に優先する自分たちの習慣をつくる必要があった。自分たちの暮らす地域の習慣だけではなく、農民も、商人も、職人や芸人も、仕事に裏付けられた自分たちの習慣や取り決め、【 1 】をもっていた。

ここでは、「信用」を重んじる精神が大きな役割をはたしていた。信用される人間になる、信用をえながら暮らすことは、人々にとっては何よりも大事なものであり、だからこそ自分の属する社会を守るための習慣や取り決め、【 1 】を守りながら、人々は自分に対する信用を大事にしてきた。

④この習慣や取り決めの通用する世界は、それほど大きな世界ではない。人間たちが直接かかわれる大きさであり、それは不特定多数の世界ではない。そして、地域であれ、職能集団であれ、そのなかでの信用を重んじる精神を人々はもち、そのことが習慣や取り決めを守らせたのである。

私はこんなあり方のなかに、多層的な世界の存在をみている。ひとつの国家の内部にも、さまざまな社会が存在する。そのさまざまな社会は、それぞれの暮らしや労働の文化をもち、それを維持するための習慣をもっている。そこでは、法律と習慣がくい違うこともある。人々は法律の世界と習慣の世界との多層的な世界に暮らしながら、この両者を調整する知恵をもっていた。

二十世紀は、社会の統一を求めた時代だったのだと思う。しかし今日の私たちは、社会は一元的に統一される必要はないと考え、この視点から、国家や世界の新しいあり方を4モサクしている。

# 2020年度／慶應義塾高等学校

## 英語解答

**I**
1 asked, then　2 so, it
3 going for　4 winning
5 be left alone　6 so that, could
7 least favorite　8 find, easily
9 thought to

**II**
1 記号…C　正しい形…have fished
2 記号…D
正しい形…was published
3 記号…B　正しい形…you reserve
4 記号…D　正しい形…another
5 記号…D　正しい形…is growing
6 記号…A　正しい形…How to use
7 記号…C　正しい形…has
8 記号…B　正しい形…to turn off
9 記号…D　正しい形…John's

**III**
1 changed　2 until〔till〕
3 few　4 What　5 higher
6 but　7 keep　8 enjoyed
9 wrong　10 before

**IV**
A　1…(a)　2…(d)　3…(a)　4…(c)
5…(d)　6…(d)　7…(c)　8…(b)
9…(b)　10…(c)

B　1…(は)　2…(に)　3…(い)　4…(ほ)
5…(ろ)

C　(ア) how many times has he been fooled by this bully
(イ) hard to believe how she can sleep in the middle of such a scary movie
(ウ) Martin tries to make himself believe it is just the wind

D　(i) ひとつにはジミーが正しいかどうかを確かめるために，ひとつには兄としてのプライドを保つために
(ii) 10年，それはお互いを頭のてっぺんからつま先まで知るのに十分すぎる時間だ。
(iii) そして明かりをつければつけるほど，1つずつ消していかなければならない明かりもそれだけ増えるのだ。

E　③ As I am your older brother, I have the right to eat more than you.
④ I saw a big guy at the mall yesterday who looked just like the man on TV

**I**〔書き換え―適語補充〕

1．直接話法の引用符内が疑問文のとき，間接話法では伝達動詞に ask を用いる。また，伝達動詞が過去形のとき，直接話法の引用符内の now は，間接話法では then に変わる。話法の書き換え問題では，伝達動詞や‘時’を表す副詞(句)のほかにも，代名詞や時制などの変化に注意する。 (a)「彼女は私に『あなたの両親は今どこに住んでいますか？』と言った」／(b)「彼女は私の両親がそのときどこに住んでいたか私に尋ねた」

2．(a)の「このカレーは子どもには辛すぎる」を，(b)では‘so ～ that＋主語＋can't …’の構文を用いて「このカレーは辛いので，子どもはそれを食べられない」に書き換える。eat の後には目的語として This curry を受ける代名詞 it が必要。

3．‘Let's＋動詞の原形’を How about ～ing に書き換える。また，go swimming「泳ぎに行く」は go for a swim でも表せる。 (類例) go for a walk「散歩に行く」／go for a drive「ドライブに行く」 (a)「今日は暑い。泳ぎに行こう」／(b)「今日は暑い。泳ぎに行くのはどうですか」

4．‘be sure (that)＋主語＋動詞’は‘be sure of＋動名詞’に書き換えられる。　(例)I'm sure that I will win the game. → I'm sure *of winning* the game. ただし，本問のように主節の主語(本問ではI)と that 節の主語(本問では the team)が異なる文を動名詞を用いて表す場合は，動名詞の前に‘動名詞の意味上の主語’として所有格(the team's)または目的格(the team)を置く。　(a)(b)「私はそのチームが試合に勝つと確信している」

5．(a)は「私は少しの時間1人で時間を過ごしたい」という文。by ～self で「1人で」。これを(b)では‘leave＋人＋alone’「〈人〉を1人にする」の受け身形を用いて「しばらくの間1人にされていたい〔しておいてほしい〕」という文に書き換える。

6．(a)は‘目的’を表す in order to ～「～するために」を用いた文。「～するために」という‘目的’は‘so that ～ can …’でも表すことができる。過去の内容なので can は過去形 could にする。　(a)(b)「私は渋滞を避けるために早めに出発した」

7．(a)の「私は全ての色の中でピンクが好きではない」を，(b)では「ピンクは私の一番好きでない色だ」という文に書き換える。「私の一番好きでない～」は，favorite「大好きな」の前に little の最上級 least「最も～でない」をつけて，my least favorite ～ と表す。　(類例)He's the least popular writer.「彼は一番人気のない作家だ」

8．(a)は‘It is ～ for ― to …’「―が〔にとって〕…することは～だ」の形式主語構文で，「彼の家を見つけるのは私にとって簡単だろう。なぜなら，以前訪問したことがあるからだ」という意味。(b)では，動詞 find と副詞 easily を用いて「私は彼の家を簡単に見つけることができるだろう。なぜなら，以前訪問したことがあるからだ」という文に書き換えればよい。

9．(a)の「誰もが彼は正直だと考えている」を，(b)では「彼は正直な男だと考えられている」という文に書き換える。「…であると考えられている」は，‘think ～ to be …’「～を…と思う，見なす」の受け身形 be thought to be … で表せる。

## II〔誤文訂正〕

1．only には「～しか(ない)」と否定の意味が含まれるので not は不要。なお，go ～ing「～しに行く」の後に‘場所’がくるとき日本語では「〈場所〉へ〔に〕」となるが，前置詞は to ではなく，～ing の動詞とその場所とを結びつけるもの(in, at, on など)を用いることに注意。　(例)She went *shopping at* (×to) the store. したがって，Bは正しい。　「私は長野に住んでいたとき，よく父親と一緒に車で湖へ釣りに行ったものだったが，東京に引っ越してからは2回しか釣りをしていない」

2．「辞書(の新版)」は「出版される」ものなので受け身にする。sell には「売れる」という自動詞の意味があるのでAは正しい。sell well で「よく売れる，売れ行きがよい」。　「その辞書はよく売れたので，ついに新しい版が発行された」

3．Aの that が reserve の目的語のはたらきをする目的格の関係代名詞なのでBの it は不要。　「事前に予約するチケットは少し安くなる」

4．ものがいくつかある中から1つを取り，「さらにもう1つのもの」,「別のもの」と言うときは another を用いる。なお，2つのものがあり，一方を one で表したとき，もう一方は the other で表す。　「私はこのスカーフの特にデザインがあまり気に入りません。別のを見せてください」

5．the number of ～「～の数」は単数扱い。なお，a number of ～「多くの～，いくつかの～」は複数扱いになる。　「日本を訪れる外国人旅行者の数は増加している」

6．'what＋to不定詞' は what が to不定詞の意味上の目的語になるため，to不定詞の後に目的語が欠けた形になる。　(例)I don't know what to say.(say の後に目的語はない)／I don't know what to give her. (give の後に直接目的語 $O_2$ はない)　ここでは，意味上最も適切な How にする。疑問副詞である how，when，where は目的語になりえないので，to不定詞が他動詞の場合，その後に目的語は置かれる。　「図書館の使い方は学校生活を成功させるための鍵となる」

7．C は Which(単数扱い)を受ける述語動詞なので，3人称単数現在形の has にする。なお，この文は「どちらが～だと思いますか」という Yes／No で答えられない疑問文。このような疑問文では，'疑問詞＋do you think＋(主語＋)動詞...?' という語順になることに注意。この文では疑問詞 Which が '主語' を兼ねているので '疑問詞＋do you think＋動詞...?' という形になっている。　「東京とニューヨークではどちらが人口が多いと思いますか」

8．remember や forget は目的語に '未来の内容' がくるときは目的語を to不定詞で表し，'過去の内容' がくるときは目的語を動名詞(～ing)で表す。　「私は寝ます。寝る前に必ず明かりを消してください」

9．比較級の構文では，比較される二者は対等でなければならない。My video game collection「私のビデオゲームのコレクション」と比較されるものは，「ジョンのビデオゲームのコレクション」となるべきなので，John's とする。　(類例)The economic growth rate of China is higher than that of Japan(×than Japan).「中国の経済成長率は日本の経済成長率よりも高い」　「私のビデオゲームのコレクションはジョンのコレクションのほぼ2倍だ」

**III**〔長文読解―適語補充―説明文〕

**≪全訳≫** **1** ビートルズは1960年にイギリスのリバプールで結成された伝説的なロックグループであり，1970年に解散するまでの10年に満たない期間で，ポピュラー音楽の意味を，10代の娯楽から，非常に商業的で創造的な芸術形式にまで一変させた。**2** ビートルズは，世界中の人々が50年以上にわたって聴き，歌ってきた不変の人気を誇る曲を数多く生み出した。「イエスタデイ」，「ヘイジュード」，「レットイットビー」はそれらのほんの数例である。彼らの歌のすごいところは，世界中での売り上げが他のどのアーティストよりも多いだけでなく，3世代にわたって愛されていることだ。つまり，今日のティーンエイジャーは今でも彼らの音楽を愛し，オンラインで購入しているが，それは両親が CD として購入し，祖父母が LP レコードとして購入したのと同じ楽曲なのだ。**3** しかし，若い世代への最大の贈り物は，彼らがその音楽と活動を通して伝えたポジティブなメッセージとさまざまな価値観だったかもしれない。彼らは若者に，髪を伸ばしてもかまわないのだということを伝えた。彼らは，音楽には境界線がなく，それは黒人と白人，若者と老人，金持ちと貧乏人が楽しめるものだということを示した。彼らは若いミュージシャンに自作の歌を書いて演奏するように奨励した。彼らは，音楽は権力と闘うことができ，戦争は間違っており，愛と平和は世界を変えることができるというメッセージを送ることができるのだと示した。我が国日本では，当時，日本の伝統的な武道だけの聖地であると考えられていた武道館で，ロックバンドがショーを成功させることができることを証明した。**4** 今述べてきたことのどれも，ビートルズと彼らの挑戦の以前には，実現するのが容易ではなかったことなのだ。

**＜解説＞** 1．伝説的なロックグループのビートルズがポピュラー音楽の意味をどうしたのか考える。この後に 'from ～ to …'「～から…に」とあることから，単なる娯楽から商業的かつ創造的な芸術形式に「変えた」と考えられる。　2．1960年に結成されていることと，直前の in less than ten years「10年未満で」から，1960年に結成されてから1970年に解散する「まで」という文にする。

3．to name a few で「いくつか例を挙げると」という意味。この表現を知らなくても，直前に a があることと，その前に「イエスタデイ」，「ヘイジュード」，「レットイットビー」という具体例が挙げられていることから推測できる。　4．この文の２つ目の is が文全体の述語動詞になると判断し，名詞節をまとめる関係代名詞 What「～こと」を入れる。　5．sales「売り上げ」の「多い」，「少ない」は high，low で表すのが一般的。large，small でも表せる。後ろに than があるので比較級にする。　6．‘not only ～ but …’「～だけでなく…も」の形。　7．「髪を長くしても問題ない」という意味になると考えられる。この意味を表し‘動詞＋目的語＋形容詞’の形を取れる動詞を考える。keep のほか，wear，grow でもよい。　8．直前に「音楽には境界線がない」があることと，受け身形であることに着目する。音楽は万人によって「楽しまれる」ものと考える。また「共有できる」と考えて shared などとしてもよいだろう。　9．ビートルズが送った戦争に関するメッセージの内容が入る(前にある that は‘同格’を表す接続詞)。wrong のほか，bad「ひどい」や meaningless「無意味な」，cruel「残酷な」などもよいだろう。　10．述語動詞が過去完了になっていることに着目する。「ビートルズの前には実現が難しかった」という文意になる。without は「(実際に存在したものが)なかったら」という仮定の意味になり，その場合，述語動詞は would have been と仮定法で表されるべきなのでここでは不適切。

**Ⅳ**〔長文読解総合－物語〕

≪全訳≫❶マーティンは，宿題を終えた後，アニーと一緒にテレビで『ハロウィン』を見ながら，自分は間違った選択をしたのではないかと考え始めている。❷友人のジミーが学校で語ったところによれば，テレビでは，もとの映画から全ての血なまぐさい部分をカットし(「そして，君は残念に思うだろうが，全ての性的な場面も」とジミーはつけ加えた)，好ましくない言葉に全てビープ音を被せることで，テレビ局がアメリカ中の親から苦情の電話を受けないようにしているとのことだ。彼はまたマーティンに，兄〔弟〕と一緒に映画館で『ハロウィン』のオリジナル「ノーカット」版を見たので，エキサイティングな部分のほとんどがカットされている今夜のテレビは見るつもりはないと言う。❸映画は，仮面をつけたブギーマンが長いナイフで最初の犠牲者を殺そうとしている場面に差し掛かった。アニーは目を覆いながら悲鳴を上げて台所に向かって走る。マーティンは同じことをしたいと思うが，ひとつにはジミーが正しいことを言っているかどうか確かめるため，ひとつには兄としてのプライドを保つため，これを見なければならない。今，ナイフが宙高くに上がり，刃先が犠牲者――寝ている若い女性――に向いている。そしてナイフが振り下ろされようとしている。マーティンは，手のひらが汗でベタベタするのを感じる。そして，女性の叫び声が起こり，画面が黒塗りになる…。結局ジミーの言ったことは正しかった。血まみれのシーンはカットされている。❹他の全員が眠っている深夜にトイレに行くことをまだ怖がっている14歳のマーティンにとって，それはある意味，ほっとさせる。実際の殺人の場面を見たら，彼は間違いなく今後何日間か悪夢を見るだろう。「じゃあ，なぜそんな怖い映画を見たいんだ？」と，父親はしばしば笑顔で彼に尋ねる。まるで自分の質問に対する答えをすでに知っているかのように。マーティンは，少年時代の父親のお気に入りの映画が『大アマゾンの半魚人』だったことを知っており，その映画を見た父親はやはり悪夢を見たのだった。彼の母親はただ軽蔑して，「1やっぱり男の子は男の子ね」とでも言うかのように，首を振っている。少なくとも彼の両親はテレビ局に電話をして，性的なシーンや暴力シーンが子どもに与える悪影響について苦情を言うタイプではない。それは間違いない。❺しかし，映画は始まったばかりだ。この先まだまだ怖い部分がある。マーティンは，それをずっと見ることができるかどうか自問する。彼は映画が終わるまでに両親が戻ってくることを望んでいるが，両親のスミス家への訪問はたいてい長引き，多くの場合は，真夜中くらいまで続くことを経験から知っており，その頃までにはマーティンとアニーはベッドでぐっすりと眠っていると思われているのだ。彼は，数時間後にくる就寝時間については考えたくもない。というのも，彼はアニーをベッドに寝かせ，ドアと窓に全て鍵がかかっているかどうかを確認してから，１人で全ての明かりを消さなければならないからだ。❻さて，彼らには選択肢があった。両親は，彼らをスミス家に連れていき，親たちがブリッジをしている間，そこでスミスさんの息子のポールと一緒に夜を過ごすことを提案した。問題は，彼がポールのことが大嫌いだということだ。彼らは年は同じだが，ポールの方がずっと大きくて強い。そして彼は意地悪で，機会があればいつでもマーティンをいじめる。彼らは同じ幼稚園，同じ小学校に通い，今は同じ中学校にいる。10年，それはお互いを頭のてっぺんからつま先まで知るのに十分すぎるほどの年月だ。ポールは，マーティンが２年生のときに，おもらしをしたことを知っている。ポールはまた，マーティンがひそかにスージー・ティレルに片思いをし，彼女がシカゴに引っ越したときにひっそりと泣いたことを知っている。マーティンは一方で，ムーア先生の机にネズミの死骸を置いたのがポールであり，学校図書館の大きな美術の本から裸の女性の絵が載っているページを引き裂いたのがポールであることも知っている(もちろん，マーティンは賢いのでそれを誰にも言っていない。ポールが後でどのような仕返しをするのかわかっているからだ)。❼典型的ないじめっ子であるポールは馬鹿ではない。ポールは，ずる賢く，マーティンに対していつ「事を行う」べきか，いつ行わざるべきかを知っている。それはつまり，彼が彼らの両親の前で，あるいはアニーの前ですらマーティンをいじめることはないということだ。いじめるのは，彼らしかいない人に見られないとき，あるいは，ポールの言葉を借りて言えば，「１対１で話をしている」ときだけであり，それは確かに両親の目から逃れる理由になる。そして，彼はマーティンに対し，ありとあらゆるいじめを行う。蹴る，つねる，頭をたたく，ビデオゲームをしているときにシャツの後ろのえりから水をかける，マーティンの髪にガムをわざとつけ，「彼を助けるために」と言ってその部分をハサミで切るといったことだが，これはほんのいくつかの例だ。ポールはまた，マーティンがいかに簡単に怖がるのかを知っているので，自分ででっち上げたり，映画で見たりした怖い話を血なまぐさい詳細を含めてマーティンに聞かせては，その反応を楽しむのである。❽だから両親が彼にアニーと一緒に行くかと尋ねるとき，マーティンは家で宿題をしなければならないと言い，アニーは，一緒に遊ぶ女の子がいないスミス家には行きたくないと言うので，その夜家にいるというのが彼らの選んだ過ごし方だった。しかし今の彼は，以前にはないほど，妹以外に一緒にいてくれる人が欲しく，トランプに夢中になりすぎて彼と話をしてくれない両親，あるいは10年以上にもわたって彼を悩まし続けている，あの意地悪な少年でさえもそばにいてほしいと思っている。❾アニーはしばらくの間，恐ろしい場面が訪れないことを察知して，台所から戻ってくる。彼女は，右手に持った母親の手づくりのチョコチップクッキーをかじり，左手にはさらに多くのクッキーを持っている。❿「おい，お前はもう自分の分のクッキーを食べたはずだ。俺がそいつを頂くぞ」とマーティンは言って，アニーが持っていたクッキーを彼女の手から奪う。⓫「私よりもたくさん食べたでしょ。ねえ，返してよ」アニーは左腕を伸ばしたが間に合わず，届きもしなかった。⓬マーティンは手に持った全てのクッキーの表面をペロペロなめる。「2こんなんでも食べられるか？」⓭「私のクッキーを全部取ったことをママに言いつけるから」と言って，アニーはべそをかき始める。⓮「赤ちゃんみたいなことを言うなよ。俺はお前の兄貴なんだからお前よりたくさん食べる権利がある」⓯「ママとパパが帰ってくるのを待っていてよね。3困ったことになるから！」⓰「黙れ。映画を見ているんだ」⓱アニーはまだすすり泣いているが，マーティンは彼女を無視してテレビ画面を見続ける。クッキーをむしゃむしゃ食べながら。映画は，今ハロウィンの朝，日光が差し込んでくる場面だ。マーティンが住んでいる場所のような，典型的な郊外の住宅地だ。優等生タイプの女子高生である主人公が学校に向かって友達と一緒に歩いているとき，道の角に仮面を被った見知らぬ男の影を見る。再び見ると，彼はいない。前夜，精神病院から脱走した男かもしれないが，マーティンはクッキーをめぐって妹とけんかをしていてそのシーンを見逃していたので，確信が持てない。突然，マーティンはあることを思い出す。学校で告げられた恐ろしいことだ。しかも他ならぬポールから！18前の週に，州の刑務所から大量殺人犯が脱走し，まだ逃亡中だという事件がニュースになっていた。警察は犯人がノースビーチ沿岸の湾を渡るのに使用した手づくりのボートを見つけた。これが意味するのは，彼が彼らの町に向かっているかもしれないということだ。「やつはこれまでに13人の罪のない人を殺し，そのうちの5人は子どもだったんだ」とポールは言った。「それに，いいか，テレビに映ってた男とそっくりのでっかいやつを昨日モールで見たんだ。あごひげをはやし，ひじから手首にかけて入れ墨をしているやつをな。俺はそいつが逃走している殺人犯だってことに5ドル賭けるぜ。そいつは今，この辺のどこかに身を隠しているだろうな」　マーティンは，ポールが表面上は真剣な怖がっている目つきをしているが，そこには微笑の跡が見えた。結局のところ，話しているのはポールであり，(ア)このいじめっ子に何度騙されてきたというのだ？　しかし，あまりに敏感なマーティンはその言葉が気になり，笑い飛ばすことができなかった。それどころか，このでっかい男が家の裏庭の後ろに潜み，中を覗いている姿を想像し始める…19ポールは怒っている。マーティンが親と一緒に家に来なかったことが信じられない。彼は，マーティンをどうやっていじめようか，あらゆるアイデアを頭の中で考えていた。マーティンに対してできることを。学校で逃亡した囚人のことを彼に話したとき，彼の顔は間違いなく血の気が引いていたのだ。20彼の両親は，居間でマーティンの両親とブリッジをしている。そして，彼らはゲームに熱中し，自分たちの世界にのめりこんでいる。それこそブリッジをする両親の嫌いなところだ。彼らは彼を完全に一人ぼっちにする。彼が話しかけても，耳を傾けることさえしないのだ。なんてつまらないんだ！　マーティンがいれば，とても楽しい時間を過ごすことができたというのに。21マーティンが自分と一緒に時間を過ごすのではなく，幼い妹と一緒に家にいると考えるとさらに腹が立つ。「あいつはまたテレビで怖い映画を見ているに違いない。あんなに臆病なくせに，怖い映画が大好きなのは理解できないぜ」と彼は思う。「4きっとこういうことだ。あいつは怖がるのが好きなんだ。だからこそ，俺たちは長い間友達なんだ。あいつには俺が必要だ。だから俺が怖がらせるとあいつは興奮するんだ！22今，すばらしいアイデアが彼の頭に浮かぶ。マーティンの家に行き，彼を死ぬほど怖がらせてやるんだ！　逃亡中のあの殺人犯のふりをして，ドアをたたき，外から窓をノックして，奇妙な音を立てることができる。あのやせっぽちのあいつがどうなるか見てやろう。しかも家からわずか3ブロックの距離だ。マーティンに宿題を手伝ってもらいたいから，マーティンの両親が帰ってくるまでマーティンとアニーと一緒にいる，と言えばいいのだ。そうだ，そうすれば，相手にしてくれる人がいないこの家でじっとしていなければならないこの退屈さを吹き飛ばしてくれる，たいそうすばらしい夜になるぞ。彼は自分がこのアイデアにとても興奮しているのを感じている…23映画が終わる前に，アニーはテレビの前で眠ってしまった。(イ)こんな恐ろしい映画の最中にどうして眠ることができるのか信じられないが，マーティンは兄として，彼女に歯を磨かせ，トイレに連れていき，ベッドで寝かせるという仕事がある。ブギーマンは何度も撃たれ，殺されたはずだったが，彼の死体が横たわっているはずの庭を再び見に行くと，それはなくなっていた。マーティンをぞっとさせる，謎めいた，悪夢のような結末だった。24アニーがベッドでぐっすり眠っている中，彼がアニーの寝室の明かりを消し，家中の鍵がかかっているか確認に行ったときは10時を過ぎていた。これから，両親のいない家で過ごすという最も恐ろしい時間になる。彼は11時には寝床につける。もしかしたら，両親が帰宅する12時頃まで眠れないかもしれないが，それまでは，たとえ明かりを全部つけても，多くの部屋と至る所に影のあるこの家で１人過ごさねばならない。そして，明かりをつければつけるほど，１つずつ消していかなければならない明かりもそれだけ増えるのだ。自分の部屋に入り，ベッドの横にある最後の明かりを消すまでは。25突然，動物がドアに爪を立てるような，奇妙な引っ掻く音が聞こえる。それは外のガレージに通じる裏口のドアから聞こえる。(ウ)マーティンは，それが単なる風のせいだと自分自身に思い込ませようとする。しかし，ドアノブがガタガタと音を立て，まるで誰かが鍵がかかっているかどうかを確かめているように，ガタガタ音を立てている。それは中に入ろうとする意志を持っている人間だが，彼の両親でないことは明らかだ。彼らは家の鍵を持っているし，両親であるなら車がガレージに入ってくる音が必ず聞こえるはずだからだ。彼はスミス家に電話をかけ，すぐに家に帰ってくるように頼もうと考えるが，そんなことをすればポールは何と言うだろうか？　マーティンは，ポールが彼を怖がらせようとしているのであればいいのにと思っているが，それはありえない。ポールがこんな遅い時間に外をぶらぶらするはずがない。彼の両親はそんなことを許さないだろう。26そして今，自分が立っている後ろの台所の窓をコツコツとたたく音がする。マーティンは凍りつく。ドアをたたく音は規則的でリズミカルに聞こえ，とても風のせいとは思えない音だ。マーティンは，首を回してその方向を見ることは決してできないと思うが，なんとかしてそのようにしてみる。そして，窓を見た瞬間，たたく音は止まるが，裏庭に向かって動く影が見えたように思う。マーティンは悲鳴をあげたい。アニーを起こしたいが，どうしてできようか。 彼は全てのドアと窓に鍵をかけたと確信しているが，そのうちの１つをかけ忘れていたとしたら？27「全ての明かりを消せ，さもないとやつに外から見られてしまうぞ！」と，内なる声が彼に語りかける。彼はできるだけ静かに家中を走り回って，全ての明かりを１つずつ消す。両親の寝室の窓をたたくまた別の音が聞こえるように思うが，明かりを消し続ける。それが終わると，彼は包丁を手に持ち，居間のソファの後ろに隠れ，毛布で身を包む。彼は今いるところにずっととどまるつもりだ。そうすれば侵入者に不意打ちを与えることができる。彼はすっかりおびえているが，同時にこのこと全てに不思議にも興奮している。ひょっとしたら映画の影響かもしれない…28ガレージのドアをガタガタ鳴らせた後，ポールはできるだけ静かに横の門を開け，家の外壁に沿って回り込み，窓から台所の中をのぞき込む。マーティンの背中がガレージのドアに向いているのを見て，ポールは込み上げてくる笑いを抑え，窓の下に隠れながら窓を軽くたたき始める。今や彼はとても興奮しており，家の外壁に沿って回り込んで，全てのドアノブをガタガタ鳴らし，全ての窓をたたくことをもくろんでいる。彼は身を低くしたまま裏庭に移動し，おそらく親の寝室である暗い部屋に通じるガラスの引き戸に近づく。彼は再びガラスをリズミカルにたたき，マーティンがさまざまな方向から聞こえてくる周りの音を追いかけずにはいられないことを想像し，再び込み上げてくる笑いを抑える。29ポールはマーティンを怖がらせる自分のゲームに興奮しすぎているため，大きな力強い手が突然彼の口を押さえ，もう一方の手が首の周りを滑るように動くまで，背後に何かがいることに気づかない。その両手がしだいに強く首を圧迫し始めるとき，ポールには叫び始める時間すらない。30彼の両親がようやく家に帰ってきたのは11時過ぎで，彼らは真っ暗闇の家を見て驚く。そのような状態の中にいるマーティンを見て，彼らはさらに驚く。31「おい，マーティン。いったい，何をしているんだ？　そんな包丁を持って遊びたいわけじゃないだろ。けがするぞ。ポールはどこにいるんだ？」と父親が尋ねる。32「ポ，ポール？　ポールって，どういうこと？」33「5おい，もうふざけるのはいい加減にしろ。なあ，ポール，隠れている所から出てくるんだ。11時を過ぎているから，家まで送るよ」34「いや，お父さん。ポールはここに来てないよ。誰かが外にいる音が聞こえたようには思ったけど…」35「おいおい，それは変だな。彼はお前と宿題をしたいと言って，9時頃に家を出て，ここに向かった，私たちはそう思っている。彼は私たちが帰ってくるまでお前と一緒にいると言っていたから，私たちは明日お前たちが学校に行くのに夜ふかししてはいけないと思って，いつもより少し早く帰ってきたんだ」36「それで，ポールはどこに行ったの？」と母が尋ねる。37マーティンの体が震え出す。

A＜英問英答＞1．「マーティンが考える，自分の間違った選択(下線部①)とは何か」―(a)「彼が妹と一緒に家にいるのを選んだこと」　第8段落前半参照。両親の提案を断って家に残ったことで，怖い思いをすることになっている。　2．「マーティンがほっとしたこと(下線部②)とは何か」―(d)「テレビでは血まみれのシーンがカットされたこと」　この文の主語Thatが受けている内容を考える。　3．「マーティンの両親は，息子が怖い映画を見ていることをどう思っているか」―(a)「父親は彼を理解しており，母親は彼にしたいようにさせている」　第4段落参照。　4．「両親が不在のとき，マーティンはたいてい何をしなければならないか」―(c)「妹をベッドで寝かせ，ドアと窓に鍵がかかっていることを確認しなければならない」　第5段落最終文参照。　5．「ポールについて当てはまらないのはどれか」―(d)「彼の方が大きくて強いが，マーティンほど賢くない」　第7段落参照。ポールは「馬鹿ではない」，「ずる賢い」という記述はあるが，マーティンより頭が悪いという記述はない。　6．「マーティンが学校でのポールの悪い振る舞いについて教師に話さなかったのはなぜか」―(d)「ポールの仕返しを恐れていたから」　第6段落最終文参照。　revenge「仕返し」　7．「マーティンとポールが共有する，似ている点を選べ」―(c)「2人とも怖い映画を見る」　第7段落最終文より，ポールも怖い映画を見ることがわかる。　8．「マーティンが家にいることを決めた理由ではないものはどれか」―(b)「スミス家に女の子がいない」　第8段落第1文参照。スミス家には一緒に遊ぶ女の子がいないので行きたくないと言ったのは，アニーである。(a)「ポールに近づきたくない」，(d)「勉強とかテレビを見るとか，しなくてはならないことが家にあった」は第8段落から，(c)「両親が彼にあまり注意を払ってくれない」は第6段落第2文の内容から，正しい理由と判断することができる。　9．「この直後に起こる可能性が最も低い事柄はどれか」―(b)「マーティンは妹をからかったことで大きな困難に直面するだろう」　第15段落で，アニーが「(両親が帰ってきたら)困ったことになるわよ」と言っているが，それは妹が単に腹いせに言ったことにすぎない。(a)「警察に電話をかける」，(c)「ポールが裏庭で見つかる」，(d)「ポールが家に帰っているかどうかを確認するため，スミスさんの家に引き返す」はいずれも，ポールの行方がわからなくなったことから，起こりそうな事柄と判断することができる。　10．「多くの読者はこの物語をどのように思うか」―(c)「『ハロウィン』という映画と多くの共通点がある」　'have ～ in common with …'「…と共通点を～持つ」　この物語も『ハロウィン』もホラーであり，どちらも犯人は脱走犯で怪物のような男であることが読み取れる。

B＜適文選択＞1．ホラー映画が好きな息子に対する母親の気持ちを表す言葉が入る。自分の夫も子どものときにホラー映画が好きで，両親ともにテレビ局に苦情を言うようなタイプではないという前後の記述から，「まったく男の子って」とあきれながらも容認していると考えられる。　2．直前でマーティンがクッキーの表面をなめているのは，妹に食べられないようにするためである。(に)の直訳は「これを食べられるかどうか確かめてみろ」。　3．クッキーを兄に取られてべそをかいている妹の兄に対する言葉。親に言いつけた結果，マーティンが陥る状況を示す(い)が適切。　4．この後でポールはマーティンが怖い映画を好きな「理由」を分析していることから判断できる。

5．ポールが家にいるはずだと思い込んでいる父親は，直前のマーティンの返答を聞いてマーティンがしらばっくれていると思ったのだと考えられるので，マーティンをたしなめる内容の(ろ)が適切。このgameは「冗談，からかい」という意味。

C＜**整序結合**＞(ア)文末に「？」があるので疑問文にする。how many times「何度」で始め，後は残りの語群から，受け身の現在完了形にすると判断できる。　fool「～をだます」　(イ)It isで始まっているので，‘It is ～ to …’の形式主語構文を考えると，It is hard to believeとまとまる。ホラー映画中に妹が寝入ったという状況と残りの語群から，「こんな怖い映画中に寝るなんて信じられない」というような意味になると推測できる。語群にhowがあるので，believeの目的語を‘疑問詞＋主語＋動詞’の語順の間接疑問でhow she can sleepとする。残りはin the middle of ～「～の最中に」と‘such (a/an)＋形容詞＋名詞’「このように～な…」の形を合わせて，in the middle of such a scary movieとまとめる。　(ウ)ドアを引っ掻くような音を聞いたときのマーティンの心理を描いた文だと考えられるので，まずMartin tries toとまとめる。toの後にはmakeかbelieveが考えられるが，believeを入れてしまうと語句が余ってしまうので，‘make＋目的語＋動詞の原形’の使役動詞構文の形でmake himself believeとまとめる。残りはbelieveの目的語となる名詞節としてit is just the windとする。

D＜**英文和訳**＞(i) partlyは「部分的には」という意味。‘partly ～ partly …’は「ひとつには～，ひとつには…」と訳すとよい。to makeとto keepはともに‘目的’を表すto不定詞の副詞的用法。make sureは「確かめる」，ifはここでは名詞節を導く接続詞で「～かどうか」，keep ～'s prideは「プライドを保つ」という意味。　(ii)whichはTen yearsを先行詞とする主格の関係代名詞(非制限用法)。more than enough ～は「十二分の，必要以上の～」，to get to know ～は「～を知る(ようになる)のに」，from head to toeは「頭(のてっぺん)からつま先まで」。　(iii)‘The＋比較級＋主語＋動詞...，the＋比較級＋主語＋動詞...’「～すればするほど…だ」の構文。turn on ～は「～をつける」，turn off ～は「～を消す」，one by oneは「１つずつ」という意味。

E＜**和文英訳**＞③‘理由’を表す接続詞にはas，since，becauseがあるが，相手がすでに知っている理由は一般的にはasかsinceで表される。「～する権利」はa rightの後に形容詞的用法のto不定詞をつけて表す。「お前より沢山食べる」はeat more than you (do)と表せる。また，soを使って，I'm your older brother, so I have the right to eat more than you.などとすることもできる。
④「でっかいやつ」はa big〔huge〕man〔guy〕，a giantなど。「～とそっくりの」はwho looked just〔exactly〕like ～。「テレビに映ってた男」はthe man (who was) on TV。

## 数学解答

**1** (1) 8 (2) $\dfrac{31}{33}$ (3) $\dfrac{1}{3}$

(4) (順に) 18, 10 (5) $\dfrac{1}{5}$

(6) 2800

**2** (1) (2, 2)

(2) $\left(-\dfrac{1}{2}t^2+\dfrac{1}{2}t+3,\ -\dfrac{1}{2}t+3\right)$

(3) $-\dfrac{3}{2}$

**3** 60km

**4** (1) 500円

(2) 商品Xを12個，商品Yを12個

**5** (1) $x=\dfrac{2ab}{r}$ (2) $\dfrac{r^2}{4}$

(3) $y=r$，$z=\sqrt{3}\,r$

**6** $2\sqrt{24\sqrt{3}+82}\,a$

**7** (1) $y=t^2$ (2) 下図 (3) $\dfrac{28}{3}$

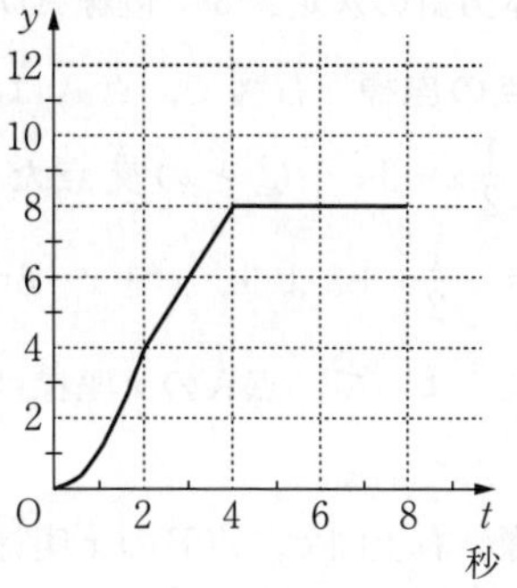


**1**〔独立小問集合題〕

(1)＜式の値＞$\sqrt{16}<\sqrt{24}<\sqrt{25}$ より，$4<\sqrt{24}<5$ だから，$\sqrt{24}$ の整数部分は 4 である。よって，$\sqrt{24}$ の小数部分は $a=\sqrt{24}-4$ だから，与式$=a(a+8)=(\sqrt{24}-4)\{(\sqrt{24}-4)+8\}=(\sqrt{24}-4)(\sqrt{24}+4)=24-16=8$ となる。

(2)＜数の計算―素因数分解＞3201と3007の差は，必ずこれら 2 数の最大公約数を因数に持つ。よって，$3201-3007=194$，$194=97\times2$ より，3201と3007は倍数ではないから，これら 2 数の最大公約数は97である。したがって，$3007\div97=31$，$3201\div97=33$ となるから，$\dfrac{3007}{3201}=\dfrac{31}{33}$ である。

(3)＜式の値＞$3x^2-15x+7=0$ より，$3x^2-15x=-7$ だから，与式$=x^2(3x^2-15x)+35x-16=x^2\times(-7)+35x-16=-7x^2+35x-16$ となる。さらに，$x^2-5x=-\dfrac{7}{3}$ だから，与式$=-7(x^2-5x)-16=-7\times\left(-\dfrac{7}{3}\right)-16=\dfrac{49}{3}-16=\dfrac{1}{3}$ である。

(4)＜集合＞A，Bともに不正解となった人数が最大になるのは，AまたはBを正解した生徒の人数が最小となるときである。AまたはBを正解した生徒の人数が最小となるのは，Bを正解した28人全てがAを正解しているときで，32人となる。よって，A，Bともに不正解となった生徒の人数は最大で，$50-32=18$(人)となる。また，A，Bともに正解した人数が最小になるのは，50人全員が少なくともA，Bいずれかの問題を正解しているときで，$32+28-50=10$(人)である。

(5)＜確率＞3 本のひもをP，Q，Rとする。3 本のひもの端は 6 つあるから，A，B，C，Dの 4 人の生徒が順にひもの端を 1 つずつ選ぶとき，Aの選び方は 6 通り，Bは残りの 5 つから選ぶので，選び方は 5 通り，Cの選び方は 4 通り，Dの選び方は 3 通りだから，全部で $6\times5\times4\times3=360$(通り)の選び方がある。また，同じひもの両端を選ぶ 2 組のペアの組は①(AとB，CとD)，②(AとC，BとD)，③(AとD，BとC)の 3 通りある。①のとき，Aのひもの端の選び方は 6 通りあり，それぞれの場合について，BはAと同じひものもう一方の端を選ぶので，選び方は 1 通りある。Cは残り 2 本のひもの両端から 1 つ選ぶので，選び方は 4 通りあり，それぞれの場合について，Dの選び方は 1 通りある。よって，4 人のひもの端の選び方は $6\times1\times4\times1=24$(通り)ある。②，③のときも，選び方は同様にそれぞれ24通りあるから，求める確率は $\frac{24\times3}{360}=\frac{1}{5}$ となる。

(6)＜**統計―標本調査**＞取り出したビー玉と，その中の印のついたビー玉の個数の比は，箱に入ったビー玉全部の個数として推定した１万個と，その中の印のついたビー玉125個の個数の比と等しいと考えられる。よって，$x:35=10000:125$ が成り立ち，$125x=35\times10000$ より，$x=2800$ となる。

## 2 〔関数―関数 $y=ax^2$ と直線〕

≪**基本方針の決定**≫(3)　直線ADの式に着目する。

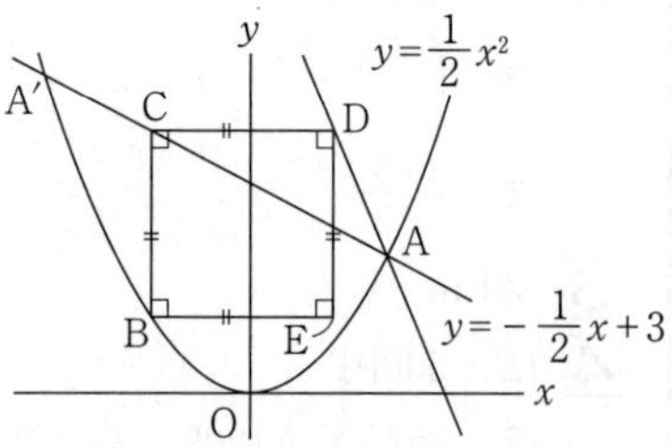


(1)＜**交点の座標**＞右図で，点Aは放物線 $y=\frac{1}{2}x^2$……①と直線 $y=-\frac{1}{2}x+3$……②との交点だから，①を②に代入して，$\frac{1}{2}x^2=-\frac{1}{2}x+3$ より，$x^2+x-6=0$，$(x+3)(x-2)=0$　$\therefore x=-3,\ 2$　よって，点Aの $x$ 座標は２だから，$y=\frac{1}{2}\times4=2$ より，A(2，2)である。

(2)＜**座標**＞右上図で，点Bの $x$ 座標を $t$ とおくと，BC∥〔$y$軸〕より，点Cの $x$ 座標も $t$ となるから，$\mathrm{B}\left(t,\ \frac{1}{2}t^2\right)$，$\mathrm{C}\left(t,\ -\frac{1}{2}t+3\right)$ と表せる。これより，$\mathrm{BC}=-\frac{1}{2}t+3-\frac{1}{2}t^2$ となり，四角形BCDEは正方形だから，$\mathrm{CD}=\mathrm{BC}=-\frac{1}{2}t+3-\frac{1}{2}t^2$ である。よって，点Dの $x$ 座標は $t+\left(-\frac{1}{2}t+3-\frac{1}{2}t^2\right)=-\frac{1}{2}t^2+\frac{1}{2}t+3$，$y$ 座標は $-\frac{1}{2}t+3$ となるから，$\mathrm{D}\left(-\frac{1}{2}t^2+\frac{1}{2}t+3,\ -\frac{1}{2}t+3\right)$ である。

(3)＜**座標**＞右上図で，直線ADの式は $y=-2x+b$ とおけ，これがA(2，2)を通るから，$2=-2\times2+b$，$b=6$ となり，直線ADの式は $y=-2x+6$ である。よって，(2)より $\mathrm{D}\left(-\frac{1}{2}t^2+\frac{1}{2}t+3,\ -\frac{1}{2}t+3\right)$ だから，$-\frac{1}{2}t+3=-2\left(-\frac{1}{2}t^2+\frac{1}{2}t+3\right)+6$ が成り立つ。これを解くと，$2t^2-t-6=0$，解の公式を利用して，$t=\frac{-(-1)\pm\sqrt{(-1)^2-4\times2\times(-6)}}{2\times2}=\frac{1\pm\sqrt{49}}{4}=\frac{1\pm7}{4}$ より，$x=\frac{1+7}{4}=2$，$x=\frac{1-7}{4}=-\frac{3}{2}$ となる。(1)より，$-3<t<2$ だから，$t=-\frac{3}{2}$ である。

## 3 〔方程式―二次方程式の応用〕

地点Bから20kmの地点を地点Cとし，２地点A，C間の距離を $x$ kmとする。P君は２地点A，C間を２時間30分，つまり，$2\frac{30}{60}=\frac{5}{2}$(時間)で進んだから，P君の速さは $x\div\frac{5}{2}=\frac{2}{5}x$(km/h)である。Q君は，２地点B，C間の20kmを２時間30分で進んだから，Q君の速さは $20\div\frac{5}{2}=8$(km/h)である。これより，P君が２地点C，B間を進むのにかかる時間は，$20\div\frac{2}{5}x=\frac{50}{x}$(時間)，Q君が２地点C，A間を進むのにかかる時間は，$x\div8=\frac{x}{8}$(時間)である。よって，P君が地点Bに到着してから３時間45分，つまり，$3\frac{45}{60}=\frac{15}{4}$(時間)後にQ君は地点Aに到着したことから，$\frac{x}{8}-\frac{50}{x}=\frac{15}{4}$ が成り立つ。両辺に $8x$ をかけて，これを解くと，$x^2-400=30x$，$x^2-30x-400=0$，$(x-40)(x+10)=0$ より，$x=40,\ -10$ となるが，$x>0$ だから $x=40$ である。したがって，２地点A，B間の距離は，$40+20=60$(km)である。

## 4 〔方程式―連立方程式の応用〕

≪**基本方針の決定**≫(1)　③より，商品を全て定価で買った場合の代金の合計がわかる。

(1)＜**連立方程式の応用**＞商品X，Yの定価をそれぞれ $x$ 円，$y$ 円とする。⑤より，$x+y=850$ が成り立つ。また，③，④より，商品X20個と商品Y28個を全て定価で買ったときの代金の合計は，9600＋8600＋1600＝19800(円)だから，$20x+28y=19800$ が成り立つ。これら２式を連立方程式として解くと，$x=500$，$y=350$ となる。よって，商品Xの定価は500円である。

(2)＜**連立方程式の応用**＞店Aで買った商品X，Yの個数をそれぞれ $a$ 個，$b$ 個とする。④より，店Bで買った商品Xの個数は $20-a$ 個，商品Yの個数は $28-b$ 個と表せる。また，①より，商品Xは店Aでは $500\times\left(1-\frac{10}{100}\right)=450$(円)，店Bでは $500\times\left(1-\frac{5}{100}\right)=475$(円)で売られている。②より，商品Yは店Aでは350円，店Bでは $350-50=300$(円)で売られている。よって，③より，店Aで支払った金額について，$450a+350b=9600$，店Bで支払った金額について，$475(20-a)+300(28-b)=8600$ が成り立つ。これら２式を連立方程式として解くと，$a=12$，$b=12$ となる。よって，店Aで買った商品X，Yの個数はともに12個である。

## 5 〔平面図形―円〕

**≪基本方針の決定≫**(1)　三角形の相似を利用する。　(2)　∠CODの大きさに着目する。　(3)　∠IFL，∠FHGの大きさに着目する。

図1

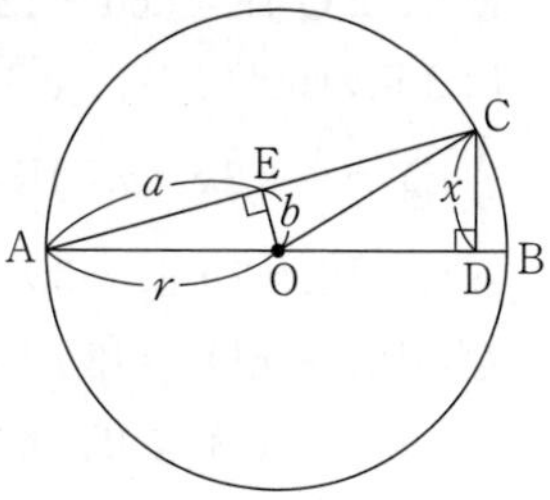


(1)＜**長さ―相似**＞右図１の△ACDと△AOEで，∠ADC＝∠AEO＝90°，∠CAD＝∠OAEより，２組の角がそれぞれ等しいから，△ACD∽△AOEである。これより，CD：OE＝AC：AOとなる。△OACはOA＝OCの二等辺三角形で，OE⊥ACだから，EC＝AE＝$a$ である。よって，AC＝$a+a=2a$ となるから，$x:b=2a:r$ が成り立つ。これを $x$ について解くと，$rx=2ab$ より，$x=\frac{2ab}{r}$ となる。

(2)＜***ab*の値―特別な直角三角形**＞右上図１で，円周角の定理より，∠COD＝2∠CAB＝2×15°＝30°となるから，△CODは３辺の比が $1:2:\sqrt{3}$ の直角三角形である。よって，CD＝$\frac{1}{2}$COより，$x=\frac{1}{2}r$ であり，(1)より，$x=\frac{2ab}{r}$ だから，$\frac{1}{2}r=\frac{2ab}{r}$，$r^2=4ab$，$ab=\frac{r^2}{4}$ となる。

図2

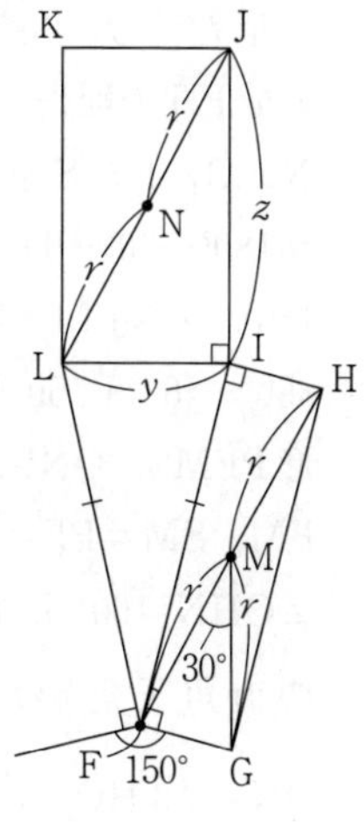


(3)＜**長さ―相似**＞右図２で，∠IFL＝360°－90°－150°－90°＝30°，FI＝FLより，△FILは頂角が30°の二等辺三角形だから，△FIL∽△MFGとなる。これより，LI：GF＝FI：MFであり，LI×MF＝GF×FIとなる。また，△MGHがMG＝MHの二等辺三角形で，内角と外角の関係より，∠FHG＝30°÷2＝15°だから，△HFGは図１の△AOEと相似である。よって，(2)より $GF\times GH=\frac{1}{4}\times FH^2=\frac{1}{4}\times(2r)^2=r^2$ だから，GH＝FIより，$GF\times FI=r^2$ となる。したがって，$y\times r=r^2$ が成り立ち，$y=r$ である。さらに，△IJLで，LI：LJ＝$r:2r=1:2$ だから，∠ILJ＝60°であり，$z=\sqrt{3}y=\sqrt{3}r$ となる。

## 6 〔空間図形―十四面体〕

図1

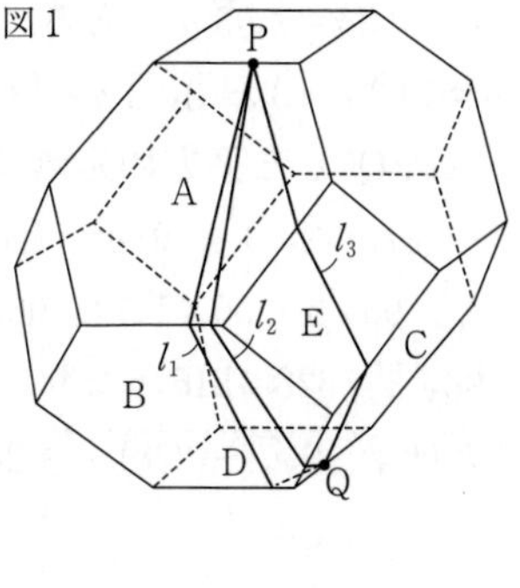


**≪基本方針の決定≫**最短経路が通る面をつなげた展開図をかく。

＜**解説**＞展開図を組み立てると，右図１のような十四面体ができる。図のように，正六角形A，B，Cと正方形D，Eを定める。表面を通って２点P，Qを結ぶ最短経路としては，正六角形A，Bと正方形Dを通る $l_1$，正六角形A，B，Cを通る $l_2$，正六角形A，Cと正方形Eを通る $l_3$ の３つが考えられる。まず，$l_1$，$l_2$ について調べる。表面を通る最短経路は，展開図では線分となるから，右図２のようになる。図２で，点F～Lを定めると，正六角形の１つの内角の大きさは，$180^\circ\times(6-2)\div6=120^\circ$だから，△FGHは，FG＝GH，$\angle\mathrm{FGH}=120^\circ$の二等辺三角形である。よって，$\angle\mathrm{GFH}=\angle\mathrm{GHF}=(180^\circ-120^\circ)\div2=30^\circ$だから，$\angle\mathrm{PFH}=120^\circ-30^\circ=90^\circ$である。また，△GFIは３辺の比が$1:2:\sqrt{3}$の直角三角形だから，$\mathrm{FI}=\frac{\sqrt{3}}{2}\mathrm{GF}=\frac{\sqrt{3}}{2}\times6a=3\sqrt{3}a$であり，$\mathrm{FH}=2\mathrm{FI}=2\times3\sqrt{3}a=6\sqrt{3}a$である。４点F，H，J，Qは一直線上にあるから，$\mathrm{FQ}=6\sqrt{3}a+6\sqrt{3}a+2a=(12\sqrt{3}+2)a$である。よって，△PFQで三平方の定理より，$l_1^2=\mathrm{PF}^2+\mathrm{FQ}^2=(2a)^2+\{(12\sqrt{3}+2)a\}^2=4a^2+(432+48\sqrt{3}+4)a^2=(48\sqrt{3}+440)a^2$となる。また，$\angle\mathrm{Q'JK}=360^\circ-120^\circ\times2-90^\circ=30^\circ$より，△Q′JKは３辺の比が$1:2:\sqrt{3}$の直角三角形だから，$\mathrm{KQ'}=\frac{1}{2}\mathrm{JQ'}=\frac{1}{2}\times2a=a$，$\mathrm{JK}=\sqrt{3}\mathrm{KQ'}=\sqrt{3}a$である。

図２

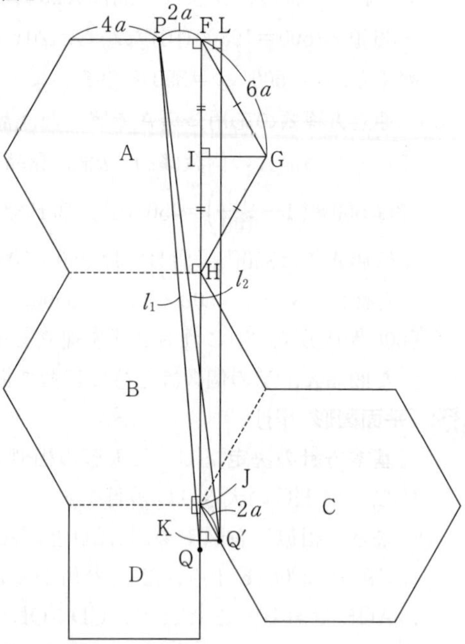


よって，$\mathrm{PL}=2a+a=3a$，$\mathrm{LQ'}=6\sqrt{3}a+6\sqrt{3}a+\sqrt{3}a=13\sqrt{3}a$だから，△PLQ′で三平方の定理より，$l_2^2=\mathrm{PL}^2+\mathrm{LQ'}^2=(3a)^2+(13\sqrt{3}a)^2=9a^2+507a^2=516a^2$となる。$l_1^2=(48\sqrt{3}+440)a^2$，$l_2^2=516a^2$で，$1.73<\sqrt{3}$より，$1.73\times48<48\sqrt{3}$，$83.04<48\sqrt{3}$，$83.04+440<48\sqrt{3}+440$，$523.04<48\sqrt{3}+440$だから，$516<48\sqrt{3}+440$である。これより，$l_2^2<l_1^2$だから，$l_2<l_1$である。次に，右図３のように，線分FHの延長と線分Q′J′の延長の交点をMとし，点N，O，R，Sを定める。四角形HMJ′Nで，$\angle\mathrm{MHN}=180^\circ-30^\circ-90^\circ=60^\circ$，$\angle\mathrm{HNJ'}=360^\circ-90^\circ-120^\circ=150^\circ$，$\angle\mathrm{NJ'M}=180^\circ-120^\circ=60^\circ$だから，$\angle\mathrm{HMJ'}=360^\circ-(60^\circ+150^\circ+60^\circ)=90^\circ$である。このとき，四角形PFMS，ONRMは長方形となる。よって，PS＝FM，SM＝PF＝$2a$，OM＝NR，MR＝ONである。$\angle\mathrm{OHN}=60^\circ$より，△HONは３辺の比が$1:2:\sqrt{3}$の直角三角形だから，$\mathrm{HO}=\frac{1}{2}\mathrm{HN}=\frac{1}{2}\times6a=3a$，$\mathrm{ON}=\sqrt{3}\mathrm{HO}=\sqrt{3}\times3a=3\sqrt{3}a$である。

図３

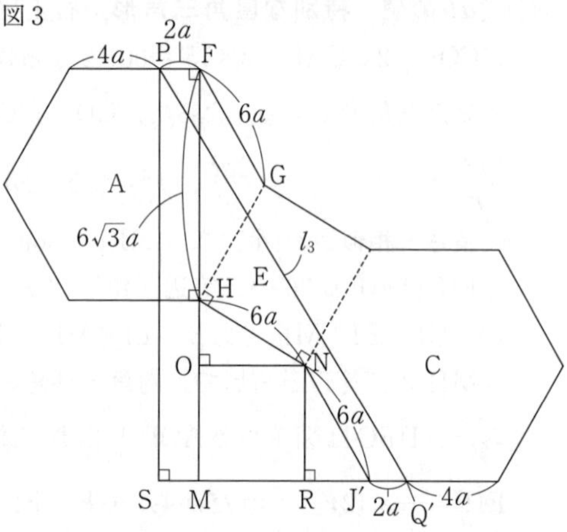


同様にして，$\mathrm{RJ'}=\frac{1}{2}\mathrm{NJ'}=\frac{1}{2}\times6a=3a$，$\mathrm{NR}=\sqrt{3}\mathrm{RJ'}=\sqrt{3}\times3a=3\sqrt{3}a$である。これより，$\mathrm{OM}=\mathrm{NR}=3\sqrt{3}a$，$\mathrm{MR}=\mathrm{ON}=3\sqrt{3}a$となるから，$\mathrm{PS}=\mathrm{FM}=6\sqrt{3}a+3a+3\sqrt{3}a=(9\sqrt{3}+3)a$，$\mathrm{SQ'}=2a+3\sqrt{3}a+3a+2a=(3\sqrt{3}+7)a$である。したがって，△PSQ′で三平方の定理より，$l_3^2=\mathrm{PS}^2+\mathrm{SQ'}^2=\{(9\sqrt{3}+3)a\}^2+\{(3\sqrt{3}+7)a\}^2=(243+54\sqrt{3}+9)a^2+(27+42\sqrt{3}+49)a^2=(96\sqrt{3}+328)a^2$となる。$l_2^2=516a^2$，$l_3^2=(96\sqrt{3}+328)a^2$で，$\sqrt{3}<1.74$より，$96\sqrt{3}<96\times1.74$，$96\sqrt{3}<167.04$，$96\sqrt{3}+328<167.04+328$，$96\sqrt{3}+328<495.04$だから，$96\sqrt{3}+328<516$となり，$l_3^2<l_2^2$だから，$l_3<l_2$である。以上より，最短経路は$l_3$だから，求める長さは$\sqrt{(96\sqrt{3}+328)a^2}=2\sqrt{24\sqrt{3}+82}\,a$である。

**7**〔関数―関数と図形・運動〕

(1)＜**関係式**＞$0<t\leqq 2$ のとき，右図1のように，原点Oから，点Pは $y$ 軸上を上へ，点Qは $x$ 軸上を左へ，点Rは $x$ 軸上を右へ，毎秒1の速さで動くから，$\mathrm{OP}=\mathrm{OQ}=\mathrm{OR}=1\times t=t$ である。よって，$y=\triangle\mathrm{PQR}=\frac{1}{2}\times\mathrm{QR}\times\mathrm{OP}=\frac{1}{2}\times(t+t)\times t=t^2$ より，$y=t^2$……①となる。

図1

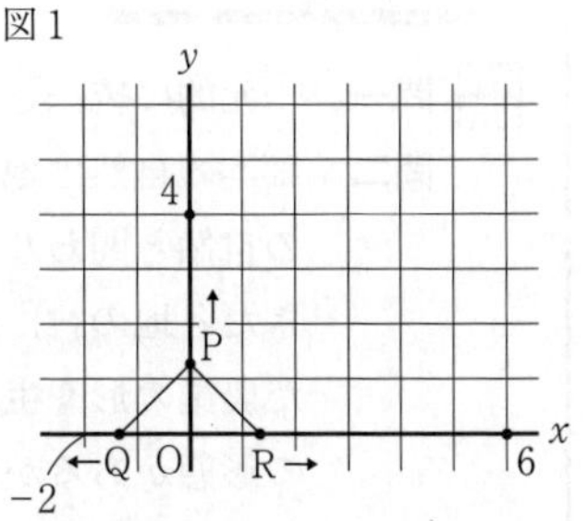


(2)＜**グラフ**＞右下図2で，$t=2$ のときの3点P，Q，Rを $\mathrm{P_1}$，$\mathrm{Q_1}$，$\mathrm{R_1}$，$t=4$ のときを $\mathrm{P_2}$，$\mathrm{Q_2}$，$\mathrm{R_2}$ とする。$\mathrm{P_1}(0,\ 2)$，$\mathrm{Q_1}(-2,\ 0)$，$\mathrm{R_1}(2,\ 0)$ だから，$\triangle\mathrm{OP_1Q_1}$，$\triangle\mathrm{OP_1R_1}$ はともに直角二等辺三角形であり，$\mathrm{P_1Q_1}=\sqrt{2}\,\mathrm{OP_1}=\sqrt{2}\times 2=2\sqrt{2}$，$\angle\mathrm{Q_1P_1R_1}=45^\circ+45^\circ=90^\circ$ である。$2\leqq t\leqq 4$ のとき，点Pは点 $\mathrm{P_1}$ から点 $\mathrm{P_2}$，点Qは点 $\mathrm{Q_1}$ から点 $\mathrm{Q_2}$ まで毎秒1の速さで動くから，$\mathrm{PQ}=2\sqrt{2}$ で一定である。また，このとき△OPRは直角二等辺三角形だから，$\mathrm{PR}=\sqrt{2}\,\mathrm{OP}=\sqrt{2}\times t=\sqrt{2}\,t$，$\mathrm{PQ}\perp\mathrm{PR}$ である。よって，$2\leqq t\leqq 4$ のとき，$\triangle\mathrm{PQR}=\frac{1}{2}\times 2\sqrt{2}\times\sqrt{2}\,t=2t$ であり，$y=2t$……②となる。次に，$t=6$ のときの3点P，Q，Rを $\mathrm{P_3}$，$\mathrm{Q_3}$，$\mathrm{R_3}$ とすると，△PQRは $\triangle\mathrm{P_2Q_2R_2}$ から $\triangle\mathrm{P_3Q_3R_3}$ まで形を変えずに平行移動する。$t=4$ のとき，②より，$y=2\times 4=8$ だから，$4\leqq t\leqq 6$ のとき，$y=8$……③である。さらに，$6\leqq t\leqq 8$ のとき，右図3で，点Rを通り直線PQと平行な直線と $y$ 軸の交点をR′とすると，△PQR=△PQR′ となる。$\mathrm{OQ}=2+(t-6)=t-4$ であり，直線PQの傾きは図2の直線 $\mathrm{P_3Q_3}$ の傾きと等しく1だから，$\mathrm{OR'}=\mathrm{OR}=12-t$ となる。よって，$\mathrm{QR'}=(t-4)+(12-t)=8$ であり，点Pは直線 $x=2$ 上を動くから，$\triangle\mathrm{PQR'}=\frac{1}{2}\times 8\times 2=8$ より，$y=8$……④となる。(1)の①と②～④より，グラフは解答のようになる。

図2

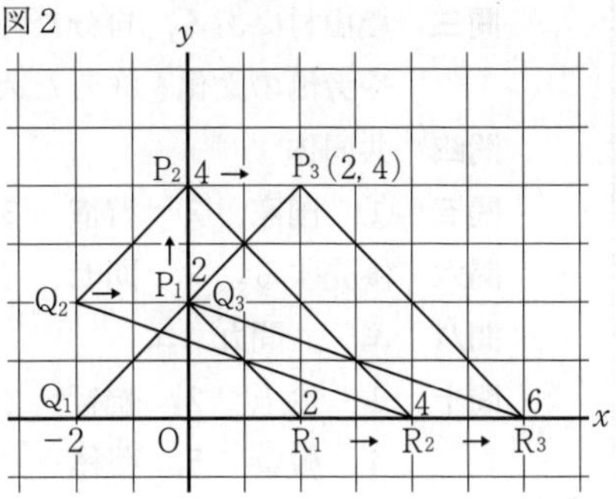


図3

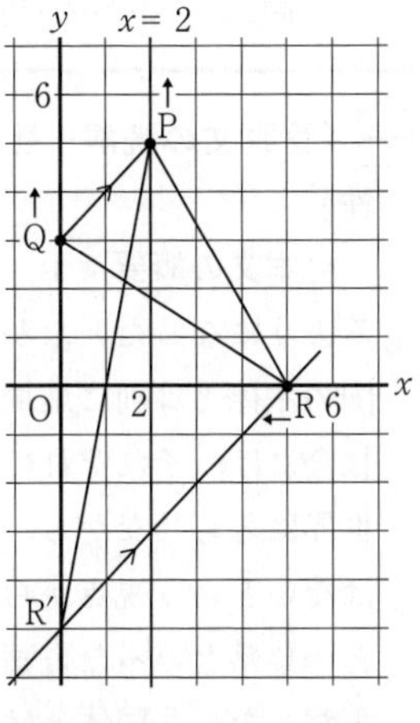


(3)＜**時間**＞右下図4のように点A～Fを定める。$t=8$ のとき，点Pは $\mathrm{A}(2,\ 6)$ にあり，点Rは $\mathrm{E}(4,\ 0)$ にある。その後，点Pは線分AB上を左へ，点Rは線分EFを左へ毎秒1の速さで動くから，$8\leqq t\leqq 10$ のとき，直線PRの傾きは $\frac{0-6}{4-2}=-3$ で一定である。よって，3点P，Q，Rが一直線上に並ぶとき，直線QRの傾きは $-3$ となる。$8\leqq t\leqq 10$ のとき，点Qは線分CD上を右へ毎秒1の速さで動くから，$\mathrm{CQ}=1\times(t-8)=t-8$ より，$\mathrm{Q}(t-8,\ 4)$ である。また，$\mathrm{OR}=12-t$ より，$\mathrm{R}(12-t,\ 0)$ だから，$\frac{0-4}{(12-t)-(t-8)}=-3$ が成り立ち，$t=\frac{28}{3}$ となる。これは $8\leqq t\leqq 10$ を満たすから，$a=\frac{28}{3}$ である。

図4

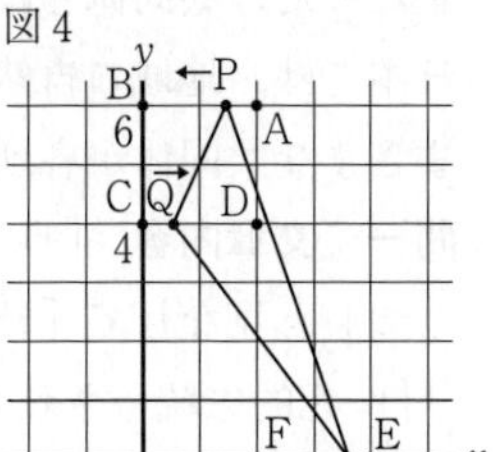

## 国語解答

一 問一 一元的に統一される[方向。]

問二 日本の自然は地域差が大きく，その自然と関わりながら形成されてきた各地の村には，地域差に応じた農業の形や生活習慣や自然利用の形態があるから。(69字)

問三 農山村にある，自分たちの暮らしや労働の文化を守るため。(27字)

問四 共同体

問五 ① 国家 ② 習慣 ③ 法律

問六 優先する。 問七 イ

問八 エ 問九 エ

問十 1 途上 2 航行 3 採取 4 模索 5 蓄積

二 問一 擬人法

問二 [誰かの]幸・不幸の結実を助けてくれる[存在。]

問三 外部からの受粉を期待している[姿。]

問四 種の退化をきたす 問五 ア

問六 [他者は]自己中心的な人間にとって，本来的にどうでもいいものであり，うとましい存在である(39字)[という偏見。]

問七 ロ 問八 欠如を抱き

問九 1…オ 2…エ 3…ア 4…ウ 5…イ

問十 A 心 B 恩

問十一 a ことさら b おおぎょう

問十二 1 総和 2 志向 3 媒 4 委 5 形勢

一 〔論説文の読解―社会学的分野―現代社会〕出典；内山節『「里」という思想』「思想のローカル性」。

**《本文の概要》**Ⅰ．二十世紀後半，世界は，多元的な社会を基礎にしてつくられていると考えられるようになった。だが，世界は，多元性とともに，多層性も持っている。日本の農山村では，今でも，国の法律とは別に地域の習慣が機能している。一つの国家の内部にもさまざまな社会が存在し，その社会には，それぞれの暮らしや労働の文化と，それを維持するための習慣がある。人々は，多層的な世界に暮らしながら，法律と習慣を調整してきた。今日，私たちは，社会は一元的に統一される必要はないという視点から，国家や世界の新しいあり方を模索している。　Ⅱ．日本では，もともと村とか集落といった言葉は，人間の社会を指す言葉ではなく，自然と人間が暮らす共同の空間を指す言葉だった。共同体とは，この自然と人間の時間によってつくられた風土とともに生まれたものである。日本では，地域の自然がそれぞれ異なる以上，同じ構造を持つ共同体が各地にあったのではなく，さまざまな共同体が各地に展開していたと考えた方がよいのではないか。

**問一＜文章内容＞**「世界はひとつの方向にむかって発展している」という考え方は，「世界」を「ひとつ」と見なして「社会の統一」を求める考え方である。二十世紀の世界は，この考え方に基づいて，「一元的に統一される」方向へ向かった。

**問二＜文章内容＞**日本では，もともと「村や集落の半分は自然によって構成されて」いたが，その自然には「大きな地域差」がある。そのため，「その自然とかかわりながら形成されてきた各地の村々」では，「その村が育んできた農業のかたちや，生活の習慣，自然利用の形態」が生まれた。こうして，日本は「多層性」を持つことになったのである。

**問三＜文章内容＞**日本の農山村では，「暮らしや労働の文化」に「独自のもの」がある。だから，人々は「自分たちの文化を守るため」に「法律に優先する自分たちの習慣」をつくる必要があった。

**問四＜文章内容＞**「習慣や取り決めの通用する世界」は，「人間たちが直接かかわれる大きさ」の世界で，例えば「地域」や「職能集団」などがそれに当たる。そこに属する人々は「そのなかでの信用を重んじる精神」を持ち，そのことが「習慣や取り決め」を守らせた。そのようなことが見られるのは，日本の「自然と人間が暮らす共同の空間」としての「共同体」である。

**問五＜文章内容＞**「私」が見出している「多層的な世界」は，「ひとつの国家の内部」に(…①)，「さまざまな社会が存在する」というもので，そのさまざまな社会は，「それぞれの暮らしや労働の文化」と「それを維持するための習慣」を持っている。そこでは「法律と習慣」が食い違うこともあるが，人々は，両者を調整する知恵を持っている(…②・③)。

**問六＜文脈＞**かつての日本の農山村の人々は，「森の所有権は生きている立木にしか及ばない」と考えていた。この習慣は，今も「私」の暮らす村には残っていて，「法律のうえ」では森の所有者のものである山菜やきのこや枯れ木などを誰でも手に入れることができるように，「地域の習慣が優先」する。この習慣は，「森をもたない弱い立場の人を守る習慣」でもあり，かつては「村から脱落者を出さないように配慮する仕組みとして，機能していた」ので，今でも「村らしさの基盤として」残っている。

**問七＜文章内容＞**「農民も，商人も，職人や芸人」も，自分たちの「習慣」や「取り決め」を持っていた。そして，その「習慣」や「取り決め」を守りながら，人々は，「自分に対する信用を大事にして」きた。比較的小さな「自分の属する社会」の内部の取り決めのことを，「掟」という。

**問八＜語句＞**日本列島には「さまざまな気候があり，多様な地形と川や森」があるので，「その自然とかかわりながら形成されてきた各地の村々」には，「その村が育んできた農業のかたちや，生活の習慣，自然利用の形態」がある。このような，「自然」と「人間の時間」とによってつくられてきたさまざまなものを，「風土」という。村や集落などの「共同体」も，この「風土」とともに生まれたものである。

**問九＜文章内容＞**「『日本の農村共同体とは』という言い方」は，日本の共同体は同じ「農村共同体」として，ひとくくりにできることを前提としたものである。しかし，日本の共同体は，「その地域の自然がそれぞれ異なる以上，ひとつひとつの差異が大きかった」のであり，「日本には同じ構造をもつ共同体が各地にあったのではなく，さまざまな共同体が各地に展開していた」と考えた方がよい。したがって，地域差の存在を無視した「日本の農村共同体」という言い方は，適切ではない。

**問十＜漢字＞**1．「途上」は，途中のこと。　2．「航行」は，水上を船が行くこと。　3．「採取」は，ある目的や必要のために物をとること。　4．「模索」は，手さぐりで探し求めること。　5．「蓄積」は，たくわえ，ためること。「蓄」の訓読みは，「たくわ(える)」。

**二**〔**説明文の読解―芸術・文学・言語学的分野―文学**〕出典；吉野弘『詩のすすめ　詩と言葉の通路』「自作について」。

**問一＜表現技法＞**「虫や風」を人間に見立てて，「訪れて」と表現している。

**問二＜文章内容＞**「虻」は，花にとって，「めしべとおしべを仲立ち」して，自身で受粉を完結できない「欠如」を満たしてくれる「他者」である。人間も，そういう「他者」としての「蜂や虻」を介入させながら生きている。「私」も「ある時ある人にとっての蜂や虻」であり，「私の見知らぬ誰かが，私の幸・不幸の結実を助けてくれる蜂や虻」であるはずなのである。

**問三＜指示語＞**「芙蓉の花を眺めていて『他者』を，そして『他者』の必要を直観的に感じた」のは，芙蓉の花の，おしべの背丈がめしべの半分にも足りないという形状からうかがえる，「同じ花のおしべからの受粉を望んでいない姿」のせいであった。「同じ花のおしべからの受粉を望んでいない」となれば，「残されているのは，外部への期待だけ」であり，芙蓉の花は「外部」からの受粉を「期待」していることになる。また，それは，「自花受粉」を回避しようとしているということでもある。解答としては，自花受粉を回避しようとする姿，などでもよいだろう。

**問四＜文章内容＞**生物の「自己完結」とは，花でいえば「自花受粉」である。「自花受粉」は，「同一の遺伝形質を受け継ぐため種の退化をきたすことが多い」ので，「花は一般的に自花受粉を避ける傾向がある」のである。

**問五＜語句＞**「僭越」は，自分の立場や地位や身分を越えて，出すぎたことをすること。

**問六＜文章内容＞**「私」は，「必ずしも他者を好ましく思っているわけではなく，むしろ煩わしくさえ感じて」いる。というのも，「私」は，「人間は本質的に自己中心的に生きるもの」で，他者は「本来はどうでもいい」もので「うとましく思うことのほうが自然」な存在だと考えているからである。「私」は，他者が「欠如」を埋めてくれる「なつかしい存在」であることは認めるが，「他者」に対して肯定的であるだけではないのである。

**問七＜文脈＞**「世界は多分／他者の総和」であるが，実際には他者どうしは，「無関心でいられる間柄／ときに／うとましく思うことさえも許されている間柄」である。そのように「世界がゆるやかに構成されている」のは，なぜなのだろうか。

**問八＜文章内容＞**「私」の考えでは，生命というものは，「自己に同意し，自己の思い通りに振舞っている末には，ついに衰滅するような性質のもの」で，「その自己完結，自己同意を破る力として，外部から殊更，他者を介入させる」ことが「生命の世界の維持原理」である。そのような感じ方が「見当ちがい」でなければ，「生命体はすべてその内部に，それ自身だけでは完結できない『欠如』を抱いており，それを他者によって埋めるように運命づけられている」といえる。

**問九＜表現＞**1．「蜂や虻が花に来ていた」としたら，「他者が目に見えていた」ことで，むしろ逆に「他者という観念を取り逃がした」かもしれない。　2．「私」は，「花が自己を完結させるために自己以外の力を借りる」ことに，大変「新鮮さ」を感じた。　3．「『欠如を抱いている』という言い方」は，「日本語にあまり馴染まない言い方」で，何やら「ホンヤクくさい匂い」がある。　4．「私」が「ここで，花と虫，花と風，花と水の関係だけを見ている」のではないことは，言うまでもない。　5．「私」は，「必ずしも他者を好ましく思っているわけではなく，むしろ煩わしくさえ感じて」おり，そんな「私」が詩を読み返して「一番いい気分になれるところ」は，「ときに／うとましく思うことさえも許されている間柄」で，思ったとおり「私」は「寛大ではなかった」といえる。

**問十．A＜詩の内容理解＞**「他者」どうしは，「互いに／欠如を満たすなどとは／知りもせず／知らされもせず」に，ただ「ばらまかれて」いて，互いのことを気にもとめない。　**B＜慣用句＞**「『他者同士』の関係」は，「お互いがお互いのための虻や風であることを意識していない関係」で，「他者に一々，礼を言わなくてもいい」し，誰かに「虻や風」になってもらっても，ありがたく思ったり，誰かのための「虻や風」になっても，ありがたがらせたりすることはない。恩を受けてありがたいと思うことを「恩に着る」という。

**問十一＜漢字＞**a．「殊更」は，わざわざ，意図的に行うこと。　b．「大仰」は，おおげさであること。

**問十二＜漢字＞**1．「総和」は，全ての合計のこと。　2．「志向」は，心がある物事へと向かうこと。　3．「媒」は，なかだちをする，という意味の字。　4．音読みは「委員」などの「イ」。　5．「形勢」は，そのときそのときの勢力の関係のこと。

# 2019年度　慶應義塾高等学校

**【英　語】**（60分）〈満点：100点〉

**I**　次の各組の英文がほぼ同じ意味を表すように，各々の(　)内に適切な１語を入れなさい。

1．(a) I want to visit Harajuku when visiting Tokyo.
　(b) I do not want to leave Tokyo (　　　) (　　　) Harajuku.

2．(a) What has happened to you ?
　(b) What's the (　　　) (　　　) you ?

3．(a) “Back to the Future” is the most interesting film I have ever seen.
　(b) I have never seen (　　　) (　　　) interesting film as “Back to the Future.”

4．(a) Students are not allowed to speak Japanese in this class.
　(b) Japanese mustn't (　　　) (　　　) in this class.

5．(a) If you learn more about hip hop music, you will get to know more about the black history in the U.S.
　(b) The (　　　) you learn about hip hop music, (　　　) more you will get to know about the black history in the U.S.

6．(a) The true story of Martin Luther King, Jr. became the movie “Selma.”
　(b) The movie “Selma” is (　　　) (　　　) the true story of Martin Luther King, Jr.

7．(a) Ryan told me not to use his teacup.
　(b) Ryan said to me, “(　　　) use (　　　) teacup.”

8．(a) Did you have a great time at my home party last night ?
　(b) Did you (　　　) (　　　) party at my house last night ?

9．(a) He has no friends that he can talk to.
　(b) He has no friends (　　　) (　　　) with.

**II**　例にならって，各英文の下線部Ａ～Ｄの中から文法的・語法的に間違っているものを１つ選び，選んだ箇所全体を正しい形に直しなさい。

【例】 It is kind for you to tell me the way to the station.
(下線部：A It／B for you／C to tell／D the way)

【解答例】 記号：Ｂ　正しい形：of you

1．When I was watching the World Cup match, I was so exciting that I threw everything I had to the soccer field.
(下線部：A was watching／B exciting／C that／D threw)

2．The restaurant kept us waited for 30 minutes without telling us that it would take that long.
(下線部：A kept／B waited／C telling／D would)

3．If it will be nice tomorrow, we are going to have the sports festival at school, so do not forget to bring your gym clothes.
(下線部：A will be／B are going to／C at school／D to bring)

4．Either tea or coffee come with the breakfast meals at this restaurant.
A　B　C　D

5．Nancy stopped to talk and became quiet when the teacher came into the classroom.
A　B　C　D

6．Mr. and Mrs. Smith are an American couple who have lived in Japan twenty years ago.
A　B　C　D

7．While my absence yesterday, my teacher called me to talk about my low score in the math exam.
A　B　C　D

8．When Ryan reached to New York City, instead of taking a taxi, he took the subway to his friend's apartment.
A　B　C　D

9．It has been a long time since my grandma was here, wasn't it ?
A　B　C　D

Ⅲ　次の英文を完成させるために [ 1 ] ～ [ 10 ] に適切な１語を入れなさい。*が付いている語(句)には【注】がある。

In Japan, it's not at all unusual to wear a mask. You often see people wearing masks on trains and buses, as well as in stores and other [ 1 ] places. Masks are sold just about everywhere, in supermarkets, drug stores and even convenience stores. While some elderly *consumers still use gauze masks that can be [ 2 ] and reused, today almost the entire market is made up of *disposable masks.

People wear masks for many reasons but the most common reason is having a cold. It's *considered good [ 3 ] to wear a mask so you don't give your cold to other people. Some people also find it more comfortable to wear a mask when they have a cold because the mask keeps the nose and [ 4 ] moist. Until recently, the *typical mask users would put the mask on in crowded situations, such as when riding the train, out of consideration to those around them. But they'd take it off as soon as possible because they felt *embarrassed to be seen with a mask. But according to consumer surveys, *attitudes are changing. Today, [ 5 ] people say they feel embarrassed to wear a mask. Some people who suffer from *hay fever wear masks to [ 6 ] their *exposure to pollen. And many [ 7 ] people wear masks to avoid other people's *germs.

But an increasing number of consumers wear masks [ 8 ] a barrier against the rest of the world, [ 9 ] because they are shy, antisocial or simply want to concentrate. Some students, for example, say wearing a mask helps them focus when they are studying. There are even people—both men and women—who wear masks because they think it makes them look more [ 10 ], by *emphasizing the eyes, creating the *illusion of better skin color or simply to seem a little mysterious.

【出典】「*Surprising Japan! 2*」より

【注】 consumer：消費者　disposable：使い捨ての　consider：考える　typical：典型的な
embarrassed：恥ずかしい　attitude：考え方，姿勢　hay fever：花粉症
exposure to pollen：花粉にさらされること　germ：細菌　emphasize：強調する　illusion：錯覚

IV　次の英文を読み，設問Ａ，Ｂ，Ｃ，Ｄ，Ｅに答えなさい。＊の付いている語(句)には【注】がある。

17歳のビジネスマンであるBilly Weaverはロンドンから出張で，バスという町に夜遅く到着した。宿を探していると，窓から美しい暖炉や家具，オウムや犬などが見える，とても家庭的な宿を見つけた。その宿のベルを鳴らすと，40代の女性が笑顔で出てきた。その女性はとても感じが良く，一泊の料金をとても安くしてくれた。

"Five and sixpence is fine," he answered. "I should like very much to stay here."

"I knew you would. Do come in."

She seemed terribly nice. (i)She looked exactly like the mother of one's best school-friend welcoming one into the house to stay for the Christmas holidays. Billy took off his hat, and stepped over the *threshold.

"Just hang it there," she said, "and (ア)[ coat / me / with / you / your / let / help ]."

There were no other hats or coats in the hall. There were no umbrellas, no walking sticks—nothing.

"We have it all to ourselves," she said, smiling at him over her shoulder as she led the way upstairs. "You see, (ii)it isn't very often I have the pleasure of taking a visitor into my little nest."

—省略—

"Ah, yes."

"But I'm always ready. Everything is always ready day and night in this house just on the *off-chance that an acceptable young gentleman will come along. And it is such a pleasure, my dear, such a very great pleasure when now and again I open the door and I see someone standing there who is just exactly right." She was halfway up the stairs, and she paused with one hand on the stair rail, turning her head and smiling down at him with pale lips. "[ 1 ]," she added, and her blue eyes travelled slowly all the way down the length of Billy's body, to his feet, and then up again.

On the first-floor landing she said to him, "This floor is mine."

They climbed up a second flight. "And this one is all yours," she said. "Here's your room. I do hope you'll like it." She took him into a small but charming front bedroom, switching on the light as she went in.

"The morning sun comes right in the window, Mr. Perkins. It is Mr. Perkins, isn't it ?"

"No," he said. "It's Weaver."

"Mr. Weaver. How nice."

—省略—

"Very well, then. I'll leave you now so that you can unpack. But before you go to bed, would you be kind enough to pop into the sitting room on the ground floor and sign the book ? Everyone has to do that because it's the law of the land, and we don't want to go breaking any laws at this stage in the *proceedings, do we ?" She gave him a little wave of the hand and went quickly out of the room and closed the door.

Now, ①the fact that his landlady appeared to be slightly off her rocker didn't worry Billy in the least. ②彼女は害がないだけでなく，またとても優しかった。He guessed that she had probably lost a son in the war, or something like that, and had never got over it.

So a few minutes later, after unpacking his suitcase and washing his hands, he *trotted downstairs to the ground floor and entered the living room. His landlady wasn't there, but the fire was glowing in the *hearth, and the little dachshund was still sleeping in front of it. The room was wonderfully warm and *cozy. I'm a lucky fellow, he thought, rubbing his hands. This is a bit of all right.

He found the guest book lying open on the piano, so he took out his pen and wrote down his name and address. (イ)[other / page / above / on / were / two / there / *entries / his / the / only], and, as one always does with guest books, he started to read them. One was a Christopher Mulholland from Cardiff. The other was Gregory W. Temple from Bristol.

That's funny, he thought suddenly. Christopher Mulholland. It rings a bell.

Now where on earth had he heard that rather unusual name before ?

Was he a boy at school ? No. Was it one of his sister's *numerous young men, perhaps, or a friend of his father's ? No, no, it wasn't any of those. He *glanced down again at the book.

*Christopher Mulholland*　　　*231 Cathedral Road, Cardiff*

*Gregory W. Temple*　　　*27 Sycamore Drive, Bristol*

As a matter of fact, now he came to think of it, he wasn't at all sure that the second name didn't have almost as much of a *familiar ring about it as the first.

"Gregory Temple ?" he said aloud, searching his memory. "Christopher Mulholland ? . . ."

"Such charming boys," a voice behind him answered, and he turned and saw his landlady sailing into the room with a large silver tea tray in her hands. She was holding it well out in front of her, and rather high up, as though the tray were a pair of *reins on a *frisky horse.

"They sound somehow familiar," he said.

"They do ? How interesting."

"[ 2 ]. Isn't that *queer ? Maybe it was in the newspapers. They weren't famous in any way, were they ? I mean famous cricketers or footballers or something like that ?"

"Famous," she said, setting the tea tray down on the low table in front of the sofa. "Oh no, I don't think they were famous. But they were extraordinarily handsome, both of them, I can promise you that. They were tall and young and handsome, my dear, just exactly like you."

Once more, Billy glanced down at the book. "Look here," he said, noticing the dates. "This last entry is over two years old."

"It is ?"

"Yes, indeed. And Christopher Mulholland's is nearly a year before that—more than three years ago."

"Dear me," she said, shaking her head and *heaving a dainty little sigh. "I would never have thought it. How time does fly away from us all, doesn't it, Mr. Wilkins ?"

"It's Weaver," Billy said. "W-e-a-v-e-r."

"Oh, of course it is !" she cried, sitting down on the sofa. "How silly of me. I do *apologize. In one ear and out the other, that's me, Mr. Weaver."

"You know something ?" Billy said. "Something that's really quite extraordinary about all this ?"

"No, dear, I don't."

"Well, you see—both of these names, Mulholland and Temple, I not only seem to remember each of them separately, so to speak, but somehow or other, in some *peculiar way, they both appear to be *sort of connected together as well. As though they were both famous for the same sort of thing, if you see what I mean—like . . . like Dempsey and Tunney, for example, or Churchill and Roosevelt."

"How amusing," she said. "But come over here now, dear, and sit down beside me on the sofa and I'll give you a nice cup of tea and a ginger biscuit before you go to bed."

"You really shouldn't *bother," Billy said. "I didn't mean you to do anything like that." He stood by the piano, watching her as she *fussed about with the cups and saucers. He noticed that she had small, white, quickly moving hands, and red fingernails.

"I'm almost positive it was in the newspapers I saw them," Billy said. "I'll think of it in a second. I'm sure I will."

There is nothing more *tantalizing than a thing like this which *lingers just outside the borders of one's memory. He hated to give up.

"Now wait a minute," he said. "Wait just a minute. Mulholland . . . Christopher Mulholland . . . wasn't that the name of the *Eton schoolboy who was on a walking tour through the West Country, and then all of a sudden. . . ."

"Milk ?" she said. "And sugar ?"

"Yes, please. And then all of a sudden. . . ."

"Eton schoolboy ?" she said. "Oh no, my dear, that can't possibly be right because my Mr. Mulholland was certainly not an Eton schoolboy when he came to me. He was a Cambridge *undergraduate. Come over here now and sit next to me and warm yourself in front of this lovely fire. Come on. Your tea's all ready for you." She patted the empty place beside her on the sofa, and she sat there smiling at Billy and waiting for him to come over.

He crossed the room slowly, and sat down on the *edge of the sofa. She placed his teacup on the table in front of him.

"There we are," she said. "How nice and cozy this is, isn't it ?"

Billy started *sipping his tea. She did the same. For half a minute or so, neither of them spoke. But Billy knew that she was looking at him. Her body was half-turned towards him, and he could feel her eyes resting on his face, watching him over the *rim of her teacup. Now and again, he caught a *whiff of a peculiar smell that seemed to *emanate directly from her person. It was not in the least unpleasant, and it reminded him—well, he wasn't quite sure what it reminded him of. Pickled walnuts ? New leather ? Or was it the *corridors of a hospital ?

"Mr. Mulholland was a great one for his tea," she said at length. "Never in my life have I seen anyone drink as much tea as dear, sweet Mr. Mulholland."

"I *suppose he left fairly recently," Billy said. He was still puzzling his head about the two names. He was positive now that he had seen them in the newspapers—in the headlines.

"Left ?" she said, *arching her brows. "But my dear boy, he never left. He's still here. Mr. Temple is also here. They're on the third floor, both of them together."

Billy set down his cup slowly on the table, and *stared at his landlady. She smiled back at him, and then she put out one of her white hands and patted him comfortingly on the knee. "How old are you, my dear ?" she asked.

"Seventeen."

"Seventeen !" she cried. "Oh, it's the perfect age ! Mr. Mulholland was also seventeen. But ③彼はあなたより少し背が低かったと思うわ, in fact I'm sure he was, and his teeth weren't quite so white.

You have the most beautiful teeth, Mr. Weaver, did you know that ?"

"(ウ)[ as / as / not / look / they / good / are / they ]," Billy said. "They've got simply *masses of fillings in them at the back."

"Mr. Temple, of course, was a little older," she said, *ignoring his *remark. "He was actually twenty-eight. And yet I never would have guessed it if he hadn't told me, never in my whole life. There wasn't a *blemish on his body."

"A what ?" Billy said.

"His skin was just like a baby's."

There was a pause. Billy picked up his teacup and took another sip of his tea, then he set it down again gently in its saucer. He waited for her to say something else, but she seemed to have *lapsed into another of her silences. He sat there staring straight ahead of him into the far corner of the room, biting his lower lip.

"That parrot," he said at last. "You know something ? It had me completely fooled when I first saw it through the window from the street. I could have *sworn it was alive."

"*Alas, no longer."

"[ 3 ]," he said. "It doesn't look in the least bit dead. Who did it ?"

"I did."

"You did ?"

"Of course," she said. "And have you met my little Basil as well ?" She *nodded towards the dachshund *curled up so comfortably in front of the fire. Billy looked at it. And suddenly, he realized that this animal had all the time been just as silent and motionless as the parrot. He put out a hand and touched it gently on the top of its back. The back was hard and cold, and when he pushed the hair to one side with his fingers, he could see the skin *underneath, greyish-black and dry and perfectly preserved.

"Good gracious me," he said. "How *absolutely fascinating." He turned away from the dog and stared with deep admiration at the little woman beside him on the sofa. "It must be most awfully difficult to do a thing like that."

"Not in the least," she said. "(iii)I stuff all my little pets myself when they pass away. Will you have another cup of tea ?"

"No, thank you," Billy said. The tea tasted faintly of bitter almonds, and he didn't much care for it.

"You did sign the book, didn't you ?"

"[ 4 ]."

"That's good. Because later on, if I happen to forget what you were called, then I can always come down here and look it up. I still do that almost every day with Mr. Mulholland and Mr. . . . Mr. . . ."

"Temple," Billy said. "Gregory Temple. Excuse my asking, but haven't there been any other guests here *except them in the last two or three years ?"

Holding her teacup high in one hand, *inclining her head slightly to the left, she looked up at him out of the corners of her eyes and gave him another gentle little smile.

"[ 5 ]," she said. "Only you."

【出典】 Roald Dahl「*The Landlady*」より

【注】 threshold：敷居　off-chance：滅多にないチャンス　proceeding：手続き　trot：小走りする
hearth：暖炉　cozy：居心地良い　entry：記入　numerous：たくさんの　glance：ちらりと見る

familiar：聞き覚えのある　rein：手綱　frisky：跳ね回る　queer：奇妙な
heave a dainty little sigh：小さくため息をつく　apologize：謝る　peculiar：奇妙な
sort of：のような　bother：わざわざする　fuss about：あれこれ言う　tantalizing：焦れったい
linger：残る　Eton：イギリスの有名寄宿学校　undergraduate：学部生　edge：端　sip：すする
rim：縁　whiff：ほのかな香り　emanate：発する　corridor：廊下　suppose：思う
arch：釣り上げる　stare：凝視する　masses of fillings：たくさんの詰め物　ignore：無視する
remark：発言　blemish：アザ　lapse into：に陥る　sworn：swear(誓う)の過去分詞
alas：ああ　nod toward：を顎《あご》で指し示す　curl up：丸める　underneath：下部
absolutely fascinating：全く素晴らしい　except：以外に　incline：傾ける

A：1～10の質問に対する答えとして，本文の内容に最も適切なものを(a)～(e)の中から1つ選び，記号で答えなさい。

1．What did Billy think about the lady's house when he went inside？
(a) The house was very popular for the tourists because of the lady.
(b) Her pets were nice to the guests.
(c) The house was not ready for the new guests.
(d) No other guests were staying there at that time.
(e) None of the above

2．Why did Billy think he knew Christopher Mulholland？
(a) Because he went to the same school with Billy and played football together.
(b) Because he came to Billy's house with Billy's father before.
(c) Because his name was seen in newspapers before.
(d) Because he was a boyfriend of Billy's sister and looked very handsome.
(e) None of the above

3．According to the lady, why did she want Billy to sign the guestbook？
(a) Because she often forgot the names of the visitors.
(b) Because Billy's last name was difficult for her to say.
(c) Because she wanted to count the number of the visitors in the future.
(d) Because she enjoyed looking at the guestbook to look back on the conversations with the visitors.
(e) None of the above

4．According to the old woman, what was the common characteristic Billy shared with the other two guests of the house？
(a) They were all handsome and tall.
(b) They all stayed on the third floor of the house.
(c) They all had a great time at the woman's house.
(d) They all had beautiful teeth.
(e) None of the above

5．What did Billy not want to give up？
(a) Remembering where he met Christopher Mulholland
(b) Remembering who the two men in the guestbook were
(c) Remembering when he met an Eton schoolboy
(d) Remembering the taste of the tea he just had

(e) None of the above

6. How did Billy feel when he found out the dog was not alive?

(a) He was impressed by her skills of stuffing animals.

(b) He got scared and decided to run away.

(c) He was angry because the woman was telling a lie.

(d) He was so afraid that he became silent.

(e) None of the above

7. What does the underline ① mean?

(a) The landlady looked a little crazy.

(b) The landlady was not a big fan of rock music.

(c) The landlady did not look like a violent person.

(d) The landlady was a loud person.

(e) None of the above

8. Which is the most possible fact of the two visitors on the guest list?

(a) They really enjoyed staying at the woman's house and left a few days before Billy came.

(b) They left the place without paying money.

(c) They became like her pets.

(d) They became popular in young people because they were young, tall, and handsome.

(e) None of the above

9. What would Billy NOT possibly do after this passage?

(a) He would realize the woman was not kind at all.

(b) He would find what the lady did in the past.

(c) He would feed the dachshund.

(d) He would find the two men in the house.

(e) None of the above

10. What is the tone of the passage?

(a) Scary and mysterious

(b) Comedic and heart-warming

(c) Adventurous and heroic

(d) Sad and hopeless

(e) None of the above

B：[ 1 ]～[ 5 ]に入れるのに最も適切なものを(い)～(ほ)より１つずつ選び，記号で答えなさい。

(い) It's most terribly clever the way it's been done

(ろ) Oh, yes

(は) No, my dear

(に) I'm almost positive I've heard those names before somewhere

(ほ) Like you

C：下線部(ア)～(ウ)の[　]内の語を，内容に合わせ正しい語順に並べ替えなさい。文頭に来るべき語も小文字になっているので注意すること。

D：下線部(i)，(ii)，(iii)を和訳しなさい。

E：下線部②，③を英訳しなさい。

## 【数　学】 (60分) 〈満点：100点〉

（注意） 1．**【答えのみでよい】**と書かれた問題以外は，考え方や途中経過をていねいに記入すること。

2．答には近似値を使用しないこと。答の分母は有理化すること。円周率は$\pi$を用いること。

3．図は必ずしも正確ではない。

**1**　次の空欄をうめよ。**【答えのみでよい】**

(1)　$\left(\sqrt{\dfrac{111}{2}}+\sqrt{\dfrac{86}{3}}\right)^2-\left(\dfrac{3\sqrt{37}-2\sqrt{43}}{\sqrt{6}}\right)^2$ を計算すると，□ となる。

(2)　$(x-3)(x-1)(x+5)(x+7)-960$ を因数分解すると，□ となる。

(3)　大中小３つのさいころを同時に１回投げて，大中小のさいころの出た目の数をそれぞれ$a$，$b$，$c$とする。

このとき $\dfrac{1}{a}+\dfrac{1}{b}+\dfrac{1}{c}=1$ となる確率は，□ である。

(4)　点数が０以上10以下の整数であるテストを７人の生徒が受験した。得点の代表値を調べたところ，平均値は７であり，中央値は最頻値より１大きく，得点の最小値と最頻値の差は３であった。最頻値は１つのみとするとき，７人の得点は左から小さい順に書き並べると，□，□，□，□，□，□，□ である。

**2**　実数$a$に対して，以下の２つのステップで構成する操作がある。

（ステップ１）　$a$の値を用いて，式の値 $\dfrac{a}{a+1}$ を求める。

（ステップ２）　ステップ１で求めた式の値を新たに$a$の値とする。

例えば，最初に$a=2$とおくと，１回目の操作後で$a=\dfrac{2}{3}$，２回目の操作後で$a=\dfrac{2}{5}$となる。このとき，次の空欄をうめよ。**【答えのみでよい】**

(1)　最初に$a=1$とおくとき，2019回目の操作後の$a$の値は，□ である。

(2)　$k$を正の整数として最初に$a=k$とおくとき，$n$回目の操作後に$a=\dfrac{11}{958}$となった。$k$の値は □，$n$の値は □ である。

**3**　３辺の長さが$x$，$x+1$，$2x-3$である三角形がある。このとき，次の問いに答えよ。

(1)　次の空欄をうめよ。**【答えのみでよい】**

$x$のとりうる範囲を不等号を用いて表すと □ である。

(2)　この三角形が直角三角形となるとき，$x$の値を求めよ。

**4**　原点Oを出発し，$x$軸上を正の方向へ進む２点P，Qがある。点Pは毎秒２の速さで進み，点Qは進む距離が時間の２乗に比例するように進む。点Pが出発した$a$秒後に点Qが出発し，点Qが出発した$2a$秒後に$x$座標が$(3a+9)$の点で，点Qが点Pに追いついた。点Qが出発してから$t$秒後までに点Qが進む距離を$d$とするとき，次の問いに答えよ。

(1)　$a$の値を求めよ。

(2)　$d$を$t$の式で表せ。

**5**　2円 $C_1$，$C_2$ が点Aにおいて外接している。2点B，Cは円 $C_1$ の周上にあり，3点D，E，Fは円 $C_2$ の周上にある。3点B，A，Eと3点C，A，Fと3点C，D，Eはそれぞれ一直線上に並んでいる。また，直線FDと直線BE，BCの交点をそれぞれ点G，Hとする。△ABCは鋭角三角形とし，BC＝4，EF＝3，CH＝5のとき，次の問いに答えよ。

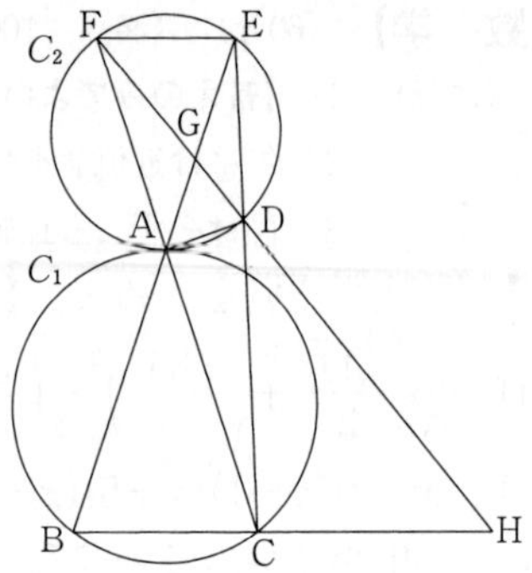


(1)　EG：GA：ABを最も簡単な整数の比で表せ。

(2)　△GAD：△DCHを最も簡単な整数の比で表せ。

**6**　$x$ 軸と $y$ 軸に接している円の中心Aは放物線 $y=\frac{\sqrt{2}}{2}x^2$ 上にあり，その $x$ 座標は正である。直線OAと円との交点のうち，原点に近い点をB，遠い点をCとおく。円と $x$ 軸との接点をD，さらに直線DBと放物線の交点のうち $x$ 座標が正の点をE，負の点をF，線分EFの中点をMとする。このとき，次の問いに答えよ。

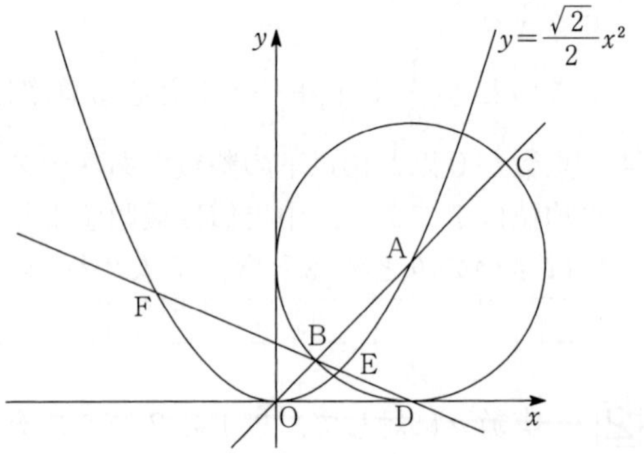


(1)　線分OBの長さを求めよ。

(2)　点Mの $x$ 座標を求めよ。

(3)　比の値 $\frac{\triangle BDC}{\triangle MBC}$ を求めよ。

**7**　各面が，1辺の長さが2の正三角形または正方形である多面体について，図1は展開図，図2は立面図と平面図を示している。平面図の四角形AGDHは正方形であるとき，次の問いに答えよ。ただし，図2の破線は立面図と平面図の頂点の対応を表し，F(B)，E(C)，G(H)はFがBに，EがCに，GがHにそれぞれ重なっていることを表す。

(1)　平面図の正方形AGDHの面積を求めよ。

(2)　この多面体を，2点A，Dを通り，線分GHに垂直な平面で切ったときの切り口の面積を求めよ。

(3)　この多面体の体積を求めよ。

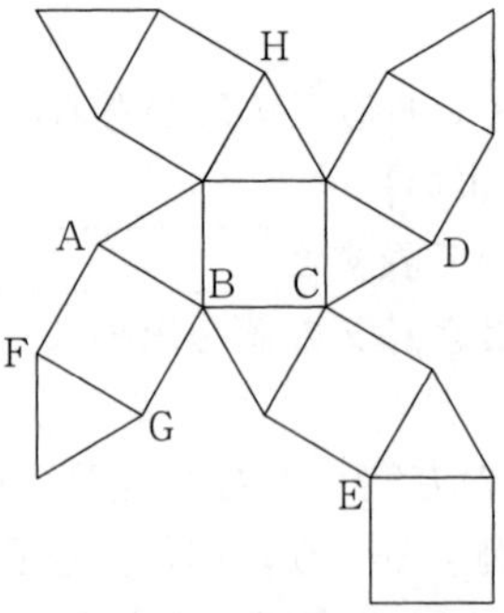

図1　展開図

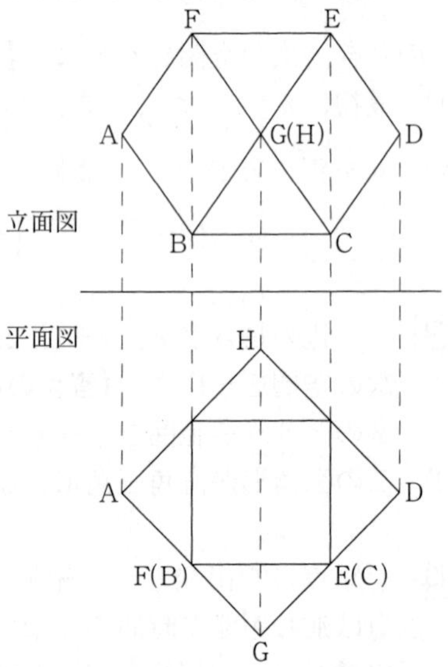

図2　立面図と平面図

ウ　聴いていません　エ　聴きました
オ　そうは思いません

問4　――④は何が「其処だ」というのですか。本文中の語で答えなさい。

問5　――⑤はどういう不安ですか。解答欄の「不安」に続くように、本文中の十二字を抜き出して答えなさい。

問6　――⑥で、なぜKさんは「慄《ぞ》っとした」のですか。その理由を五十字以内で説明しなさい。

問7　――⑦「四人」が誰々であるかを説明している一文をさがし、その文の、初めと終わりの五字をそれぞれ抜き出しなさい。

問8　――⑧で、妻が「涙ぐん」だ理由を六十字以内で説明しなさい。

問9　□にあてはまる漢字一字を書きなさい。

問10　次のア～クから志賀直哉の作品を二つ選び、記号で答えなさい。
ア「暗夜行路」　イ「阿部一族」　ウ「河童」
エ「和解」　オ「或る女」　カ「たけくらべ」
キ「友情」　ク「三四郎」

問11　＝＝a～eの漢字の読みをひらがなで書きなさい。

## 三　後の問いに答えなさい。

次の❶～❿のア・イのうち、本来の表現・用法として適当なもの・正しいものを選んで、記号で答えなさい。

❶　ア　怒り心頭に達する　イ　怒り心頭に発する

❷　ア　上を下への大騒ぎ　イ　上や下への大騒ぎ

❸　ア　そうは問屋が許さない　イ　そうは問屋が卸さない

❹　ア　取り付く暇がない　イ　取り付く島がない

❺　「いざという時に使うとっておきの手段」を表現する場合
ア　伝家の宝刀　イ　天下の宝刀

❻　「流れに棹《さお》さす」の意味
ア　傾向に乗って、ある事柄の勢いを増すような行為をする。
イ　傾向に逆らって、ある事柄の勢いを失わせるような行為をする。

❼　やおら立ち上がる―「やおら」の意味
ア　急に、いきなり　イ　ゆっくりと

❽　世間ずれのした男―「世間ずれ」の意味
ア　世の中の考えから外れている。
イ　世間を渡ってずる賢くなっている。

❾　その人は気が置けない人ですね―「気が置けない」の意味
ア　相手に対して気配りや遠慮をしなくてよい。
イ　相手に対して気配りや遠慮をしなくてはならない。

❿　彼には役不足の仕事だ―「役不足」の意味
ア　本人の力量に対して役目が重すぎること。
イ　本人の力量に対して役目が軽すぎること。

　雪の深さは一層増《ま》さった。しかしこれからはちょっと、下りになる。下ればずっと平地だ。時計を見ると、もう一時過ぎていた。

　遠くの方に提灯《ちょうちん》が二つ見えた。今時分、とKさんは不思議に思った。しかしとにかく一人きりのところに人と会うのは擦れ違いにしろ嬉しかった。Kさんはまた元気を振《ふる》い起《おこ》して、下りて行った。そして、※覚満淵《かくまんぶち》の辺でそれらの人々と出会った。それはUさんという、Kさんの義理の兄さんと、その頃Kさんの家《うち》に泊っていた氷切りの人夫三人とだった。

「お帰りなさい。大変でしたろう？」とUさんがいった。

　Kさんは「今時分何処へ行くんですか？」と訊《き》いた。

「今、お母さんに起《つか》されて迎いに来たんですよ」とUさんは何の不思議もなさそうに答えた。⑥Kさんは慄《ぞ》っとした。

「私がその日帰る事は知らしても何にもなかったんです。後で聴くと、お母さんがみいちゃん（Kさんの上の子供）を抱いて寝ていると、――別に眠っていたようでもないんですが、不意にUさんを起して、Kが帰って来たから迎いに行って下さいといったんだそうです。Kが呼んでいるからっていうんだそうです。あんまり明瞭《はっきり》しているんで、Uさんも不思議とも思わず、人夫を起してe支度させて出て来たというんですが、よく聴いて見ると、それが丁度私が一番弱って、気持が少しぼんやりして来た時なんです。山では早く寝ますからね、七時か八時に寝て、丁度皆《みんな》ぐっすりと寝込んだ時なんです。それを⑦四人も起して、出して寄越《よこ》すんですから、お母さんのはよほど明瞭聴いたに違いないのです」

「Kさんは呼んだの？」と妻が訊いた。

「いいえ。峠の向うじゃあ、いくら呼んだって聴《きこ》えませんもの」

「そうね」と妻はいった。⑧妻は涙ぐんでいた。

「そんな気がした位ではなかなか、夜中に皆を起して、腰の上まで埋《う》まる雪の中を出してやれるものではないんです。それは※巻脚絆《まききゃはん》の巻き方が一つ悪くても、一度解けたら、凍って棒になってしまいますから、とても、もう巻けないんです。だから支度が随分厄介《やっかい》なんです。支度にどうしても二十分やそこらかかるんですよ。その間お母さんは、ちっとも疑わずにおむすびを作ったり、火を焚《た》きつけたりしていたんです」

　Kさんとお母さんの関係を知っているとこの話は一層感じが深かった。よくは知らないが、似ているので皆が※イブセンと呼んでいたKさんの亡くなったお父さんは別に悪い人ではないらしかったが、少《すく》なくとも良人《おっと》としては余りよくなかった。平常《ふだん》は前橋辺《あたり》に若い※妾《めかけ》と住んでいて、夏になるとそれを連れて山へ来て、山での収入を取《と》上げて行ったそうだ。Kさんはお父さんのそういうやり方に心から不快を感じて、よく衝突をしたという事だ。そしてこんな事がKさんを一層お母さん想《おも》いにし、お母さんを一層Kさん想いにさせたのだ。

（志賀直哉『小僧の神様』岩波文庫より。
設問の都合上、送り仮名を一部改めた。）

※注

一町…距離の単位。約一〇九メートル。

一丈…長さを表す単位。一丈は一〇尺で、約三・〇三メートル。

覚満淵…赤城山の山頂近くにある湿原。

巻脚絆…足首からひざ下まで、脚を巻き上げる小幅の長い布。

イブセン…イプセン。ノルウェーの劇作家。

妾…正妻のほかに、妻と同じような関係を結びながら扶養する女性。

**問1**　――①はどういう不思議のことですか。本文中の五字以内の語で答えなさい。

**問2**　――②はどういう不思議のことですか。本文中の五字以内の語で答えなさい。

**問3**　――③は誰の、どういう意味の返事ですか。誰の返事か・どういう意味の返事かについて、それぞれ記号で答えなさい。

誰の　ア　Kさんの　イ　Sさんの　ウ　自分の
　　　エ　妻の　オ　Uさんの

意味　ア　話していません　イ　話しました

**二**　次の文章は志賀直哉の小説「焚火《たきび》」の一節です。主人公夫妻(自分と妻)は、赤城山の旅館に滞在しており、この日の晩は旅館の主人Kさん、画家のSさんと四人で、山頂にある湖・大沼で舟に乗り、湖畔で焚火をしながら話をしています。文章を読み、後の問いに答えなさい。

「じゃあ、この山には何《なん》にも可恐《こわ》いものはいないのね」と臆病な妻はKさんに□を押した。するとKさんは、

「奥さん。私大入道を見た事がありますよ」といって笑い出した。

「知ってますよ」と妻も得意そうにいった。「霧に自分の影が映るんでしょう?」妻はそれを朝早く、鳥居峠に雲海《うんかい》を見に行った時に経験した。

「いいえ、あれじゃあ、ないんです」

子供の頃、前橋へ行った夜の帰り、小暮《こぐれ》から二里ほど来た大きい松林の中でそういうものを見た、という話だ。※一町位先でぼんやりその辺《へん》が明るくなると、その中に※一丈以上の大きな黒いものが立ったという。しかし、a暫くして、大きな荷を背負った人が路傍《みちばた》に休んでいたので、その人が歩きながら煙草《たばこ》を飲むために荷の向《むこ》うで時々マッチを擦ったのだという事が知れたという話である。

「不思議なんて大概そんなものだね」とSさんがいった。

「でも不思議はやっぱりあるように思いますわ」と妻はいった。「①そういう不思議はどうか知らないけど、夢のお告げとかそういう事はあるように思いますわ」

「それはまた別ですね」とSさんもいった。そして急に憶《おも》い出したように、「そら、Kさん、去年君が雪で困った時の話なんか、②そういう不思議だね。まだ聴きませんか?」と自分の方をb顧みた。

「③いいえ」

「あれは本統《ほんとう》に変でしたね」とKさんもいった。こういう話だ。

去年、山にはもう雪が二、三尺も積《つも》った頃、東京にいる姉さんの病気が悪いという知らせでKさんは急に山を下って行った。

しかし姉さんの病気は思ったほどではなかった。三晩泊《とま》って帰って来たが、水沼に着いたのが三時頃で、山へは翌日登る心算《つもり》だったが、c僅か三里を一ト晩泊って行く気もしなくなって、Kさんは予定を変えて、しかしもし登れそうもなければ山の下まで行って泊めてもらうつもりで、水沼を出た。

そして丁度日暮《ひぐれ》に二の鳥居の近くまで来てしまったが、身体《からだ》も気持《き》も余りに平気だった。それに月もある。Kさんは登る事に決めた。しかしそれから登るに従って、雪は段々深くなった。Kさんが山を下りた時とは倍位になっていた。それでも人通りのある所なら、深いなりに表面が固まるから、さほど困難はないが、全《まる》で人通りがないので軟《やわら》かい雪に腰位まで入る。その上、一面の雪で何処《どこ》が路《みち》かよく知れないから、いくら子供から山に育って慣れ切ったKさんでも、段々にまいって来た。

月明《あか》りに鳥居峠は直《す》ぐ上に見えている。夏はこの辺はこんもりとした森だが、冬で葉がないから上が直ぐ近くに見えている。その上、雪も距離を近く見せた。今更引き返す気もしないので、蟻《あり》の這《は》うように登って行くが、手の届きそうな距離が実に容易でなかった。もし引き返すとしても、幸い通った跡を間違わず行ければまだいいとして、それを外《そ》れたら困難は同じ事だ。上を見ると、④何しろ其処《そこ》だ。

Kさんは、もう一ト息、もう一ト息と登った。別に恐怖も不安も感じなかった。しかし何だか気持が少しぼんやりして来た事は感じた。

「後で考えると、本統は危なかったんですよ。雪で死ぬ人は大概そうなってそのまま眠ってしまうんです。眠ったまま、死んでしまうんです」

よくそれを知りながら、不思議にKさんはその時少しも⑤そういう不安に襲われなかった。そして、ともかく、気持を張った。何しろ身体がいい。それに雪には慣れていた。到頭《とうとう》それから二時間余りかかって、d漸く峠の上まで漕ぎつけた。

その【Ⅲ】を外から眺めている感じに変わり、日本人の読者は作品世界にしっくりと入り込めない。作中の眼はそんな⑤全貌を俯瞰《ふかん》する位置にはない。車中にある島村という人物の感覚でものをとらえているようにも読める。[3]、それまで雪ひとつなかった上州からトンネルを抜けて越後に入った瞬間、闇の底に一面の銀世界がひろがっているのに驚く。「雪国」という語にそういう感動が映っているのだ。

10ムイ徒労の現実の生活のいとなまれるこちら側の世界と、駒子や葉子の住む向こう側の世界――長いトンネルの手前と先とを、此岸と[D]岸、この世とあの世になぞらえる深読みがある。そう読んでもおかしくないほど、なにやら意味ありげな姿で立つ一文である。

(中村　明『日本の一文 30選』岩波新書より。
出題のために一部を省略し、表記を改めた箇所がある。)

※注
はしけ…停泊中の大型船と陸との間を往復して旅客や貨物を運ぶ小舟。はしけぶね。
吉行淳之介…小説家。大正十三年生まれ、平成六年没。小説『驟雨《しゅうう》』で芥川賞を受賞。他に小説『夕暮まで』など。
津村信夫…詩人。明治四十二年生まれ、昭和十九年没。著作に、詩集『父のゐる庭』、散文集『戸隠の絵本』など。

問1 ――①に見られる日本語表現の特徴を、筆者の論旨にもとづいて、三十字以内で述べなさい。

問2 ――②が指す内容を、解答欄の「ということ。」に続くように、二十字以内で答えなさい。

問3 ――③について説明している段落を、段落[イ]～[ト]の中から選び、記号で答えなさい。

問4 ――④のようになるのはなぜですか。その理由にあたる部分を、解答欄の「書いたから。」に続くように、本文中から二十五字で抜き出し、その初めと終わりの五字をそれぞれ答えなさい。

問5 ――⑤とほぼ同じ意味のことを述べている部分を、本文中から八字で抜き出しなさい。

問6 【Ⅰ】にあてはまる人物の氏名を漢字で書きなさい。

問7 【Ⅱ】にあてはまる語として最もふさわしいものを、次のア～エから選び、記号で答えなさい。

ア　おもしろみ　　イ　けなげさ
ウ　たしなみ　　エ　いさぎよさ

問8 【Ⅲ】にあてはまる漢字二字の語を書きなさい。

問9 [A]～[D]にあてはまる漢字一字をそれぞれ書きなさい。

問10 ▒にあてはまる助詞をひらがな一字で書きなさい。

問11 [1]・[2]・[3]にあてはまる語句として最もふさわしいものを、次のア～クからそれぞれ選び、記号で答えなさい。

ア　つまり　　イ　いずれにせよ
ウ　ややもすれば　　エ　あるいは
オ　なぜなら　　カ　にもかかわらず
キ　だからこそ　　ク　むしろ

問12 [上州]は現在の何県にあたりますか。県名を漢字で書きなさい。

問13 ＝＝1～10のカタカナを漢字に改めなさい（楷書でていねいに書くこと）。

語の文章の骨法なのだ。そんなわかりきったところに、くどく「踊子は」などという主語を書くことを、【Ⅰ】の美意識は許さなかったのだろう。[2]、これを曖昧な表現とされたのでは、作者にとってとんだ濡《ぬ》れ[B]と言わないわけにはいかない。そして、これが曖昧だとされるのは日本語の3ヒゲキである。

帝国ホテルに執筆中の※吉行淳之介を訪ねたことは前にもふれたが、その折、吉行作品『原色の街』に登場する「魚谷」と書く人物を話題にしようとして一瞬考えた。これが手紙であれば漢字でそう書いておけば済むが、対話だから声に出して読まなければならない。「サカナヤ」ではないと思うものの、その珍しい苗字の読み方がはっきりしない。そこで、やむなく作者に「ウオタニと言うんですか、ウオヤと読むんですか」と問うと、書いた当人がしばらく考え込んでから、「僕は目に頼る人間でね。今言われて、④どっちのつもりで書いたのかわかんないんだね。どっちがいいだろうねってぐらいになっちゃうわけだ。ウオタニぐらいでしょうね」という意外な反応が返ってきた。

それに関連して、「ご自分の作品が朗読されることを考えますか」と、執筆時の音感意識を問うと、即座に「考えないんですね」と全面的に打ち消し、「それで、時々ギョッとすることがあるんですよ」と、この作家はその縁で、【Ⅰ】の小説『雪国』の冒頭文「国境の長いトンネルを抜けると雪国であった」の「国境」をどう読むかという話題に転じて、「わりにみんな4アンチョクにコッキョーになっちゃう」けれども、あんなところに「コッキョーはあるわけないんだから」、「あれはクニザカイじゃあるまいか」と言い、「あれはどっち読んでるんですか」と質問を向けてきた。

とっさに、意味としてはクニザカイのほうが自然だが、あまり考えずにコッキョーと読んでいる人が多い旨伝えたものの、この問題はいささか複雑である。一般には長い間コッキョーと読んで疑わないできたが、ある雑誌の座談会で、出席者の一人がクニザカイと読むべきだと発言した際に、同席していた作者の【Ⅰ】自身が否定しなかったという事実から、クニザカイ説が力を得て広まった、そんないきさつがあるらしい。ところが、後日、日本文体論学会で、『雪国』の表現をテーマにしたシンポジウムの司会を5ツトめた機会に、パネリストの一人であった【Ⅰ】の養子にあたる人物にその話をしたところ、【Ⅰ】ははっきり物を言うような人ではないから、否定しなかったからといって肯定したことにはけっしてならないと教えられた。結局、問題は何ひとつ解決したわけではない。

「小扇《こおうぎ》」と題する※津村信夫《つむらのぶお》の短い詩には「指呼すれば、国境はひとすじの白い流れ。／高原を走る夏期電車の窓で、／貴女《あなた》は小さな扇をひらいた。」とあり、リズムの面でもこの「国境」は[C]読みしたくなる。それに、日本国内にコッキョーは存在しないとも断言しがたく、[上州]《じょうしゅう》と越後《えちご》との国ざかいを意味する「上越《じょうえつ》国境」という[C]読みの用語もあるようだ。問題の小説『雪国』の文中にも「国境の山々」という表現が6サンザイするが、多くの場合、どちらに読んでも特に違和感はない。

吉行の話の焦点は、「あれなんかも、【Ⅰ】さん意識して書いたかどうか」というところにある。作家のなかには、読者がどう発音するかということをほとんど意識せずに文字を書くタイプがあり、自分だけではなく【Ⅰ】もそうだったのではないかと、目の作家、耳の作家という7ジロンを8テンカイしたのだろう。

小説『雪国』の冒頭文は、日本語の特徴がよくあらわれているとして話題になることもある。日本人はごく自然な感じで何の抵抗もなく読んでいるが、そのまま英語に訳せないらしい。「トンネルを抜け」たのは誰か、何が「雪国であった」のか、どちらの主体も表面に顔を出していない。必要がないかぎり、いわゆる主語にあたるものが9メイジされないのは、自然発生的なあり方を好む日本人の表現特徴と深く関連する。

英訳では原文にない「【Ⅲ】」を主語に据え、【Ⅲ】がトンネルを抜けて雪国に入ったという解釈を持ち込む。だが、そうなると、

# 二〇一九年度 慶應義塾高等学校

**【国語】**（六〇分）〈満点：一〇〇点〉

（注意）字数制限のある設問については、句読点・記号等すべて一字に数えます。

**一** 次の文章を読み、後の問いに答えなさい。

イ　ことばは、それだけではけっして万能ではない。表現の不十分な部分を、先方の想像で補ってもらわなければ、正確に伝わらないケースも多い。その意味で、一般にコミュニケーションは送り手と受け手との共同作業なのだが、1サッシの文化といわれる日本語では、特にそういう傾向が強い。かつてノーベル賞を受けた【Ⅰ】は、「美しい日本の私」と題し海外で記念講演をおこなった。「美しい」が「日本」にかかるのか、それとも「私」にかかるのか、曖昧な表現として一時ちょっとした話題になった。もし「美しい日本の女性」という言い方であれば、「美しい」が「日本」にかかる確率が四割、「女性」にかかると考える人が六割といった曖昧さが生ずるかもしれないが、このタイトルで、「美しい私」という意味だと考える日本人はほとんどいない。特別の意図がないかぎり、自分を自分で褒めるのは【Ⅱ】がないからだ。

ロ　その【Ⅰ】の『伊豆の踊子』の主人公「私」が、伊豆の旅を終えて、下田から東京へ船で帰る、その踊子との別れの場面に、「①私が縄梯子《なわばしご》に捉《つか》まろうとして振り返った時、さよならを言おうとしたが、それも止《よ》して、もう一ぺんただうなずいて見せた」という文が出てくる。意地悪くこの一文だけを取り出して、うなずいたのは誰かと問うと、声になっていないことばがわかるのは当人だけだと判断するのか、「私」と答える留学生が多かったという。それが最近は日本人でさえそう思い込む人が増えたらしく、②それをもって日本語の曖昧さの典型的な例と説く風潮があると聞いては、黙っているわけにいかない。

ハ　小説では、別れが近づくにつれて踊子は無口になり、「私」が話しかけても黙ってうなずくだけに変化したことを描いている。それに、このあたり一帯は、すべて「私」が見た光景や2タイショウが描かれている。さらに、この文の直前に「踊子はやはり唇をきっと閉じたまま一方を見つめていた」とある。これだけで、「さよならを言おうとした」のも、「うなずいて見せた」のも、踊子であることは明らかだ。

ニ　それでも、文脈をわざと切り離し、あえて問題の一文だけを読ませる、このA意に満ちた実験で、被験者は、「言おうとした」、つまり、まだ声となって発音されていないことばを「さよなら」と特定できるのは当人だけだという素朴な思い込みから、「言おうとした」のも、「うなずいて見せた」のも、ともに「私」だと考えてしまう。

ホ　しかし、③それが踊子であるという状況証拠は、不当に切り取られた文脈の中にそろっている。さらに、この一文の中にも、物的証拠が二つある。※はしけで遠ざかったこの距離で、込み入った話などできるわけがない。それに、「さよなら□」であれば、「さよなら」ということばを発しようとしたことになりそうだが、ここは「さよならを」とある。仮に小さな子供に「おばちゃんに、さよならを言ってらっしゃい」とうながして、子供がもし「バイバイ」と言ったとしても、親は別にとがめないだろう。1、「さよならを言う」というのは、別れの挨拶をするという意味なのだ。これがその一つ。

ヘ　もう一つは「私が」とあることだ。もし最後まで同じ人間の行為であれば、まともな日本語では「私は」と書くはずなのだ。そこを「私が」としたのは、「時」のあとに別の主体を想定しているからである。別の主体となれば、文脈上「踊子」しか考えられない。

ト　要するに、表現は文の中にあり、文は文章の中にある。文脈からわかることをくだくだしく書かないのが、冗長な表現を嫌う日本

## 英語解答

**I**
1 without visiting
2 matter with　3 such an
4 be spoken　5 more, the
6 based on　7 Don't, my
8 enjoy the　9 to talk

**II**
1 記号…B　正しい形…excited
2 記号…B　正しい形…waiting
3 記号…A　正しい形…is
4 記号…B　正しい形…comes
5 記号…A　正しい形…talking
6 記号…D
正しい形…for twenty years
7 記号…A　正しい形…During〔In〕
8 記号…A　正しい形…reached
9 記号…D　正しい形…hasn't it

**III**
1 public　2 washed
3 manners　4 throat
5 fewer　6 reduce
7 healthy　8 as　9 either
10 attractive

**IV**
A　1…(d)　2…(c)　3…(a)　4…(a)
5…(b)　6…(a)　7…(a)　8…(c)
9…(c)　10…(a)

B　1…(ほ)　2…(に)　3…(い)　4…(ろ)
5…(は)

C　(ア) let me help you with your coat
(イ) There were only two other entries above his on the page
(ウ) They are not as good as they look

D　(i) 彼女はまさにクリスマス休暇に家に泊まるよう歓迎してくれる，学校の一番の友達の母親のようだった。
(ii) 私の小さなねぐらにお客さんを迎え入れる喜びを味わえるのは，そうたびたびあることではないのよ。
(iii) 私のかわいいペットたちが死んだら，みんな私が剝製にするの。

E　② She was not only harmless but also very kind.
③ I think he was a little shorter than you (are).

**I**〔書き換え―適語補充〕

1．「東京を訪れる際には原宿に行きたい」→「原宿を訪れずに東京を去りたくない」　「～しないで，～せずに」は without ～ing で表せる。

2．「あなたに何が起きましたか」→「あなたはどうしましたか」　What's the matter with ～? で「～はどうしましたか」。What's wrong with ～? も同様の意味を表すが，ここでは the があるので合わない。

3．「『バック・トゥ・ザ・フューチャー』は私が今まで見た中で最もおもしろい映画だ」→「私は『バック・トゥ・ザ・フューチャー』のようなおもしろい映画を見たことがない」　'*A* is the＋最上級＋名詞＋(that＋)主語＋have ever＋過去分詞'「*A* はこれまで～した中で最も…な―だ」の形は，'主語＋have never＋過去分詞＋such a/an＋原級＋名詞＋as *A*'「*A* のように…な―をこれまで～したことがない」に書き換えられる。

4．「生徒はこのクラスでは日本語を話すことが許されていない」→「このクラスでは日本語を話してはいけない」　(a)は be allowed to ～「～することを許される」を用いた文。(b)では Japanese

「日本語」が主語になっているので，受け身で「話されてはならない」とすればよい。助動詞を含む文の受け身は‘主語＋助動詞＋be＋過去分詞’で表せる。

5．「ヒップホップミュージックについてもっと学べばアメリカの黒人の歴史についてより多くを知ることができる」→「ヒップホップ音楽について学べば学ぶほど，アメリカの黒人の歴史についていっそう知ることができる」　‘The＋比較級＋主語＋動詞..., the＋比較級＋主語＋動詞...’の形で「〜すればするほどいっそう…だ」という意味を表せる。

6．「マーティン・ルーサー・キング・ジュニアの実話が映画『セルマ』になった」→「映画『セルマ』はマーティン・ルーサー・キング・ジュニアの実話に基づいている」　be based on 〜「〜に基づいて」

7．「ライアンは私に彼のティーカップを使わないように言った」→「ライアンは『私のティーカップを使わないでください』と私に言った」　(a)は，‘tell＋人＋not to 〜’「〈人〉に〜しないように言う」の形を用いた間接話法の文。これを(b)では「〜しないでください」という否定命令文を使って直接話法で表す。話法の書き換えでは人称代名詞の変化に注意する。

8．「あなたは昨夜私の家のパーティーですばらしい時間を過ごしましたか」→「あなたは昨夜私の家でのパーティーを楽しみましたか」　have a great time「すばらしい時間を過ごす」を用いた文を，enjoy「〜を楽しむ」を使って書き換える。

9．「彼には話し友達がいない」　(a)の that は目的格の関係代名詞であり，that 以下は no friends を修飾している。(b)では，no friends を修飾する形として，形容詞的用法の to不定詞で to talk with と表す。　talk to 〜「〜と話をする，〜に話しかける」　talk with 〜「〜と話をする」

**Ⅱ**〔誤文訂正〕

1．動詞 excite は「(人)を興奮させる」という意味なので，過去分詞 excited は「(人が)興奮させられた」→「(人が)興奮して」，現在分詞 exciting は「(人を)興奮させる(ような)」という意味になる。この文では‘人’の I「私」が主語なので exciting は excited とする。　「ワールドカップの試合を観戦していたとき，私はとても興奮して，持っていた物を全てサッカー場に投げた」

2．‘keep＋*A*＋*B*’「*A* を *B* に保つ」の形で *B* に動詞がくるとき，‘*A*—*B*’が能動の関係にあれば *B* は現在分詞(〜ing)にし，‘*A*—*B*’が受け身の関係にあれば *B* は過去分詞にする。本問の‘*A*—*B*’では，「私たち—待つ」という能動の関係が成立する。　「そのレストランはそんなに長い時間がかかると私たちに言わないで私たちを30分待たせた」　なお，受け身の関係の例としては次のようなものがある。　(例) I kept the dog tied to the tree.「私はその犬を木につないでおいた」

3．‘時’や‘条件’を表す副詞節(if, when, before などから始まる副詞のはたらきをする節)の中は，未来の内容でも現在形で表す。　「明日晴れれば学校で体育祭を開くので，体操服を忘れずに持参してください」

4．‘(either) *A* or *B*’が主語になるとき，動詞は原則，動詞に近い方に一致させる。　(例) You or he is coming.(動詞は he に一致させる)／Are you or he coming?(動詞は you に一致させる)　「このレストランでは紅茶とコーヒーのどちらかを朝食とともにお召し上がりいただけます」

5．stop は「〜することをやめる」という意味のときは‘stop＋動名詞’にし，「〜するために立ち止まる」という意味のときは‘stop＋to不定詞’とする(この to不定詞は‘目的’を表す副詞的用法)。　「先生が教室に入ったときナンシーは話をやめて静かになった」

6．〜 ago「〜前」のように明確に過去を表す語句は，現在完了形と一緒に使えない。　「スミス夫妻は20年間日本に在住しているアメリカ人の夫婦だ」

7.「～している間に」は‘while＋主語＋動詞’と‘during＋名詞’で表せる。my absenceは名詞(句)なので，Duringとする。また，in ～'s absenceで「～がいないとき」という意味を表せるので，Duringの代わりにInとしてもよい。　「昨日，私がいない間に，私の数学の試験の点数が低かったことについて話すために先生が私に電話をしてきた」

8．reachは「～に着く」という意味のときは他動詞なので後ろにtoは不要。　instead of ～「～の代わりに，～ではなく」　「ライアンはニューヨークに着くと，タクシーではなく地下鉄に乗って友人のアパートに行った」

9．肯定文につく付加疑問は，‘(助)動詞の否定形＋主語を受ける代名詞？’の形。主節の現在完了形に合わせて，hasn'tとする。‘It is〔has been〕＋時間＋since ～’は「～から〈時間〉が過ぎた」という意味になる。　「おばあちゃんがここに来てからずいぶんたちましたね」

**Ⅲ**〔長文読解─適語補充─説明文〕

≪全訳≫❶日本ではマスクを着用することは決して珍しくない。電車やバス，さらには店舗やその他の公共の場所で人々がマスクを着用している姿はよく目にする。マスクはスーパーマーケットやドラッグストア，それにコンビニエンスストアなど，ほとんどどこでも販売されている。高齢の消費者の中には洗濯や再利用が可能なガーゼのマスクを今でも使用している人がいるが，今日ではマスクの市場のほとんどを使い捨てマスクが占めている。❷人々はさまざまな理由でマスクを着用するが，最も一般的なのは風邪をひいているからだ。他の人に風邪をうつさないようにマスクをつけるのは良いマナーだと考えられている。マスクは鼻と喉に湿気を保つので風邪をひいているときはマスクをつける方が快適だと感じる人もいる。最近まで典型的なマスク使用者は，周囲の人々に対する配慮から，電車に乗るときなど混雑した状況でマスクを着用していた。しかし彼らはマスク姿を見られるのが恥ずかしくてできるだけ早く外していた。ところが，消費者調査によると考え方が変化してきている。今日ではマスクを着用するのが恥ずかしいと感じる人は少なくなっている。花粉症にかかっている人の中には花粉にさらされるのを減らすためにマスクを着用する人もいる。それに多くの健康な人々が，他の人々の細菌を避けるためにマスクをつけている。❸しかし，内気であるとか，非社交的であるという理由か，あるいは単に集中したいという理由のどちらかで外部の世界との障壁としてマスクをつける消費者が増えている。例えば，マスクをつけていると勉強に集中するのに役立つという学生もいる。目を強調したり肌の色がいいと錯覚させたり，あるいは単にちょっとミステリアスな存在であるように思わせたりすることで，より魅力的に見えると考えてマスクをつける人──男女ともに──さえいる。

＜解説＞1．電車やバス，店舗は，「公共の」場所である。　2．ガーゼのマスクの利点を述べている部分。この後のreused「再利用される」と並列関係となる言葉が入ると考えられる。ガーゼのマスクは洗われて再利用されるもの。　3．文頭のItは後ろのto以下の「他の人に風邪をうつさないようにマスクをつけること」を指す形式主語。「良いマナーだと考えられている」とする。「マナー」はmannersと複数形になることに注意する。　4．‘keep＋目的語＋形容詞’「～を…(の状態)に保つ」の形。nose「鼻」とともにマスクによって潤いが保たれるものとして考えられるのは，throat「喉」。mouth「口」も可。moistは「湿気のある」という意味。　5．直前に「考え方が変化してきている」とあるので，「以前は恥ずかしいのでマスクをすぐに外した」→「今日ではマスクを恥ずかしいと感じる人は(以前より)少ない」という流れになると判断できる。「以前より」という意味が含まれるfewerが最適だが，fewとしても可。　6．直前のtoは‘目的’を表すto不定詞のtoと考えられる。花粉症の人がマスクをつける目的として考えられるのは，「花粉にさらされるのを減らすため」。reduce のほか，decrease も可。「～を避ける」と考えて avoid としてもよいだろう。　7．空所を含む文は，文末の to avoid other people's germs という言葉から，前で述べた風邪や花粉症でマスクをつける人と対比して，他人(特に病人)の細菌を避けるためにマスクをつける「健康な」人について述べていると考えられる。　8．文脈から，空所前後の masks と a barrier はイコールの関係(「マスク」＝「(外界との)障壁」)になると判断できる。その関係を表す単語は「～として」という意味を表せる前置詞 as。　9．後ろの or に着目し，'either *A* or *B*' の形にする。either because they are shy, antisocial or simply (because they) want to concentrate と読む。　10. 直後の by 以下の内容は，マスクをつけることの効用と考えられるので，これによって人々は，より「魅力的に」見えるとする。手前に more があるので，2音節以上の語でなければならない。　attractive「魅力的な」

Ⅳ〔長文読解総合―物語〕

≪全訳≫❶「5ポンド6ペンスとはいいですね」と彼は答えた。「ぜひここに泊まりたい」❷「きっとそうお答えになると思っていたわ。お入りください」❸彼女はとても優しそうな人だった。まさにクリスマス休暇に泊まりに来た人を歓迎してくれる，学校の一番の友達の母親のようだった。ビリーは帽子を脱ぎ，敷居をまたいだ。❹「そこに掛けるだけでいいですよ」と彼女は言った。「(ア)コートをお脱ぎになるのをお手伝いしますわ」❺玄関の広間には他の客の帽子やコートはなかった。傘もステッキもなかった――何も。❻「全て私たちだけのものよ」と彼女は言って，2階へ案内しながら肩越しに彼に向かってほほ笑みかけた。「あのね，私の小さなねぐらにお客さんを迎え入れる喜びを味わえるのは，そうたびたびあることではないのよ」❼――省略――❽「ああ，そうなんですか」❾「でもいつも準備はできているわ。ご立派な若い紳士がいらっしゃるという滅多にないチャンスを逃さないように，この家では昼夜を問わずいつでも準備ができているのよ。そして，ときどきドアを開け，まさに申し分のない方がそこに立っていらっしゃると，とてもうれしいの，お客さん，本当にもう，それはうれしいものなんです」　彼女は階段の途中で，階段の手すりに片手を置いて足を止めると，振り向いて青白い唇で彼にほほ笑みかけた。「1あなたのようなね」と彼女はつけ加え，彼女の青い目の視線はビリーの体を上から下までゆっくりと移り，彼の足まで到達すると再び上に上がっていった。❿2階に着くと彼女は彼にこう言った。「この階は私専用なのよ」⓫彼らは再び階段を上がった。「そしてこの階は全てあなたがお使いになって」と彼女は言った。「ここがあなたのお部屋。気に入ってくださるといいんだけど」　彼女は，正面にある小さいながらもとても感じのいい寝室に彼を導き，中に入ると明かりをつけた。⓬「朝日が窓からさし込むのよ，パーキンスさん。パーキンスさんでよかったかしら？」⓭「いいえ」と彼は言った。「ウィーバーです」⓮「ウィーバーさん。なんてすてきなお名前なんでしょう」⓯――省略――⓰「それでは，荷ほどきがおありでしょうから，私はもう行きます。でも寝る前にはお手数ですけど1階の居間にいらして，宿帳に記入してくださいね。当地の規則でそうなっているから，皆さんにそうしていただかないといけないの。この手続きをふまないで法律に違反したなんていうことにはなりたくはないでしょう？」　彼女は彼に軽く手を振ると，すばやく部屋から出てドアを閉めた。⓱そのとき，女主人は少し頭がおかしいように見えたが，そのことでビリーが不安になることは全くなかった。彼女は害がないだけでなく，またとても優しかった。おそらく彼女は戦争で息子を失ったか何かでそれを乗り越えられないまま生きてきたのだろう，と彼は推測した。⓲それで数分後，スーツケースを開けて中の物を取り出し，手を洗うと，彼は1階に降り，居間に入った。そこに女主人はいなかったが，暖炉の中で火が燃え盛っており，小さなダックスフントがまだその前で眠っていた。部屋はすばらしく暖かく，居心地がよかった。運がよかったな，と彼は両手をこすり合わせながら思った。これはとてもすばらしい。19彼はピアノの上に宿帳が開いて置いてあるのを見つけたので，自分のペンを取り出して名前と住所を書き込んだ。(イ)そのページの彼の名前の上には他に２つの名前しか記入されておらず，宿帳について誰もがするように，彼はそれを読み始めた。１人はカーディフのクリストファー・マルホランドで，もう１人はブリストルのグレゴリー・W・テンプルだった。20これは奇妙だな，と彼は不意に思った。クリストファー・マルホランド。これは心当たりがあるぞ。21いったい，そのいくぶん珍しい名前をどこで聞いたことがあるのだろうか？22学校の男子だっただろうか？　違う。姉〔妹〕がつき合っていたたくさんの男の１人だっただろうか，それとも父の友人だろうか？　いや，違う，そのどれでもない。彼はその宿帳をもう一度ちらりと見た。23クリストファー・マルホランド／231キャセドラルロード，カーディフ24グレゴリー・W・テンプル／27シカモアドライブ，ブリストル25実際のところ，考えてみると，２番目の名前も最初の名前ほど聞き覚えのある響きを持っていないわけでもなかった。26「グレゴリー・テンプル？」　彼は記憶を探りながら声に出して言った。「クリストファー・マルホランド？」27「とても魅力的な男の子たちだったわ」と彼の後ろから声がし，彼が振り返って見ると，手に大きな銀のお茶用トレイを持った女主人がさっそうと部屋に入ってきた。彼女はトレイを自分の目の前の，体から離れたかなり高い位置で持っていたが，それはまるで跳ね回る馬の手綱を持っているかのようだった。28「これらの名前はどういうわけか聞き覚えがあるような気がします」と彼は言った。29「そう？なんて興味深いんでしょう」30「2前にどこかでこれらの名前を聞いたことがあるのはほとんど間違いありません。おかしな話ではありませんか？　たぶん新聞に載っていたのだと思います。決して有名人ではありませんよね？　有名なクリケット選手やサッカー選手といった人たちという意味ですが」31「有名人よ」と彼女は言って，ソファーの前の低いテーブルの上にお茶のトレイを置いた。「ああ，違うわ，有名人ではないと思うわ。でも彼らはとてもハンサムだったわ。２人ともよ。それは間違いないわ。背が高くて若くてハンサムで，ねえ，お兄さん，まさにあなたと同じように」32もう一度ビリーは宿帳に目をやった。「ここを見てください」と彼は日付に気づいて言った。「この最後の記入は２年以上前です」33「そう？」34「はい確かに。そしてクリストファー・マルホランドの記入はその１年近く前，つまり３年以上前です」35「まあ」と彼女は言って首を振り，上品に小さくため息をついた。「そんなこと，考えてもみなかったわ。時間ってたつのが早いのね，ウィルキンズさん」36「ウィーバーです」とビリーは言った。「W-e-a-v-e-r」37「ああ，そうだったわ！」　彼女は大きな声で言ってソファーに座った。「私ってなんて馬鹿なんでしょう。おわびします。一方の耳に入ってきたのが，もう片方の耳から出ていってしまうのよ，私って，ウィーバーさん」38「何かご存じなんですね？」とビリーは言った。「この全てについて本当にとても特別な何かを」39「いいえ，とんでもない，何も知りませんわ」40「でも，こういうことなんですよ，マルホランドとテンプルという名前は，僕がそれぞれいわば別個に記憶しているようにも思えますが，何と言ったらいいのかな，両者は何か奇妙な点でつながっているようにも思えるんです。まるでどちらも同じようなことで有名であったかのように。僕の言うことがおわかりになりますか，例えばデンプシーとタニーとか，チャーチルとルーズベルトみたいに」41「なんておもしろいのかしら」と彼女は言った。「でも，さあ，こちらにいらして，そしてソファーの私の横に座って。お休みになる前にお茶とジンジャービスケットを差し上げるわ」42「本当におかまいなく」とビリーは言った。「お邪魔するつもりはなかったんです」　彼はピアノのそばに立って，カップとソーサーを持ちながらあれこれ言う彼女を見ていた。彼は彼女の手が小さくて白く，すばやく動き，そして爪が赤いことに気づいた。43「僕が彼らの名前を見たのは新聞紙上だったことはほぼ間違いありません」とビリーは言った。「すぐに思い出します。きっとすぐに」44このようなことが記憶の境界のすぐ外側にとどまることほどじれったいことはない。彼は諦めるのが嫌だった。45「ちょっと待てよ」と彼は言った。「ちょっと待て。マルホランド…クリストファー・マルホランド…それはウェストカントリーへのウォーキングツアーに行っていたイートンの男子学生の名前ではなかったかな，そして突然…」46「ミルクは？」と彼女は言った。「それにお砂糖は？」47「はい，お願いします。そして突然…」48「イートンの男子学生？」と彼女は言った。「いいえ，ああ，それはおそらく正しくないわ，だって，マルホランドさんはここにいらしたとき，イートンの男子学生ではなかったことは間違いないもの。彼はケンブリッジの学部生だったんですよ。さあ，こちらにいらして，私の横に座ってこのすてきな暖炉の前で体を温めてください。さあ。お茶の用意がすっかりできているわ」　彼女はソファーの自分の隣の空いているスペースを軽くたたいてビリーにほほ笑みかけながら座ったまま，彼が来るのを待っていた。49彼はゆっくりと部屋を横切り，ソファーの端に座った。彼女は彼の前にあるテーブルの上に彼のティーカップを置いた。50「さあ，これでいいわ」と彼女は言った。「なんてすてきで居心地がいいんでしょう」51ビリーはお茶をすすった。彼女も同じことをした。30秒かそこら，どちらも話さなかった。しかしビリーは彼女が自分を見ていることを知っていた。彼女の体は半身となって彼の方を向いていた。そして彼は彼女の視線が彼女のティーカップの縁を越えて自分の顔に注がれているのを感じた。ときどき彼は彼女から直接出ているように思われる独特なほのかな香りを感じた。それは決して不愉快な香りではなく，彼にあることを思い出させた――もっとも彼はそれが何を思い出させたのかよくわからなかったが。クルミのピクルス？　新しい革？　それとも病院の廊下のにおい？52「マルホランドさんはお茶に関してはすばらしい人でした」と彼女はやっと口を開いた。「私の人生の中であのすてきなマルホランドさんほどお茶をたくさん召し上がる方は見たことがありません」53「彼がいなくなったのは，かなり最近のことだと思います」とビリーは言った。彼は今も2つの名前について頭を巡らせていた。彼が新聞紙上で，それも見出しの中で，彼らの名前を見たことを今では確信していた。54「いなくなった？」　彼女は眉を釣り上げて言った。「いいえ，あなた，彼はいなくなってなんかないわ。まだここにいるの。テンプルさんもここにいらっしゃるわ。2人とも4階に」55ビリーはテーブルの上にゆっくりとカップを置き，女主人をじっと見つめた。彼女は彼に向かってほほ笑みかけ，それから白い手の一方を伸ばして，彼の膝の上を優しくたたいた。「ねえ，あなた，おいくつ？」と彼女は尋ねた。56「17歳です」57「17歳！」と彼女は大きな声で言った。「ああ，完璧な歳ね！　マルホランドさんも17歳だったのよ。でも彼はあなたより少し背が低かったと思うわ，いいえ，間違いなくそうでした，それに彼の歯はあなたほど白くなかったわね。あなたは一番美しい歯をしているわ，ウィーバーさん，ご自分ではわかっていらっしゃった？」58「(ウ)見た目ほどよくはありません」とビリーは言った。「奥歯には実際たくさんの詰め物がしてありますし」59「テンプルさんはもちろんもう少し年上でした」と彼女は彼の言葉を無視して言った。「実際彼は28歳でした。それでも彼が私にそう言ってくれなければ，決してわからなかったわ，絶対に。彼の体にはアザひとつなかったもの」60「えっ，何ですって？」とビリーは言った。61「彼の肌はまるで赤ちゃんのようだったわ」62間があった。ビリーはティーカップを持ち上げてもう一口お茶をすすり，それから再びソーサーの上にそれをそっと置いた。彼は彼女が他に何か言うのを待ったが，彼女はまた沈黙に陥ったようだった。彼はそこに座り，下唇をかみながら正面の部屋の向こう側をまっすぐ見つめていた。63「あのオウムは」と彼はついに言った。「実はですね，僕が最初に通りから窓越しにあれを見たとき，完全にだまされたんです。絶対に生きていると思いました」64「ああ，もう生きていないのよ」65「3その処理の方法はとても見事ですね」と彼は言った。「死んでいるようには全く見えない。誰がやったんですか？」66「私よ」67「あなたが？」68「もちろんよ」と彼女は言った。「それから私のかわいいバジルにも会ったことがある？」　彼女は暖炉の前でとても気持ちよさそうに丸くなっているダックスフントを顎で示した。ビリーはそれを見た。そして不意に彼は，この動物がずっと前からオウムと同じように音も立てずにじっとしていることに気づいた。彼は手を伸ばしてその背中の最上部をそっと触った。背中は硬くて冷たかった。そして指で毛を片側に押し動かすと，その下の地肌を見ることができた。それは灰色がかった黒色で，乾燥しており，完全な状態で保存されていた。69「なんてことだ」と彼は言った。「本当にすばらしい」　彼は犬から離れて振り向き，彼の脇に座っている小さな女性を感嘆のまなざしで見つめた。「このようなことをするのは，きっととても難しいんでしょうね」70「全然」と彼女は言った。「私のかわいいペットたちが死んだら，みんな私が剥製にするの。お茶をもう一杯いかが？」71「いいえ，もうけっこうです」とビリーは言った。お茶はほのかに苦いアーモンドの味がしたが，彼はそれをあまり気にかけなかった。72「宿帳にはサインしましたね？」73「4ああ，しました」74「よかった。後であなたのお名前を忘れてしまったら，いつでもここに来て調べることができるわ。今も私はほとんど毎日そうしているのよ，マルホランドさんと，ええと…」75「テンプル」とビリーは言った。「グレゴリー・テンプルです。失礼ですが，この２，３年，彼ら以外の客は来なかったのですか？」76ティーカップを片手で高く持ち，顔をわずかに左に傾けながら彼女は上目遣いで彼を見て，また優しい小さな笑みを彼に向けた。77「5いないわよ」と彼女は言った。「あなただけ」

Ａ＜英問英答・英文解釈＞１．「ビリーは女性の宿の中に入ったとき，どう思ったか」―(d)「そのとき他の客は泊まっていない」　第５段落参照。　２．「ビリーはなぜクリストファー・マルホランドを知っていると思ったのか」―(c)「彼の名前が以前，新聞に載っていたから」　第30，43，53段落参照。　３．「女性によると，どうして彼女はビリーが宿帳にサインすることを望んだのか」―(a)「彼女は客の名前を忘れることが多かったから」　第74段落参照。第16段落では「当地の規則で」と言っているが，この後何度も名前を間違えているので，第74段落で言っていることが本音だと考えられる。　４．「その年輩の女性によると，ビリーとその宿に泊まった他の２人の客の共通の特徴は何か」―(a)「彼らは皆ハンサムで背が高かった」　第31段落最終文参照。５．「ビリーが諦めたくなかったことは何か」―(b)「宿帳の２人の男が誰であったかを思い出すこと」　第43，44段落参照。　６．「ビリーは犬が生きていないことがわかったときどのように感じたか」―(a)「彼は動物を剥製にする彼女の技術に感銘を受けた」　第65，69段落参照。　７．「下線部①はどういう意味か」―(a)「その女主人は少し頭がおかしく見えた」 appear to be ～で「～のように見える」。off ～'s rocker が「気が狂って」という意味であることは文脈から推測する。　８．「宿帳に載っている２人の客に関する最も可能性の高い事実はどれか」―(c)「彼らは彼女のペットのようになった」　第54段落の「(彼らは)２人とも４階に(いる)」，第70段落の「私のかわいいペットたちが死んだら，みんな私が剥製にする」といった言葉から，２人もペットと同じように剥製にされ，４階に置かれているものと考えられる。　９．「この文章の後，ビリーがおそらくしないことは何か」―(c)「彼はダックスフントに餌を与える」　第68段落から，ビリーはダックスフントが剥製であることがわかっているので，ダックスフントに餌を与えることは考えられない。　10．「この文章のトーンはどのようなものか」―(a)「恐ろしく，謎に満ちている」　宿屋の女主人は，客を殺して剥製にしているという疑いを抱かせるような人物である。女主人の素振りや会話の内容も気味悪く描かれている。

B＜適文選択＞1．この段落の第2，3文から，女主人は若い男性客を好んで泊めていることが読み取れる。ビリーはまさにその条件に合う青年である。　2．この前の第20～25，28段落から，ビリーには2人の名前に心当たりがあることがわかり，この後にはMaybe it was in the newspapers.「たぶん新聞に載っていたのだと思います」とあるので，2人の名前を聞いたことがあるのはほぼ間違いないという内容の(に)が適切。このpositiveは「確信している」という意味(≒sure)。　ring a bell「思い当たることがある，ぴんとくる」　familiar「見〔聞き〕覚えがある」

3．第63段落から，ビリーはオウムが生きていると思っていたことがわかる。また，直後では「死んでいるようには全く見えない」と言っていることから，その剥製の出来が見事なことを伝える(い)が適切。最初のItはthe way以下を受ける形式主語。2つ目のitはthat parrotを指す。'the way＋主語＋動詞'で「～する方法」という意味を表すので，the way it's been doneは「処理(＝剝製)のされ方」ということ。most terriblyは強調表現で，「ものすごく」というような意味。

4．宿帳にサインしたかどうかをきかれたビリーの返答。直後で女主人がThat's good. と言っていることから，ビリーはサインしたことを伝えたとわかる。　5．ビリーから，この2，3年に自分以外の客は来なかったかと尋ねられた女主人の返答。この後，「あなただけ」と言っていることから，客は来ていないことがわかる。

C＜整序結合＞(ア)まず'let＋目的語＋動詞の原形'「～に…することを許す」の形を用いた命令文でLet me helpとし，この後は'help＋人＋with＋物事'「〈人〉の〈物事〉を手伝う」の形にする。'Let me＋動詞の原形...'で「～させてください」。　(イ)前後の内容と語群から，「他に記入されている名前は2つだけだった」というような意味になると推測できる。語群にthereがあるのでThere is〔are〕～「～がある」の構文を考え，'～'の部分をonly two other entries「たった2つの他の記入」とまとめる。この後は，その2つの名前が記入されている場所を表す語句としてabove hisとon the pageをこの順で置く。hisは所有代名詞でhis entryを1語で表したもの。　(ウ)'not as ～ as …'「…ほど～でない」の形をつくる。比較される二者をare('実際')とlook('外見')という動詞で表す形にし，「それら(＝歯)は，実際は外見ほどよくない」という意味の文にする。

D＜英文和訳＞(ⅰ)looked exactly like ～は「まさに～のように見えた〔～のようだった〕」。welcomingは現在分詞で，welcoming以下が前にあるthe motherを修飾している形。このoneは一般的に「人」を表す代名詞。　(ⅱ)副詞句very oftenを強調する'It is ～ (that) …'の強調構文で，「that以下のことはあまり頻繁にない」という意味。この文ではoftenの後にthatが省略されている。　have the pleasure of ～ing「～することを喜ぶ，うれしく思う」　'take ～ into …'「～を…に迎え入れる」　nest「ねぐら，宿」　(ⅲ)このstuff ～は「～を剝製にする」という意味だが，前後の内容から推測する。pass awayは「死ぬ」。

E＜和文英訳―完全記述＞②「～だけでなく，また…」は'not only ～ but (also) …'，「害がない」はharmlessで表せる。「優しい」はkindのほか，gentle，niceなどでもよい。　③I think (that)の後，「～より背が低い」は形容詞shortを用いて比較級で表せばよい。「少し」a littleは，これが修飾する語(ここではshorter)の前に置く。

# 2019年度／慶應義塾高等学校

## 数学解答

**1** (1) $4\sqrt{1591}$

(2) $(x-5)(x+9)(x^2+4x+19)$

(3) $\dfrac{5}{108}$

(4) (順に)3, 6, 6, 7, 8, 9, 10

**2** (1) $\dfrac{1}{2020}$ (2) (順に)11, 87

**3** (1) $x>2$ (2) $\dfrac{7+\sqrt{17}}{4}$, $\dfrac{7+\sqrt{33}}{2}$

**4** (1) 3 (2) $d=\dfrac{1}{2}t^2$

**5** (1) 7：5：16 (2) 3：35

**6** (1) $2-\sqrt{2}$ (2) $\dfrac{\sqrt{2}-2}{2}$

(3) $\sqrt{2}$

**7** (1) 8 (2) $6\sqrt{2}$ (3) $\dfrac{40\sqrt{2}}{3}$

**1** 〔独立小問集合題〕

(1)＜平方根の計算＞$\sqrt{\dfrac{111}{2}}+\sqrt{\dfrac{86}{3}}=\dfrac{\sqrt{111}}{\sqrt{2}}+\dfrac{\sqrt{86}}{\sqrt{3}}=\dfrac{\sqrt{37\times3}\times\sqrt{3}+\sqrt{43\times2}\times\sqrt{2}}{\sqrt{6}}=\dfrac{3\sqrt{37}+2\sqrt{43}}{\sqrt{6}}$だから，与式$=\left(\dfrac{3\sqrt{37}+2\sqrt{43}}{\sqrt{6}}\right)^2-\left(\dfrac{3\sqrt{37}-2\sqrt{43}}{\sqrt{6}}\right)^2=\left(\dfrac{3\sqrt{37}+2\sqrt{43}}{\sqrt{6}}+\dfrac{3\sqrt{37}-2\sqrt{43}}{\sqrt{6}}\right)\left(\dfrac{3\sqrt{37}+2\sqrt{43}}{\sqrt{6}}-\dfrac{3\sqrt{37}-2\sqrt{43}}{\sqrt{6}}\right)=\dfrac{6\sqrt{37}}{\sqrt{6}}\times\dfrac{4\sqrt{43}}{\sqrt{6}}=4\sqrt{1591}$となる。

(2)＜因数分解＞与式$=\{(x-3)(x+7)\}\{(x-1)(x+5)\}-960=(x^2+4x-21)(x^2+4x-5)-960$と変形し，$x^2+4x=A$とおくと，与式$=(A-21)(A-5)-960=A^2-26A+105-960=A^2-26A-855=(A-45)(A+19)$となる。$A$をもとに戻して，与式$=(x^2+4x-45)(x^2+4x+19)=(x-5)(x+9)(x^2+4x+19)$である。

(3)＜確率―さいころ＞大中小３つのさいころを同時に１回投げるとき，目の出方は全部で$6\times6\times6=216$(通り)ある。このうち，$\dfrac{1}{a}+\dfrac{1}{b}+\dfrac{1}{c}=1$となるのは，$a=b=c$の場合は，$\dfrac{1}{3}+\dfrac{1}{3}+\dfrac{1}{3}=1$より，$(a,\ b,\ c)=(3,\ 3,\ 3)$の１通りである。これより，$a=b=c$ 以外の場合は，$\dfrac{1}{a}$，$\dfrac{1}{b}$，$\dfrac{1}{c}$のうちの少なくとも１つは$\dfrac{1}{3}$より大きいので，$a$，$b$，$c$のうちの少なくとも１つは３より小さい。ここで，$a<3$とし，$a\leqq b\leqq c$とする。$a=1$のとき，$\dfrac{1}{a}=\dfrac{1}{1}=1$より，$\dfrac{1}{a}+\dfrac{1}{b}+\dfrac{1}{c}>1$となるので，$\dfrac{1}{a}+\dfrac{1}{b}+\dfrac{1}{c}=1$になることはない。$a=2$のとき，$\dfrac{1}{2}+\dfrac{1}{b}+\dfrac{1}{c}=1$より，$\dfrac{1}{b}+\dfrac{1}{c}=\dfrac{1}{2}$となる。$b=2$とすると，$\dfrac{1}{b}=\dfrac{1}{2}$より，$\dfrac{1}{b}+\dfrac{1}{c}>\dfrac{1}{2}$だから，適する$c$はない。$b=3$とすると，$\dfrac{1}{3}+\dfrac{1}{c}=\dfrac{1}{2}$より，$\dfrac{1}{c}=\dfrac{1}{6}$，$c=6$となる。$b=4$とすると，$\dfrac{1}{4}+\dfrac{1}{c}=\dfrac{1}{2}$より，$\dfrac{1}{c}=\dfrac{1}{4}$，$c=4$となる。$b\geqq5$とすると，$b>c$となる。したがって，$(a,\ b,\ c)=(2,\ 3,\ 6)$，$(2,\ 4,\ 4)$となるので，３つの数$a$，$b$，$c$が，２と３と６，２と４と４であれば，$\dfrac{1}{a}+\dfrac{1}{b}+\dfrac{1}{c}=1$となる。２と３と６の場合は，$(a,\ b,\ c)=(2,\ 3,\ 6)$，$(2,\ 6,\ 3)$，$(3,\ 2,\ 6)$，$(3,\ 6,\ 2)$，$(6,\ 2,\ 3)$，$(6,\ 3,\ 2)$の６通りあり，２と４と４の場合は，$(2,\ 4,\ 4)$，$(4,\ 2,\ 4)$，$(4,\ 4,\ 2)$の３通りある。以上より，$a$，$b$，$c$の組は$1+6+3=10$(通り)あるから，求める確率は$\dfrac{10}{216}=\dfrac{5}{108}$である。

(4)＜資料の活用＞得点の最小値を$a$とすると，最小値と最頻値の差が３より最頻値は$a+3$，中央値は最頻値より１大きいので$a+4$点と表せる。中央値は得点が小さい方から４番目だから，小さい方から４番目までは，$a$，$a+3$，$a+3$，$a+4$となる。最頻値は１つのみだから，残り３人の得点を小さい順に$b$，$c$，$d$とすると，$a+4<b<c<d\leqq10$となり，平均値が７だから，合計について，$a+(a$

$+3)+(a+3)+(a+4)+b+c+d=7\times7$ が成り立ち，$4a+b+c+d=39$ である。ここで，$b+c+d$ の最大値は $8+9+10=27$ である。このとき，$4a$ は最小で，$39-27=12$ となる。$4a$ は4の倍数だから，$4a=12$ とすると，$a=3$，$b=8$，$c=9$，$d=10$ だから，7人の得点は3，6，6，7，8，9，10である。$4a=16$ とすると，$a=4$ であり，$16+b+c+d=39$ より，$b+c+d=23$ となる。$a+4<b$ より，$4+4<b$，$8<b$ だから，適する $b$，$c$，$d$ はない。$4a\geqq20$ としても適する $b$，$c$，$d$ はない。

**2**〔特殊・新傾向問題〕

≪基本方針の決定≫操作を何回か行って，規則性をつかむ。

(1)<**$a$の値**>操作を $n$ 回行った後の $a$ の値を $a_n$ と表す。最初が $a=1$ より，$a_1=\dfrac{1}{1+1}=\dfrac{1}{2}$，$a_2=\dfrac{a_1}{a_1+1}=a_1\div(a_1+1)=\dfrac{1}{2}\div\left(\dfrac{1}{2}+1\right)=\dfrac{1}{3}$，$a_3=\dfrac{a_2}{a_2+1}=a_2\div(a_2+1)=\dfrac{1}{3}\div\left(\dfrac{1}{3}+1\right)=\dfrac{1}{4}$，……となる。よって，分母が1ずつ大きくなっているから，2019回目の操作後の $a$ の値は $a_{2019}=\dfrac{1}{2020}$ である。

(2)<**$k$，$n$の値**>最初が $a=k$ より，$a_1=\dfrac{k}{k+1}$，$a_2=\dfrac{k}{k+1}\div\left(\dfrac{k}{k+1}+1\right)=\dfrac{k}{k+1}\div\dfrac{2k+1}{k+1}=\dfrac{k}{2k+1}$，$a_3=\dfrac{k}{2k+1}\div\left(\dfrac{k}{2k+1}+1\right)=\dfrac{k}{2k+1}\div\dfrac{3k+1}{2k+1}=\dfrac{k}{3k+1}$，……となるから，$a_n=\dfrac{k}{nk+1}$ である。これが $\dfrac{11}{958}$ となるので，$\dfrac{k}{nk+1}=\dfrac{11}{958}$ が成り立ち，$958k=11nk+11$，$958k-11nk=11$，$k(958-11n)=11$ となる。これより，$(k,\ 958-11n)=(1,\ 11)$，$(11,\ 1)$ である。$k=1$，$958-11n=11$ のとき，$n=\dfrac{947}{11}$ となり，適さない。$k=11$，$958-11n=1$ のとき，$n=87$ となり，適する。よって，$k=11$，$n=87$ である。

**3**〔平面図形—三角形〕

≪基本方針の決定≫3辺のうちどの辺が最も長いかに着目する。

(1)<**範囲**>三角形ができるのは，最も長い辺の長さが他の2辺の長さの和より短いときである。3辺の長さが $x$，$x+1$，$2x-3$ だから $x<x+1$ より，最も長い辺の長さは，$x+1$ か $2x-3$ である。$x+1=2x-3$ とすると，$x=4$ となるから，$0<x<4$ のとき，$x+1>2x-3$ であり，$x>4$ のとき，$x+1<2x-3$ である。$0<x<4$ のとき，最も長い辺の長さは $x+1$ だから，$x+1<x+(2x-3)$ となる。これより，$x+1<3x-3$，$4<2x$，$2<x$ となる。$0<x<4$ だから，$2<x<4$ である。$x=4$ のとき，$x+1=4+1=5$，$2x-3=2\times4-3=5$ より，$5<4+5$ だから，三角形はできる。$x>4$ のとき，最も長い辺の長さは $2x-3$ だから，$2x-3<x+(x+1)$ となる。これより，$2x-3<2x+1$ であり，常に成り立つ。以上より，$x$ のとりうる範囲は $x>2$ である。

(2)<**長さ—三平方の定理**>(1)より，$2<x<4$ のとき，最も長い辺の長さは $x+1$ だから，三角形が直角三角形となるとき，斜辺の長さが $x+1$ である。よって，三平方の定理より，$x^2+(2x-3)^2=(x+1)^2$ が成り立ち，$x^2+4x^2-12x+9=x^2+2x+1$，$2x^2-7x+4=0$ より，$x=\dfrac{-(-7)\pm\sqrt{(-7)^2-4\times2\times4}}{2\times2}=\dfrac{7\pm\sqrt{17}}{4}$ となる。$2<x<4$ より，$x=\dfrac{7+\sqrt{17}}{4}$ である。$x=4$ のときは，直角三角形にならない。$x>4$ のとき，斜辺の長さが $2x-3$ だから，$x^2+(x+1)^2=(2x-3)^2$ が成り立ち，$x^2+x^2+2x+1=4x^2-12x+9$，$x^2-7x+4=0$ より，$x=\dfrac{-(-7)\pm\sqrt{(-7)^2-4\times1\times4}}{2\times1}=\dfrac{7\pm\sqrt{33}}{2}$ となる。$x>4$ より，$x=\dfrac{7+\sqrt{33}}{2}$ である。以上より，直角三角形となるときの $x$ の値は $\dfrac{7+\sqrt{17}}{4}$ と $\dfrac{7+\sqrt{33}}{2}$ である。

**4**〔関数—関数と図形・運動〕

(1)<**時間**>点Pの速さは毎秒2で，点Pが出発して $a$ 秒後に点Qが出発し，その $2a$ 秒後に点Pは点Qに追いつかれたので，このとき点Pが進んだ距離は，$2\times(a+2a)=6a$ である。これが $3a+9$ に等しいので，$6a=3a+9$ が成り立ち，$a=3$ となる。

(2)＜関係式＞点Qが出発してから進む距離 $d$ は，出発してからの時間 $t$ の2乗に比例するから，$k$ を定数として，$d=kt^2$ と表される。(1)より，$2a=2\times3=6$，$3a+9=3\times3+9=18$ だから，$t=6$ のとき，$d=18$ である。よって，$18=k\times6^2$ が成り立ち，$k=\frac{1}{2}$ となるから，$d=\frac{1}{2}t^2$ である。

**5**〔平面図形―円〕

≪基本方針の決定≫(1)　FEとBHの位置関係に着目する。

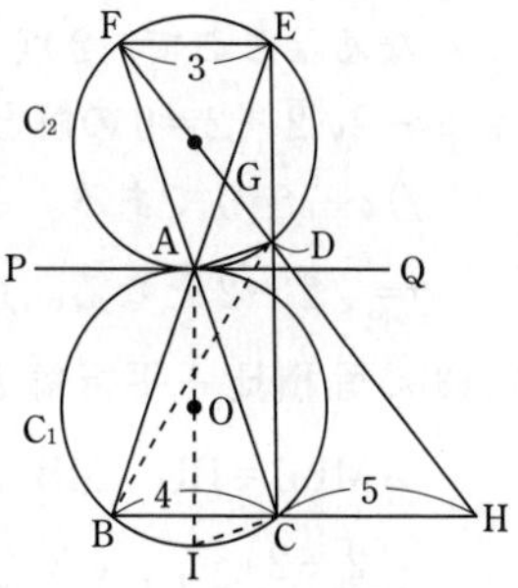


(1)＜長さの比―相似＞右図のように，点Aで2円 $C_1$，$C_2$ に接する直線PQを引き，円 $C_1$ の中心をOとし，AOの延長と円 $C_1$ の周との交点をIとする。線分AIが円 $C_1$ の直径より∠ACI＝90°，直線PQが円 $C_1$ の接線より∠PAO＝90°だから，∠ACI＝∠PAOである。また，$\overset{\frown}{BI}$ に対する円周角より∠BCI＝∠BAIだから，∠ACI－∠BCI＝∠PAO－∠BAIとなり，∠ACB＝∠PABである。同様にして，∠AFE＝∠EAQである。対頂角より，∠PAB＝∠EAQだから，∠AFE＝∠ACBとなり錯角が等しいから，FE∥BHである。これより，△GEF∽△GBHだから，EG：GB＝EF：BH＝3：(4＋5)＝1：3となり，EG＝$\frac{1}{1+3}$EB＝$\frac{1}{4}$EBとなる。同様にして，△AEF∽△ABCより，EA：AB＝EF：BC＝3：4だから，EA＝$\frac{3}{3+4}$EB＝$\frac{3}{7}$EB，AB＝$\frac{4}{3+4}$EB＝$\frac{4}{7}$EBである。よって，GA＝EA－EG＝$\frac{3}{7}$EB－$\frac{1}{4}$EB＝$\frac{5}{28}$EBとなるから，EG：GA：AB＝$\frac{1}{4}$EB：$\frac{5}{28}$EB：$\frac{4}{7}$EB＝7：5：16となる。

(2)＜面積比＞右上図で，点Dと点Bを結ぶ。△GADと△EBDで，辺GA，辺EBをそれぞれの底辺とすると高さは等しいから，△GAD：△EBD＝GA：EBである。(1)より，GA：EB＝5：(7＋5＋16)＝5：28だから，△GAD：△EBD＝5：28であり，△GAD＝$\frac{5}{28}$△EBDである。同様にして，△EBD：△DBC＝ED：DCである。△DEF∽△DCHより，ED：DC＝EF：CH＝3：5だから，△EBD：△DBC＝3：5となり，△EBD＝$\frac{3}{5}$△DBCである。また，△DBC：△DCH＝BC：CH＝4：5だから，△DBC＝$\frac{4}{5}$△DCHである。以上より，△GAD＝$\frac{5}{28}\times\frac{3}{5}$△DBC＝$\frac{5}{28}\times\frac{3}{5}\times\frac{4}{5}$△DCH＝$\frac{3}{35}$△DCHとなるから，△GAD：△DCH＝$\frac{3}{35}$△DCH：△DCH＝3：35となる。

**6**〔関数―関数 $y=ax^2$ と直線〕

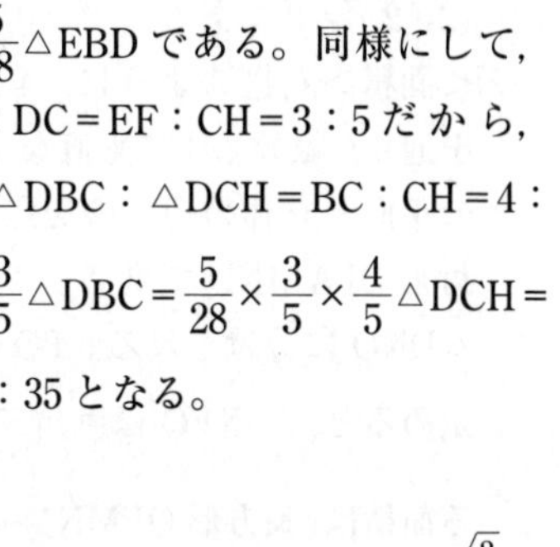

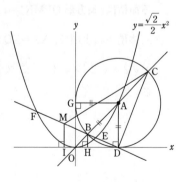


(1)＜長さ―特別な直角三角形＞右図のように，円と $y$ 軸との接点をGとし，点Aと2点D，Gを結ぶ。∠ADO＝∠AGO＝∠GOD＝90°，OD＝OGより，四角形ODAGは正方形だから，OD＝DAであり，OD＝DA＝$t$ とおくと，A($t$，$t$)となる。点Aは放物線 $y=\frac{\sqrt{2}}{2}x^2$ 上にあるから，$t=\frac{\sqrt{2}}{2}t^2$ が成り立ち，$2t=\sqrt{2}t^2$ より，$t^2-\sqrt{2}t=0$，$t(t-\sqrt{2})=0$　∴$t=0$，$\sqrt{2}$　$t>0$ だから，$t=\sqrt{2}$ である。△ODAは直角二等辺三角形だから，OA＝$\sqrt{2}$OD＝$\sqrt{2}\times\sqrt{2}=2$ であり，BA＝DA＝$\sqrt{2}$ だから，OB＝OA－BA＝$2-\sqrt{2}$ である。

(2)＜$x$座標＞右上図で，点Bから $x$ 軸に垂線BHを引く。∠BOH＝45°より，△OHBは直角二等辺三角形だから，OH＝HB＝$\frac{1}{\sqrt{2}}$OB＝$\frac{1}{\sqrt{2}}\times(2-\sqrt{2})=\sqrt{2}-1$となり，B$(\sqrt{2}-1,\ \sqrt{2}-1)$である。D$(\sqrt{2},\ 0)$だから，直線DBの傾きは$\frac{0-(\sqrt{2}-1)}{\sqrt{2}-(\sqrt{2}-1)}=1-\sqrt{2}$となり，直線DBの式は$y=(1-\sqrt{2})x+b$とおける。点Dを通ることより，$0=(1-\sqrt{2})\sqrt{2}+b$，$b=2-\sqrt{2}$となるから，直線DBの式は$y=(1-\sqrt{2})x+2-\sqrt{2}$である。2点E，Fは放物線$y=\frac{\sqrt{2}}{2}x^2$と直線$y=(1-\sqrt{2})x+2-\sqrt{2}$の交点だから，この2式より，$\frac{\sqrt{2}}{2}x^2=(1-\sqrt{2})x+2-\sqrt{2}$，$x^2-(\sqrt{2}-2)x-2\sqrt{2}+2=0$となる。ここで，2点E，Fの$x$座標をそれぞれ$e$，$f$とすると，$x=e$，$f$は二次方程式$x^2-(\sqrt{2}-2)x-2\sqrt{2}+2=0$の解となる。また，$x=e$，$f$を解とする二次方程式は$(x-e)(x-f)=0$より，$x^2-(e+f)x+ef=0$である。これが$x^2-(\sqrt{2}-2)x-2\sqrt{2}+2=0$と同じになるので，$x$の係数について，$e+f=\sqrt{2}-2$となる。点Mは線分EFの中点だから，$x$座標は$\frac{e+f}{2}=\frac{\sqrt{2}-2}{2}$である。

(3)＜面積比―平行線と線分の比＞前ページの図で，点Mから$x$軸に垂線MIを引く。△BDC：△MBC＝BD：MBであり，BH∥MIより，BD：MB＝HD：IH＝$\{\sqrt{2}-(\sqrt{2}-1)\}:\left\{(\sqrt{2}-1)-\frac{\sqrt{2}-2}{2}\right\}=1:\frac{\sqrt{2}}{2}=2:\sqrt{2}$である。よって，△BDC：△MBC＝$2:\sqrt{2}$となるから，$\frac{\triangle \mathrm{BDC}}{\triangle \mathrm{MBC}}=\frac{2}{\sqrt{2}}=\sqrt{2}$である。

## 7 〔空間図形―十四面体〕

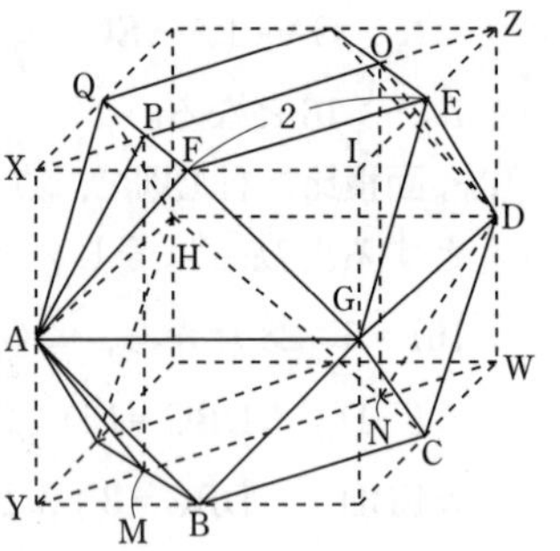


(1)＜面積―特別な直角三角形＞展開図を組み立ててできる立体は，右図のような立方体から，8個の合同な三角錐を取り除いた残りの立体である。四角形ABGFは1辺が2の正方形だから，AG＝$\sqrt{2}$AF＝$\sqrt{2}\times2=2\sqrt{2}$である。よって，平面図の正方形AGDHの面積は，$(2\sqrt{2})^2=8$である。

(2)＜面積＞右図のように，4点X，Y，Z，Wを定めると，2点A，Dを通り，線分GHに垂直な平面は，4点X，Y，Z，Wを通るので，この平面と立体の辺との交点M，N，O，Pを定めると，切り口は六角形OPAMNDである。六角形OPAMNDは，長方形OPMNと2つの合同な三角形△AMP，△DNOに分けられる。PO＝FE＝2，PM＝XY＝XI＝AG＝$2\sqrt{2}$である。また，図のように点Qを定めると，△XFQは直角二等辺三角形だから，XP＝FP＝$\frac{1}{2}$FQ＝$\frac{1}{2}\times2=1$となる。よって，求める面積は〔長方形OPMN〕＋△AMP＋△DNO＝$2\times2\sqrt{2}+\frac{1}{2}\times2\sqrt{2}\times1\times2=6\sqrt{2}$となる。

(3)＜体積＞右上図で，XA＝XQ＝XF＝$\frac{1}{2}$XI＝$\frac{1}{2}\times2\sqrt{2}=\sqrt{2}$だから，三角錐AFXQの体積は$\frac{1}{3}\times\left(\frac{1}{2}\times\sqrt{2}\times\sqrt{2}\right)\times\sqrt{2}=\frac{\sqrt{2}}{3}$である。よって，求める立体の体積は，$(2\sqrt{2})^3-\frac{\sqrt{2}}{3}\times8=\frac{40\sqrt{2}}{3}$となる。

# 2019年度／慶應義塾高等学校

## 国語解答

一 問１ 主語は文脈からわかることなのでくだくだしく書いていない。（28字）

問２ 日本人さえ，うなずいたのが誰か判断を誤る［ということ。］

問３ 六

問４ 読者がどう～意識せずに［書いたから。］

問５ 外から眺めている

問６ 川端康成　問７ ウ

問８ 列車

問９ A 悪　B 衣　C 音　D 彼

問10 と

問11 1…ア　2…カ　3…キ

問12 群馬［県］

問13 1 察　2 対象　3 悲劇
4 安直　5 務　6 散在
7 持論　8 展開　9 明示
10 無為

二 問１ 大入道　問２ 夢のお告げ

問３ 誰の ウ　意味 ウ

問４ 鳥居峠

問５ 眠ったまま，死んでしまう［不安］

問６ その日に帰ることを母には知らせていないのに，母がUさんを起こしてKさんを迎えに来させたから。（46字）

問７ それはUさ～とだった。

問８ Kさんへの思いから，Kさんの母が危険を察知し，その結果として彼が助かったと思った妻は，この不思議な出来事に感動したから。（60字）

問９ 念　問10 ア，エ

問11 a しばら　b かえり
c わず　d ようや
e したく

三 ❶ イ　❷ ア　❸ イ　❹ イ
❺ ア　❻ ア　❼ イ　❽ イ
❾ ア　❿ イ

一〔論説文の読解―芸術・文学・言語学的分野―日本語〕出典；中村明『日本の一文　30選』「曖昧さの幅と奥行」。

≪本文の概要≫表現の不十分な部分を先方の想像で補ってもらわなければ正確に伝わらない傾向が，日本語では強い。『伊豆の踊子』にある「私が縄梯子に捉まろうとして振り返った時，さよならを言おうとしたが，それも止して，もう一ぺんただうなずいて見せた」という文で，うなずいたのが「私」ではなく「踊子」であることは，文脈からわかる。さらにこの一文は，「私は」でなく「私が」とあることからも，うなずいたのは「踊子」しか考えられない。日本語の表現は，文脈からわかることをくだくだしく書かないのである。また，吉行淳之介は，目に頼る作家で，自分の作品に登場する「魚谷」が「ウオタニ」か「ウオヤ」か，自分でもわからないという。『雪国』の冒頭文は，「トンネルを抜ける」と「雪国であった」のどちらの主体も明示されておらず，自然発生的なあり方を好む日本人の表現特徴と深く関連する。長いトンネルの手前と先とを，此岸と彼岸になぞらえる深読みもあるが，そう読んでもおかしくないほど，意味ありげな姿で立つ一文である。

問１＜文章内容＞「私が縄梯子に捉まろうとして振り返った時，さよならを言おうとしたが，それも止して，もう一ぺんただうなずいて見せた」の一文では，「うなずいて見せた」のは「踊子」だとは記されていない。それは，主語は文脈から「踊子」だとわかるからである。日本語の表現では，「文脈からわかることをくだくだしく書かない」のであり，この文はまさにそのとおりになっている。

問２＜文章内容＞「私が縄梯子に捉まろうとして振り返った時，さよならを言おうとしたが，それも止して，もう一ぺんただうなずいて見せた」の一文だけを取り出して，うなずいたのは誰かと問うと，多くの留学生が「私」だと答えるだけでなく，最近は日本人でさえ「私」だと思い込む人が増えた。日本人でさえうなずいたのは誰なのかの判断を誤ることから，この一文を「日本語の曖昧さの典型的な例」と見なす風潮がある。

問３＜文章内容＞うなずいたのが「踊子」であることは，「別れが近づくにつれて踊子は無口になり，『私』が話しかけても黙ってうなずくだけに変化」したとあることや，「踊子」が「唇をきっと閉じたまま一方を見つめていた」とあることからわかる。

問４＜文章内容＞吉行淳之介の作品に出てくる「魚谷」が「ウオタニ」なのか「ウオヤ」なのかは吉行自身もよくわからないと言ったが，それは『雪国』の「国境」が「クニザカイ」なのか「コッキョー」なのかわからないのと似ている。作家の中には「読者がどう発音するかということをほとんど意識せずに文字を書くタイプ」があり，吉行は，自分だけでなく川端もそうだったのではないかと考えている。

問５＜文章内容＞「全貌を俯瞰する」とは，対象を「外から眺めている」ことである。

問６＜文学史＞『伊豆の踊子』や『雪国』の作者で，ノーベル賞を受けたときに「美しい日本の私」と題する講演を行ったのは，川端康成である。

問７＜文章内容＞「自分を自分で褒める」のは，慎みのない態度だと日本人は考える。慎みや遠慮のことを，「たしなみ」という。

問８＜文章内容＞『雪国』は，「車中にある島村という人物の感覚でものをとらえているように」も読める。この場合の「車中」とは，「上州からトンネルを抜けて越後に入った」のであるから，「列車」（川端の作品中では「汽車」）の中ということになる。

問９．Ａ＜文章内容＞『伊豆の踊子』を使った実験では，「意地悪く」文脈をわざと切り離して問題の「一文だけを取り出して」読ませている。　　Ｂ＜語句＞作者は自分の「美意識」に従って「文脈からわかることをくだくだしく書かない」ことにしたのに，それを「曖昧な表現」とされたのでは，罪もない作者が悪くいわれていることになる。　　Ｃ＜文章内容＞「日本国内にコッキョーは存在しないとも断言しがたく」て，実際，「上州と越後との国境を意味する」語として上越「コッキョー」という語がある。　　Ｄ＜語句＞「この世」を「此岸」，「あの世」を「彼岸」という。

問10＜文章内容＞「『さよなら』ということば」そのものを「発しようとしたこと」を表す表現は，格助詞の「と」を使った，さよならと言おうとした，である。

問11＜接続語＞１．「小さな子供に『おばちゃんに，さよならを言ってらっしゃい』とうながして，子供がもし『バイバイ』と言ったとしても，親は別にとがめないだろう」ということは，要するに「『さよならを言う』というのは，別れの挨拶をするという意味」だということである。　２．「そんなわかりきったところに，くどく『踊子は』などという主語を書く」ことは作者の「美意識」が許さなかったからなのに，これを「曖昧な表現とされたのでは，作者にとってとんだ濡れ衣」である。　　３．「車中にある島村という人物の感覚でものをとらえている」ようにも読めるからこそ，「それまで雪ひとつなかった上州からトンネルを抜けて越後に入った瞬間，闇の底に一面の銀世界がひろがっているのに驚く」のである。

問12＜古典の知識＞「上州」は，「上野国」を指す。「上野国」は，今の群馬県。

問13＜漢字＞１．「察し」は，おしはかること。　２．認識や意志や欲求が向けられるもののこと。　３．不幸な出来事のこと。　４．安易であること。　５．音読みは，「事務」などの「ム」。　６．散らばってあること。　７．その人がいつも主張している意見や考えのこと。　８．繰り広げること。　９．はっきりと明らかに示すこと。　10．何もせず過ごすこと。

二〔小説の読解〕出典；志賀直哉『焚火』。

問1＜文章内容＞Kさんは，行く手に「大きな黒いもの」が立ったように見えた「大入道」の話をした。それを聞いた妻は，「大入道」のような出来事は「不思議」かどうかは知らないが，「夢のお告げとかそういう事はある」と思うと言った。

問2＜文章内容＞妻の「夢のお告げとかそういう事」という言葉を聞いて，Sさんは，Kさんが去年雪で困ったときの話を思い出し，その話は「夢のお告げとかそういう事」の「不思議」だと言った。

問3＜文章内容＞Kさんが去年雪で困ったときのことを言い出したSさんは，「まだ聴きませんか？」と言って「自分」の方を見た。それに対し，「自分」は「いいえ」と答えた。

問4＜文章内容＞雪の中，山を登り始めたKさんは，「段々にまいって来た」が，このとき，鳥居峠は「直ぐ上に見えて」いたので，Kさんは，その峠に向かって登っていった。

問5＜文章内容＞「雪で死ぬ人」は大概，雪の中で「何だか気持が少しぼんやりして」きて「そのまま眠って」しまい，「眠ったまま，死んでしまう」のである。それをKさんは知っていたが，このときは不思議に少しも「眠ったまま，死んでしまう」不安に襲われなかった。

問6＜文章内容＞Kさんは，雪の中，峠を越えて帰ってきたとき，Uさんたちと出会い，UさんがKさんのお母さんに起こされて自分を迎えに来たことを聞いた。Kさんは，この日に帰ることを誰にも知らせていなかったのに，母にはKさんが帰ってきたことがわかり，迎えをよこしたのである。これは非常に不思議なことなので，Kさんはとても驚いた。

問7＜状況＞Kさんを「迎いに来た」のは，「Uさんという，Kさんの義理の兄さんと，その頃Kさんの家に泊っていた氷切りの人夫三人」の計四人である。

問8＜文章内容＞妻は，Kさんが予定を繰りあげて帰ってきたとき，Kさんの母がUさんに「Kが呼んでいるから」と迎えに行かせたという話を聞いた。Kさんは，母を呼んではいないし，呼んだとしても聴こえるはずはないのに，母は，Kさんの危険を察知できたのである。そして結果的にKさんは助かったので，妻は，母の気持ちがKさんを救った不思議な出来事に感動したのである。

問9＜慣用句＞誤りがないようによく確かめることを，「念を押す」という。

問10＜文学史＞『阿部一族』は，森鷗外の小説。『河童』は，芥川龍之介の小説。『或る女』は，有島武郎の小説。『たけくらべ』は，樋口一葉の小説。『友情』は，武者小路実篤の小説。『三四郎』は，夏目漱石の小説。

問11＜漢字＞a．音読みは「暫定」などの「ザン」。　b．音読みは「回顧」などの「コ」。　c．音読みは「僅差」などの「キン」。　d．音読みは「漸次」などの「ゼン」。　e．「仕度」とも書く。

三〔国語の知識〕

❶＜慣用句＞激しく怒ることを，「怒り心頭に発する」という。　❷＜慣用句＞非常に混乱しているさまを，「上を下へ」という。　❸＜慣用句＞そう思いどおりになるものではない，ということを，「そうは問屋が卸さない」という。　❹＜慣用句＞手がかりにできるものがないことや，そっけなくて相手のことを気にも掛けない様子であることを，「取りつく島がない」という。　❺＜慣用句＞いざというときでなければ使わないような，とっておきの物や手段のことを，代々家宝として伝わっている名刀ということから転じて「伝家の宝刀」という。　❻＜慣用句＞さおを使って流れを下るように，大勢に逆らわずにうまく進むことを，「流れに棹さす」という。　❼＜語句＞「やおら」は，おもむろに，そろそろと，という意味。　❽＜慣用句＞世間のことを裏も表も知ってずる賢くなっていることを，「世間ずれ」という。　❾＜慣用句＞気を遣わなくていいことを，「気が置けない」という。　❿＜慣用句＞その人の力量に比べて，与えられた役目が軽すぎることを，「役不足」という。

# 2018年度 慶應義塾高等学校

**【英　語】**（60分）〈満点：100点〉

**I**　次の各組の英文がほぼ同じ意味を表すように，各々の（　）内に適切な1語を入れなさい。

1．(a) It was too cold for me to swim in the river.
　(b) It was so cold that I (　　) (　　) swim in the river.

2．(a) It's not just about the money and a car.
　(b) There are (　　) (　　) things than money and a car.

3．(a) The country could receive up to 30% of the company income under the new law.
　(b) Under the new law, the (　　) might have to (　　) 30% of its income to the country.

4．(a) It is good for your health to get up early in the morning.
　(b) (　　) (　　) early in the morning is good for your health.

5．(a) Although the popular orchestra came in town, there were no people in the concert hall.
　(b) The concert hall was (　　), even (　　) a popular orchestra came in town.

6．(a) I've never met a funny man like Steve.
　(b) Steve is the (　　) man I've (　　) met.

7．(a) He was told by the doctor to stop smoking.
　(b) The doctor told him to (　　) (　　) smoking.

8．(a) She was kind enough to show me the way.
　(b) She (　　) (　　) me the way.

9．(a) Which part of Australia were you raised?
　(b) Where in Australia (　　) you grow (　　)?

**II**　例にならって，各英文の下線部A～Dの中から文法的・語法的に間違っているものを1つ選び，**選んだ箇所全体**を正しい形に直しなさい。

【例】 It is kind for you to tell me the way to the station.
（A: It　B: for you　C: to tell　D: the way）

【解答例】 記号：B　正しい形：of you

1．I'd better to go see a doctor because my shoulder hurts.
（A: to go　B: see　C: a doctor　D: hurts）

2．John thought he will have to wait until tomorrow to talk to his homeroom teacher about his grades, but he was able to talk to him because the teacher was free today.
（A: will　B: about　C: was able to　D: was free）

3．In order to focus on studying, I had to give up to play baseball.
（A: In order to　B: studying　C: give up　D: to play）

4．Students have to finish making the art work completely until tomorrow.
（A: have to　B: making　C: completely　D: until）

5．At the end of a year, the amount of accidents on highways dramatically increases.
（A: At the　B: amount　C: accidents　D: increases）

6．The internet has helped us have close communications and share informations with others.
A　B　C　D

7．I use to think that I was nothing, but now I am very confident and feel that the society needs me.
A　B　C　D

8．I am really interesting in the politics of the U.S. after watching the presidential election last year.
A　B　C　D

9．Since I passed the entrance exam, I am looking forward to start my high school life.
A　B　C　D

**Ⅲ**　次の英文を完成させるために空所[ 1 ]～[ 10 ]に適切な1語を入れなさい。＊が付いている語(句)には【注】がある。

A method developed in France for providing care to people with *dementia is growing rapidly among nursing homes in Japan. The condition of [ 1 ] staff and the patients has been improved. "Humanitude," which [ 2 ] on respecting each person's *dignity and *independence, seems to be effective in developing positive relationships between people working at nursing homes as [ 3 ] as improving patients' conditions.

"Humanitude" has its origin in "[ 4 ]" and "attitude". 30 years ago, it was designed as a useful [ 5 ] to help caregivers build [ 6 ] by looking into the eyes of patients and speaking to them kindly.

Humanitude was first developed for professional nurses to help patients keep [ 7 ] on their feet. Later, it was found out that the method also reduces nurses' *psychological stress.

In one study, a researcher held a two-hour training session for nurses to be able to understand the humanitude method. The nurses also received follow up advice every week for three months. Among these helpful advice were making [ 8 ] to knock on the door before [ 9 ] the room and approaching patients from the front not to scare them.

The research shows the patients who went through care under the new approach acted less violently and were more relaxed. One caregiver, after attending the training session, began to speak to his wife, who has dementia, as softly as possible. Recently, she has shown trust by allowing him to do things that are necessary for her care.

Care workers also experienced less stress after learning the humanitude method. They became more active in their jobs and it [ 10 ] their personal relations with their coworkers.

【注】 dementia：認知症　dignity：威厳　independence：自立　psychological：精神的な

**Ⅳ**　次の英文を読み，設問A，B，C，D，Eに答えなさい。＊の付いている語(句)には【注】がある。

Nani never explained to me why we were going on this foreign trip. ①1ヶ月も経たない内に，僕は砂浜に一人でいる。 She brought me here and left without saying anything.

When we started this trip around Asia, I thought it would be a fun plan like a guided tour of *the Great Wall. Instead, I haven't seen a single museum or palace or anything else we learned about in school. I am here sitting on a beautiful but boring beach in Okinawa.

*Why can't I have a normal grandmother ? Why does every second of this trip have to be a surprise ?*

Nani returns to the beach four hours later in a completely new dress and hairstyle and finds me hiding in a dark space, knees to my chest.

"Have you been in here the whole time ?" She says sadly.

"This is pointless. All of this is pointless." I reply.

"You're right. If I knew you'd spend the whole day in the dark, you could have just stayed at the hotel instead."

I wanted to say more, but I didn't. We took a taxi to the hotel. I didn't say one word on our way back.

"Do you know why we are on this trip, Santosh ?" She asks later at dinner.

"So you could get away from Grandpa ?"

"No ! . . . well, yes. But no. We are on this trip because you win too many awards at school."

I look at her with a surprise. "What ?"

"Best in math, best in English, best in history, science. . . . How many awards can you win ? Every year, I come to the ceremony and watch you go up and down the stage, picking up all the trophies and making me and your mother carry them, because there are too many for you to hold."

"Nani," I say, losing my calm, "[ 1 ]"

"Because when you're older, no one cares how many awards you win, Santosh. People care if you have something to talk about. And right now, all you have to talk about are things from books."

My face is hot. My sixty-nine-year-old nani is calling me a *nerd. Not just a nerd, but a *book worm who is not interesting at all. The cool boys at school make fun of me the same way. But it doesn't matter what they say, because every year at the last meeting, they have to sit there and watch me win every single award while they win nothing. For me this hurt more.

She sees it in my face.

"I used to love seeing you win all those awards, Santosh. I loved seeing you and your mother happy. But now when you win, you don't smile anymore. The more you win, the less happy you look."

Heat *rips through me, and I turn away. "I'll be happy when I get home from this trip."

A long silence *stretches between us.

Nani's hand gently touches mine. "Santosh, all I'm asking is that for the last two days of our trip, I want you to forget about books and trophies and school."

"[ 2 ]" I answer with anger, but my voice fades as I say it.

The next day, I ask if I could go to the beach again.

Nani seems to have known this because my swimsuit was washed and she's already made her own plans for the day.

We came to another beautiful beach. Nani buys me a vanilla ice cream and watches as I walk out to the sand, before she gives me a smile and goes away.

I sit on the sand and watch a crowd of people. I notice that I am the only one who is alone.

Suddenly, a ball hits me in the chest. (ア)[and / ball / breathe / can't / cover / hits / I / me / my eyes / red / so hard and fast that / tears / the / .]

I see a boy running toward me. As I have tears in my eyes, I can't see clearly. I can't make out more than his *appearance and a round wooden racket in his hand. For a second, I think he hit me on purpose and now he's going to hit me with the racket. But then I see his hand over his mouth. He seems worried.

"*Daijoubu ?*" he says.

I don't answer because I'm still having difficulty breathing, I can't speak Japanese and most of all, and I'm still scared of him.

"*Daijoubu ?*" he repeats.

The boy's eyes fall on my backpack. "*Ahhhh, Americajin jan !,*" he says, touching the *stars and stripes tag.

"Yes, *Americajin* in pain," I say softly, touching my chest.

To my surprise, he laughs either because he knows some English or he's relieved I'm *responsive.

"*Yokattara isshoni asobanai ?*" he asks, while pointing to his friends and holding out his racket.

(i) My stomach jumps. He just asked me if I want to play with him. *Do you know the number of times I've imagined about being asked this exact question back home ?*

My hands are sweating. *Take it !* *Take it now !* I feel myself reaching for the racket. . . .

"*Taro !* *Hayaku !*"

[ 3 ] Taro. That's his name and his friends want him back. They don't want me to play. He's only asked me to be nice. I look up into his eyes and gently push the racket toward him.

"*Sayonara,*" I say, expecting him to look relieved. But he doesn't. He looks hurt.

As he runs back to his friends, I have the disappointing feeling that Taro wasn't trying to stay away from me at all. He wanted to make a new friend, and I just turned him away the way I thought he was doing the same to me. That's what I do every time. That's why I'm always alone.

It doesn't matter. I tell myself, looking for a snack in my bag and trying to forget about Taro. This beach. This whole trip.

As I chew on the chocolate bar, I think about how much better my summer reading essay will be than everyone else's. I think about how this year I'll win more trophies than ever before. I think about. . . .

But none of it makes me feel happy. It makes me feel worse. So I stop.

The next morning, Nani has some last minute shopping to do, so I tell her I'm going to read in the park until lunch.

But I don't go to the park. Instead, I slip my still-wet swimsuit under my shorts and ask the front desk to call me a taxi to the beach. (ii) She looks a little worried about sending me on my own, but I smile and tell her Nani's sleeping, and it seems to *persuade her.

An hour later, I'm in my usual spot, eating ice cream and watching Taro, lying in the sun next to the same girl, who was playing with him the day before.

Taro found me when I arrived. But he lay back down on his towel. He didn't look at me after that. The girl pushes him in the chest and says something that makes him laugh. I hate that girl.

*Why ?*

*Why am I even here ?* *What did I think would happen if I came back ?* *That Taro would hit me with a ball again and ask me to play ?* *Or that he'd come over and say hi like we're best friends ?*

*You're not just a loser, I think.* *You're* *delusional.* *You're sick. . . .*

"Hello, darling," says a high tone voice. I look up to see Nani in a one-piece swimsuit. "Getting your reading done ?"

"Nani ? What are you doing here ?"

"The front desk called and told me a taxi driver dropped you at the beach. [ 4 ] I hope your friend likes it."

"Nani, look, I just wanted to. . . . Wait. What friend ?"

I see Nani walking straight towards Taro.

"No-no-no-no," I try to stop her but she trips me with a sharp kick and I fall in the sand as she moves ahead.

I get up on my feet, following her quickly, but she's moving closer to Taro. He's raising his neck to look at her. He's looking at me right behind her, and just as he and Nani make eye contact. . . . Nani faints. She falls to the ground and into Taro's lap. Taro holds Nani's head, while the girl moves around in panic.

Nani opens her eyes wide. "Santosh ? Santosh, darling ?" She says in a soft voice, her lips shaking. Her acting is so thick. "Santosh, where are you ?"

"Right here," I respond, looking down at her.

Taro looks up at me, confused. "_Konohito shitteruhito ?_"

I'm about to say, NO ! I've never seen this woman in my life ! But Nani stops me by lifting herself carefully and holding on to Taro's arm.

"Come, Santosh, darling. Stay with your Nani and this kind boy who rescued me."

Nani holds out her hand, grabs my arm, and with the strength of a sumo wrestler, pulls me down into the sand next to Taro.

"_Mizu_ . . ." she whispers to the girl, as if on her last breaths. "_Mizu kudasai. . . ._"

The girl runs off to get some water. Leaving the three of us behind.

Nani coughs. "Now let me rest, while you two boys get to know each other," she says as she finds a place to lie down.

Taro looks at me wide-eyed.

(iii)Yesterday, he hit me with a ball. Today, I hit him with Nani. I *snicker at the thought. Taro *snorts too.

"_Bokuha Taro. Yoroshikune,_" he says finally.

"Santosh," I say.

"_Americajin-no_ Santosh," he smiles.

I nod, blushing hot pink. "Santosh."

An hour later, I know a lot more about Taro.

He's thirteen. The girl is his sister, and they live in Naha. He wants to go to college in America, but he doesn't like American food, so he jokes that if he comes to America, he needs someone who can make him Japanese meals. ②彼はもっと英語を勉強しなくてはいけないと思っている。

I lie and tell Taro I'm thirteen, so he doesn't think I'm *lame, but that's the only lie I tell. He knows I like Taylor Swift and tennis.

I tell him stories about our trip and he says he wishes he had a grandmother as cool as mine.

We talk in our own *chaotic Japanglish : (イ)[ a / and / body language / but / completely understand / each other / English / Japanese / makes / mixture / no sense / of / that / we / , / , / , / . ]

I never mention school. I never even think about school.

His sister returns with a short fat old woman. As if to say the only way to remove my Nani is with hers. She looked *exactly like his sister in 50 years.

Taro's face clouds over. Her arrival can only mean one thing : it's time for him to go.

"*Ashitamo aeru ?*" he asks, looking into my eyes as he slowly gets up.

I shake my head. As I was about to tell him I'm going home tomorrow. . . .

"Yes," Nani replies, patting Taro's back.

He looks right at me with a smile so happy and hopeful. My heart is burnt. My eyes are on him until I see the last of his shadow disappear.

"Why did you lie to him ?" I turn to Nani. "[ 5 ]"

"To give him something to look forward to," she says quietly. "All of us need something to look forward to."

This didn't make sense. I'd never read it in a book. But quietly and surely, it *sunk into me.

I am next to her with her hands over mine as we watch the waves of the ocean. Her hands are so warm that I don't want her to let go. (ウ)[ and / as / come / go / minutes / passed / ten / the / watched / waves / we / . ]

"Will you take me on another trip next year, Nani ?" I ask.

"Oh, Santosh, don't you see ?" she whispers, eyes filled with tears. "You're the one taking me."

【注】 the Great Wall：万里の長城　nerd：おたく　book worm：本の虫
rip through ～：～を荒々しく通過する　stretch：伸びる　appearance：外見
stars and stripes：星条旗　responsive：反応がある　persuade：説得する
delusional：妄想的な　snicker：くすくす笑い　snort：鼻を鳴らす　lame：ださい
chaotic：めちゃくちゃな　exactly：全く　sink：染み込む

A：1～10の書き出しに続くもの，もしくは質問に対する答えとして，本文の内容に最も適切なものを(a)～(e)の中から1つ選び，記号で答えなさい。

1. Santosh was disappointed with the trip because . . .
(a) he wanted more time to read his books.
(b) Nani didn't take him to tourist spots like museums or palaces.
(c) Nani was not with him all the time.
(d) they were too busy shopping.
(e) None of the above.

2. What does Nani say is important when Santosh becomes older ?
(a) To win as many awards as possible.
(b) To become an interesting person.
(c) To have as much knowledge from books as possible.
(d) To make as many friends as possible.
(e) None of the above.

3. Santosh says, "This hurt more." What is "This" ?
(a) His grandmother making fun of him.
(b) The boys in his class making fun of him.
(c) His feet hurting from walking to and from the stage.
(d) His grandmother not supporting him.

(e) None of the above.

4. Nani knew that Santosh would want to go to the beach on the second day, so . . .

(a) she asked the front desk to take him by taxi.

(b) she bought him a new swimsuit.

(c) she made plans for herself and washed his swimsuit.

(d) she stayed with him the whole day.

(e) None of the above.

5. What was NOT one of the reasons why Santosh didn't answer when he was first hit by the ball ?

(a) He couldn't hear him. (b) He was scared.

(c) He couldn't catch a breath. (d) He couldn't speak Japanese.

(e) None of the above.

6. Why was Santosh always alone ?

(a) Because he feels that he is smarter than others.

(b) Because he prefers being alone.

(c) Because his friends didn't like Nani.

(d) Because it was difficult for him to accept other people.

(e) None of the above.

7. Why does Santosh stop thinking about his summer reading and trophies ?

(a) Because he feels like it is an excuse.

(b) Because he wants to have fun at the beach.

(c) Because he wants to stop thinking about Taro.

(d) Because he wants to go home.

(e) None of the above.

8. What is one thing Taro wishes to bring when going to America for college ?

(a) A racket. (b) His sister. (c) The red ball.

(d) A cook. (e) None of the above.

9. Who does Taro's sister bring to solve the situation ?

(a) Her mother. (b) Her grandmother. (c) Her aunt.

(d) Her neighbor. (e) None of the above.

10. How many times did Santosh go to a beach in the story ?

(a) Once. (b) Twice. (c) Three times.

(d) Four times. (e) None of the above.

B：[ 1 ] ～ [ 5 ] に入れるのに最も適切なものを(い)～(ほ)より１つずつ選び，記号で答えなさい。

(い) You don't know me, okay ?

(ろ) I turn and see his friends calling him.

(は) What does winning awards have to do with anything ?

(に) Luckily, I found a swimsuit at the hotel.

(ほ) Why did you tell him I'd see him tomorrow ?

C：下線部(ア)～(ウ)の[　]内の語(句)を，内容に合わせ正しい語順に並べ替えなさい。文頭に来るべき語も小文字になっているので注意すること。

D：下線部(i)，(ii)，(iii)を和訳しなさい。

E：下線部①，②を英訳しなさい。

**【数　学】**（60分）〈満点：100点〉

（注意）　1．**【答えのみでよい】**と書かれた問題以外は，考え方や途中経過をていねいに記入すること。

2．答には近似値を使用しないこと。答の分母は有理化すること。円周率は$\pi$を用いること。

3．図は必ずしも正確ではない。

**1**　次の空欄をうめよ。**【答えのみでよい】**

(1)　$(\sqrt{2}+1)^4-(\sqrt{2}-1)^4$ を計算すると，□となる。

(2)　$x=121$，$y=131$ のとき，$x^2-xy-2x+2y$ の値は□である。

(3)　$2\sqrt{6}$ の整数部分を$a$，小数部分を$b$とする。$b$の値は□であり，$\dfrac{-2a-3b+2}{2b+a}$ の値は□である。

(4)　連立方程式$\begin{cases}3x+2y=6\\6xy=5\end{cases}$の解は，$x=$□，$y=$□と，$x=$□，$y=$□の2組である。

**2**　2つの容器A，Bがあり，容器Aには10％の食塩水100g，容器Bには5％の食塩水200gが入っている。この2つの容器からそれぞれ$x$gの食塩水を取り出した後に，容器Aから取り出した食塩水を容器Bに，容器Bから取り出した食塩水を容器Aに入れ，それぞれよくかき混ぜる作業をした。次の問いに答えよ。

(1)　この作業後の容器Aの食塩水に含まれる食塩は何gか。$x$を用いた式で表せ。**【答えのみでよい】**

(2)　この作業後，容器Aの食塩水の濃度が容器Bの食塩水の濃度の1.5倍になった。$x$の値を求めよ。

**3**　A君は，4枚のカード[1]，[2]，[3]，[4]が入った袋から1枚を取り出して数字を確認した後に袋に戻し，再度袋から1枚を取り出して数字を確認する。B君は，6枚のカード[1]，[2]，[3]，[4]，[5]，[6]が入った袋から1枚を取り出して数字を確認する。A君は取り出したカードの数字の合計が，B君は取り出したカードの数字が，それぞれ得点となる。次の問いに答えよ。

(1)　A君の得点が4以上となる確率を求めよ。**【答えのみでよい】**

(2)　B君の得点がA君の得点を上回る確率を求めよ。

**4**　$n$を1から8までの自然数とする。自然数$a$に対して，1の位が$n$以下であれば切り捨て，$n+1$以上であれば切り上げた数を$S_n(a)$で表す。例えば，$S_4(75)=80$，$S_5(75)=70$である。次の問いに答えよ。**【答えのみでよい】**

(1)　$S_6(a)=20$ を満たす自然数$a$のうち，最小と最大のものを求めよ。

(2)　$S_4(a)+S_5(a)=30$ を満たす自然数$a$を求めよ。

(3)　$S_4(a)+S_5(a)+S_6(a)=100$ を満たす自然数$a$を求めよ。

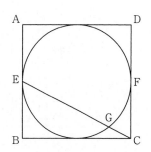

**5**　1辺の長さが2の正方形ABCDに円が内接している。辺AB，CD上の接点をそれぞれE，Fとして，線分CEと円の交点をGとおく。次の問いに答えよ。

(1)　CGの長さを求めよ。

(2)　△BGFの面積を求めよ。

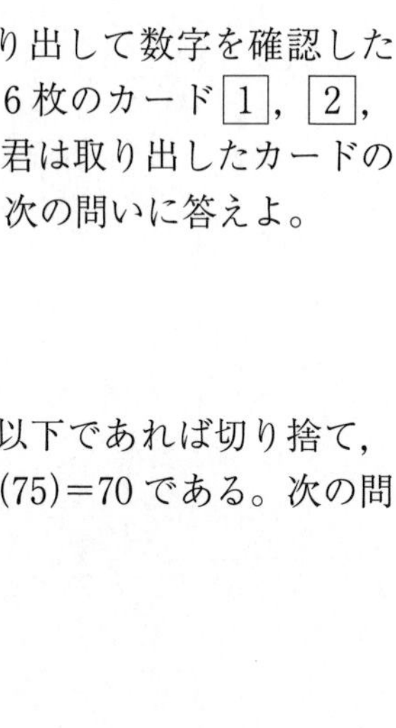

**6**　放物線 $y=ax^2$（ただし $a>0$ とする）上に2点A，Bがあり，$x$ 座標をそれぞれ $-1$，3とする。直線ABの傾きが $\dfrac{1}{3}$ のとき，次の問いに答えよ。

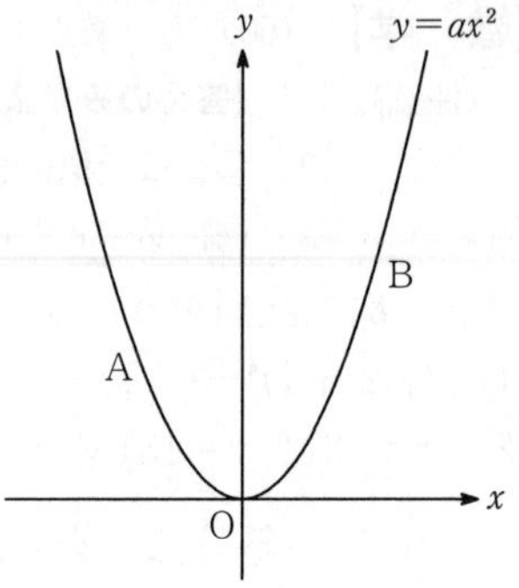


(1)　$a$ の値と直線ABの式を求めよ。

(2)　△ABOと△ABCの面積が等しくなる放物線上の点Cの $x$ 座標をすべて求めよ。ただし，点Cは原点Oと異なるとする。

(3)　2点A，Bおよび(2)で求めたすべての点Cについて，これらすべての点を頂点とする多角形の面積を求めよ。

**7**　すべての辺の長さが2の正四角錐O-ABCDがある。この正四角錐を辺BA，BC，BOのそれぞれの中点L，M，Nを通る平面で頂点Bを切り落とし，同様に辺DA，DC，DOのそれぞれの中点P，Q，Rを通る平面で頂点Dを切り落とした。頂点Oを含む立体Vについて，次の問いに答えよ。

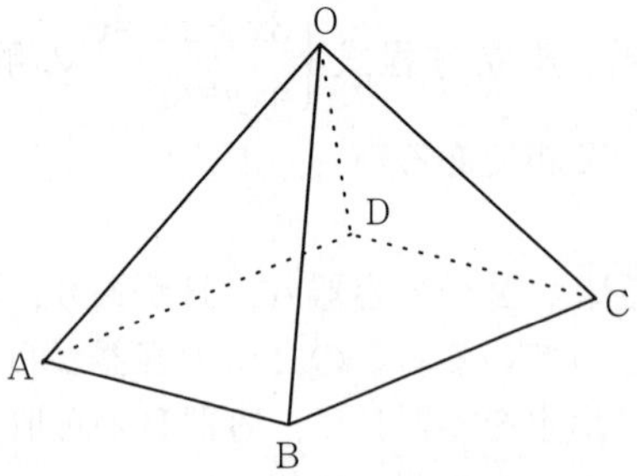


(1)　立体Vの体積を求めよ。

(2)　辺OCの中点をKとする。立体Vを3点K，L，Pを通る平面で切ったときの切り口の面積を求めよ。

⑧外国文学のおもしろさ、難しさは、どこかしら国文学とは違うように思われる。外国文学にひかれるのは、実は、対象のあまりはっきりしたことがわからないからであるかもしれない。

（外《と》山《やま》滋《しげ》比古《ひこ》『異本論』（みすず書房、一九七八年）より。
出題のために一部を省略・改変した。）

※復原＝復元と同じ。
※流布本＝さまざまな版のうちで、最も広く普及した本。
※〝ママ〟＝例えば次のような表記のこと。　とうもころ《ママ》し
※遡行＝さかのぼること。
※スプリングヘッド＝水源、源泉。
※鬱然＝草木が生い茂っているさま、物事が勢いよく盛んなさま。
※片々＝切れ切れなさま、取るに足らないさま。

**問1** 本文中の、「な」が使われている═══ア〜カの中で一つだけ文法的に他と異なるものを選び、記号で答えなさい。

ア　いい加減な　　イ　必然的な　　ウ　明らかな
エ　小さな　　オ　さかんな　　カ　有力な

**問2** [A]に共通して入る漢字一字を答えなさい。

**問3** [B]に入る漢字一字を答えなさい。

**問4** [C]に入る言葉を、ア〜カから一つ選び、記号で答えなさい。

ア　そそぐ　　イ　うかべる　　ウ　たたえる
エ　たゆたう　　オ　たぎらせる　　カ　ほとばしらせる

**問5** ——①「はじめから」とはいつからのことですか。最もふさわしいものを次のア〜オから一つ選び、記号で答えなさい。

ア　作者が彫刻を作り上げたとき
イ　彫刻が地中から発掘されたとき
ウ　売り手が彫刻を売りに出したとき
エ　古さを出すため破損を加えたとき
オ　積み荷がアメリカに到着したとき

**問6** ——②「暗示的なおもしろさ」とはどのようなものですか。次の説明の空欄に、それぞれ十字以内の自分の言葉を入れ、答えなさい。

[Ⅰ]を、[Ⅱ]できるおもしろさ。

**問7** ——③とはどのようなことですか。「〜するということ。」につながる形で本文中から十字以内で抜き出しなさい。

**問8** ——④「水源地」とは何の比喩ですか。これより前の部分から七字で抜き出しなさい。

**問9** ——⑤「他からの流入」の具体的な例として筆者が挙げているものを、これより前の部分から抜き出しなさい。

**問10** ——⑥について、テクストにおける「人間の営為」とは何のことですか。本文中から五字以内で抜き出しなさい。

**問11** ——⑦とは具体的にはどういうことですか。次の説明の空欄に、それぞれ本文からふさわしい語句を抜き出して入れ、答えなさい。ただし、[Ⅰ]は五〜十字、[Ⅱ]は十〜十五字で抜き出すこと。

[Ⅰ]とせず、[Ⅱ]ものとしてとらえるということ。

**問12** ——⑧について、筆者はこのあとどのように説明していると考えられますか。その要旨を、次の文章の空欄にそれぞれ自分の言葉を入れ、答えなさい。[Ⅰ]は十五〜二十字、[Ⅱ]は十〜十五字で答えること。

外国文学は国文学に比べて作者と読者の距離が離れているため、[Ⅰ]という点で国文学よりおもしろさを感じるが、[Ⅱ]ことを目標にすると、国文学より難しく感じてしまう。

⑤他からの流入があって純粋でない。支流を避け流れに逆らって河上へ河上へと※遡行《そこう》する。そしてついには※スプリングヘッドに至る。それではじめてこの河の正体は究められたとするのである。源泉主義である。流域には目をつむる。テクストの自然の変化を認めようとはしないで、読者の視点は作品発生の時点に向けられている。後向き、見返りの関心である。

＊

しかし、河は流れる。エ小さな渓流と思ったものが、いつしか、川となり、さらに下流になると満々と水を[C]大河になっていることもある。その大河の姿を源泉にあって想像するのは難しい。どこからともなく、水量が増す。支流、分流の水を集めて河は流れて行く。作品にも同じように、すこしずつだがふくらんでゆく生命を認めてやってよいのではあるまいか。いまは※鬱然《うつぜん》たる大古典である作品も、その昔、作者の手を離れるときは、ほかの作品とあまり変《かわ》るところのない※片々《へんぺん》たるものであったかもしれない。作者の手もとで古典になって世に送られる作品はひとつも存在しない。このことはつねに銘記すべきであろう。

ある作品が、時の流れに沿って幅を広げてゆくのに、それと同じように見える、あるいは、それ以上に有望に見える作品が、はじめはすこしオさかんなところを見せても、やがてすこしずつ涸《か》れて、ついには消えてしまうということはいくらでもある。

その差を生ずるのは、作品の内部にこめられているエネルギーであるが、それだけではない。作品には運、不運ということもあるからだ。内蔵するエネルギーに火をつけてくれる外部からの契機がないと、ひらくべき花がつぼみのままで終《おわ》るかもしれない。

カ有力な支流がいくつも流入してこないと大河にはならない。支流をまるで[A]のかたきのようにするのは古典成立の実際を無視するものである。

原稿至上主義は、すでに大河、つまり、古典であることがはっきりしている作品について、その大河となった所以《ゆえん》を問うよりも、その出生の源泉を究めることに関心を集中する。したがって、大河であることは問題にはならない。どういう支流が流れ込んでいようとおかまいなしである。とにかく、流域でおこることはすべて、泉の清純を濁らすものとして嫌われる。途中の景色には目もくれず、ひたすら上流へとさかのぼって行き、ついに流れの源に達することができれば、それで研究は完成するのである。

これが不自然であることは一見して明らかである。時間の流れに逆行することによって、⑥人間の営為の実体が見失われる。作品を固定したものとして、これを振返って見ることにおいてのみ表現の存在を認めようとするのは、作品が感じさせる生成発展の力を抹殺してしまうことになる。

作品が時間の流れに沿ってどのような運命にめぐり会い、どのように展開して行くか。それをたどって行く見方も必要なのではあるまいか。

作品は読者に読まれることで変化する。

そして、あとからあとから新しい読者があらわれる。⑦文学作品は物体ではない。現象である。読者が新しい読み方をすれば、作品そのものも新しく生《うま》れ変《かわ》る。後世、大多数の読者が、作者の夢想もしなかったような意味を読みとるようになれば、その新しい意味が肯定されてしまうのである。諷刺《ふうし》文学が子供の読みものとなることもある。歴史的記録が文学として読まれることもすくなくない。宗教の経典が芸術作品として読まれるかと思うと、文学のつもりで書かれたものが、たんなる歴史的雑資料とされるという例もある。

古典と言われるものには、多かれ少なかれ、こうした読者の改変が加わっているものだ。作者の考えた通りの作品がそのままで古典になるということはまずあり得ない。

古典を成立させるときに参加する読者の視点は、作品が生きて行く未来に向けられている。原稿至上主義の読者の視点が源流に向いているのに対して、こちらは、河口の方を向いている。

＊

問8　X にあてはまる総画数五の漢字と、Y にあてはまる総画数四の漢字を書きなさい。

問9　次のア～オから福澤諭吉の著作でないものを一つ選び、記号で答えなさい。

ア『西洋事情』　イ『西国立志編』　ウ『学問のすゝめ』

エ『世界国尽』　オ『福翁自伝』

問10　═ a～e の漢字の読みをひらがなで書きなさい。

問11　═ 1～10のカタカナを漢字に改めなさい（楷書でていねいに書くこと）。

## 二

次の文章を読み、後の問いに答えなさい。

アメリカの富豪が外国から古い彫刻を買った。着いた荷をといて見ると、ところどころが破損している。実は、①はじめからそうなっていたのを買ったのだが、このお金持ちは途中で破損したものと勘違いして、もとの通りに※復原《ふくげん》せよと言い張って聞かなかった、という笑い話がある。

古美術品は自然に生じている損傷そのものが美しさをもっているのに、何と野暮なことを考えるものか。もと通りにできるわけがないが、仮にできたとしても、現状よりもその方がすぐれているかどうかは疑問である。ミロのヴィーナスは腕を欠いていても美しい。あるいは、腕がないからいっそう②暗示的なおもしろさがあるのかもしれない。

それなのに、このアメリカ人は新しい家具でも買うときのように、破損を A のかたきにする。それを笑った小話である。

しかし、本当にこのアメリカの成 B を笑うことのできる人はそれほど多くはない。というのは、文学作品、昔の文献についても、③このアメリカ人と同じようなことを考えている人が多いからである。

手許《てもと》にある※流布本で読んで興味を覚えた作品があるとしよう。これについてものを言おうとすると、そんなアいい加減なテクストを基礎にしてはいけない、権威のある版によるべきだと言われる。どれがもっともしっかりしたテクストかと言うと、それは作者の原稿だときまっている。もし、不幸にして作者自筆の原稿が残っていないときは、すこしでもそれに近いテクストほど優れている、となる。

古美術品が時の加えた損傷をもっていても、それは美しいものとして肯定される。ところが、古典作品のテクストが受けている同じようにイ必然的な変容については、乱れとして否定されなくてはならない。ひとつには、彫刻の欠けた腕はどう努力してみても復原が不可能であるのに、言語表現では、相当程度まで原形へ復することができる。それで原稿があるならそれに従うのがもっとも正しいという考えが確立する。

原稿絶対視の思想は印刷と無関係ではないであろう。印刷には誤植がつきものである。何回校正をかさねても、なお誤植をまったく無くするのは容易ではない。その校正に当《あた》って心掛けられるのが原稿通りということである。これが原稿至上の考えになる。ひいては作者、筆者の意図を絶対視する風潮をつくり上げるのであろう。

これが徹底すると、原稿にあるウ明らかな誤記までも、あえて訂正しないで、原文のままであることを表示する小字の※〝ママ〟を付して再現することが行われるようになる。第三者の改変はすべて悪なりとするのは印刷文化によって育った思想であるとしてよい。

それが、印刷術普及以前の表現、作品にも拡大適用されて、ことごとに原稿通りを理想とすることになってしまった。すくなくとも、文学の研究においては、いまのところそれが鉄則である。

テクストだけではない。表現の意味に関しても作者の意図が最優先する。かりに作者の意図が明らかでないときも、それにすこしでも近づくことが求められる。読者の解釈は斥《しりぞ》けられて、〝事実〟が尊重されるのである。

作品を河にたとえると、原稿至上主義は、④水源地へ到達することを求めているようなものである。読者の立っているところは、最も憂えた一人であった。すでに明治八年5カンコウ『文明論之《の》概略』の結論の章においても、彼れは日本の独立が目的であって、文明はそのための手段だ、といいきったのであった。その同じ章において福澤はまた、明治維新のヘンカクの後、古い君臣の道徳は廃せられて、新たにこれに代わるべきものはまだ立たず、人は「討死《うちじに》も損なり、敵討《あだうち》も空なり、師《いくさ》に出れば危《あやふ》し、腹を切れば痛《い》たし。学問も6シカンも唯《ただ》銭のためのみ、銭さえあれば何事を勉めざるも可なり」というダラケタ気分になっていることを憂えている。彼れはその実情を形容して人民は「恰《あたか》もD先祖伝来の重荷を卸し、未《いま》だ代りの荷物をば荷《にな》はずして休息する者の如《ごと》く」であるといった。それは右の、抵抗の精神の衰頽《すいたい》云々《うんぬん》と関連して読むべきものであろう。しかし、すべての議論の根本において、福澤が西郷の人物を信じ、これに好感を寄せていた事実は文面にも行間にも十分にサッしられる。後年はじめて福澤全集がカンコウされたとき(明治三十一年)福澤はその緒言中に西郷が福澤の『文明論之概略』を子弟にすすめたと伝えきいたことを満足をもって7シルしている。一方、西郷はまた西郷で、その人に与えた手紙の一節(明治七年大山彌《や》助あて)に福澤の書を読んで「実に目を覚まし」たといい、色々の人の国防論、いずれも8ケッコウではあるが、「福澤の X に出るものこれあるまじく」と思う、といったのである。この二人は遂《つい》に相あう機会を得ずに終わったのであるが、その間互いにおのずから相通ずるものを感じたのであったか、9イナか。

しかし、福澤は終始徹底した合法主義者であり、その立場からして、世論にさからって赤穂四十七士の仇討《あだうち》を難じ、また、強盗を捕えて Y ずから10セイサイすることさえ許し難いと論じたのであった。その福澤として、③叛乱の首領西郷隆盛をベンゴするのはもとより容易のことではない。

人はそこに福澤の矛盾を指摘するの易《やす》きを取るか。或《ある》いはさらに別に見るところがあったであろうことをサッすべきか。矮人《わいじん》矮人を解し、巨人巨人を知る。歴史の解釈、人物の評論の容易でないことを、私は今さらのごとくに感ずるのである。

(小泉信三エッセイ選2『私と福澤諭吉』
(慶應義塾大学出版会、二〇一七年)より。)

問1 ――①はどういうことを言っているのですか。解答欄に入る形で説明しなさい。

問2 ――②はどういうことを言っているのですか。五十字以内で説明しなさい。

問3 ――③は、なぜそう言えるのですか。理由を四十字以内で説明しなさい。

問4 ――Aは何という歴史的事件のことを言っているのですか。本文中の語を抜き出して答えなさい。

問5 ――B・Cの意味として最もふさわしいものを後のア～オからそれぞれ選び、記号で答えなさい。

B 豈一人を容るゝに余地なからんや。

ア なぜ西郷は自分一人で我慢する余地がなかったのか。

イ なぜ西郷は一人で我慢できなかったのか。いや、できたはずだ。

ウ なぜ西郷だけを容認しなかったのか。

エ ただ西郷一人だけは許容する余地がないのか。

オ なぜ西郷一人を容赦する余地がなかったのか。いや、あったはずだ。

C 間然すべきものなし。

ア 似ているところがない。

イ 大きな違いはない。

ウ 同情すべきところはない。

エ 非難すべきところはない。

オ 理解できるところはない。

問6 ――Dが指しているものを本文中から七字で抜き出しなさい。

問7 〰〰❶～❺の「ない」のうち、一つだけ文法的に他と異なるものを選び、番号で答えなさい。

# 二〇一八年度 慶應義塾高等学校

【国　語】（六〇分）〈満点：一〇〇点〉

（注意）字数制限のある設問については、句読点・記号等すべて一字に数えます。

一　次の文章を読み、後の問いに答えなさい。

少しひまがあって九州に旅行し、南下して鹿児島まで行って見た。そこで多く今でもきくのは西郷隆盛談である。私も自然旅中しばしば考えさせられた。西郷隆盛とはいかなる人か。

西郷の人物とその明治維新、西南戦争に果たした歴史的役割について、今どきの型通りの解釈をすることは何よりもたやすい。けれども、恐らく話はそれだけでは片づかないであろう。そこになお、歴史上に「人」が勤める役割の不思議と微妙について多くの問題がのこる。

維新の1ヘンカク、官軍の東征において、西郷は明らかに江戸の敵であり、征服者であった。しかもこの征服者は、江戸（次いで東京）の市民にただに憎まれなかったのみならず、恐らく彼等《ら》の間において最も人気のある英雄となった。上野公園に立つ彼《か》れの巨像に対し、市民は何の反感を示さなかったばかりでなく、この一像は、多分東京市中に立つ他のいずれのものよりも市民に好感を抱かれているといえるであろう。歴史上の人物について虚実とりまぜた逸話が伝えられるのは何時《いつ》ものことであるが、西郷に関するそれには、悪意を感じさせるものがない点において、一つの例外をなしているように見える。

この魅力は何処《どこ》から来るか。西郷は今のいわゆる知識人とはおよそちがったタイプの人物であった。自然、①知識人タイプの歴史家が持ち合わす物差しや衡《はか》りは、西郷を測量するのに適しないかも知れぬ。

ここに一人の福澤諭吉がある。福澤が明治の革新指導に果たした役目と、明治十年、A叛《はん》乱士族の頭領となった西郷のそれとは、正面衝突すべきもののように見えるかも知れない。しかもその福澤は、叛乱の当時から、これを率いた西郷の心事に深い同情を寄せ、世を挙げて非難攻撃を浴びせたその当時において「明治十年丁丑《ていちゅう》公論」と題する一文を筆してその思うところをいい、西郷を2ベンゴした。福澤は時の政治がa窮極西郷を死地にb陥らしめ、死なしめたことを非難し、文を結んでこういった。

「西郷は天下の人物なり。日本狭しと雖《いへど》も、国法厳なりと雖も、B豈《あに》一人を容《い》るゝに余地なからんや。日本は一日の日本に非《あら》ず、国法は万代の国法に非ず、他日この人物を用《もちゐ》るの時ある可《べ》きなり。是亦惜《これまたをし》む可し。」

福澤が西郷をベンゴする根本の論拠は何処にあるか。そこに有名な「抵抗の精神」という言葉が出て来る。抵抗の精神という言葉は、近頃もしばしば使われるが、私の知る限り、最初にこれを用いたのは福澤で、その場所は右記「丁丑公論」のc緒言の一節であった。

福澤はいう。人としてわが思うところを行わんと3ホッしない者はない。ということは、専制をホッし❶ないものは❷ないということである。それは個人も政府も変《かわ》りは❸ない。だから政府の専制は咎《とが》むべきでは❹ないが、それを放置すれば際限が❺ないから、そこで抵抗の精神というものが大切となる。然《しか》るに近来日本の実情を4サッするに「文明の虚説」にd欺かれて、抵抗の精神は次第に衰えて行くようである。

苟《いやしく》も国をe憂うるものは、これを救う手段を講じなくてはならぬ。抵抗の法は一でない。文をもってするものがあり、武をもってするものがあり、更に金をもってするものがある。「今、西郷氏は政府に抗するに武力を用ひたる者にて、余輩の考《かんがへ》とは少しく趣を殊にする所あれども、結局其精神に至《いたっ》てはC間然すべきものなし。」

福澤は当年の文明主義唱道の第一人者であったが、しかもその福澤は、②いわゆる「文明の虚説」が無力軟弱の日本人を造ることを

# 英語解答

**Ⅰ**
1 could not　2 more important
3 company, pay　4 Getting up
5 empty, though
6 funniest, ever　7 give up
8 kindly showed　9 did, up

**Ⅱ**
1 記号…A　正しい形…go to
2 記号…A　正しい形…would
3 記号…D　正しい形…playing
4 記号…D　正しい形…by
5 記号…B　正しい形…number
6 記号…D　正しい形…information
7 記号…A　正しい形…used to
8 記号…A　正しい形…interested
9 記号…D　正しい形…starting

**Ⅲ**
1 both　2 focuses　3 well
4 human　5 method
6 trust　7 standing
8 sure　9 entering
10 improved

**Ⅳ**
A　1…(b)　2…(b)　3…(a)　4…(c)
5…(a)　6…(d)　7…(a)　8…(d)
9…(b)　10…(c)
B　1…(は)　2…(い)　3…(ろ)　4…(に)
5…(ほ)

C　(ア) The red ball hits me so hard and fast that I can't breathe and tears cover my eyes.
(イ) a mixture of Japanese, English, and body language that makes no sense, but we completely understand each other.
(ウ) Ten minutes passed as we watched the waves come and go.

D　(i) 僕はドキッとする。
(ii) 彼女は僕を１人で送り出すことに少し不安な様子を見せるが，僕はほほ笑んでナニはまだ眠っていると彼女に伝える。
(iii) 昨日は彼がボールで僕に衝撃を与えた。今日は僕がナニで彼に衝撃を与えた。

E　① I'm alone on a beach before one month passed.
② He thinks he has to study English harder.

**Ⅰ**〔書き換え―適語補充〕

1．'too ～ for … to ―'「あまりにも～なので…は―できない」は，'so ～ that＋主語＋can't ―'「とても～なので…は―できない」に書き換えられる。　「あまりにも寒くて私は川で泳げなかった」／「とても寒かったので私は川で泳げなかった」

2．(a)「お金と車だけの問題ではない」 not just ～「～だけではない」　(b)では「お金や車よりももっと重要なことがある」と書き換える。

3．(a)の「新しい法律のもとでは，国は企業の収入の30％までを受け取ることができる」を(b)「新しい法律のもとでは，企業は収入の30％を国に払わなければならないかもしれない」と書き換える。主語を the company「企業」とし，動詞に「～を払う」の pay を使う。

4．(a)は'It is ～ to …'「…することは～だ」の形式主語構文。(b)は主語を Getting up early「朝早く起きること」と動名詞(～ing)で表す。　「朝早く起きることは健康に良い」

5．(a)「人気のあるオーケストラが街にやってきたが，コンサートホールには人がいなかった」　(b)では，The concert hall「コンサートホール」が主語になっているので，前の空所には「空の，人のいない」の意味の形容詞 empty を入れる。後の空所は even though「～ではあるが」を用いる。
「人気のあるオーケストラが街にやってきたが，コンサートホールは空だった」

6．(a)「私はスティーブのようなおもしろい男に出会ったことがない」 (b)は Steve が主語なので，「スティーブは私がこれまで会った中で最もおもしろい男だ」と最上級で表す。

7．(a)は‘tell＋人＋to不定詞’「〈人〉に～するように言う」の受け身形で「彼は禁煙するように医者に言われた」という意味。(b)はその能動態。「～をやめる」を give up ～ing で表す。 「医者は彼に喫煙をやめるように言った」

8．(a)は‘be kind enough＋to不定詞’「親切にも～する」の形で，「彼女は親切にも私に道を教えてくれた」という文。(b)では動詞 showed の前に「親切にも」の意味を表す副詞 kindly を置く。

9．(a)の raise は「～を育てる」という意味。受け身なので「育てられる」という意味になっている。これを(b)では「育つ」の意味を表す grow up で書き換える。過去形の一般動詞を用いた疑問文なので前の空所には did を入れる。 「あなたはオーストラリアのどの地域で育てられましたか」／「あなたはオーストラリアのどこで育ちましたか」

## Ⅱ〔誤文訂正〕

1．had better ～「～した方がよい」は後ろに動詞の原形がくるのでAは go にし，後ろの see につながるように go to see とする。to の代わりに and を用いて go and see としてもよい。また go だけでも可。 「私は肩が痛いので医者に行った方がよい」

2．主節の動詞が thought と過去形になっているのでAの時制もこれに合わせる(時制の一致)。「ジョンは担任の先生と成績のことを話し合うのを明日まで待たなければならないと思ったが，先生は今日，時間があったので話すことができた」

3．give up は目的語に to不定詞ではなく動名詞(～ing)をとる(Ⅰの７参照)。 「勉強に集中するために，私は野球をやめなければならなかった」

4．by は「～までに」と‘期限’を表すのに対し，until〔till〕は「～まで(ずっと)」と‘継続的行為の終了点’を表す。本問は「明日までに作品を完成させる必要がある」と‘期限’を表している。

5．Bの amount は‘数えられない名詞’の‘量’を表す。accidents は‘数えられる名詞’なので‘数’を表す number にする必要がある。 「年末は高速道路での事故の数が劇的に増える」

6．information「情報」は‘数えられない名詞’なので複数形にはならない。なお，Bは‘help＋目的語＋動詞の原形’の構文なのでこのままでよい。この構文の‘動詞の原形’は‘to不定詞’でもよい。「インターネットは，私たちが他者と緊密にコミュニケーションし，情報を共有するのに役立つ」

7．‘used to＋動詞の原形’で「以前は～だった」「よく～したものだ」という意味。この used は[ju:st]と発音する。「～を使う」の意味の動詞 use を用いる場合，直後に to不定詞がくることはない。なお，‘be used to＋(動)名詞’「～(すること)に慣れている」(この used も[ju:st]と発音する)という表現もあるので混同しないように注意する。Cの nothing は「つまらない人間」という意味。 「私は，以前は自分がつまらない人間だと思っていたが，今の私は非常に自信があり，社会が自分を必要としていると感じている」

8．interesting は「(人にとって)興味を引き起こす，おもしろい」，interested は「(人が)興味を持って」。主語が‘人’なので interested にする。 be interested in ～「～に興味がある」
「私は昨年の大統領選を見てから，アメリカの政治にとても興味がある」

9．look forward to ～「～を楽しみにする」の to は前置詞なので to の後には名詞または動名詞がくる。 「私は入試に合格してから，高校生活を始めるのを楽しみにしている」

Ⅲ〔長文読解―適語補充―説明文〕

≪全訳≫❶認知症患者を治療するためにフランスで開発された方法が日本の老人ホームで急速に普及している。スタッフと患者の両方の状態が改善されてきている。❷患者一人一人の尊厳と自立を尊重することに重点を置く「ユマニテュード」は，患者の状態を改善するだけでなく老人ホームで働く人々の間の好ましい関係を築くのにも効果があるようだ。❸「ユマニテュード」は「ヒューマン」と「アティテュード」を語源に持つ。30年前，患者の目を見て優しく語りかけることによって，介護者が信頼を得るのに役立つ便利な方法として考案された。❹ユマニテュードは当初，患者が一人で立つのを看護師が手助けするために考案された。その後，この方法が看護師の心理的ストレスをも軽減することがわかった。❺ある研究によれば，看護師がユマニテュードの方法を理解できるように2時間の訓練を行った。看護師は3か月の間毎週，フォローアップのアドバイスも受けた。これらの有益なアドバイスの中には，部屋に入る前に必ずドアをノックすることや，患者を怖がらせないために前方から患者に近づくことなどがあった。❻この研究によれば，この新しい方法で治療を受けた患者は暴力的でなくなり，リラックスするようになった。ある介護者は，訓練セッションに参加した後，認知症を患う妻にできるだけ穏やかに話しかけるようになった。最近になってその妻は，治療のために必要なことを夫にさせるようになるほど彼に信頼を置くようになったという。❼また，介護者はユマニテュードの方法を学んだ後，ストレスが少なくなった。彼らは仕事においてより積極的になり，それは同僚との関係も改善した。

＜解説＞1．'both *A* and *B*'「*A*と*B*の両方」　2．focus on ～「～に重点を置く」　3．'*A* as well as *B*'「*B*だけでなく*A*も」　4．Humanitudeという単語の語源はhumanとattitudeであると判断できる。　5．後ろにto不定詞があることと，文脈から「～するための便利な方法」という意味になるとわかる。wayでもよい。　6．介護者が患者の目を見て優しく語りかけることによって患者から得られるものとしてはtrust「信頼」が適切。　7．on their feetとあるので患者が「立つ」のを手助けするという文意になると考えられる。前にkeepがあるので'keep ～ing'「～し続ける」の形にする。　8．'make sure＋to不定詞'「必ず～する」　9．前に「ドアをノックする」とあるので「部屋に入る前」とする。前置詞beforeの後なので動名詞(～ing)にする。
10.「関係を改善させた」と考えられる。

Ⅳ〔長文読解総合―物語〕

≪全訳≫❶ナニは僕たちがなぜこの外国旅行に行くのか僕にいっさい説明しなかった。1か月もたたない内に，僕はビーチに1人でいる。彼女は僕をここに連れてきて，何も言わずに行ってしまった。❷アジアを回るこの旅を始めたとき，僕は万里の長城のガイドツアーのような楽しい計画だと思っていた。実際にはそうではなく，僕は学校で学んだ博物館とか宮殿とか，そういったものを1つも見ていない。僕は沖縄の美しいけど退屈なビーチに座っている。❸なぜ僕は普通のおばあちゃんを持つことができないのか？　なぜこの旅が驚きの連続でなければならないのか？❹ナニは4時間後に全く新しいドレスと髪型でビーチに戻り，暗いスペースに膝を抱えて隠れている僕を見つける。❺「ずっとここにいたの？」と彼女は悲しそうに言った。❻「意味がないよ。これは全て意味がない」と僕は答える。❼「そのとおりよ。暗い中で1日を過ごすんだったら，ホテルにいればよかったのに」❽僕はもっと言いたいことがあったが，言わなかった。僕たちはタクシーでホテルに行った。途中，一言も話さなかった。❾「なぜ，この旅行に出たかわかる，サントス？」と彼女はその後の夕食時に尋ねる。❿「おじいちゃんから離れることができるから？」⓫「違うわよ！　いや，そうかな。いや，やっぱり違うわ。あなたが学校であまりにも多くの賞をもらうから，この旅に出たのよ」⓬僕は驚いて彼女を見る。「何だって？」⓭「数学で一番，国語で一番，歴史で一番，理科で…いくつ賞をもらえば気が済むの？　私は毎年式に出ているけど，あなたがステージを行ったり来たりして，全てのトロフィーを受け取り，１人では運びきれないからって私やあなたのお母さんに持ってもらうのよね」[14]「ナニ」と僕は平常心を失って言う。「$_1$賞をもらうこととどんな関係があるの？」[15]「大人になれば，いくつ賞をもらったかなんて誰も気にかけないのよ，サントス。あなたに語るべき何かがあるかどうかということに人は関心を持つの。そして，今のところ，あなたが語れることといえば，本から得た知識だけね」[16]僕は顔が熱くなっている。69歳のナニは僕をオタク扱いしているのだ。オタクのみならず，おもしろいところが何もない本の虫だというのだ。学校のやつらも同じように僕のことを笑いものにするけど，彼らが何を言っても僕は何とも思わない。なぜなら，毎年最後の集まりで彼らはただ座って何ももらえないまま，どの賞も僕がかっさらっていくのを見ているだけだからだ。僕にとっては，ナニに言われたということの方がよっぽどこたえる。[17]彼女は僕の顔にそのことが表れているのを見て取る。[18]「前はあなたが全ての賞をもらうことがうれしかったわ，サントス。あなたやあなたのお母さんが喜んでいるところを見るのが大好きだった。でも今は，あなたは賞をもらってもニコリともしないでしょ。賞をもらえばもらうほど，不幸な顔をするのよ」[19]熱が僕の体を荒々しく突きぬけ，僕は顔をそむける。「この旅行から帰れば幸せになれるよ」[20]長い沈黙が僕たちの間に広がる。[21]ナニの手が優しく僕に触れる。「サントス，私が望むのはただ１つ，旅行の最後の２日間は本のこともトロフィーのことも学校のことも忘れてほしいの」[22]「$_2$僕のことをわかっちゃいないんだね」と僕は怒って答えるが，話しているうちに声が弱々しくなっていく。[23]次の日，僕は再びビーチに行ってもいいかどうか尋ねる。[24]ナニはこのことがわかっていたようだ。なぜなら僕の水着が洗ってあり，彼女はすでにその日の自分の計画を立てていたからだ。[25]僕たちは別の美しいビーチに来た。ナニは僕にバニラアイスクリームを買って，僕が砂浜に出ていくのを見てから笑顔で去って行く。[26]僕は砂の上に座って，人混みを見る。ひとりぼっちなのが僕だけであることに気づく。[27]突然，ボールが僕の胸に当たる。(ア)赤いボールがとても速く，強く当たったので，僕は呼吸ができず，涙が目を覆う。[28]少年が僕の方に向かって走ってくる。僕の目は涙でいっぱいなので，はっきりとは見えない。彼の外見と手に持った丸い木製のラケットしか見えない。一瞬，僕は彼がわざと僕にボールを当てて，今度はラケットで僕を殴るつもりなのかと思う。しかし，そのとき彼が口に手を当てているのが見える。彼は心配しているようだ。[29]「大丈夫？」と彼は言う。[30]僕は答えない。まだ呼吸が困難だし，日本語は話せないし，なんといっても僕はまだ彼を怖がっているからだ。[31]「大丈夫？」と彼は繰り返す。[32]少年の視線が僕のバックパックにとまる。「ああ，アメリカ人じゃん！」と彼は言い，星条旗のタグに触れる。[33]「そう，痛みに耐えているアメリカ人さ」と僕は静かに言って，胸に手をやる。[34]驚いたことに，彼は英語を少し知っているせいか，あるいは僕が反応したので安心したせいか，笑っている。[35]「よかったら一緒に遊ばない？」と彼は言って，友達を指さしながらラケットを差し出す。[36]僕はドキッとする。彼は一緒に遊ばないかと僕を誘ったのだ。僕がアメリカでまさにこのような誘いを受けることを何度想像したことがあるかわかるだろうか。[37]僕の手が汗をかいている。今だ！　今がチャンスだ！　僕はラケットに手を伸ばす…[38]「タロウ！　早く！」[39]$_3$振り向くと，彼の友達が呼んでいるのが見える。タロウ。それが彼の名前であり，友達は彼に戻ってきてほしいのだ。彼らは僕が一緒に遊ぶことを望んでいないのだ。彼はただ僕に優しく振る舞っただけなのか。僕は彼の目を見つめ，優しくラケットを彼の方に押し返す。[40]「さよなら」　僕は，こう言えば彼がほっとするだろうと思って言う。しかし，そうではないようだ。彼は傷ついているように見える。[41]タロウが友達のいる所へ走って戻るとき，彼は僕と関わらないようにしていたわけではなかったのではないか，という失望感が僕の心にわき起こる。彼は新しい友達をつくりたいと思っていたのに，僕は彼を追いやってしまった。どうせ彼もみんなと同じだろうと僕は思ったのだ。それは僕が毎回やっていることだ。だから僕はいつもひとりぼっちなのだ。42大したことじゃないさ，と僕は自分に言い，バッグの中のお菓子を探し，タロウのことを忘れようとする。このビーチのことも。この旅の一部始終も。43僕はチョコレートバーをかじりながら，夏の読書のエッセーが他の人のよりもどれだけ優れたものになるだろうかと考える。どうすれば今年，今まで以上にトロフィーをもらえるだろうかと考える。僕は考える…44しかし，それらのどれも，僕を幸せな気分にすることはない。むしろ気分が悪くなる。だから僕は考えるのをやめる。45翌朝，ナニは最後の買い物があると言い，僕は昼食まで公園で読書をするつもりだと言う。46でも，僕は公園には行かない。そうではなく，僕はズボンの下にまだ湿った水着を着て，フロントにビーチまでタクシーを呼んでくれるように頼む。フロントの女性は僕を１人で送り出すことに少し不安な様子を見せるが，僕はほほ笑んでナニはまだ眠っているからと彼女に伝える。それで彼女は納得するように思える。47１時間後，僕はいつもの場所でアイスクリームを食べ，タロウを見ている。彼は前日彼と一緒に遊んでいた女の子の隣に寝そべっていた。48僕が着くと，タロウは僕に気づいた。でも，彼は再びタオルの上に寝そべった。彼はその後，僕を見なかった。女の子は彼の胸を押し，何かを言って彼を笑わせている。僕はその女の子が嫌いだ。49どうしてだろう？50なぜ僕はここにいるのだろう？　ここに戻ってきたらどうなると思ったのか？　タロウがもう一度ボールをぶつけてきて，僕に一緒に遊ぼうと誘ってくれるとでも？　それとも，彼が来て，まるで親友のように「やあ」と言うとでも？51思うに，お前はただの負け組ではないな。妄想家で，病気なのだ…52「ハロー，ダーリン」と高い声が響く。見上げるとワンピースの水着を身にまとったナニがいる。「読書は終わったの？」53「ナニ？　ここで何をしているの？」54「フロントから電話があって，タクシーの運転手がビーチであなたを降ろしたって教えてくれたの。4幸いホテルに水着があったの。あなたの友達がこの水着を気に入ってくれるといいけど」55「ナニ，僕はただ…待ってよ，友達って誰のこと？」56ナニはタロウに向かってまっすぐ歩いていく。57「ねえ，やめてよ」と僕は彼女を止めようとするが，彼女は鋭い蹴りで僕をつまずかせたので，僕は砂の上に倒れ，その間に彼女はどんどん進んでいく。58僕は立ち上がり，急いで彼女を追うが，彼女はタロウのすぐそばまで来ている。彼は顔を上げて彼女を見る。そして彼女のすぐ後ろにいる僕を見る。そして彼とナニがちょうど目を合わせたとき…ナニが気を失う。彼女は地面に倒れ，タロウの膝にもたれかかる。タロウはナニの頭を抱え，女の子はパニックに陥る。59ナニが目を大きく開ける。「サントス？　サントス，ダーリン？」と彼女は優しい声で言うが，唇が震えている。彼女の演技はとてもくさい。「サントス，どこにいるの？」60「ここにいるよ」と僕は答え，彼女を見下ろす。61タロウは混乱して僕を見上げる。「この人，知ってる人？」62僕は言いかける。「知らないよ！　僕の人生でこんな女性は見たことがない！」と。でも，ナニは僕を制し，ゆっくり立ち上がってタロウの腕をつかむ。63「サントス，ダーリン，あなたのナニと私を救ってくれたこの少年のそばにいてね」64ナニは手を差し出し，僕の腕をつかんで，相撲取りのような力でタロウの横の砂の上に僕を座らせる。65「ミズ…」と彼女はまるで死ぬ間際であるかのように，女の子にささやく。「ミズクダサイ…」66女の子は水を取りに走っていく。僕たち３人を残したまま。67ナニはせきをする。「少し休ませて，その間にあなたたちは仲良くなってね」と彼女は言って，横になる場所を見つける。68タロウは目を丸くして僕を見る。69昨日は彼がボールで僕に衝撃を与えた。今日は僕がナニで彼に衝撃を与えた。そう考えると笑いがこみあげてくる。タロウも鼻を鳴らす。70「僕はタロウ，よろしくね」とやっと彼は言う。71「僕はサントス」と僕は言う。72「アメリカ人のサントス」と彼は笑って言う。73僕はうなずき，顔がピンク色に染まる。「そう，サントス」74１時間後，僕はタロウについてもっと詳しく知ることになる。75彼は13歳だ。あの女の子は妹で，那覇に住んでいる。彼はアメリカの大学に行きたいと思っているが，アメリカの食べ物が好きではないので，アメリカに行くことになれば日本料理をつくってくれる人が必要だと冗談を言う。彼はもっと英語を勉強しなくてはいけないと思っている。76僕はうそをついて，タロウに13歳だと言う。そうすれば，僕のことをださいとは思わないだろうから。だけど，それは僕がついた唯一のうそだ。彼は僕がテイラー・スウィフトとテニスが好きであることを知っている。77僕は彼に旅行の話をする。彼は僕のおばあちゃんのようなすてきなおばあちゃんがいればなあと言う。78僕たちは，めちゃくちゃなジャパングリッシュで話す。(イ)それは，日本語，英語，ボディーランゲージが混ざりあった意味を成さないものだけど，僕たちはお互いの言うことを完全に理解する。79僕は学校のことは何も言わない。学校について考えることもしない。80彼の妹は，背の低い太ったおばあさんと一緒に戻ってくる。僕のナニを去らせる唯一の方法は，自分のおばあちゃんしかいないと言わんばかりに。50年後の妹はこの女性とそっくりになるのだろう。81タロウの顔が曇っている。彼女の到着が意味するのはただ1つ。それは彼がもう行かなければならないということだ。82「明日も会える？」と彼はゆっくり立ち上がって，僕の目をのぞきながら言う。83僕は首を振る。明日は家に帰らないと，と言いかける…84「会えるわ」と，ナニがタロウの背中を叩きながら答える。85彼はとても幸せそうな希望に満ちた笑顔で僕を見る。僕の心は燃える。僕の目は彼の姿が完全に見えなくなるまで彼に注がれる。86「どうして彼にうそをついたの？」と僕はナニの方を向いて言う。「5明日も会えると彼に言ったのはどうして？」87「彼に楽しみを与えるためよ」と彼女は静かに言う。「私たちはみんな，楽しみにするものが必要なの」88意味がわからなかった。そんな文句を本で読んだことはなかった。しかし，静かに確実に，その言葉は僕の心に染み込んでいった。89僕は海の波を見ながら彼女の隣にいる。彼女の手は僕の手の上に置かれている。彼女の手はとても暖かいので，僕は彼女に行かないでほしいと思う。(ウ)波が寄せては引くのを見ながら10分が経過した。90「来年もまた旅に連れていってくれる，ナニ？」と僕は尋ねる。91「あら，サントス，わからないの？」と彼女は目に涙を浮かべてささやく。「あなたが私を連れていくのよ」

A<英問英答・内容一致・指示語>1.「サントスは旅行に失望していた。なぜなら(　　)からだ」—(b)「ナニが彼を博物館や宮殿のような観光地に連れていかなかったから」　第2段落参照。

2.「サントスにとって大人になったときに重要なものは何だとナニは言っているか」—(b)「興味を引く人になること」　第15段落参照。「語るべき何かがある」とは「興味を引く人，おもしろい人」と考えられる。また，第16段落でサントスが自分のことを「おもしろいところが何もない本の虫」と言っていることも手がかりになる。　3.「サントスは『これの方がもっとこたえる』と言っている。『これ』は何を指すか」—(a)「彼の祖母が彼をからかう」　第16段落参照。サントスは，同級生にからかわれるのは気にならない一方で，同じことをナニにされると心が傷つく，と言っているのである。　4.「ナニはサントスが2日目にビーチに行きたがっていることがわかっていた。なぜなら(　　)からだ」—(c)「彼女は自分のための計画を立て，彼の水着を洗っておいてくれたから」　第24段落参照。　5.「サントスが最初にボールを当てられたとき，返事をしなかった理由の1つではないものはどれか」—(a)「彼の言うことが聞こえなかった」　第29段落で，「大丈夫？」というタロウの声が聞こえている。(b)「彼は怖がっていた」，(c)「彼は息ができなかった」，(d)「彼は日本語を話せなかった」はいずれも第30段落に書かれている。　6.「なぜサントスはいつもひとりぼっちだったのか」—(d)「他人を受け入れることが困難だったから」　第39段落最後の3文および第41段落参照。人をうまく受け入れられないサントスの心理が描かれている。　7.「なぜサントスは夏の読書やトロフィーのことを考えるのをやめるのか」—(a)「彼はそれが言い訳のように感じたから」　第44段落参照。友達と遊びたいという本当の気持ちを隠すための言い訳だと感じている心情が読み取れる。　8.「タロウがアメリカの大学に行くときに望む1つの物とは何か」—(d)「料理人」　第75段落参照。　9.「タロウの妹は問題を解決するために誰を連れてくるか」―(b)「彼女の祖母」　第80段落参照。最終文から，タロウの妹と50歳ほど離れていることがわかる。　10.「サントスは物語の中で何回ビーチに行ったか」―(c)「3回」　第1段落(1回目)，第23～25段落(2回目)，第46段落(3回目)。

B＜適文選択＞1．この前後ではサントスが多くの賞をもらうことについて述べられている。賞のことにふれている(は)が入る。　'What does ～ have to do with …?'「～は…とどんな関係があるのか」(have something to do with ～の something が What に置き換えられた形)　2．直後に「僕は怒って答える」とあるので，ナニへの反論を表す(い)が適切。　3．タロウの友達がタロウを呼んでいる場面なので，サントスもタロウの友達の方を見たという(ろ)が入る。　4．ナニがビーチに現れた場面。直後の文の it が(に)の a swimsuit を指していると判断できる。　5．直前の「どうして彼にうそをついたの？」の具体的な内容となる(ほ)が入る。

C＜整序結合＞(ア)ボールが当たった場面。語群から「ボールがとても強く，速く当たったので～」という文になると推測できる。主語＝ball，動詞＝hits，目的語＝me，so hard and fast＝副詞句とし，'so ～ that …'「とても～なので…だ」の構文にする。that 以下は残りの語群から I can't breathe と tears cover my eyes とまとめ，これを and でつなぐ(順不同)。最後に残った red は ball の前に入る(設問Aの8の選択肢(c)に The red ball とある)。　(イ)Japanglish の後にコロンがあるので，Japanglish を説明する内容にする。まず，Japanglish が Japanese と English の混合だということは明白なので，a mixture of Japanese and English とまとまる。この後，a mixture を先行詞とする関係代名詞 that を置き，Japanglish は一般的にはでたらめな言葉なので関係詞節を that makes no sense とする(make no sense で「意味を成さない」)。その後はここまでの意味と残りの語群から，but we completely understand each other とまとまる(but の前にコンマを置く)。残った body language は同類の言葉である English と Japanese に並列させて，Japanese, English, and body language(順不同)とすると残りのコンマ2つも使える。　(ウ)波を見ている場面なので「波が寄せては引くのを見る」というような文意になるとわかる。watched という知覚動詞があるので，'知覚動詞＋目的語＋動詞の原形'「～が…するのを見る〔聞く，感じる〕」の形で we watched the waves come and go とする。また，ten minutes passed というまとまりができる。残った as を'時'を表す接続詞として we の前に置いて2つのまとまりをつなげる。

D＜英文和訳＞(i)stomach は「胃」。文字どおりの意味は「胃が飛び跳ねた」だが，このときの感情を表すひと工夫がほしい。タロウの「よかったら一緒に遊ばない？」という言葉が，友達のいないサントスにとって驚きをもたらすものであったことを示す訳文にするとよい。　(ii)looks a little worried about ～ing「～することに(対して)少し不安な様子を見せる」　on my own「1人で」　tell her Nani's sleeping は'tell＋人＋(that)＋主語＋動詞'の形で，「ナニは(まだ)眠っていると彼女に伝える」。　(iii)'hit ～ with …'で「…で～を打つ〔たたく，打撃を与える〕」。hit him with Nani は，ナニがタロウを動転させていることを意味しているので，そのことを表す訳文にするとよい。

E＜和文英訳―完全記述＞①「1ヶ月も経たない内に，僕は砂浜に一人でいる」は「1ケ月が過ぎる前に僕は砂浜にいた」と考える。　② He thinks (that)で始め，「～しなくてはいけない」は has to〔(will) have to〕～で表せる。「もっと」は harder または more。

## 数学解答

**1** (1) $24\sqrt{2}$　(2) $-1190$
(3) (順に)$2\sqrt{6}-4$, $-\frac{3}{2}$
(4) (順に)$\frac{1}{3}$, $\frac{5}{2}$, $\frac{5}{3}$, $\frac{1}{2}$
〔(順に)$\frac{5}{3}$, $\frac{1}{2}$, $\frac{1}{3}$, $\frac{5}{2}$〕

**2** (1) $10-\frac{1}{20}x$g　(2) $\frac{200}{7}$

**3** (1) $\frac{13}{16}$　(2) $\frac{5}{24}$

**4** (1) 最小…17　最大…26　(2) 15
(3) 35

**5** (1) $\frac{\sqrt{5}}{5}$　(2) $\frac{3}{5}$

**6** (1) $a=\frac{1}{6}$,
直線ABの式…$y=\frac{1}{3}x+\frac{1}{2}$
(2) 2, $1\pm\sqrt{7}$　(3) $2+\frac{\sqrt{7}}{2}$

**7** (1) $\frac{7\sqrt{2}}{6}$　(2) $\frac{5\sqrt{5}}{6}$

**1**〔独立小問集合題〕

(1)＜平方根の計算＞$\sqrt{2}+1=A$, $\sqrt{2}-1=B$として因数分解すると，与式$=A^4-B^4=(A^2)^2-(B^2)^2=(A^2+B^2)(A^2-B^2)=(A^2+B^2)(A+B)(A-B)$となる。$A^2+B^2=(\sqrt{2}+1)^2+(\sqrt{2}-1)^2=2+2\sqrt{2}+1+2-2\sqrt{2}+1=6$, $A+B=(\sqrt{2}+1)+(\sqrt{2}-1)=2\sqrt{2}$, $A-B=(\sqrt{2}+1)-(\sqrt{2}-1)=2$だから，与式$=6\times2\sqrt{2}\times2=24\sqrt{2}$である。

(2)＜式の値＞与式$=x(x-y)-2(x-y)$として，$x=121$, $y=131$を代入すると，与式$=121\times(121-131)-2\times(121-131)=121\times(-10)-2\times(-10)=-1210+20=-1190$となる。

(3)＜式の値＞$2\sqrt{6}=\sqrt{24}$だから，$\sqrt{16}<\sqrt{24}<\sqrt{25}$より，$4<2\sqrt{6}<5$である。よって，$2\sqrt{6}$の整数部分$a$は4だから，小数部分$b$は$2\sqrt{6}-4$である。また，$a=4$, $b=2\sqrt{6}-4$を代入すると，与式$=\frac{-2\times4-3(2\sqrt{6}-4)+2}{2(2\sqrt{6}-4)+4}=\frac{6-6\sqrt{6}}{-4+4\sqrt{6}}=\frac{6(1-\sqrt{6})}{-4(1-\sqrt{6})}=-\frac{3}{2}$となる。

(4)＜連立方程式＞$3x+2y=6$……①，$6xy=5$……②とする。①より，$2y=6-3x$, $y=3-\frac{3}{2}x$……①′
①′を②に代入して，$6x\left(3-\frac{3}{2}x\right)=5$, $18x-9x^2=5$, $9x^2-18x+5=0$, $(3x)^2-6\times3x+5=0$, $(3x-1)(3x-5)=0$　$\therefore x=\frac{1}{3}, \frac{5}{3}$　$x=\frac{1}{3}$のとき，①′より，$y=3-\frac{3}{2}\times\frac{1}{3}$　$\therefore y=\frac{5}{2}$　$x=\frac{5}{3}$のとき，①′より，$y=3-\frac{3}{2}\times\frac{5}{3}$　$\therefore y=\frac{1}{2}$

**2**〔方程式―一次方程式の応用〕

(1)＜文字式の利用＞容器Aから$x$gの食塩水を取り出し，容器Bから取り出した$x$gの食塩水を容器Aに入れるので，容器Aは，10%の食塩水$100-x$gに5%の食塩水$x$gが加わることになる。よって，作業後の容器Aの食塩水に含まれる食塩の量は$(100-x)\times\frac{10}{100}+x\times\frac{5}{100}=10-\frac{1}{20}x$(g)となる。

(2)＜一次方程式の応用＞(1)と同様にして，容器Bは，5%の食塩水$200-x$gに10%の食塩水$x$gが加わるので，作業後の容器Bの食塩水に含まれる食塩の量は$(200-x)\times\frac{5}{100}+x\times\frac{10}{100}=10+\frac{1}{20}x$(g)である。作業後の容器Aの食塩水の濃度は$\left(10-\frac{1}{20}x\right)\div100\times100=10-\frac{1}{20}x$(%)，容器Bの食塩水の濃度は$\left(10+\frac{1}{20}x\right)\div200\times100=5+\frac{1}{40}x$(%)だから，作業後の容器Aの食塩水の濃度が容器Bの食塩水の濃度の1.5倍より，$10-\frac{1}{20}x=\left(5+\frac{1}{40}x\right)\times1.5$が成り立つ。これを解くと，$x=\frac{200}{7}$(g)となる。

**3**〔確率―数字のカード〕

≪基本方針の決定≫(2)　A君の得点で場合分けする。

(1)＜確率＞A君は，1回目，2回目とも4枚のカードの中から1枚を取り出すので，取り出し方は4通りであり，全部で$4\times4=16$(通り)の取り出し方がある。このうち，得点が4点以上にならない場合を考えると，これは4点未満となる場合であり，(1回目，2回目)＝(1，1)，(1，2)，(2，1)の3通りある。よって，A君の得点が4点以上となる場合は$16-3=13$(通り)だから，求める確率は$\frac{13}{16}$である。

(2)＜確率＞(1)より，A君の2回のカードの取り出し方は16通りであり，B君は，6枚のカードの中から1枚を取り出すので，B君の取り出し方は6通りある。よって，2人のカードの取り出し方は，全部で$16\times6=96$(通り)ある。A君の得点は最小で$1+1=2$(点)，最大で$4+4=8$(点)である。B君の得点がA君の得点を上回るのは，A君の得点が2点のとき，A君は(1回目，2回目)＝(1，1)の1通り，B君は3，4，5，6の4通りだから，$1\times4=4$(通り)ある。A君の得点が3点のとき，A君は(1，2)，(2，1)の2通り，B君は4，5，6の3通りだから，$2\times3=6$(通り)ある。A君の得点が4点のとき，A君は(1，3)，(2，2)，(3，1)の3通り，B君は5，6の2通りだから，$3\times2=6$(通り)ある。A君の得点が5点のとき，A君は(1，4)，(2，3)，(3，2)，(4，1)の4通り，B君は6の1通りだから，$4\times1=4$(通り)ある。A君の得点が6以上のとき，B君の得点が上回ることはない。以上より，B君の得点がA君の得点を上回る場合は$4+6+6+4=20$(通り)だから，求める確率は$\frac{20}{96}=\frac{5}{24}$となる。

**4**〔特殊・新傾向問題〕

≪基本方針の決定≫(2)　$S_4(a)\geqq S_5(a)$である。$S_4(a)$，$S_5(a)$の値がわかる。

(1)＜***a***の最小と最大＞$S_6(a)$は，自然数$a$の一の位が6以下のとき切り捨て，7以上のとき切り上げた数だから，$S_6(a)=20$より，一の位を切り捨てるときは$a=20$，21，……，26であり，切り上げるときは$a=17$，18，19である。よって，最小は17，最大は26である。

(2)＜***a***の値＞$S_4(a)$，$S_5(a)$は，自然数$a$の一の位を切り捨てた数か切り上げた数だから，10の倍数である。また，自然数$a$の一の位が5のとき，$S_4(a)$は切り上げた数，$S_5(a)$は切り捨てた数となるから，$S_4(a)\geqq S_5(a)$である。よって，$S_4(a)+S_5(a)=30$より，$S_4(a)=20$，$S_5(a)=10$である。このとき，$S_4(a)$は切り上げた数，$S_5(a)$は切り捨てた数だから，自然数$a$の一の位は，5以上で，5以下より，5である。十の位は1なので，求める自然数$a$は，$a=15$となる。

(3)＜***a***の値＞$S_4(a)$，$S_5(a)$，$S_6(a)$は10の倍数であり，(2)より，$S_4(a)\geqq S_5(a)$だから，同様にして，$S_5(a)\geqq S_6(a)$である。これより，$S_4(a)\geqq S_5(a)\geqq S_6(a)$となる。よって，$S_4(a)+S_5(a)+S_6(a)=100$より，$S_4(a)=40$，$S_5(a)=30$，$S_6(a)=30$である。$S_4(a)$は自然数$a$の一の位を切り上げた数，$S_5(a)$，$S_6(a)$は切り捨てた数だから，自然数$a$の一の位は，5以上で，5以下，6以下より，5である。十の位は3なので，求める自然数$a$は，$a=35$となる。

**5**〔平面図形―正方形，円〕

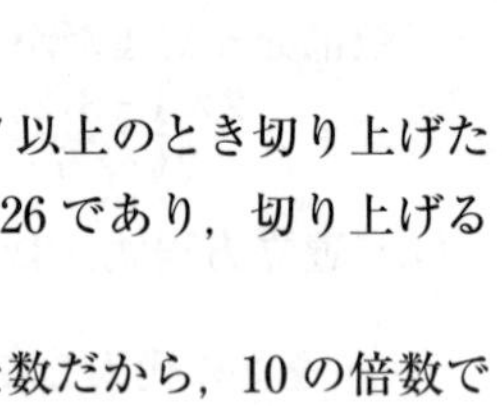

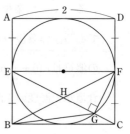


(1)＜長さ―相似，三平方の定理＞右図で，直径EFを引き，2点F，Gを結ぶ。半円の弧に対する円周角より，$\angle\mathrm{EGF}=90^\circ$だから，$\angle\mathrm{FGC}=90^\circ$である。よって，$\angle\mathrm{FGC}=\angle\mathrm{EFC}=90^\circ$，$\angle\mathrm{FCG}=\angle\mathrm{ECF}$より，$\triangle\mathrm{CFG}\backsim\triangle\mathrm{CEF}$であり，CG：CF＝CF：CEとなる。$\mathrm{BE}=\mathrm{CF}=\frac{1}{2}\mathrm{CD}=\frac{1}{2}\times2=1$であり，△BCEで三平方の定理より，$\mathrm{CE}=\sqrt{\mathrm{BC}^2+\mathrm{BE}^2}=\sqrt{2^2+1^2}=\sqrt{5}$だから，

CG：1＝1：$\sqrt{5}$ が成り立つ。これを解いて，$\sqrt{5}\mathrm{CG}=1\times1$ より，$\mathrm{CG}=\frac{\sqrt{5}}{5}$となる。

(2)＜面積＞前ページの図で，線分BFと線分CEの交点をHとすると，四角形BCFEは長方形だから，$\mathrm{CH}=\frac{1}{2}\mathrm{CE}=\frac{1}{2}\times\sqrt{5}=\frac{\sqrt{5}}{2}$となり，$\mathrm{GH}=\mathrm{CH}-\mathrm{CG}=\frac{\sqrt{5}}{2}-\frac{\sqrt{5}}{5}=\frac{3\sqrt{5}}{10}$である。よって，$\mathrm{GH}:\mathrm{CH}=\frac{3\sqrt{5}}{10}:\frac{\sqrt{5}}{2}=3:5$となるから，△BGH：△BCH＝△FGH：△FCH＝3：5である。BH＝FHより，$\triangle\mathrm{BCH}=\triangle\mathrm{FCH}=\frac{1}{2}\triangle\mathrm{BCF}=\frac{1}{2}\times\frac{1}{2}\times2\times1=\frac{1}{2}$だから，$\triangle\mathrm{BGH}=\frac{3}{5}\triangle\mathrm{BCH}=\frac{3}{5}\times\frac{1}{2}=\frac{3}{10}$，$\triangle\mathrm{FGH}=\frac{3}{5}\triangle\mathrm{FCH}=\frac{3}{5}\times\frac{1}{2}=\frac{3}{10}$となり，$\triangle\mathrm{BGF}=\triangle\mathrm{BGH}+\triangle\mathrm{FGH}=\frac{3}{10}+\frac{3}{10}=\frac{3}{5}$である。

**6** 〔関数―関数 $\boldsymbol{y=ax^2}$ と直線〕

≪基本方針の決定≫(3)　面積を求める多角形をいくつかの三角形に分けるとよい。

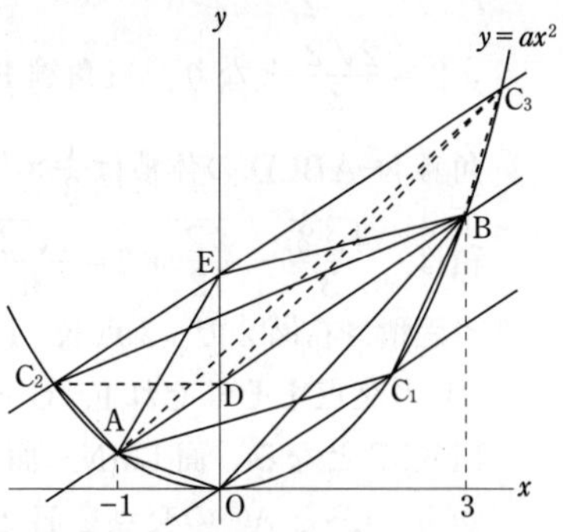


(1)＜比例定数，直線の式＞右図で，2点A，Bは放物線$y=ax^2$上にあって$x$座標はそれぞれ−1，3だから，$y=a\times(-1)^2=a$，$y=a\times3^2=9a$より，$\mathrm{A}(-1,\ a)$，$\mathrm{B}(3,\ 9a)$である。これより，直線ABの傾きは$\frac{9a-a}{3-(-1)}=2a$と表せ，傾きは$\frac{1}{3}$だから，$2a=\frac{1}{3}$が成り立ち，$a=\frac{1}{6}$となる。このとき，$\mathrm{A}\left(-1,\ \frac{1}{6}\right)$だから，直線ABの式を$y=\frac{1}{3}x+b$とおくと，$\frac{1}{6}=\frac{1}{3}\times(-1)+b$，$b=\frac{1}{2}$となり，直線ABの式は$y=\frac{1}{3}x+\frac{1}{2}$である。

(2)＜$x$座標＞右上図で，まず直線ABの下側で△ABO＝△ABCとなる点Cを$\mathrm{C_1}$とする。このとき，$\mathrm{OC_1}$∥ABとなる。直線ABの傾きは$\frac{1}{3}$だから，直線$\mathrm{OC_1}$の式は$y=\frac{1}{3}x$である。(1)より放物線の式は$y=\frac{1}{6}x^2$だから，点$\mathrm{C_1}$は直線$y=\frac{1}{3}x$と放物線$y=\frac{1}{6}x^2$の交点となる。2式より，$\frac{1}{6}x^2=\frac{1}{3}x$，$x^2-2x=0$，$x(x-2)=0$　$\therefore x=0,\ 2$　よって，点$\mathrm{C_1}$の$x$座標は2である。次に，$y$軸と直線ABの交点をDとして，$y$軸上の点Dより上側に△ABO＝△ABEとなる点Eをとる。△ABO＝△ABCとなる点Cは，△ABC＝△ABEより，点Eを通り直線ABに平行な直線と放物線$y=\frac{1}{6}x^2$の交点となる。この2つの交点を$\mathrm{C_2}$，$\mathrm{C_3}$とすると，直線$\mathrm{C_2C_3}$は傾きが$\frac{1}{3}$である。△ABO＝△ABEより，OD＝DEだから，$\mathrm{DE}=\mathrm{OD}=\frac{1}{2}$，$\mathrm{OE}=\frac{1}{2}+\frac{1}{2}=1$となる。よって，切片が1だから，直線$\mathrm{C_2C_3}$の式は$y=\frac{1}{3}x+1$である。2式$y=\frac{1}{3}x+1$，$y=\frac{1}{6}x^2$より，$\frac{1}{6}x^2=\frac{1}{3}x+1$，$x^2-2x-6=0$となり，$x=\frac{-(-2)\pm\sqrt{(-2)^2-4\times1\times(-6)}}{2\times1}=\frac{2\pm\sqrt{28}}{2}=\frac{2\pm2\sqrt{7}}{2}=1\pm\sqrt{7}$となるから，2点$\mathrm{C_2}$，$\mathrm{C_3}$の$x$座標は$1\pm\sqrt{7}$である。

(3)＜面積＞右上図で，〔五角形$\mathrm{AC_1BC_3C_2}$〕＝$\triangle\mathrm{ABC_1}+\triangle\mathrm{ABC_3}+\triangle\mathrm{AC_2C_3}$である。$\mathrm{OD}=\frac{1}{2}$，点Aの$x$座標が−1，点Bの$x$座標が3だから，$\triangle\mathrm{ABC_1}=\triangle\mathrm{ABC_3}=\triangle\mathrm{ABO}=\triangle\mathrm{AOD}+\triangle\mathrm{BOD}=\frac{1}{2}\times\frac{1}{2}\times1+\frac{1}{2}\times\frac{1}{2}\times3=1$である。また，$\mathrm{DE}=\frac{1}{2}$，点$\mathrm{C_2}$の$x$座標が$1-\sqrt{7}$，点$\mathrm{C_3}$の$x$座標が$1+\sqrt{7}$だから，$\triangle\mathrm{AC_2C_3}=\triangle\mathrm{DC_2C_3}=\triangle\mathrm{C_2DE}+\triangle\mathrm{C_3DE}=\frac{1}{2}\times\frac{1}{2}\times\{0-(1-\sqrt{7})\}+\frac{1}{2}\times\frac{1}{2}\times(1+\sqrt{7})=\frac{\sqrt{7}}{2}$である。以上より，求める面積は$1+1+\frac{\sqrt{7}}{2}=2+\frac{\sqrt{7}}{2}$となる。

## 7 〔空間図形―正四角錐〕

(1)＜体積―相似＞右図1で，立体Vは，正四角錐O-ABCDから，2つの三角錐B-LMN，D-PQRを取り除いたものであり，取り除いた2つの三角錐の体積は等しい。3点L，M，Nはそれぞれ辺BA，辺BC，辺BOの中点だから，三角錐B-LMNと三角錐B-ACOは相似であり，相似比は1：2だから，体積比は$1^3:2^3=1:8$となる。点Oから面ABCDに垂線OEを引くと，点Eは正方形ABCDの対角線AC，BDの交点と一致する。△ACO≡△ACBより，$OE=BE=\frac{1}{2}BD=\frac{1}{2}\times\sqrt{2}AB=\frac{1}{2}\times\sqrt{2}\times2=\sqrt{2}$ だから，三角錐B-ACOの体積は$\frac{1}{3}\times$△ACB$\times OE=\frac{1}{3}\times\left(\frac{1}{2}\times2\times2\right)\times\sqrt{2}=\frac{2\sqrt{2}}{3}$となり，三角錐B-LMNの体積は$\frac{1}{8}$〔三角錐B-ACO〕$=\frac{1}{8}\times\frac{2\sqrt{2}}{3}=\frac{\sqrt{2}}{12}$となる。正四角錐O-ABCDの体積は$\frac{1}{3}\times$〔正方形ABCD〕$\times OE=\frac{1}{3}\times(2\times2)\times\sqrt{2}=\frac{4\sqrt{2}}{3}$だから，立体Vの体積は，$\frac{4\sqrt{2}}{3}-\frac{\sqrt{2}}{12}\times2=\frac{7\sqrt{2}}{6}$である。

図1

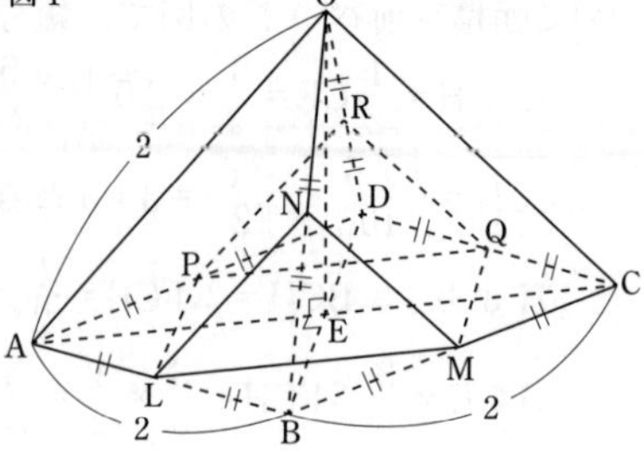


(2)＜面積＞右図2で，3点K，L，Pを通る平面と辺MN，辺QRの交点をそれぞれF，Gとすると，切り口は，五角形LFKGPとなる。面LMN，面ACO，面PQRは平行となるから，LPとACの交点をHとすると，FL∥KH∥GPとなり，KH⊥LPだから，∠FLP＝∠GPL＝90°となる。これより，四角形LFGPは長方形となる。点Kから面ALMCQPに垂線KIを引くと，点Kが辺OCの中点だから，点Iは線分ECの中点となる。このことから，点IはMQとACの交点と一致するので，FG，NRと面ACOの交点をそれぞれJ，Sとすると，3点S，J，Iは面NMQR上にあり，一直線上の点となる。さらに，点Sは線分OEの中点となるから，SK∥ACとなり，△SKJ∽△IHJとなる。よって，JK：JH＝KS：HIである。ここで，上図1で，四角形LMQPは正方形だから，$LM=LP=\frac{1}{2}BD=\frac{1}{2}\times2\sqrt{2}=\sqrt{2}$ である。また，$EC=BE=\sqrt{2}$ である。図2で，$HI=LM=\sqrt{2}$，$KS=\frac{1}{2}EC=\frac{1}{2}\times\sqrt{2}=\frac{\sqrt{2}}{2}$だから，$KS:HI=\frac{\sqrt{2}}{2}:\sqrt{2}=1:2$となり，$JK:JH=1:2$である。さらに，$KI=\frac{1}{2}OE=\frac{1}{2}\times\sqrt{2}=\frac{\sqrt{2}}{2}$だから，△KHIで三平方の定理より，$KH=\sqrt{HI^2+KI^2}=\sqrt{(\sqrt{2})^2+\left(\frac{\sqrt{2}}{2}\right)^2}=\sqrt{\frac{10}{4}}=\frac{\sqrt{10}}{2}$となる。したがって，$JK=\frac{1}{1+2}KH=\frac{1}{3}\times\frac{\sqrt{10}}{2}=\frac{\sqrt{10}}{6}$，$JH=\frac{2}{3}KH=\frac{2}{3}\times\frac{\sqrt{10}}{2}=\frac{\sqrt{10}}{3}$，$FG=LP=\sqrt{2}$ だから，求める切り口の面積は，△FKG＋〔長方形LFGP〕$=\frac{1}{2}\times\sqrt{2}\times\frac{\sqrt{10}}{6}+\sqrt{2}\times\frac{\sqrt{10}}{3}=\frac{5\sqrt{5}}{6}$となる。

図2

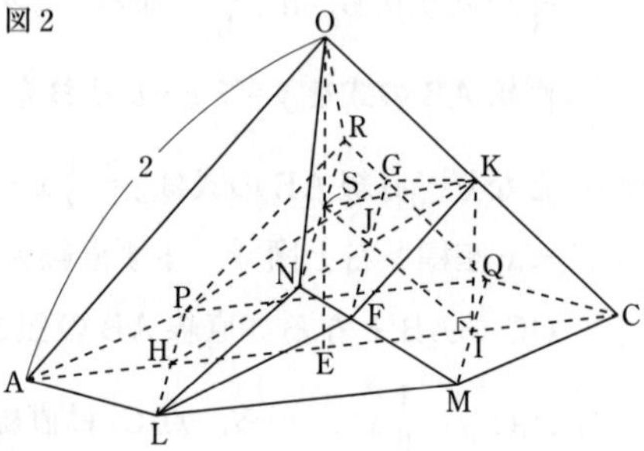

# 2018年度／慶應義塾高等学校

## 国語解答

一 問1 ［知識人タイプの歴史家の］価値観や判断基準［は，西郷］という人物を評価［するのに適しない。］

問2 根拠もなく文明開化の重要性のみを説く主張によって，日本人の抵抗の精神を衰頽させてしまう，ということ。(50字)

問3 西郷は法に背いて武力で抵抗したが，福澤は徹底した合法主義の立場をとっていたから。(40字)

問4 西南戦争

問5 B…オ　C…エ

問6 古い君臣の道徳　問7 ①

問8 X 右　Y 手　問9 イ

問10 a きゅうきょく　b おちい　c しょげん〔ちょげん〕　d あざむ　e うれ

問11 1 変革　2 弁護　3 欲　4 察　5 刊行　6 仕官　7 記　8 結構　9 否　10 制裁

二 問1 エ　問2 目　問3 金

問4 ウ　問5 ウ

問6 Ⅰ 腕があったもとの姿　Ⅱ 自分自身で自由に想像

問7 もとの通りに復原［するということ。］

問8 作者自筆の原稿

問9 第三者の改変

問10 読者の改変〔読者の解釈〕

問11 Ⅰ 作品を固定したもの　Ⅱ 読者に読まれることで変化する〔すこしずつだがふくらんでゆく〕

問12 Ⅰ 読者が想像力をはたらかせて解釈できる　Ⅱ 作品の原形を明らかにする

一〔論説文の読解―文化人類学的分野―文化〕出典；小泉信三「孤独の精神」（『小泉信三エッセイ選2　私と福澤諭吉』所収）。

問1＜表現＞「物差しや衡り」は，物の長さや重さをはかる道具のこと，また，比喩的に価値観や判断基準のことである。「知識人」が持っている「物差しや衡り」では，「西郷」を「測量する」ことができない，ということは，知識人が持っている価値観や判断基準では，西郷という人物を評価することができない，ということである。そう思わせるほど，西郷は，「今のいわゆる知識人とはおよそちがったタイプの人物」だったのである。

問2＜表現＞「虚説」は，根拠のないうわさのこと。「いわゆる『文明の虚説』が無力軟弱の日本人を造る」ことを憂えた福澤は，「政府の専制」を「放置すれば際限がない」ので「抵抗の精神」が大切になるのに，「近来日本の実情を察するに『文明の虚説』に欺かれて，抵抗の精神は次第に衰えて行くようである」と述べている。福澤は，根拠もなく文明開化それ自体を礼賛するような風説により，日本人が「抵抗の精神」を失ってしまうことを嘆いたのである。

問3＜文章内容＞西郷は，「政府に抗するに武力を用ひたる者」である。福澤は，「終始徹底した合法主義者」の立場をとり，「赤穂四十七士の仇討ち」を難じ，「強盗を捕えて手ずから制裁することさえ許し難い」と論じた人物である。そういう福澤が，法に背いて武力で抵抗した西郷を弁護するのは，簡単なことではないだろう。

問４．西郷は，明治維新の変革に際して，「西南戦争」で「歴史的役割」を果たした。

問５＜現代語訳＞Ｂ．「豈」は反語で，どうして〜することがあろうか，いや，ない，という意味になる。「一人を容るゝ」は，一人を許容する，ということ。　Ｃ．「間然」は，非難するべき欠点や隙があること。

問６＜文章内容＞福澤によれば，明治維新の変革の後，「古い君臣の道徳は廃せられて，新たにこれに代わるべきものはまだ立たず」にいる。「人民」は，この状態を「恰も先祖伝来の重荷を卸し，未だ代りの荷物をば荷はずして休息する者の如く」と言ったのである。

問７＜品詞＞「欲しない」の「ない」は，打ち消しの助動詞。「ものはない」「変りはない」「咎むべきではない」「際限がない」の「ない」は，形容詞。

問８＜語句＞Ｘ．〜が最も優れている，ということを，「〜の右に出る者がない」という。　Ｙ．自分で，みずから，ということを，「手ずから」という。

問９＜文学史＞『西国立志編』は，中村正直の訳書。

問10＜漢字＞ａ．果て，ということ。　ｂ．音読みは「陥没」などの「カン」。　ｃ．書物の前書きのこと。　ｄ．音読みは「詐欺」などの「ギ」。　ｅ．音読みは「憂慮」などの「ユウ」。

問11＜漢字＞１．社会や制度のあり方を改変すること。　２．その人にとって良いように言ってかばうこと。　３．音読みは「食欲」などの「ヨク」。　４．推測する，という意味。　５．出版すること。　６．役人として官に仕えること。　７．音読みは「記述」などの「キ」。　８．良いこと。　９．音読みは「否定」などの「ヒ」。　10．道徳や慣習に反したり，法に背いたりした者を罰すること。

二〔論説文の読解―芸術・文学・言語学的分野―文学〕出典；外山滋比古『異本論』「読者の視点」。

≪本文の概要≫文学作品の研究では，作者自筆の原稿，それがなければ少しでもそれに近いテクストを至上と考える。原稿絶対視の思想は，印刷とも無関係ではなく，校正の際の原稿至上の考えが，作者，筆者の意図を絶対視する風潮をつくりあげ，この考えが印刷術普及以前のものにも拡大適用されて，ことごとく原稿どおりを理想とすることになった。テクストだけでなく，表現の意味に関しても，作者の意図が最優先され，読者の解釈はしりぞけられる。しかし，河が水源地から流れ出て，その流域で支流，分流の水を集めて流れていくように，作品の生命も少しずつだがふくらんでゆく。原稿至上主義では，古典であることがはっきりしている作品について，その源泉を究めることに関心を集中し，源泉に達すれば研究は完成することになるが，これは明らかに不自然である。作品は，固定したものではない。読者に読まれることで新しい読み方が生まれ，それにより作品も生まれ変わるのである。古典といわれるものには，多かれ少なかれ，読者の改変が加わっているもので，作者の考えたとおりの作品がそのままで古典になるということは，まずありえないのである。

問１＜品詞＞「小さな」は，連体詞。「いい加減な」「必然的な」「明らかな」「さかんな」「有力な」は，いずれも形容動詞の連体形。

問２＜慣用句＞何かにつけて相手を憎く思うことを，「目のかたきにする」という。

問３＜語句＞古美術品のことをろくに知らないのに古い彫刻を買うこの「アメリカの富豪」は，何かで金持ちになり，その金をもてあましてやみくもに使おうとしていたのではないかと思われる。急に金持ちになった人のことを，「成金」という。

問４＜語句＞水が「満々と」満ちあふれている様子を，「水をたたえる」という。この「たたえる」は，いっぱいにする，満たす，という意味。

問５＜文章内容＞この富豪が「外国から」彫刻を買ったところ，「着いた荷」が破損していた。しかし，それは買ってからそれが届くまでの「途中で」破損したのではなく，この富豪がこの彫刻を買うと決めた時点，言い換えれば，売り手がそれを売りに出した時点で，すでに破損していた。

問６＜文章内容＞「暗示」は，それとなく感じさせること。ミロのヴィーナスには腕がないが，ないことで，見る者は，実際には腕はこのような形をしていたのかもしれない，こんな感じでつくられていたのではないか，などと，腕のあったもとの姿を自由に思い描く。

問７＜文章内容＞外国から古い彫刻を買った「アメリカの富豪」が求めたのは，破損しているものを「もとの通りに復原」することである。この考えは，「文学作品，昔の文献」の場合には，「筆者の意図を絶対視」し，「原稿通りを理想とする」考えである。

問８＜文章内容＞「原稿至上主義」は，「作者の原稿」こそが「もっともしっかりしたテクスト」で「権威のある版」だとする考え方である。この考え方では，「作者自筆の原稿」が「至上」であるが，もしそれが残っていなければ，「すこしでもそれに近いテクストほど優れている」と見なす。「河」の「水源地」とは，その河が流れ始める最初のところのことであるから，作品の「水源地」にあたるのは，「作者自筆の原稿」である。

問９＜文章内容＞「河」では，「水源地」から発した流れは，途中の「流域」で「支流，分流の水を集めて」流れていく。これを文学作品の場合で考えると，最初に作者が原稿を書いた後，「第三者の改変」が起こる可能性があるということである。

問10＜文章内容＞作品は，「読者に読まれることで変化する」ものであり，「読者が新しい読み方をすれば，作品そのものも新しく生れ変る」ことになる。「読者の解釈」が加わり，「読者の改変」を重ねながら，作品は，「古典」になっていくのである。

問11＜文章内容＞文学作品を「物体」として見る，ということは，「作品を固定したもの」と見なすことである。しかし，実際には，文学作品は，「読者に読まれることで変化する」のであり，「読者の解釈」，「読者の改変」で，「すこしずつだがふくらんでゆく」ことになる。

問12＜文章内容＞外国文学は，作品の内容が遠い国のことなので，あまりはっきりとはわからないことが多い。そうなると，読者は，自分自身の想像力をはたらかせて解釈する必要に迫られるが，自分で自由に想像し解釈できる点が，かえっておもしろく感じられるだろう。しかし，外国文学についても，国文学の場合のように「原稿至上主義」をとって作品の原形を明らかにしようと考えると，作品との距離が遠いだけに，それは容易ではない。

# 平成29年度 慶應義塾高等学校

【英　語】（60分）〈満点：100点〉

I　次の各組の英文がほぼ同じ意味を表すように，各々の(　)内に適当な1語を入れなさい。

1．(a) You must not leave the window open.
　　(b) The window must not (　　) (　　) open.

2．(a) You may cut yourself if you are not careful.
　　(b) (　　) careful, (　　) you may cut yourself.

3．(a) She felt sad because his manners were bad.
　　(b) His bad manners (　　) (　　) sad.

4．(a) You must try your best.
　　(b) You must try as (　　) as you (　　).

5．(a) I have never visited this town before.
　　(b) This is (　　) (　　) visit to this town.

6．(a) My brother likes to listen to music.
　　(b) My brother is (　　) of (　　) to music.

7．(a) I am free tomorrow.
　　(b) I have (　　) (　　) do tomorrow.

8．(a) My music player is out of order.
　　(b) There is something (　　) (　　) my music player.

9．(a) Tom decided to go abroad alone.
　　(b) Tom (　　) up his (　　) to go abroad alone.

II　例にならって，各英文の下線部A〜Dの中から文法的・語法的に間違っているものを1つ選び，選んだ箇所全体を正しい形に直しなさい。

【例】 It is kind for you to tell me the way to the station.
　　　A　　　B　　　　　　　C

【解答例】 記号：B　　正しい形：of you

1．How did you think about your exciting game tonight?
　　A　B　　　　　C　　　　D

2．Today was unusual that we had so much snow in Yokohama in November.
　　A　　　　　　B　　C　　　　　　　　　　　D

3．I think we need to come back another day.　The store is close today.
　　A　　　B　　　　　　C　　　　　　　　　D

4．Everyone in the restaurant stopped to eat when they heard a big noise outside.
　　A　　　　　　　　　　　B　　　　C　D

5．Tim has lived in this old house with his family since 5 years.
　　A　B　　　　　C　　　　　D

6．That old chair by the window is not enough strong for adults to sit on.
　　　　　　　A　　　　B　　　C　　　　　　　　D

7．Did you know that the Sky Tree is much more tall than the Tokyo tower is ?
A　B　C　D

8．I didn't understand what she is saying in her speech.
A　B　C　D

9．He is one of the most popular artist among teenagers in Asia now.
A　B　C　D

Ⅲ　次の英文を完成させるために空所 1 ～ 10 に適切な１語を入れなさい。＊が付いている語(句)には【注】がある。

There is an etiquette for sitting, serving, and being [ 1 ], and eating. The two "code words" *itadakimasu* (いただきます) and *gochisoh sama* (ごちそうさま) are very important parts of the dining etiquette in Japan. *Itadakimasu*, said just [ 2 ] eating, means "to receive" or "to accept" but it is an *regularized expression that has a *routine action, almost [ 3 ] a prayer. *Gochisoh sama*, which has the meaning of "thank you for the meal or drinks," is said [ 4 ] the completion of a meal, when leaving the table or shortly after, to whomever has provided the meal, whether at a restaurant or at someone's [ 5 ].

The use of *gochisoh sama* has also been regularized over the generations and is expressed in a more-or-less routine way, along with *itadakimasu*. While [ 6 ] of these words have been a social manner in formal situations for generations and are still universally used in Japan, they are also used in informal and [ 7 ] situations, when they represent little more than thoughtful politeness. [ 8 ] the occasion is formal or informal, the words are very meaningful to the Japanese, and any failure to use them by a Japanese would be thought as *impolite or *rude.

In a similar way, the Japanese are pleased and *appreciative when non-Japanese use these expression, because using the two culturally important words is a very clear [ 9 ] that the foreigner has some knowledge of Japanese [ 10 ] and is thoughtful enough to show it.

【注】 regularize：規則化する　routine：慣例　impolite：無作法な　rude：失礼な
appreciative：感謝する

Ⅳ　次の英文を読み，設問Ａ，Ｂ，Ｃ，Ｄ，Ｅに答えなさい。＊が付いている語(句)には【注】がある。

It was about eight o'clock on a Sunday evening when Ryan Bennett's mom, Halley, came into his bedroom and said, "We need to have a serious discussion."

Ryan, eleven years old, was reading Harry Potter for the ninth time. He lowered the book and said, "About what ?"

"Mostly about me. Where do you want to talk ?"

"Is it that serious ?"

"It's that serious."

He tried to read her thoughts. He couldn't.

"Okay," he said, marking the place in his book.

Then, for a moment, they just sat there, looking at each other. She was thirty-four years old, a dental *hygienist, and liked to bike to keep fit. He could tell she was nervous from the way she bit her lip.

"You going to tell me ?" he asked.

Ever since that time when his mother had informed him that his father had *leukemia—the cause of his dad's death—he was edgy about surprises.

She said, "①あなたのお父さんが亡くなってから3年が経ちました。"

"I know."

"It was hard, very hard, but I think you and I handled it very well. And we love each other a lot. Maybe more, right ?"

"Okay."

"We're more than okay. That's not a small thing. And we've moved on."

"But we haven't moved," said Ryan. "We've stayed right here."

Relaxing, she smiled. "You don't always have to be a wise guy. You know what I mean."

"Okay."

"I loved your dad. He loved me. And you. We had a good marriage. A really good family, but it . . . changed. We *mourned." For an instant, her face saddened, momentarily reliving that time. Then she took a deep breath, gave her professional smile, and said, "About a year ago, I felt good enough to, you know, start to . . . see people. I guess I needed to get on with my own life."

She became silent.

Ryan waited. "But now, I bet you met someone you think is . . . pretty good."

"Well, you're right."

"What's his name ?"

"Ian Kipling."

"And ?"

"He asked me to marry him."

"And ?"

"[ 1 ]"

Ryan took a moment to *consider. Then he said, "How did you meet him ?"

"I was cleaning his teeth."

"It must have been a great conversation."

She laughed.

"[ 2 ]"

"Seven months."

Ryan thought for a moment. Then he said, "Do I have any say about it ?"

"Well . . . I certainly hope you like him."

"Wait a minute. If you married this guy, he would be my father, right ?"

"Stepfather."

"I don't want step. He'd be my father. Period. (i)And you just hope I'll like him ? That's not fair. He have kids ?"

"No. He does have a niece and a nephew."

"Has he ever been married ?"

"No."

Ryan considered. "You once told me, 'Being your mom is not just about loving you ; it's a job.'"

"Well, true."

"So being a dad is sort of like a job, too, right? When you got your new job with Dr. Von, you applied for it. You filled out an application. You even had to get *references, right? And an interview. You once told me that when you married Dad, he went to Grandpa and asked *permission. So, I think if this . . . what's his name?"

"Ian Kipling."

"If Ian Kipling wants the job of being my father, he has to apply. To me. To get my permission."

Ryan could not tell if his mother was going to laugh or cry. "Really?" she said.

"Really," said Ryan. "If I don't like him, would you still marry him?"

His mother said, "I'd have to think about that."

"So you have to *admit, it's important that I like him, too, right?"

"Right."

Ryan stood up. "Tell Ian Kipling to send me his application. To me. I'll go write a *job description."

"Ryan . . ."

"I mean it."

(ア)[a sheet / an hour / handed / his / later / mother / of / paper / Ryan]. "Here's the job description."

His mother read it and said, "Come on, Ryan. What do you expect me to do with this?"

"Give it to Ian Kipling. If he's interested in applying for the position, tell him to call me. And tell him to make it soon."

Halley studied the words again, looked at Ryan, and then said, "Okay."

Two days later, in the evening, Ryan received a call on his cell phone.

"Hello. Is this Ryan Bennett? My name is Ian Kipling."

"Oh."

Silence.

"I guess I'm applying for the position you have available. You know, being your . . . dad. I read the job description. I would like to make an *appointment."

"I first need to see two letters of reference."

"Sure."

"Just send the letters to me. Not to my mother."

"I'll see what I can do."

A week later, Ryan's mom asked Ryan, "Did you get any letters of reference?"

"One. From a kid."

"Who was it?"

"Ian Kipling's nephew."

"May I see it?"

"Reference letters are *confidential. My English teacher said so."

"I'd never question your English teacher."

The day after Ryan received the second letter, he was eating dinner with his mom when he said, "I got the second letter of reference."

"Who was it from ?"

"Guy named Chuck Schusterman. He says he's Ian Kipling's best friend. Have you met him ?"

"Yes. [ 3 ]"

"Mostly."

"Just mostly ?"

"I told you. Letters of recommendation are *private."

"Okay. What's the next step ?"

"I interview him. Tell him to call me and make an appointment."

"Ryan, what happens if you don't like him ?"

"I told him lots of other people applied."

"You didn't !"

"Just tell him to call me," Ryan said as he gathered up the dirty dinner plates and carried them to the sink. "Can't get a job without an interview."

Two days later, Ryan's cell phone rang. It was Ian Kipling. And they agreed to have the interview at a library on Friday, at four o'clock. After hanging up the phone, he began to make a list of questions. By the time he was done, he had filled four pages.

Friday afternoon at three forty-five, Ryan (イ)[a / in / had / he / library chair / questions / reviewing / sitting / the / was / written] when the man approached him.

"Ryan Bennett ? I'm Ian Kipling." He held out a hairy hand.

Ryan looked up at a rather thin man wearing a dark suit, with blue shirt and striped tie. He looked rather clean and handsome. Ryan shook the hand. The *grip was strong.

Ian Kipling sat down across from Ryan. The two looked at each other. (ii)Ryan decided that Ian was nervous because he kept folding and unfolding his hands.

"Thank you for seeing me," said Ian Kipling.

"No problem." Ryan took out a ballpoint pen and held up his pages of questions. "I'll be writing down your answers so I can review them. Okay ?"

"Okay."

Ryan checked the first page. "Question one. Can you tell me why you want the position ?"

"Being your dad ?"

"Uh-huh."

"Well, I really love your mom, crazy about her, and if you're anything like her, I'm sure I'd love you a lot, too. I mean I like kids."

Ryan wrote some of that on his paper.

"What's your experience with kids ?"

(iii)"I was one, once."

"Anything more recent ?"

"I have a nephew and a niece. We get along really well. I think you got a letter from my nephew."

"(ウ)[a / do /does / good time / have / like / my mom / she / to / to / wants / what / when] ?"

"Go to a restaurant. Bike."

"What's your favorite sport ?"

"Baseball."

"Who do you root for ?"

"Cubs."

"They never win."

"Gotta be *loyal, right ?"

Ryan checked his paper. "②あなたは子供は何時に寝るべきだと思う？"

"It depends. There are school days. Holidays. Weekends. Special days. I think there should be some *flexibility."

"What about *allowances ?"

"I don't believe kids should get too much. There are jobs they can get. Babysitting. Dog walking. That kind of stuff."

"[ 4 ]"

Ian thought for a moment, then said, "*Negotiable."

"What's your job ?"

"I work for United American Health. I look into *fraud, people's lies. Basically, catching the bad guys."

"Is that dangerous ?"

Ian Kipling shook his head.

Ryan wrote that down. Then he asked. "Are you rich ?"

"No. But I have *decent pay."

"[ 5 ]"

"I'd take really good care of her."

"My mom and I both like to read. What about you ?"

"Reading's okay. When I read it's mostly history."

Ryan said, "What's your idea of a good time ?"

"Hanging out. Playing sports. Cooking. Love movies."

"What do you like to cook ?"

"Indian food."

Ryan made a face. "Spicy ?"

"Can be."

"I don't like spicy."

"I'm flexible."

Ryan reviewed his paper. "What's the best thing about my mom ?"

"She's full of life. Great sense of humor. I love being with her. Terrific."

"If you became my dad, could I keep a picture of my real dad in my room ?"

"I hope so."

Ryan took another look at his paper. "Okay. What's the most important thing you can do for your son ?"

Ian Kipling became thoughtful. "I can think of two things. The first thing is to love him. Second thing is, to keep telling him that you do love him."

Ryan took a while to write that down. "Got three more pages, but they're mostly about the same subject."

"Shoot."

"In Harry Potter, who's your favorite character ?"

Ian Kipling said, "I'm sorry to admit it, but I haven't read the book."

Ryan *frowned and folded his papers. "Well, that's not negotiable. So I guess I don't have any more questions."

That night Ryan went into his mom's bedroom. She was sitting up in bed, reading something.

"Okay," said Ryan. "Ian Kipling. His letters of reference are okay. Interview, okay. I don't think he reads as much as we do. He likes spicy food. And, guess what ? He's never read Harry Potter."

Halley said, "Do you think he can handle the job ?"

"Yeah, I think so."

【注】 hygienist：衛生士　leukemia：白血病　mourned：弔った　consider：考える
reference：推薦書　permission：許し　admit：認める　job description：職務説明書
appointment：会う約束　confidential：秘密　private：私的　grip：握り
loyal：忠誠　flexibility：柔軟性　allowances：お小遣い　negotiable：交渉の余地のある
fraud：詐欺　decent：十分な　frowned：顔をしかめた

A：1～10の書き出しに続くもの，もしくは質問に対する答えとして，本文の内容に最も一致するものを(a)～(d)の中から1つ選び，記号で答えなさい。

〔編集部注…4の問題は不備があったため，受験者全員を正解とする措置がとられました。〕

1. What did Ryan do with the book before he talked to his mom ?
(a) He put it back in the bookshelf.
(b) He wrote his name on the book.
(c) He erased his notes on the book.
(d) He left a sign to show where he had read up to.

2. What did mom mean by "we've moved on" ?
(a) They couldn't think about themselves.
(b) They moved to a new house.
(c) They carried on with their lives.
(d) They decided not to talk about it.

3. What did mom mean by "see people" ?
(a) To work with many patients.
(b) To watch people carefully.
(c) To look for a new partner.
(d) To understand her friends more.

4. Where did Halley meet Ryan ?
(a) During biking.　(b) At work.
(c) At college.　(d) At the library.

5. "Do I have any say about it ?" Ryan wanted to know if . . .
(a) mom would listen to his opinion.
(b) Ryan can ask this man some questions.
(c) Ryan needs to make the decision or not.
(d) mom wanted Ryan to ask questions.

6. What is Ian Kipling's job?

(a) He is a dentist at mom's work place.

(b) He does researches for a company.

(c) He is a police officer in the neighborhood.

(d) He writes articles for a local newspaper.

7. What does Ian Kipling like about Halley?

(a) Halley is very beautiful and smart.　(b) Halley and Ian are both Cubs fans.

(c) Halley is a great mother.　(d) Halley is very active and funny.

8. Ryan's questions which he had prepared were mostly about . . .

(a) baseball.　(b) Harry Potter.　(c) mom.　(d) food.

9. Why did Ryan take notes of just some questions?

(a) Because he wasn't really interested in this interview.

(b) Because Ian Kipling was speaking too fast.

(c) Because only some of the questions were important for him.

(d) Because Ian Kipling was giving the wrong answers.

10. What did Ryan NOT like about Ian?

(a) He had never read Harry Potter books.　(b) His hairy hand.

(c) He didn't have kids.　(d) He wasn't rich.

B：[ 1 ]～[ 5 ]に入れるのに最も適切なものを(い)～(ほ)より1つずつ選び，記号で答えなさい。

(い) What if my mother got sick?　(ろ) I told him I'd think about it.

(は) Did the letter say nice things?　(に) How long have you known him?

(ほ) Yeah, but how much?

C：下線部(ア)～(ウ)の[　]内の語(句)を，内容に合わせ正しい語順に並べ替えなさい。文頭に来るべき語も小文字になっているので注意すること。

D：下線部(i)，(ii)，(iii)を和訳しなさい。

E：下線部①，②を英訳しなさい。

**【数　学】**（60分）〈満点：100点〉

（注意）1．考え方や途中経過をわかりやすく記入すること。
　　　　2．答には近似値を用いないこと。円周率は$\pi$を用いること。
　　　　3．図は必ずしも正確ではない。

## 1　次の問いに答えよ。

(1)　次の計算をせよ。

$$\frac{\frac{1}{3}-\frac{2}{5}}{\frac{1}{3}-\frac{2}{5}+\frac{3}{7}}$$

(2)　$x=\frac{5}{2}$のとき，$(x-3)(x-4)(x-5)+(x+3)(x+4)(x-5)+(x+3)(x-4)(x+5)+(x-3)(x+4)(x+5)$の値を求めよ。

(3)　連立方程式 $\begin{cases} 3x+4y+5z=40 \cdots ① \\ x+y+z=10 \quad \cdots ② \\ x^2+y^2+z^2=36 \cdots ③ \end{cases}$ について答えよ。

(ア)　①②より$x$，$y$をそれぞれ$z$で表せ。
(イ)　連立方程式を解け。

(4)　999975を素因数分解せよ。

(5)　1から99までの番号札が1枚ずつあり，2の倍数の番号札には赤，3の倍数の番号札には青，5の倍数の番号札には緑のシールが貼ってある。いま，これらの番号札から1枚の札を取り出したとき，以下の確率を求めよ。

(ア)　シールが2枚貼られた番号札が出る確率
(イ)　シールが貼られていない番号札が出る確率

## 2　自然数$N$と$a$に対して，1から$N$までの積$1\times2\times3\times\cdots\times(N-1)\times N$を$a$で繰り返し割り切ることができる回数を$[N,\ a]$と表す。例えば，$N=5$，$a=2$のとき，$1\times2\times3\times4\times5=120$であり，120は2で3回割り切ることができるので，$[5,\ 2]=3$である。以下の問いに答えよ。

(1)　$[10,\ 2]$，$[10,\ 5]$，$[10,\ 10]$を求めよ。

(2)　$[100,\ 390]$を求めよ。

## 3　3組（K組，E組，I組）の生徒120人に対して数学の試験をおこなったところ，3組全体の平均点は51.8点であった。各組の平均点はK組51点，E組52点，I組53点であり，K組とE組の生徒人数比は5：6である。このとき，各組の生徒数を求めよ。

**4**　$k$ を 2 より小さい正の数として，2 つの放物線 $y=2x^2$ …(ア)，$y=kx^2$…(イ)を考える。放物線(ア)上の点 A$(-1,\ 2)$に対して，原点Oと点Aを通る直線 OA と放物線(イ)が原点Oと異なる点Dで交わるとする。また，(ア)上に点Bを $\angle\mathrm{AOB}=90^\circ$ となるように定め，直線 OB が(イ)と原点Oと異なる点Cで交わるとする。以下の問いに答えよ。

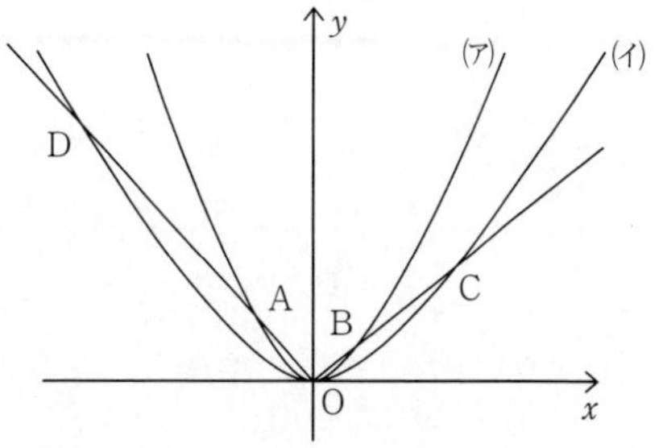


(1)　点Bの座標，直線 AB の方程式を求めよ。

(2)　点Cの座標を $k$ で表せ。また，直線 CD の傾きを求めよ。

(3)　原点Oを通る直線 $l$ によって四角形 ABCD の面積が 2 等分されるとき，直線 $l$ と直線 AB の交点の座標を求めよ。

**5**　2 つの合同な三角形 ABC と A′B′C′ $\left(\angle\mathrm{A}=\angle\mathrm{A}'=90^\circ,\ \angle\mathrm{B}=\angle\mathrm{B}'=15^\circ,\ \mathrm{AB}=\mathrm{A'B'}=\dfrac{\sqrt{6}+\sqrt{2}}{4},\ \mathrm{BC}=\mathrm{B'C'}=1,\ \mathrm{CA}=\mathrm{C'A'}=\dfrac{\sqrt{6}-\sqrt{2}}{4}\right)$を図のように重ねた。ただし，点Oは辺 AB の中点，かつ辺 A′B′ の中点で，$\angle\mathrm{AOA'}=60^\circ$ を満たす。あとの問いに答えよ。

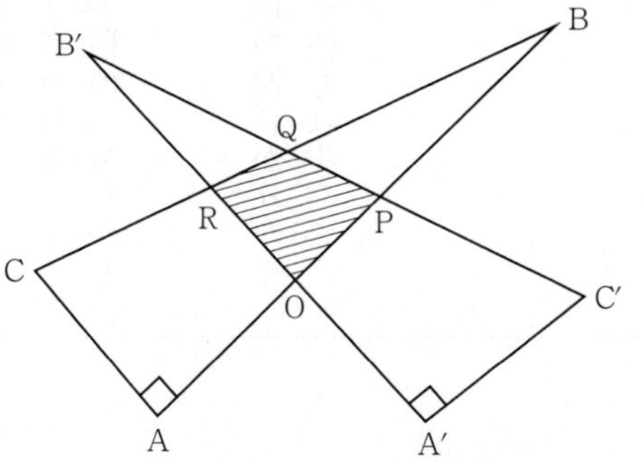


(1)　点Oから辺 BC に垂線 OH を引くとき，OH の長さを求めよ。

(2)　四角形 OPQR の面積を求めよ。

**6**　一辺の長さ 4 の正四面体 OPQR がある。以下の問いに答えよ。

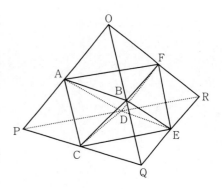

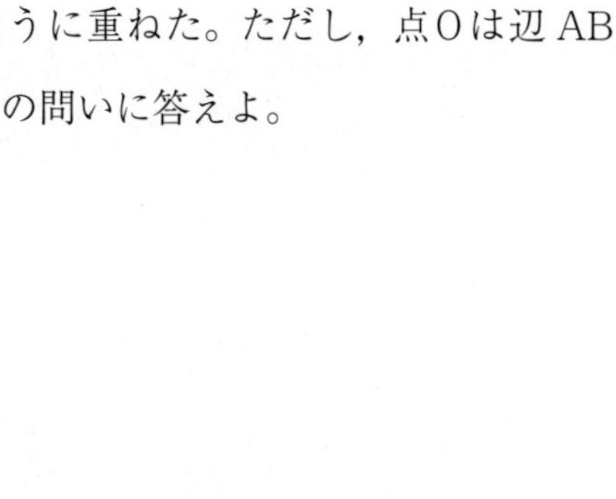


(1)　正四面体 OPQR の各辺の中点A，B，C，D，E，Fを頂点とする多面体の体積を求めよ。

　ただし，一辺の長さ $a$ の正四面体の体積は $\dfrac{\sqrt{2}}{12}a^3$ であることを用いてよい。

(2)　多面体 ABCDEF の各辺の中点を頂点とする多面体の体積を求めよ。

iii

ア　来る人も無き我が宿の藤の花誰を待つとて咲きかかるらむ

イ　山桜咲きぬる時は常よりも峰の白雲立ちまさりけり

ウ　この夕べ降りくる雨は彦星の早漕《こ》ぐ舟の＊櫂《かい》の＊ちりかも

＊櫂…舟を漕ぐ際に使うオール

＊ちり…飛び散ったしずく

エ　きりぎりす夜寒に秋のなるままに弱るか声の遠ざかりゆく

オ　奥山の岩垣《いはがき》紅葉散り果てて朽葉《くちば》が上に雪ぞ積もれる

やくしゃの札をアイロンをかけて伸ばす場面が出てくるのだ。
「日本人は人に何か頼む時、アグラではいけないんですか。寅さん、ヒロシさんに頼む時、座り直したでしょ」とアン。
「よくそんな所まで気がついたわね。そうよ。アグラをかいたままでは失礼でしょ？」
「頼まれたヒロシさんが思わず座り直したのも面白かった」
「寅さんは、頼んだあとすぐにまたアグラをかいたね」
皆、実に注意深く見ている。言葉の分からない分だけ、動作を見たということだろうか。
留学生たちと映画を見ると、③普段と全く違った角度から見ることになる。平面の世界で判断していたことを、立体の世界で判断するようなもの。実際に勉強になったのは留学生たちより私の方かもしれない。

（佐々木瑞枝『留学生と見た日本語』（筑摩書房）より。
出題のために一部を省略し、表記を改めた箇所がある。）

＊注「寅さん」…山田洋次監督、渥美清主演の映画「男はつらいよ」シリーズの主人公。「男はつらいよ」シリーズは、全48作中、ほぼ半分が年末に公開された
「お百度参り」…願い事がかなうように、神社などに行き、一定の場所を百回往復して拝むこと

問1 文中の【a】～【e】の中に入る語句を以下の語群から選び、記号で答えなさい。
ア いちいち　イ じっと　ウ まして
エ おめおめと　オ ちょうど　カ かなり
キ すぐに　ク きっぱりと

問2 文中の【f】と【g】の中に入る語句を、次の中から選びなさい。
f ア 噛みつかんばかりに　イ 噛みしめるように
ウ 食いいるように　エ 食らいつくように
g ア きる　イ つける
ウ ともす　エ 点じる

問3 以下の文の（ア）～（オ）に、適当な語を入れて——①「先生おせんべ、いただきますか」における敬語の誤りを説明しなさい。
「いただく」は「（ア）」という語の（イ）語だが、（イ）語はへりくだった言い方なので、目上の人の動作を言う時には使うことができない。この状況であれば、「（ア）」の（ウ）語を使って、「おせんべいを（エ）」または「おせんべいを（オ）」と言わなくてはならない。

問4 ——②「それが随分出ていましたね」とはどういうことか。解答欄に入る形で、二十五字以内で説明しなさい。

問5 ——③「普段と全く違った角度から見ることになる」とはどういうことか。最後に「ということ」が来るような形で、三十字以内で答えなさい。

## 三

以下の和歌を、季節の進行順に並べ替えなさい。なお、和歌の世界では『古今和歌集』以来の伝統として、一年は立春から始まると考えられているので、ここでもそれに従うこと。

i
ア 石走《いはばし》る滝もとどろに鳴く蟬《せみ》の声をし聞けば都し思ほゆ
イ このごろは花も紅葉も枝になししばし＊な消えそ松の白雪
＊な消えそ…消えないでください
ウ 梅の花匂《にほ》ひを道の標《しるべ》にて主《あるじ》も知らぬ宿に来にけり
エ あしびきの山吹の花散りにけり井手の蛙《かはづ》は今や鳴くらむ
オ 人住まず荒れたる宿を来てみれば今ぞ木の葉は錦《にしき》織りける

ii
ア 津の国の難波の春は＊夢なれや蘆《あし》の枯葉に風渡るなり
＊夢なれや…夢なのだろうか
イ 沢水に空なる星の映るかと見ゆるは夜半《よは》の蛍なりけり
ウ 入日さす夕紅《ゆふくれなゐ》の色映えて山下《やました》照らす＊岩つつじかな
＊岩つつじ…山や岩場に生えるつつじ
エ 吉野山八重たつ峰の白雲に重ねて見ゆる花桜かな
オ 梅の花＊かばかり匂《にほ》ふ春の夜の闇は風こそうれしかりけれ
＊かばかり…こんなにも

り、溜息《ためいき》をついたり、拍手をする場面で、ちらっと顔を見合わせることが多いからだ。

もちろん言葉の問題もある。【 c 】テンポの早い下町ことばは私にだって聞きとりにくい。【 d 】留学生たちにとっては、授業中と違って【 e 】私にきく訳《わけ》にもいかず、腹立たしい思いだろう。北海道からつれてきた身よりのない少女を、定時制高校に入れてあげようと必死な思いの寅さん。場内はシーンとしている。

「サクラ、入学出来るように英語教えてやってくれよ」「ヒロシ、数学頼むよ」「あっ、オバチャンは*お百度参りちゃんとやってくれよ」「俺は裏口入学、相談してくる」

リサが私のひじをつつき、「おひゃくどまいり、意味わからない」という。「あとで」とリサの耳に囁《ささや》きながら、心の中で後悔することしきりである。言葉の問題だけじゃなかった、文化的背景の違いだってあったのに、この映画につれてきて皆に悪いことをしてしまった。それでも皆、【 f 】映画をみつめている。

定時制高校入学試験、つきそいで来た寅さん、失敗ばかりしている。先生を用務員と間違えたり、定時制を夜間と言って叱られたりする。そしてついに、テストを監督中の先生を廊下に呼び出して、先生の胸元に千円札を押しこむ。「冗談じゃありませんよ」と先生。「まあ、帰りに一杯でも」と寅さん。押し問答のあげくピシャッとドアを閉められてしまった寅さん。そこでブライアンが笑い出す。びっくりするくらい大きな声で。「ワッハッハッハッ」、つられて皆も「アッハッハッ」。先生に堂々とワイロを渡すという常識から外れた寅さん的発想をブライアンは笑ったのだろうけれど、そこに日本人は、無教養だが親切のかたまりのような寅さんの原点を見て涙する。とても馬鹿にする気にはなれないのだ。山田洋次監督はこのへんの捉え方が実に巧みだ。下手をすればドタバタにしかならないものを、日本人の感情のひだをすくうように、情の世界に持っていく。ブライアンたちの高笑いと、日本人のテレ笑い、同じ画面を見ても、反応はこんなに違うものだろうか。

それでも皆満足気な顔で映画館を出た。歩行者天国の新宿の大通りを人の波に押されるようにして歩きながらティールームに入る。話の口火はクリスが【 g 】。オクスフォード大学出身、東大で法律を専攻しているイギリス人だ。

「日本語は我々の話す英語（ブリティッシュ・イングリッシュのこと）ほど、階級の差はないと思っていたけれど、今日の映画では②それが随分出ていましたね」

いかにもクリスらしい考え方だ。

「うーん、階級というのとはちょっと違うんじゃないかしら。イギリス人は初対面の人と会うと鼻をクンクンとして、一、二分で階級がわかるそうね。それに労働者階級出身の女性が中流家庭に嫁いでも、言葉だけは相変わらずで、苦労したという話を聞いたことがあるわ。でも今日見た寅さんは相手によって言葉を使いわけていたでしょう。例えばごぜん様には『はい、元気でやっております』なんてね」

「じゃ、日本では、教育程度とか、職業的地位によって言葉が違うということはないんですか」

「何だか難しくなってきたわね。日本語の文法とか、語彙という点ではほとんど違わないと思う。山の手ことばと下町ことば、女ことばに男ことば、それに日本は縦社会だから、上下の関係を意識した時には必ずことばの違いが出るけれど、それは表現の仕方が違うということで、クリスが言うように階級とは結びつかないと思うわ」

（中略）

「葉さんはどこが面白かったの」。いつも静かな中国からの留学生だ。まだ話をするのはあまり上手ではない。彼女はこの映画をどう見たのだろうか。

「新じく祝いにオガネをあげるところが、面白かったです」

「ああ、あそこ本当に面白かったね。お札にアイロンかけるところでしょ」とブライアン。

寅さんは妹サクラの新築祝いにと二万円を工面するのだが、くし

イ　昔から途切れることなく続くもの
ウ　何かを正当化し、権威づけるもの
エ　人目を引き、親しまれているもの

問7　――③について、ここではどのように伝統の意味が変更されているか。次の文の【A】と【B】に、適切な語句を入れて答えなさい(【A】、【B】ともに五字以上十字以内で)。

　郷愁のある伝統とは、本来人々が【　A　】ものをいうが、ここでは若い世代にとっては【　A　】ものではなくて【　B　】ものであっても、新たな「郷愁」を持った「伝統」として発信している点。

問8　――④について、里山に関して同様のことをあてはめると、どのようなことが言えるか。次の文の【A】と【B】に、本文中の言葉を利用した説明を入れて答えなさい(【A】、【B】ともに十五字以上二十字以内で)。

　本当にかつての里山を復活させたいなら、里山が担っていた【　A　】を復活させ、【　B　】を手放さなくてはならないということ。

問9　次に示す各文のうち、筆者が本文で述べている内容と合致するものには○、そうでないものには×を付けなさい。

1　里山の自然は人間活動の影響によって本来の自然が破壊されたものであり、人が手を加えないと維持できない。
2　里山の保全運動では本当の自然保護にはならないので、人為的な管理をやめ、自然の遷移に任せるべきである。
3　野外教室で子どもたちを教育した成果が不明なので、追跡調査し、その必要性や有効性を検証すべきである。
4　自然保護も、人間が自分の快適さのため、人為的に自然環境に手を加えている点で、自然破壊と同じである。
5　里山のイメージは各人の都合や郷愁の産物であり、その保護を、万人に認められるものとするのはおかしい。
6　現在ある伝統は、共有経験や郷愁に基づかないものであり、伝統の意味を変更しない限り、すたれるだろう。

問10　＝＝1〜10のカタカナを漢字に直しなさい。

二　次の文章は、日本語学校の教師である筆者が、外国人の生徒を連れて映画を見に行った時のことを書いたものである。この文章を読んで、後の問いに答えなさい。

　お正月、日本語の上級クラスの学生たちをつれて映画を見に行った。もちろん日本の映画で、これは大切な課外授業なのだ。迷った末「*寅さん」にした。新宿の映画館に九人の外国人をひきつれてぞろぞろ入ると、さすがに目立つのか「おやおや、外人さんに寅さんがわかるのかい」なんて声がかかる。「私達日本語を勉強していますから、多分わかると思います」とブライアンが奇妙とも思える丁寧さで答える。別に皮肉を返した訳ではない。彼の日本語はいつだってこうなのだ。席につく。お正月という事情も手伝ってだろうが、観客席は家族連れが多く、何か雰囲気が暖かい。

「①先生おせんべ、いただきますか」と、リサが私におせんべいをすすめる。彼女はまだ敬語の使い方を覚えていない。「ええ、いただくわ」といいながら苦笑する。こんなところで敬語の使い方を直すなんて野暮《やぼ》ですもの。

　場内が暗くなる。皆神妙な顔をしている。外国人にとって日本の映画を見るということは、自分の語学力を試すような気持になるのだろう。【　a　】私達が字幕スーパーなしの洋画を見る時のように。しかしこの映画は他のものに比べて、肌あいがちょっと違う。毎年「一年のごぶさた」の後、共にめでたいお正月を過ごそうと映画館に集まる人たちには、寅さん一家に対する共通な認識がある。いわば映画館にいる観客全部が、意識するにしろ、しないにしろ、仲間意識で結ばれているとも言えるのだ。その中に私はアウトサイダーたちをつれて乗りこんだことになる。これは映画が始まって【　b　】我々が異質な存在だということに気づいた。周りの人たちが笑ったを形成する。これは人間がまだ若いうちに、本能がいま置かれている環境を受け入れ(学習し)、そこでうまく8サドウするよう自分を調整(フォーマット)するからだ。

こうして人間は、大人になってからも若いころの経験を元に様々な判断を行なうようになる。いかなる過去であれ、それは自分の生存を保証していた。そのため伝統を守ることは自らの生存を守ることだと感じ、若い世代にもその伝統を9キョウヨウするようになる。

共有経験のない思い出話を聞かされることにうんざりするのは、郷愁というものがきわめて【c】的なもの、要するに他人にとっては何の価値もないものである証拠なのだが、語っている本人はそのことにまったく気がつかない(③ただし若い世代によって伝統が持つ意味が変更され、本来とは別の意味で活用される場合もある。地域おこしへの利用などはその典型だ)。

「昔はよかった」も似たようなものである。

昔はよかったという話は毎日毎日どこかで繰り返され、古きよき昔へ戻そうという計画は日々あちこちで10ムし返されている。昔の道徳を押しつけようというのもこうしたもののひとつだ。しかしながら道徳は時代とともに変化していく典型的なもののひとつである。④本当にかつての道徳を復活させたいなら、当時の社会背景の復活も同時に必要であり、それはいまある多くのものを手放さなくてはならないことを意味している。

いったん伝統ができあがると、それを完全に消し去ることはきわめて難しい。外部から見てどれほど時代遅れで不必要なものであっても、その伝統を【c】的体験として経験してきた人々から見れば、伝統の廃止は自らを生かしてきた世界を否定されるようなものだからだ。伝統を廃止するためには、その伝統を作り出したとき以上のエネルギーを必要とする。

しかしこの大事な伝統というものがなくなってしばらくたつと、そんなものがあったことすらすぐに忘れられてしまう。そしてあるとき、そんな伝統があったことを思い出した人が、それがなくなっても結局は日常生活に何の支障も生じなかったことに気がついて驚くのだ。ここに郷愁というものの持つ性格がよく表われている。

このことは里山に関しても同様にあてはまる。

(後略)

(高橋敬一『「自然との共生」というウソ』(祥伝社)より。
出題のために一部を省略し、表記を改めた箇所がある。)

＊注　邁進…ひるまず突き進むこと

問1　文中の【a】に共通して入る言葉をひらがな四字で答えなさい。

問2　文中の【b】に入る言葉をひらがな二字で答えなさい。

問3　文中の【c】に共通して入る言葉を漢字二字で答えなさい。

問4　文中の【d】に共通して入る言葉を以下から選び記号で答えなさい。

ア　まるで　イ　あくまでも　ウ　かならずしも

エ　どうしても　オ　いわゆる　カ　いわば

問5　――①で筆者が説明している「自然の遷移」とはどのようなものか。最も適切な説明を以下から選び記号で答えなさい。

ア　人が手を加えなくても、自然は自律的に変化していくということ。

イ　自然は人手を離れては存在できなくなってしまったということ。

ウ　日本の里山の役割を、今は外国が果たすようになったということ。

エ　里山への移入種が、元来あった種を駆逐してしまったということ。

問6　――②「錦の御旗」の意味を説明した次の文について、【A】には適切な言葉を漢字二字で入れ、【B】には入るものとして最も適切なものを後のア～エから選び、記号で答えなさい。

もともとは【　A　】から官軍の大将に与えられる旗のことを指し、そこから転じて【　B　】のことを指すようになった。

ア　絶対に守らなければいけないもの

ちだったはずだが)。
　自然や子どもたちのためにやっているのではなく自分の郷愁のためにやっているのだが、当人たちはそのことにまったく気がつかず、自分はまさに人間と自然との共生を実現する正義の士であると思い込んでいる。
　そこにあるのは自分(だけ)に都合のよいように環境を改変あるいはコントロールし、自分および自分の遺伝子の生き残りを図ろうとする人間本能以外の何ものでもない。結局は自然保護も、自然破壊と同様、利他的な自己犠牲とはほど遠い自分保護の別称に【ａ】。
　けれども「自然との共生」という言葉の中に感じられるのは、【ｄ】自然が主体であるかのような心地よい正義と自己犠牲の感覚ばかりである。
　人為的圧力下の自然において生き残ってきた里山の生物、たとえば5ハデな色彩を持ち、春の女神とも呼ばれるギフチョウなどの保護に携わっている人たちは、自分たちは万人に認められるべき立派な自然保護を行なっていると思い込んでいる。けれども彼らが保護しようとしているのは人間の圧力下において繁栄してきた【ｃ】的郷愁の生物なのだ。それを維持するということは自然の遷移を止めて、ある一瞬の風景をそのまま維持しようとすることでもある。
　実際の地球の歴史、そして生命の歴史は常に変化の中にあり続けてきたのだが、彼らにとっては歴史の中のある一瞬の風景を切り取って「永遠に」保存することこそが「正当な自然保護」なのだ。彼らが行なっていることはこういうことだ。
「私たちが子どものころに親しかった自然(風景)が失われるのは身を切られるようにつらい。だから私たちはこの自然をこれから先も維持しようとしている」
　けれども彼らの多くはこう考え、主張している。
「私たちはかけがえのない本物の自然を人類のために守ろうとしているのだ」と。
　郷愁の宿る風景を失ったことを悲しみ、それを他人による自然破壊としてしか捉えることのできない彼らは、様々な理由を持ち出してきては自然の力を抑えつけ、人為的圧力下においてのみ存在する里山の風景の復活に＊邁進《まいしん》する。
　そして人々の不安を煽《あお》るかのように、あらゆる些細《ささい》な事柄まで何倍にも増幅して見せながら、いま事を起こさないとあたかも日本が滅び去るかのごとく主張する。
　さらに注意すべきは、ギフチョウに代表されるように、彼らが守ろうとするものはほとんどの場合、常に目立つ種であるということだ。ホタルやトンボなども昆虫としては例外的に目立つ生物であるため、大昔から人間にとって親しみ深いものであり続けてきた。里山の荒廃とともに、人間の記憶と強く結びついたこれら一部の目立つ生物が守られるべきものとしての地位をいち早く獲得したのも不思議はない。

＊

　郷愁の風景の復活を②錦の御旗《みはた》とするのは、何も里山運動だけではない。
　テレビをつけ、あるいは新聞を開き、そこに伝統という言葉を目や耳にしない日はほとんどない。
　伝統を守ることは一般的には6ウムをいわさずによいこととみなされており、また「伝統がすたれてきた」という表現は日常生活の中でもごく普通に耳にする。
　伝統という言葉を聞いて大方の人は伝統芸能などを真っ先に思い浮かべるだろうが、伝統は単にそうしたもののみではない。伝統とは私たちが過去に体験し、今も続けようとしているものすべてであるといってよい。多くの祭りは地域レベルの伝統であり、毎朝必ず玄関の前を掃くなどというのは、7カテイあるいは個人レベルでの伝統である。
　伝統の歴史など、古いものでもせいぜい数百年から一〇〇〇年程度のものでしかない。中には生まれて間もないものも多いが、人間は自分が若いころに存在していたものを学習しながらスタンダード

# 平成二十九年度　慶應義塾高等学校

**【国　語】**（六〇分）〈満点：一〇〇点〉

（注意）字数制限のある設問については、句読点・記号等すべて一字に数えます。

**一**　次の文章を読み、後の問いに答えなさい。

里山という言葉が頻繁に使われ出したのは、ごく近年になってのことである。里山とはおおざっぱに言えば、「人家に1キンセツし、人間活動の影響を強く受けてきた山野」のことをいう。

里山という言葉が使われるようになる前に、こういう山野が存在していなかったわけではない。むしろ人間の定住開始以降、人間が住む場所の周囲は常に里山であり続けてきた。そんな当たり前のものが、いまなぜ里山という名称を与えられて注目を浴びるようになったのだろう（里山という言葉が初めて使われたのは江戸時代のことと言われているが、この言葉が2サカんに使われ始めたのはごく最近になってのことである）。

里山が注目を浴び始めたきっかけは里山の消失と荒廃が指摘され、その保全が叫ばれるようになったからだ。

里山の消失は分かりやすい。これは里山、特に都市部周辺の里山をつぶし、住宅地など人間のための施設を次々と建設し始めたためである。

もう一方の里山の荒廃とは、里山が人間の手を離れることによって①自然の遷移《せんい》が進み、個人の記憶の中に刻み込まれた「あの親しみ深かった、人の手で3セイビされた野山の光景」が失われてしまったことを意味している。

里山の消失も荒廃も、記憶の中にある懐かしい風景の喪失という点で意味はまったく同じだ。その背景には、人々が都市部に集中し、生活基盤としての里山を必要としなくなってきたことがあげられる。

ただし日本人が里山を本当に必要としなくなったというわけではなく、かつての日本の里山の役割（燃料、食糧等の供給）を、いまは外国が肩代わりしているということに【　a　】。

里山はいまや「自然との共生」の主要舞台となっている。しかしそもそも里山とは、手つかずの自然が人間によって破壊され尽くした、【　b　】の果ての場所である。また、人間が3セイビし続けてきた里山には、元来そこには生息してはいなかったはずの外部からの移入種も数多く含まれている。そうした場所で繰り広げられる里山の保全運動および「自然との共生」が示しているのは、次のような事実だ。

つまり日本人は、一方で自分たちの生活のために都市部周辺の里山を躊躇《ちゅうちょ》なくつぶしておきながら、その一方で、人手を離れて勝手に自然の歩みを始めた里山を再び人間のコントロール下に置こうとあせり始めたのである。

そこにあるのは、自分が親しかった風景、そこで自分が育《はぐく》まれ、自分を支えてくれていたと感じる風景（自然）の喪失に伴う生存への不安だ。これを郷愁に基づく不安と呼んでもいいだろう。

この傾向は特に都市部の人間において著《いちじる》しい。自然と引き替えに快適な生活を手に入れた人間が、こんどはそれを得る4カテイで失った「【　c　】的な原風景」を取り戻そうとし始めたのだ。

「自然との共生」における原風景は【　d　】人によって異なるものであり、誰もがこれが本当の里山の風景であるという共通するモデルを持っているわけではない（同じ年齢層はよく似た原風景を共有しているが、だからといってそれが万人に通じるスタンダードではない）。それぞれが勝手に自分が理想とする自然を思い描いて、それを自然保護と結びつけて万人の義務であるかのように主張しているに【　a　】のだ。

野外教室などに子どもを集めるのもこの延長である。熱心なのは親ばかりで、集められた子どもたちがその後どうなったかの追跡調査など、少なくとも私は聞いたことがない（主体は【　d　】子どもた

## 英語解答

**I** 1 be left　2 Be, or
3 made her　4 hard, can
5 my first　6 fond, listening
7 nothing to　8 wrong with
9 made, mind

**II** 1 記号…A　正しい形…What
2 記号…A　正しい形…It
3 記号…D　正しい形…closed
4 記号…B　正しい形…eating
5 記号…D　正しい形…for
6 記号…C
正しい形…strong enough
7 記号…C　正しい形…taller
8 記号…C　正しい形…was saying
9 記号…C　正しい形…artists

**III** 1 served　2 before　3 like
4 after　5 house〔home〕
6 both　7 casual
8 Whether　9 sign
10 culture

**IV** A 1…(d)　2…(c)　3…(c)
4…解なし　5…(a)　6…(b)
7…(d)　8…(b)　9…(c)　10…(a)
B 1…(ろ)　2…(に)　3…(は)　4…(ほ)
5…(い)
C (ア) An hour later Ryan handed his mother a sheet of paper
(イ) was sitting in a library chair reviewing the questions he had written
(ウ) What does my mom like to do when she wants to have a good time
D (i) それでお母さんはただ僕に彼のことを好きになってほしいわけだ？
(ii) ライアンは，イアンが手を組んではほどいているのを見て，緊張しているのだと思った。
(iii) 昔は僕自身が子どもだったよ。
E ① (例)It's three years since your dad died.
② (例)What time do you think kids should go to bed?

**I**〔書き換え―適語補充〕

1．(a)の文の目的語が下の文では主語になっていることから，(b)の文は(a)の文を受け身にしたものとわかる。「あなたはその窓を開けたままにしてはならない」／「その窓は開いたままにされてはならない」

2．(a)の文は「注意しないとあなたは怪我をするかもしれない」の意。(b)の文は‘命令文＋or …’「～しなさい，さもないと…」の形。　「注意しなさい，さもないとあなたは怪我をするかもしれない」

3．(a)の文は「彼のマナーが悪かったので彼女は悲しかった」の意。(b)の文は‘make＋目的語＋形容詞’「～を…(の状態)にする」の形にする。　「彼のマナーの悪さは彼女を悲しませた」

4．‘try ～'s best’「最善を尽くす」は，‘as ～ as＋主語＋can’「できるだけ～だ」の形で書き換えられる。　「あなたは最善を尽くさなければならない」／「あなたはできるだけ一生懸命やってみなければならない」

5．「私は以前にこの町を訪問したことがない」を「これはこの町への私の最初の訪問だ」と書き換える。「～への私の最初の訪問」は my first visit to ～とする。この visit は名詞。

6．‘like＋to不定詞’「～することが好きだ」は‘be fond of ～ing’で書き換えられる。　「私の兄〔弟〕は音楽を聴くのが好きだ」

7．「私は明日，暇だ」を「私は明日，するべきことがない」と書き換える。「するべきことがない」は，形容詞的用法の to不定詞を用いて，have nothing to do と表す。

8．(a)の out of order は「故障している，具合が悪い」の意。(b)は「～はどこか具合が悪い」となるように There is something wrong with ～ の形にする。　「私の音楽プレーヤーは具合が悪い」

9．decide to ～≒ make up ～'s mind to ～「～することに決める」　「トムは1人で外国に行くことに決めた」

Ⅱ〔誤文訂正〕

1．「～をどう思うか」は動詞に think を使うときは What do you think about〔of〕～？と，疑問詞に How ではなく What を使う。How を使う場合は How do you feel about ～？と，動詞に feel を使う。　「今夜のわくわくするゲームをどう思いましたか？」

2．that 以降が unusual「珍しい」の内容を表しているので，‘It is ～ that …’「…するとは～だ」の形と考える。　「11月に横浜でこれだけの雪が降ったのは珍しかった」

3．「(店が)閉まっている」は be closed。　「私たちはまた別の日に来なければならないようだ。今日は店が閉まっている」

4．stop は「～することをやめる」という意味のときは目的語に動名詞をとる。‘stop＋to不定詞’だと「～するために立ち止まる」という意味になり，本問では意味が通らない。　「レストランにいた誰もが外の大きな物音を聞いたとき，食べるのをやめた」

5．現在完了(‘継続’用法)において，「～の間」は‘for＋期間’，「～以来」は‘since＋過去の一時点’で表す。　「ティムは家族と一緒に5年間この古い家に住んでいる」

6．enough は形容詞や副詞を修飾するとき，その後ろに置かれる。本問は‘形容詞＋enough＋for＋人＋to不定詞’の形。for adults は to不定詞の意味上の主語。　「窓辺にある古い椅子は大人が座れるほど頑丈ではない」

7．tall の比較級は taller。　「あなたはスカイツリーが東京タワーよりずっと高いことを知っていましたか？」

8．主節が過去形(didn't)なので，従節もそれに合わせて was saying とする。　「私は彼女がスピーチで何を言っていたのか理解できなかった」

9．「最も～な…の1つ〔1人〕」は‘one of the＋最上級＋複数名詞’で表す。　「彼は今，アジアのティーンエイジャーの間で最も人気のあるアーティストの1人だ」

Ⅲ〔長文読解―適語補充―説明文〕

≪全訳≫❶(食卓に)座ること，食事を出すこと・出されること，そして食べることに関してはエチケットというものがある。「いただきます」と「ごちそうさま」という2つの「決まり文句」は，日本の食事エチケットにおいてとても重要な役割を果たしている。「いただきます」は食べる直前に言う言葉で，「もらう」とか「受ける」ということを意味するが，これは日常的行動となる規則化された表現であり，ほとんど祈りのようなものだ。「ごちそうさま」は「食べ物や飲み物に感謝します」という意味であるが，食事を提供してくれた人に対して，それがレストランであろうと誰かの家であろうと，食事が終わってテーブルから離れるとき，または離れた直後に言う言葉だ。❷「ごちそうさま」を使うことは世代を超えて規則化されており，「いただきます」とともに多かれ少なかれ慣例的に発せられる。この２つの言葉は，世代を超えた，公式の場における社交的なマナーであり，今もまだ日本で広く使われる一方で，公式の場でない気楽な状況でも使われ，そのときは思いやりのある礼儀正しさといったものを表しているにすぎない。公式の場であろうとなかろうと，その言葉は日本人にとってとても意味があり，日本人がその言葉を使わないと，無作法とか失礼な振る舞いと見なされる。❸同様に，日本人以外の人がこれらの表現を使うと日本人は喜び，感謝の意を表す。というのも，これら２つの文化的に重要な言葉を使うということは，その外国人が日本文化に関するいくらかの知識があり，それを表そうとする十分な思慮深さを有しているというとてもはっきりしたしるしになるからである。

＜解説＞１．直前の serving「食事を出すこと」がヒント。これと対照をなすように，受け身形 being served「食事を出されること」とすると文意が通る。　２．「いただきます」が発せられるのは，食べる「直前」。　３．直後の prayer は「祈り(の言葉)」という意味。文脈から「ほとんど祈り(の言葉)のようだ」という意味になると考えられる。　４．「ごちそうさま」が発せられるのは，食事を終えた「後」。 completion「完了，終了」　５．restaurant と並立するものとして考えられるのは，someone's house〔home〕。　６．「ごちそうさま」と「いただきます」について述べているので，これらの言葉の「両方」とする。　７．informal「非公式の」とほぼ同じ意味の語が入ると考えられるので，casual「打ち解けた，くつろいだ」が適切。　８．'whether ～ or …'「～であろうと…であろうと」　９．直語の that は「～という」の意味を表す'同格'の接続詞。that 以下の内容と'同格'となる語としては，sign「しるし」が適切。　10．外国人が持っているものとして考えられるのは，「日本文化に関する知識」。

Ⅳ〔長文読解総合―物語〕

≪全訳≫❶日曜日の夜の８時頃，ライアン・ベネットの母親ハレーは彼のベッドルームに入ってくると，「大事な話があるの」と言った。❷11歳のライアンはハリー・ポッターを読んでいた。それを読むのは９回目だった。彼は本を下に降ろすと「どういう話？」と言った。❸「まあ，だいたい私のことなんだけど。どこで話したい？」❹「そんなに深刻な話なの？」❺「とても深刻な話」❻彼は彼女の考えを読もうとした。だができなかった。❼「わかった」と彼は言って，本の読みかけの所に目印をつけた。❽それから少しの間，彼らはそこにただ座って，お互いの顔を見ていた。彼女は34歳の歯科衛生士で，健康を維持するために自転車に乗るのが好きだった。彼は，その唇を噛《か》む様子から，彼女が緊張していることがわかった。❾「話があるんでしょ？」と彼は尋ねた。❿彼の母が，お父さんは白血病――それは父親の死因だった――なの，と彼に告げたときからずっと，彼は驚くべきニュースには神経質になっていた。⓫彼女は言った。「お父さんが亡くなってから３年たったわね」⓬「そうだね」⓭「とてもつらかったけど，あなたも私もよく耐えてきたわ。それに私たち，お互い大好きだし。もしかするとそれ以上かもね？」⓮「そうだね」⓯「もっと濃い関係よ。それはちっぽけなものじゃないわ。そして，私たち，前に進んできたし」⓰「進んできたわけじゃないよ」とライアンは言った。「まだここにとどまっているじゃない」⓱リラックスした彼女はほほ笑んだ。「そんな冗談言わなくていいの。私の言いたいことがわかっているくせに」⓲「わかったよ」⓳「私はお父さんを愛していた。彼も私を愛していた。あなたのことも。私たちの結婚は成功だったわ。本当に良い家族になって，でもそれは…変わってしまったの。私たちは嘆き悲しんだ」　そのときのことを思い出して，一瞬，彼女の顔がくもった。それから彼女は深呼吸すると，仕事のときにして見せる笑顔でこう言った。「１年前くらいから，前向きに考えられるようになって，まあ，その…相手を見つけようという気になったの。自分の人生を続ける必要があると思ったのよ」20彼女の言葉が途切れた。21ライアンは待った。「じゃあ，お母さん，見つけたんだね…良い人を」22「まあ，そんなところね」23「名前は何ていうの？」24「イアン・キップリング」25「それで？」26「プロポーズされたの」27「それで？」28「$_1$考えておくって答えたわ」29ライアンは少し考えた。それから「どうやって知り合ったの？」と彼は言った。30「彼の歯をクリーニングしていたの」31「さぞかしすてきな会話だったろうね」32彼女は笑った。33「$_2$知り合ってどれくらいになるの？」34「７か月よ」35ライアンはしばらく考えた。それから「僕，このことで何か言ってもいいの？」と彼は言った。36「そうね…彼を気に入ってくれることを願っているわ」37「ちょっと待って。お母さんがその人と結婚したら，その人は僕のお父さんになるんだよね？」38「まま父ね」39「‘まま’なんていらないよ。父だ。それだけのこと。そしてお母さんはただ僕に彼のことを好きになってほしいわけだ？　それはフェアじゃないよ。彼には子どもがいるの？」40「いいえ。めいとおいがいるだけ」41「これまでに結婚したことは？」42「ないわ」43ライアンは考えた。「お母さんは前に僕に言ったことがあるよね。あなたの母親であることは，ただあなたを愛することだけではない，それは仕事なんだって」44「ええ，確かに言ったわ」45「じゃあ，父親であることも仕事のようなものだよね？　ヴォン先生の所で新しい仕事についたとき，お母さん，応募したんだよね。応募書類に記入したでしょ。推薦書も必要だったはずだよね？　それに面接も。お母さんは前に僕に言ったけど，お母さんがお父さんと結婚したとき，お父さんがおじいちゃんの所に許可をもらいに行ったんでしょ。じゃあ，この…ええと，名前は何だっけ？」46「イアン・キップリング」47「イアン・キップリングが僕の父親になるという仕事につきたいのなら，彼も応募しないとね。僕に。僕の許可をもらうために」48ライアンは母が笑い出すか泣き出すかわからなかった。「本気？」と彼女は言った。49「本気さ」とライアンは言った。「僕が彼を気に入らなくても，お母さん，彼と結婚するの？」50母は言った。「そうなったら考えないといけないわね」51「じゃあ，認めるんだね，僕も彼を気に入ることが大事なんだって？」52「そうね」53ライアンは立ち上がった。「応募書類を送るようにイアン・キップリングに言って。僕にだよ。僕は職務説明書を書くから」54「ライアン…」55「僕は本気だよ」56(ア)１時間後，ライアンは母に１枚の紙を手渡した。「これ，職務説明書」57彼の母はそれを読んでから言った。「ねえ，ライアン。これをどうしてほしいの？」58「イアン・キップリングに渡してよ。彼がこの職に応募することに関心があるなら，僕に電話をするように言って。そしてすぐにそうするようにとね」59ハレーは再び文言をよく読み，ライアンを見て言った。「わかったわ」60２日後の夜，ライアンの携帯に電話がかかってきた。61「もしもし。ライアン・ベネットですか？　イアン・キップリングですが」62「ああ」63沈黙。64「君の所の職に応募したいんだ。ほら，君の…お父さんになるという。職務説明書を読んだよ。面接の予約をしたいんだが」65「まず推薦書を２通見せてもらいたいんだけど」66「わかった」67「僕に郵送して。お母さんではなく」68「そうするよ」69１週後，ライアンの母親が「推薦書，受けとった？」とライアンに尋ねた。70「１通ね。子どもからだった」71「誰から？」72「イアン・キップリングのおい」73「見てもいい？」74「推薦書は機密事項なんだ。英語の先生がそう言っていたよ」75「英語の先生の言うことなら間違いないわね」76ライアンは２通目の手紙を受け取った翌日，母親と夕食を取っているとき，「２通目の書類を受けとったよ」と言った。77「誰から？」 78「チャック・シャスターマンという人。イアン・キップリングの親友だって。その人に会ったことある？」 79「ええ。3手紙にはいいことが書かれていた？」 80「まあね」 81「それだけ？」 82「前に言ったでしょ。推薦書は機密事項なんだ」 83「わかったわ。次のステップは何？」 84「彼と面接する。僕に電話をして予約を取るように伝えて」 85「ライアン，もし彼のことを気に入らなかったら，どうなるの？」 86「他にもたくさんの人が応募していると言っておいたよ」 87「まさか！」 88「僕に電話するように言ってくれるだけでいいよ」とライアンは言って，汚れたディナー用の皿を重ねて流し台に運んだ。「面接をしなければ職につけないからね」 89２日後，ライアンの携帯電話が鳴った。イアン・キップリングだった。そして彼らは金曜日の４時に図書館で面接をすることに同意した。電話を切った後，彼は質問のリストをつくり始めた。終わる頃には丸々４ページ分になっていた。90金曜日の午後３時45分，ライアンが(イ)図書館の椅子に座って自分の書いた問題を吟味していると，男性が近づいてきた。91「ライアン・ベネットかい？僕はイアン・キップリングだ」 彼は毛深い手を差し出した。92ライアンが見上げると，黒いスーツと青いシャツを着て，縞《しま》模様のネクタイをしたやや痩身の男が立っていた。彼はどちらかというと清潔な感じのハンサムな男性に見えた。ライアンはその手を握った。その握った力は強かった。93イアン・キップリングはライアンの向かいに座った。２人はお互いを見た。ライアンは，イアンが手を組んではほどいているのを見て，緊張しているのだなと思った。94「僕と会ってくれてありがとう」とイアン・キップリングは言った。95「いや，いいんです」 ライアンはボールペンを取り出して質問を書いたページを掲げた。「後で見直すことができるように，あなたの答えを書きとめます。いいですか？」 96「いいよ」 97ライアンは最初のページをチェックした。「第１問です。なぜこの職を望むのか教えていただけますか？」 98「君のお父さんになること？」 99「ああ，そうです」 100「そうだな，君のお母さんを本当に愛しているからだ，彼女に夢中なんだ，もし君がいくらかでも彼女に似ているなら，君のことも愛するに違いない。僕は子どもが好きだからね」 101ライアンは書面にそれを書きとめた。102「子どもと接した経験は？」 103「昔は僕自身が子どもだったよ」 104「もっと最近は？」 105「おいとめいがいる。彼らとは本当に仲が良いんだ。おいからの手紙を受け取ったと思うけど」 106「(ウ)お母さんは楽しく過ごしたいとき何をするのが好き？」 107「レストランに行くこと。自転車に乗ること」 108「あなたの大好きなスポーツは？」 109「野球」 110「どこを応援しているの？」 111「カブス」 112「負けてばっかりだ」 113「それでも忠誠であるべきさ，そうだろう？」 114ライアンは書面をチェックした。「子どもは何時に寝るべきだと思う？」 115「それは場合による。学校のある日。休日。週末。特別な日。柔軟であるべきだと思うよ」 116「お小遣いは？」 117「子どもはあまり大金を持つべきではないと思う。仕事をしてお金を得ることはできるしね。子守りや犬の散歩とかでね」 118「4そうだね，でもいくらくらい？」 119イアンは少し考えてから言った。「交渉次第だね」 120「あなたの仕事は？」 121「ユナイテッド・アメリカン・ヘルスで働いている。詐欺，つまり人々のうそを調査しているんだ。基本的には悪者をつかまえる仕事だね」 122「危険なの？」 123イアン・キップリングは頭を横に振った。124ライアンはそれを書きとめた。それから彼は尋ねた。「あなたは裕福なの？」 125「いや，でも，まあまあの給料だとは思うけど」 126「5お母さんが病気になったらどうする？」 127「できるかぎりの世話をするさ」 128「お母さんと僕は読書が好きなんだ。あなたはどう？」 129「読書はいいね。僕が読むのはほとんどが歴史物だよ」 130「楽しい時間を過ごしたいとき，どんなことをするの？」とライアンはきいた。131「ぶらぶらする。スポーツをする。料理。恋愛映画」 132「得意な料理は？」

133「インド料理」134ライアンは顔をしかめた。「辛いの？」135「場合によっては」136「僕は辛いのが嫌いなんだ」137「それならお望みどおりにしよう」138ライアンは書面をもう一度見た。「お母さんの一番いいところは？」139「元気いっぱいなところ。抜群のユーモアセンス。僕は彼女といるのが好きなんだ。すばらしい人だよ」140「あなたが僕のお父さんになったとしたら，本当のお父さんの写真を部屋に飾ってもいい？」141「もちろん」142ライアンは書面をもう一度見た。「じゃあ，あなたが息子のためにできる最も重要なことは？」143イアン・キップリングは考え込んだ。「2つある。1つは彼を愛すること。もう1つは彼を本当に愛していると言い続けること」144ライアンはそれを書きとめるのに少し時間がかかった。「まだ3ページあるけど，ここからはほとんど1つのことに関するものなんだ」145「どんどんきいていいよ」146「ハリー・ポッターでお気に入りのキャラクターは？」147イアン・キップリングは言った。「すまないがその本は読んでいないんだ」148ライアンは顔をしかめて書類をたたんだ。「さて，それじゃあ話し合ってもしかたないな。そういうわけで質問はこれで終わり」149その夜，ライアンはお母さんのベッドルームに入った。彼女はベッドの上で体を起こして何かを読んでいた。150「合格だよ」とライアンは言った。「イアン・キップリング。推薦書は合格。面接も合格。僕たちほど読書好きではないみたいだけど。辛い食べ物が好きなんだって。それに聞いてよ，ハリー・ポッターを読んだことがないんだって」151ハレーは言った。「この仕事につけそう？」152「うん，そう思うよ」

A＜英問英答・内容一致＞1．「ライアンは母親と話す前，本をどうしたか」―(d)「どこまで読んだかを示す目印を置いた」　第7段落参照。　mark ≒ sign　2．「母親はwe've moved onをどういう意味で言ったのか」―(c)「生活を続けた」　move onは「(次の段階に)進む」の意。ライアンはmoveをわざと「移動する」の意にとって冗談を言っているのである。　carry on with ～「～を続ける」　3．「お母さんはsee peopleをどういう意味で言ったのか」―(c)「新しいパートナーを探す」　第19段落後半～第26段落参照。母に新しいパートナーがいることがわかる。　4．問題不成立　5．「『僕，このことで何か言ってもいいの？』　ライアンは(　　)かどうか知りたかった」―(a)「お母さんが彼の意見を聞くか」　このsayは「発言権」の意の名詞。「このことで僕に発言権はあるの？」→「僕，このことで何か言ってもいいの？」という意味になる。　6．「イアン・キップリングの仕事は何か」―(b)「ある会社で調査を担当している」　第121段落参照。詐欺の調査をしている。　7．「イアン・キップリングはハレーのどの点が好きか」―(d)「ハレーはとても活発でおもしろい人だ」　第139段落参照。　8．「ライアンが自分で用意した質問はほとんどが(　　)に関するものだった」―(b)「ハリー・ポッター」　第144～148段落参照。　9．「なぜライアンはいくつかの質問だけメモを取ったのか」―(c)「問題のいくつかだけが彼にとって重要だったから」　全てをメモに取ったわけではなく，大事と思えるものだけメモを取っていることが読み取れる。　10．「ライアンがイアンについて気に入らなかったのはどれか」―(a)「ハリー・ポッターの本を一度も読んでいないこと」　第148，150段落参照。

B＜適文選択＞1．イアン・キップリングからプロポーズされた後の状況を息子から尋ねられた母親の言葉としては，(ろ)が適切。　2．返事が「7か月」であることから，‘期間’を尋ねる(に)が適切。　3．2通目の手紙が話題になっている箇所なので，手紙の内容について尋ねる(は)が入ると話がつながる。　4．小遣いが話題になっている箇所なので，その額を尋ねる(ほ)が文脈に沿う。　5．この後の返答の目的語であるherがHalleyを指すことが明らかなので，Halleyに関して尋ねる(い)が適切。

C＜整序結合＞(ア) handedは‘hand＋人＋物’「〈人〉に〈物〉を手渡す」の第4文型で用いることができる。‘物’はa sheet of paper「1枚の紙」とまとめられる。また，「1時間後」という副詞句をan hour laterとまとめ，これを文頭または文末に置く。　(イ) was sittingという過去進行形をつくった後，副詞句としてin a library chairを続ける。reviewingは分詞構文における副詞句の始めの語として使い，この目的語にthe questions，これを修飾する形容詞節として，過去完了形を含むhe had writtenを続ける。　(ウ)直後の返答にあるBikeがヒント。第8段落より，ライアンの母親は自転車に乗ることが好きだとわかるので，まず「お母さんは何をするのが好きか」What does my mom like to doとまとめられる。残りは，whenを接続詞「～とき」として使って副詞節をつくると気づけばwhen she wants to have a good timeとまとめられる。

D＜英文和訳＞(i)‘hope＋主語＋動詞...’は「～であることを望む〔願う〕」という意味。「～であってほしい」などと訳すと自然な日本語になる。justは「ただ～だけ」の意。最後に？があるので，念を押す言い方にする。　(ii)このdecide that ～は「～と判断する」という意味。nervousは「緊張した，ドキドキした，不安な，神経質な」の意。keep ～ingは「～し続ける，何度も～する」。foldとunfoldはそれぞれ「(手など)を組む」と「(組んでいた手など)をほどく」。　(iii) oneはkidを表す不定代名詞。onceは「昔，かつて」の意。

E＜和文英訳―完全記述＞①「～から〈時間〉が…たった」は‘It is〔has been〕＋時間＋since ～’または‘時間＋have passed since ～’で表せる。また，「3年間，死亡した状態が続いている」と考えて，現在完了(‘継続’用法)で，has been dead for three yearsとしてもよい。　(別解)It's been three years since your dad〔father〕died.／Three years have passed since your dad〔father〕died.／Your dad〔father〕has been dead for three years.　② Yes, Noで答える疑問文ではないので，疑問詞What timeで始め，その後にdo you thinkを置く。thinkの後は‘主語＋動詞...’の語順にすることに注意。「寝る」はここでは「寝床に入る」という意味なのでgo to bedとするのが適切。

## 平成29年度／慶應義塾高等学校

### 数学解答

**1** (1) $-\frac{7}{38}$　(2) $-\frac{355}{2}$

(3) (ア) $x=z,\ y=10-2z$

(イ) $(x,\ y,\ z)=(4,\ 2,\ 4)$, $\left(\frac{8}{3},\ \frac{14}{3},\ \frac{8}{3}\right)$

(4) $3\times5^2\times67\times199$

(5) (ア) $\frac{2}{9}$　(イ) $\frac{26}{99}$

**2** (1) $[10,\ 2]=8$, $[10,\ 5]=2$, $[10,\ 10]=2$

(2) 7

**3** K組…45人　E組…54人　I組…21人

**4** (1) $B\left(\frac{1}{4},\ \frac{1}{8}\right)$, 直線ABの式…$y=-\frac{3}{2}x+\frac{1}{2}$

(2) $C\left(\frac{1}{2k},\ \frac{1}{4k}\right)$, 傾き…$-\frac{3}{2}$

(3) $\left(-\frac{3}{8},\ \frac{17}{16}\right)$

**5** (1) $\frac{1}{8}$　(2) $\frac{\sqrt{3}-1}{64}$

**6** (1) $\frac{8\sqrt{2}}{3}$　(2) $\frac{5\sqrt{2}}{3}$

**1**〔独立小問集合題〕

(1)＜数の計算＞与式$=\left(\frac{1}{3}-\frac{2}{5}\right)\div\left(\frac{1}{3}-\frac{2}{5}+\frac{3}{7}\right)=\left(\frac{5}{15}-\frac{6}{15}\right)\div\left(\frac{35}{105}-\frac{42}{105}+\frac{45}{105}\right)=-\frac{1}{15}\div\frac{38}{105}=-\frac{1}{15}\times\frac{105}{38}=-\frac{7}{38}$

(2)＜式の値＞$x-5=A$, $x+5=B$とおくと，与式$=(x-3)(x-4)A+(x+3)(x+4)A+(x+3)(x-4)B+(x-3)(x+4)B=\{(x-3)(x-4)+(x+3)(x+4)\}A+\{(x+3)(x-4)+(x-3)(x+4)\}B=(x^2-7x+12+x^2+7x+12)A+(x^2-x-12+x^2+x-12)B=(2x^2+24)A+(2x^2-24)B$となり，$A$, $B$をもとに戻すと，与式$=(2x^2+24)(x-5)+(2x^2-24)(x+5)=2x^3-10x^2+24x-120+2x^3+10x^2-24x-120=4x^3-240$となる。よって，与式$=4\times\left(\frac{5}{2}\right)^3-240=\frac{125}{2}-\frac{480}{2}=-\frac{355}{2}$である。

(3)＜連立方程式＞(ア)$3x+4y+5z=40$……①，$x+y+z=10$……②だから，①－②×3より，$y+2z=10$　$\therefore y=10-2z$……④　これを②に代入すると，$x+(10-2z)+z=10$　$\therefore x=z$……⑤　(イ)$x^2+y^2+z^2=36$……③に$x=z$, $y=10-2z$を代入すると，$z^2+(10-2z)^2+z^2=36$より，$3z^2-20z+32=0$となり，$z=\frac{-(-20)\pm\sqrt{(-20)^2-4\times3\times32}}{2\times3}=\frac{20\pm\sqrt{16}}{6}=\frac{20\pm4}{6}$となる。よって，$z=\frac{20+4}{6}=4$, $z=\frac{20-4}{6}=\frac{8}{3}$となる。$z=4$のとき，⑤より，$x=4$となり，④より，$y=10-8$, $y=2$となる。$z=\frac{8}{3}$のとき，⑤より，$x=\frac{8}{3}$となり，④より，$y=10-\frac{16}{3}$, $y=\frac{14}{3}$となる。

(4)＜整数の性質―素因数分解＞$999975=3\times333325=3\times5\times66665=3\times5\times5\times13333=3\times5\times5\times67\times199=3\times5^2\times67\times199$

(5)＜確率―番号札＞(ア)番号札は99枚あるので，この中から1枚取り出すときの取り出し方は99通りある。99枚の番号札のうち，シールが2枚貼られているのは，(i)2，3の倍数で，5の倍数でない番号札，(ii)2，5の倍数で，3の倍数でない番号札，(iii)3，5の倍数で，2の倍数でない番号札，のいずれかである。(i)の番号札は，6の倍数のうち30の倍数でないものだから，$99\div6=16$あまり3，$99\div30=3$あまり9より，$16-3=13$(枚)ある。(ii)の番号札は，10の倍数のうち30の倍数でないものだから，$99\div10=9$あまり9より，$9-3=6$(枚)ある。(iii)の番号札は，15の倍数のうち30の倍数でないものだから，$99\div15=6$あまり9より，$6-3=3$(枚)ある。よって，シールが2枚貼られた番号札は$13+6+3=22$(枚)だから，この札の取り出し方は22通りあり，求める確率は$\frac{22}{99}=\frac{2}{9}$である。

(イ)シールが貼られていない番号札は，2，3，5のいずれの倍数でもない番号札である。2，3，5の最小公倍数は30であり，1～30の30枚の番号札の中にシールが貼られていない番号札は，1，7，11，13，17，19，23，29の8枚あるから，31～60の30枚の中にも8枚，61～90までの30枚の中にも8枚ある。91～99までの中には，91，97の2枚あるから，シールが貼られていない番号札は$8\times3+2=26$(枚)ある。よって，99通りの取り出し方のうち，シールが貼られていない番号札の取り出し方は26通りだから，求める確率は$\frac{26}{99}$となる。

## 2 〔数と式―整数の性質〕

(1)＜約束記号＞1から10までの自然数の積を素因数分解すると，$1\times2\times3\times4\times5\times6\times7\times8\times9\times10=1\times2\times3\times2^2\times5\times(2\times3)\times7\times2^3\times3^2\times(2\times5)=2^8\times3^4\times5^2\times7$となる。素因数2が8個あるから，2で8回わり切ることができる。よって，[10, 2]=8である。同様に，素因数5が2個あるから，5で2回わり切ることができ，[10, 5]=2となる。また，$10=2\times5$だから，$2^8\times3^4\times5^2\times7=(2^2\times5^2)\times2^6\times3^4\times7=10^2\times2^6\times3^4\times7$より，[10, 10]=2である。

(2)＜約束記号＞$390=2\times3\times5\times13$だから，素因数2，3，5，13がそれぞれ何個あるかで390でわり切ることのできる回数は決まる。1から100までの自然数で個数が最も少ないのは13の倍数だから，素因数13の個数が390でわり切ることのできる回数となる。$100\div13=7$あまり9より，13の倍数は7個ある。この中に$13^2$の倍数はないので，1から100までの自然数の積には素因数13が7個あり，[100, 390]=7となる。

## 3 〔方程式―連立方程式の応用〕

K組とE組の生徒数の比は5：6だから，$x$を自然数として生徒数はそれぞれ$5x$人，$6x$人と表せる。I組の生徒数を$y$人とすると，3組の生徒数の合計が120人であることより，$5x+6x+y=120$が成り立ち，$11x+y=120$……①となる。また，3組全体の平均点が51.8点であることより，得点の合計について，$51\times5x+52\times6x+53y=51.8\times120$が成り立ち，$567x+53y=6216$……②となる。①，②を連立方程式として解くと，$x=9$，$y=21$となる。よって，$5x=5\times9=45$，$6x=6\times9=54$より，K組は45人，E組は54人，I組は21人である。

## 4 〔関数―関数$y=ax^2$と直線〕

≪基本方針の決定≫(1)　三角形の相似を利用する。　(3)　△OAB，△ODCの関係に着目する。

(1)＜交点の座標，直線の式―相似＞右図1で，2点A，Bから$x$軸に垂線AE，BFを引くと，∠AOB＝∠AEO＝90°だから，∠BOF＝∠OAE＝90°－∠AOEである。また，∠OFB＝∠AEO＝90°だから，△BOF∽△OAEとなる。よって，EO：AE＝1：2より，FB：OF＝1：2となるから，直線OBの傾きは$\frac{1}{2}$であり，その式は$y=\frac{1}{2}x$となる。これより，次ページの図2で，点Bは放物線$y=2x^2$と直線$y=\frac{1}{2}x$の交点だから，$2x^2=\frac{1}{2}x$より，$4x^2-x=0$，$x(4x-1)=0$　$\therefore x=0,\ \frac{1}{4}$　点Bの$x$座標は$\frac{1}{4}$であり，$y=\frac{1}{2}\times\frac{1}{4}=\frac{1}{8}$だから，$B\left(\frac{1}{4},\ \frac{1}{8}\right)$である。次に，A(－1，2)より，直線ABの傾きは$\left(\frac{1}{8}-2\right)\div\left\{\frac{1}{4}-(-1)\right\}=-\frac{3}{2}$だから，その式は$y=-\frac{3}{2}x+b$とおける。点Aを通るので，$2=-\frac{3}{2}\times(-1)+b$より，$b=\frac{1}{2}$となり，直線ABの式は$y=-\frac{3}{2}x+\frac{1}{2}$である。

図1

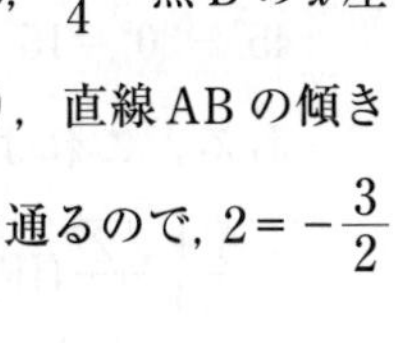


(2)＜座標，傾き＞次ページの図2で，点Cは放物線$y=kx^2$と直線$y=\frac{1}{2}x$の交点である。$kx^2=\frac{1}{2}x$より，$2kx^2-x=0$，$x(2kx-1)=0$　$\therefore x=0,\ \frac{1}{2k}$　よって，点Cの$x$座標は$\frac{1}{2k}$であり，$y=\frac{1}{2}\times\frac{1}{2k}=\frac{1}{4k}$

となるから，C$\left(\frac{1}{2k},\ \frac{1}{4k}\right)$である。また，A(−1，2)より，直線OAの傾きは−2だから，その式は$y=-2x$である。点Dは放物線$y=kx^2$と直線$y=-2x$の交点だから，$kx^2=-2x$より，$kx^2+2x=0$，$x(kx+2)=0$　$\therefore x=0,\ -\frac{2}{k}$　よって，点Dの$x$座標は$-\frac{2}{k}$であり，$y=-2\times\left(-\frac{2}{k}\right)=\frac{4}{k}$となるから，D$\left(-\frac{2}{k},\ \frac{4}{k}\right)$である。2点C，Dの座標より，直線CDの傾きは$\left(\frac{1}{4k}-\frac{4}{k}\right)\div\left\{\frac{1}{2k}-\left(-\frac{2}{k}\right)\right\}=-\frac{15}{4k}\div\frac{5}{2k}=-\frac{3}{2}$となる。

図2

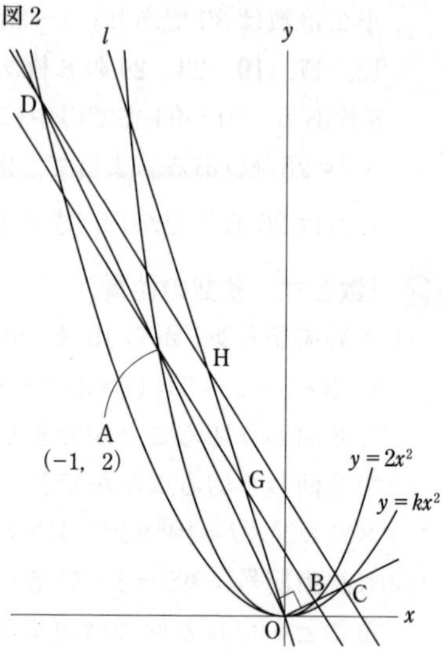


(3)＜交点の座標—相似＞右図2のように，直線$l$と2直線AB，CDとの交点をそれぞれG，Hとする。(1)，(2)より，2直線AB，CDの傾きは$-\frac{3}{2}$で等しいから，AB∥DCである。これより，△OAB∽△ODCとなる。よって，点Gが辺ABの中点になるとき，点Hは辺DCの中点となり，AG＝BG，DH＝CHとなるから，〔台形ADHG〕＝〔台形BCHG〕となる。このとき，点Gの$x$座標は$\left(-1+\frac{1}{4}\right)\div2=-\frac{3}{8}$，$y$座標は$\left(2+\frac{1}{8}\right)\div2=\frac{17}{16}$となり，G$\left(-\frac{3}{8},\ \frac{17}{16}\right)$である。

**5**〔平面図形—直角三角形〕

(1)＜長さ—相似＞右図の△HBOと△ABCで，∠BHO＝∠BAC＝90°，∠HBO＝∠ABCより，△HBO∽△ABCだから，OH：CA＝BO：BCとなる。BO＝$\frac{1}{2}$AB＝$\frac{1}{2}\times\frac{\sqrt{6}+\sqrt{2}}{4}=\frac{\sqrt{6}+\sqrt{2}}{8}$だから，OH：$\frac{\sqrt{6}-\sqrt{2}}{4}=\frac{\sqrt{6}+\sqrt{2}}{8}$：1が成り立つ。これを解くと，OH＝$\frac{\sqrt{6}-\sqrt{2}}{4}\times\frac{\sqrt{6}+\sqrt{2}}{8}$より，OH＝$\frac{1}{8}$となる。

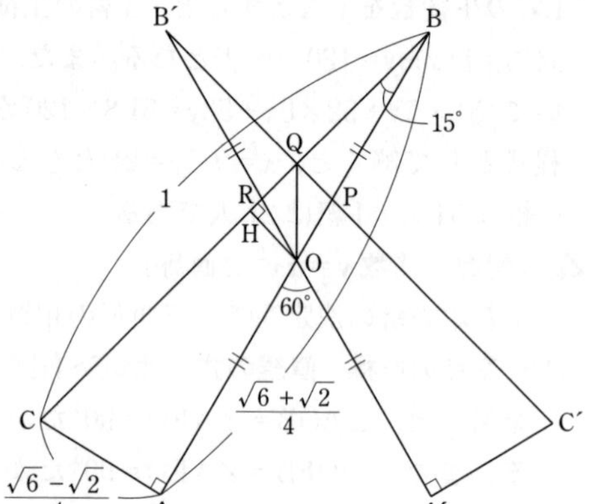


(2)＜面積—特別な直角三角形＞右図で，2点O，Qを結ぶ。四角形OPQRは直線OQについて対称だから，〔四角形OPQR〕＝2△OQRである。∠QOR＝∠QOP＝$\frac{1}{2}$∠POR＝$\frac{1}{2}$∠AOA′＝$\frac{1}{2}\times60°=30°$だから，△OBQで外角と内角の関係より，∠OQH＝15°＋30°＝45°となる。よって，△OQHは直角二等辺三角形となり，QH＝OH＝$\frac{1}{8}$である。また，∠HOR＝45°−30°＝15°だから，∠HOR＝∠ABCとなり，∠OHR＝∠BAC＝90°より，△HOR∽△ABCである。これより，HR：AC＝OH：BAだから，HR：$\frac{\sqrt{6}-\sqrt{2}}{4}=\frac{1}{8}$：$\frac{\sqrt{6}+\sqrt{2}}{4}$が成り立ち，$\frac{\sqrt{6}+\sqrt{2}}{4}$HR＝$\frac{\sqrt{6}-\sqrt{2}}{4}\times\frac{1}{8}$，HR＝$\frac{\sqrt{6}-\sqrt{2}}{8(\sqrt{6}+\sqrt{2})}$より，HR＝$\frac{(\sqrt{6}-\sqrt{2})\times(\sqrt{6}-\sqrt{2})}{8(\sqrt{6}+\sqrt{2})\times(\sqrt{6}-\sqrt{2})}=\frac{8-4\sqrt{3}}{8\times4}=\frac{2-\sqrt{3}}{8}$である。したがって，QR＝QH−HR＝$\frac{1}{8}-\frac{2-\sqrt{3}}{8}=\frac{\sqrt{3}-1}{8}$だから，△OQR＝$\frac{1}{2}\times$QR$\times$OH＝$\frac{1}{2}\times\frac{\sqrt{3}-1}{8}\times\frac{1}{8}=\frac{\sqrt{3}-1}{128}$となり，〔四角形OPQR〕＝$2\times\frac{\sqrt{3}-1}{128}=\frac{\sqrt{3}-1}{64}$である。

**6**〔空間図形—正四面体〕

≪基本方針の決定≫相似な立体に着目する。

(1)＜体積―相似＞右図1で，3点A，B，Fはそれぞれ辺OP，OQ，ORの中点だから，〔面ABF〕∥〔面PQR〕である。これより，四面体OABFと正四面体OPQRは相似となり，相似比はOA：OP＝1：2だから，体積比は$1^3:2^3=1:8$となる。よって，〔四面体OABF〕＝$\frac{1}{8}$〔正四面体OPQR〕である。同様にして，〔四面体PACD〕＝〔四面体QBCE〕＝〔四面体RFED〕＝$\frac{1}{8}$〔正四面体OPQR〕となる。正四面体OPQRの1辺の長さが4より，正四面体OPQRの体積は$\frac{\sqrt{2}}{12}\times4^3=\frac{16\sqrt{2}}{3}$であり，四面体OABF，PACD，QBCE，RFEDの体積はそれぞれ$\frac{1}{8}\times\frac{16\sqrt{2}}{3}=\frac{2\sqrt{2}}{3}$となるから，八面体ABCDEFの体積は，$\frac{16\sqrt{2}}{3}-\frac{2\sqrt{2}}{3}\times4=\frac{8\sqrt{2}}{3}$である。

図1

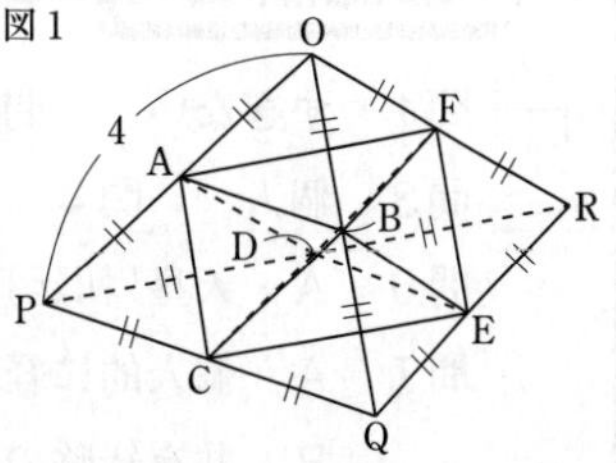


(2)＜体積―相似＞右上図1で，八面体ABCDEFは全ての面が正三角形だから，正八面体である。右図2で，辺BA，BC，BE，BFの中点をそれぞれG，H，I，Jとすると，〔面GHIJ〕∥〔面ACEF〕となるから，四角錐B-GHIJと四角錐B-ACEFは相似となり，(1)と同様にして，〔四角錐B-GHIJ〕＝$\frac{1}{8}$〔四角錐B-ACEF〕となる。また，できる多面体は，正八面体ABCDEFから，四角錐B-GHIJと合同な四角錐を6個取り除いた立体で，十四面体である。よって，〔四角錐B-GHIJ〕＝$\frac{1}{8}\times\frac{1}{2}$〔正八面体ABCDEF〕＝$\frac{1}{8}\times\frac{1}{2}\times\frac{8\sqrt{2}}{3}=\frac{\sqrt{2}}{6}$だから，求める多面体の体積は，$\frac{8\sqrt{2}}{3}-\frac{\sqrt{2}}{6}\times6=\frac{5\sqrt{2}}{3}$となる。

図2

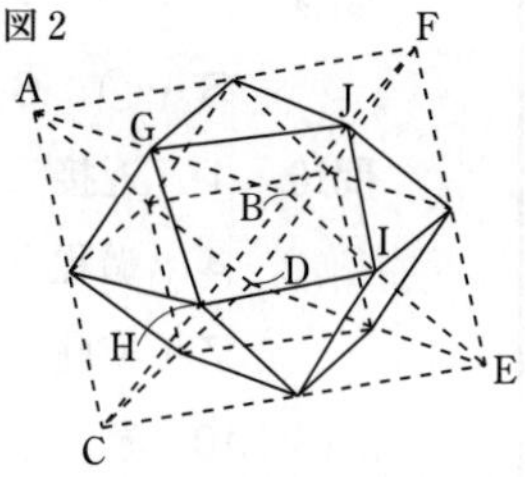

# 平成29年度／慶應義塾高等学校

## 国語解答

一 問1　すぎない　問2　なれ
問3　個人　問4　イ　問5　ア
問6　A　天皇〔朝廷〕　B…ウ
問7　A　個人的に経験した
B　共有経験のない
問8　A　燃料，食糧の供給など生活基盤としての役割
B　自然と引き替えに手に入れた快適な生活
問9　1…○　2…×　3…×　4…○
5…○　6…×
問10　1　近接　2　盛　3　整備
4　過程　5　派手　6　有無
7　家庭　8　作動　9　強要
10　蒸

二 問1　a…オ　b…キ　c…カ　d…ウ
e…ア
問2　f…ウ　g…ア
問3　ア　食べる　イ　謙譲　ウ　尊敬
エ　召し上がりますか
オ　お上がりになりますか
問4　［映画の登場人物が］階級の違いによって，それぞれ違う言葉を使っていた［ということ。］(24字)
問5　日本人にとっては当たり前のことを，別の視点から見ることになる［ということ。］(30字)

三 i　ウ→エ→ア→オ→イ
ii　オ→エ→ウ→イ→ア
iii　イ→ア→ウ→エ→オ

一〔論説文の読解―自然科学的分野―自然〕出典；高橋敬一『「自然との共生」というウソ』「過去への郷愁―里山保全―」。

≪本文の概要≫里山が注目され始めたきっかけは，里山の消失と荒廃が指摘され，その保全が叫ばれるようになったことである。里山の消失も荒廃も，記憶の中にある懐かしい風景の喪失という点では同じである。そこで繰り広げられる里山保全運動と「自然との共生」は，個人的な原風景に対する郷愁を自然保護と結びつけ，それが万人の義務であるかのように主張するが，自然保護も，結局は自分保護にすぎない。里山やそこに生きる生物を保護し維持することは，自然の遷移を止めて，ある一瞬の風景をそのまま維持しようとすることであり，「自然との共生」を進めようとする人々は，自分の郷愁の宿る風景を維持することを，正当な自然保護だと主張しているのである。郷愁の風景の復活の正当化は，伝統を守ろうとすることや，「昔はよかった」という話にも見られる。いったん伝統ができあがると，それを消し去ることは難しいが，その伝統がなくなってしばらくたつと，そんなものがあったことも，忘れられてしまうものである。これは，里山に関しても当てはまる。

問1＜語句＞人々が都市部に集中して「生活基盤としての里山を必要としなくなってきた」ということは，「かつての日本の里山の役割(燃料，食料等の供給)」を「いまは外国が肩代わりしている」ということでしかない。「自然との共生」とは，「それぞれが勝手に自分が理想とする自然を思い描いて，それを自然保護と結びつけて万人の義務であるかのように主張している」ということでしかない。「自然保護」も，「利他的な自己犠牲とはほど遠い自分保護の別称」でしかない。

問2＜語句＞里山とは，「手つかずの自然が人間によって破壊され」てだめになっていった結果である。落ちぶれた結果のことを，「なれのはて」という。

問３＜文章内容＞人間は，「自分が親しかった風景，そこで自分が育まれ，自分を支えてくれていたと感じる風景(自然)の喪失」を感じて不安になり，そういう「個人的」な「原風景」を取り戻そうとし始めた。ギフチョウなどの保護に携わっている人たちが保護しようとしているのも，その「個人的」な郷愁の中の生物である。郷愁は，きわめて「個人的」なもので，他人にとっては何の価値もない。

問４＜表現＞「『自然との共生』における原風景」は，「自分が親しかった風景，そこで自分が育まれ，自分を支えてくれていたと感じる風景(自然)」であるから，どこまでも「人によって異なるもの」である。「野外教室などに子どもを集める」場合，その「主体」はどこまでも子どもたちである。「『自然との共生』という言葉の中に感じられる」のは，どこまでも「自然が主体であるかのような心地よい正義と自己犠牲の感覚」ばかりである。

問５＜文章内容＞里山は，「人間の手を離れること」によって，「勝手に自然の歩みを」始めることになる。

問６＜語句＞「錦の御旗」は，官軍，すなわち，朝廷の軍の旗で，朝廷の敵を討伐すると天皇から与えられた。そこから転じて，自分の主張などに権威づけをするもの，という意味で用いられる。

問７＜文章内容＞「伝統」とは，「私たちが過去に体験し，今も続けようとしているものすべて」であり，「伝統を守る」ことは，「自分の生存を守る」ことだった。しかし，今，若い世代が「地域おこし」などに「利用」している「伝統」は，彼らにとっては「共有経験のない」ものである。

問８＜文章内容＞里山は，かつては「燃料，食糧等の供給」という「生活基盤」としての「役割」を担うものだった。最近，里山の消失や荒廃が指摘され，里山保全運動が起こって，「自然との共生」ということが言われているが，本当にかつての里山を取り戻したければ，「自然と引き替え」に手に入れた「快適な生活」を，手放すことが必要になる。

問９＜要旨＞１．里山とは，「手つかずの自然が人間によって破壊され尽くした」ものであり，「人手を離れる」ことによって「荒廃」する(…○)。　２．里山の保全運動と「自然との共生」の考え方は，「自然の遷移を止めて，ある一瞬の風景をそのまま維持しようとすること」で，「利他的な自己犠牲とはほど遠い自分保護」であるが，自然の遷移に任せるべきだとまでは述べられていない(…×)。　３．野外教室も「自分の郷愁のためにやっている」のであって，子どもたちの「追跡調査」の話は聞いたことがないが，「追跡調査」をすべきだとは述べられていない(…×)。　４．自然保護も，結局は「自然破壊と同様，利他的な自己犠牲とはほど遠い自分保護」である(…○)。　５．「『自然との共生』における原風景」は，「人によって異なるもの」であり，よく似た原風景を共有している人々がいたとしても，それは「万人に通じるスタンダード」ではない(…○)。　６．伝統がすたれると言って人々は伝統を守ろうとし，若い世代にとって共有経験のない思い出話を聞かせるが，若い世代が伝統が持つ意味を変更して，本来とは別の意味で活用している場合もある(…×)。

問10＜漢字＞１．近くにあること。　２．もう一つの訓読みは「も(る)」，音読みは「盛大」などの「セイ」と「繁盛」などの「ジョウ」。　３．「整」の訓読みは「ととの(える)・ととの(う)」，「備」の訓読みは「そな(える)・そな(わる)」。　４．物事が進行・発展する道筋のこと。　５．はなやかであること。　６．つべこべ言わせず，ということを，「有無を言わさず(有無を言わせず)」という。　7．家族が暮らす場所のこと。　8．動くべきところが動くこと。　9．無理やり要求すること。　10．音読みは「蒸気」などの「ジョウ」。

二〔随筆の読解―自伝的分野―生活〕出典；佐々木瑞枝『留学生と見た日本語』「寅さん」。

問1＜表現＞a．外国人にとって，日本の映画を見ることは，まさしく私たちが字幕スーパーなしの洋画を見るときのように，自分の語学力を試すような気持ちになるのだろう。　b．映画が始まって時をおかずに，我々が異質な存在だということに気づいた。　c．相当テンポの早い下町言葉は，私にも聞き取りにくい。　d．私にだって聞き取りにくく，言うまでもなく留学生たちにとっては腹立たしい。　e．授業中と違って一つ一つ私にきくわけにもいかない。

問2．f＜語句＞皆，中に深く入り込むように映画を見つめている。　g＜慣用句＞物事を一番最初に始めることを，「口火を切る」という。

問3＜敬語＞「いただく」は，「食べる」の謙譲語。目上の人の動作を言う場合は，相手を高めて尊敬語を用いる。「食べる」の尊敬語の「召し上がる」，または「上がる」と「お～になる」の形をあわせて「お上がりになる」を用いるのが，日本語表現としては自然である。文法的には「お食べになりますか」も可能であるが，目上の人に使う敬語としては，やや不自然な感じがする。

問4＜文章内容＞クリスによれば，日本語には英語ほど「階級の差」はないと思っていたが，「今日の映画」では，登場人物の話す日本語に「階級の差」がよく出ていたということである。登場人物の話す日本語に「階級の差」があるということは，登場人物の「階級」によって使う日本語に違いがあるということである。

問5＜文章内容＞寅さんが「人に何か頼む時」に「座り直した」ことや，頼んだ後「すぐにまたアグラをかいた」ことに，留学生は注目していた。留学生は，日本人が特に気にとめない点に気がついているのであり，その視点は，日本人の視点とは異なっている。そういう留学生たちと映画を見ると，「私」もふだんの自分のものの見方とは違った見方で，物事を見ることになる。

三〔古典の知識〕

ⅰ．「蝉」が「とどろに鳴く」のは，夏。「白雪」が枝に積もるのは，冬。「梅の花」の「匂い」が漂うのは，早春。「山吹」の花が散って「蛙」が鳴くのは，晩春。「木の葉」が「錦」の織物を織ったように見えるのは，秋。　ⅱ．「葦」が「枯れ葉」になるのは，秋。「蛍」が飛ぶのは，夏。「岩つつじ」が咲くのは，晩春。「桜」が咲くのは，春。「梅の花」が「匂う」のは，早春。　ⅲ．「藤の花」が咲くのは，晩春。「山桜」が咲くのは，春。「彦星」は，七夕に織姫と会うとされ，秋の季語。「きりぎりす」が「夜寒」になって「弱る」のは，晩秋または初秋。「紅葉」が「散り果て」て「朽葉」の上に「雪」が積もるのは，冬。

# 平成28年度 慶應義塾高等学校

【英　語】（60分）〈満点：100点〉

I　次の各組の英文がほぼ同じ意味を表すように，各々の（　）内に適当な1語を入れなさい。短縮形も1語とみなす。

1．(a) Mishima is a famous writer.　His books are translated into many languages.
　(b) Mishima is a famous (　　) (　　) books are translated into many languages.

2．(a) Tim didn't invite Jimmy to the party.
　(b) Jimmy (　　) (　　) to the party by Tim.

3．(a) Team Red has more members than Team Blue.
　(b) Team Blue has (　　) (　　) than Team Red.

4．(a) Judy got an A for her science report.　No other student got an A.
　(b) Judy was the (　　) student (　　) got an A on the science report.

5．(a) If you drink a cup of tea, you will feel better.
　(b) A cup of tea will (　　) (　　) feel better.

6．(a) You can do anything only if you stay in this building.
　(b) You can do anything as (　　) (　　) you stay in this building.

7．(a) How handsome Keith grew to be！
　(b) (　　) (　　) handsome man Keith grew to be！

8．(a) It is my job to walk our dog every day.
　(b) (　　) (　　) dog every day is my job.

II　例にならって，各英文の下線部A～Dの中から文法的・語法的に間違っているものを1つ選び，**選んだ箇所全体**を正しい形に直しなさい。

【例】 It (A) is kind for you (B) to tell me the way (C) to the station.

【解答例】 記号：B　　正しい形：of you

1．Lucy has been working (A) very hard (B). All of us hope (C) that she will success (D) in the project.

2．My brother lives (A) in Paris for studying (B) modern art.　This is (C) a great chance for (D) him to see the world.

3．This year's first snow on (A) Mt. Fuji fell (B) six days faster (C) than last (D) year.

4．Though I spend (A) most of (B) the day looking for this book in (C) my house, I couldn't find (D) it.

5．I've never eaten this blue vegetable before (A).　How (B) do you call (C) it (D) in English？

6．I like (A) this city even (B) more every time something exciting (C) is happened (D).

7 . The rugby game you were talking about yesterday will begin from 2 p.m.
A: were talking　B: about　C: will begin　D: from

8 . We were suddenly said to get out of the building quickly, but we didn't know why.
A: said　B: of　C: quickly　D: didn't know

**Ⅲ** 次の会話文を読み，文章全体の意味が通るよう空所［1］～［10］に入れるのに最も適切なものを(ア)～(コ)より１つずつ選び，記号で答えなさい。選択肢は各１回のみ使用すること。＊が付いている語(句)には【注】がある。

Marty : Hi, Mom! It's good to see you. [ 1 ] Watch your step.
Mom : Hi, Marty. I haven't seen you for ages. It's good to see you too.
Marty : [ 2 ]
Mom : Thank you. Do you want me to take my shoes off?
Marty : Yes, please, if you don't mind. [ 3 ] I've missed you.
Mom : I've missed you too. I'm sorry I'm late. I couldn't find your house.
Marty : No need to *apologize. You're here now. [ 4 ] How's your flight?
Mom : I got a little bit nervous before take-off. But I enjoyed it, watching some short films and taking a nap.
Marty : That's great.
Mom : Oh my, your house is very nice. These stained-glass windows are lovely. [ 5 ]
Marty : Thanks. Let me help you with your suitcase. [ 6 ] I'll show you your room. There it is.
Mom : Thank you. It looks very comfortable.
Marty : [ 7 ] Can I get you anything to drink? Would you like some tea or coffee?
Mom : Yes, I'd like a cup of coffee, please.
Marty : Alright. [ 8 ]
Mom : With two sugars and milk, please. Could I use your phone? I have to call George.
Marty : Of course. Dad must be *expecting you to call him. The phone is in the living room.
Mom : Thank you. [ 9 ]

Mom : Dad says hi to you. Hmm, something smells wonderful . . .
Marty : Are you ready to eat?
Mom : [ 10 ] Actually, I missed the in-flight meal.
Marty : Okay, let's go into the dining room.

【注】 apologize：謝る　　expecting：期待している

(ア) Yes, I'm starving.
(イ) Please come on in.
(ウ) How do you take it?
(エ) You have very good taste.
(オ) That's all that matters.
(カ) Shall I take your coat?
(キ) Well, you look very good.
(ク) Make yourself at home.
(ケ) Follow me.
(コ) I'll be back in a minute.

**IV**　次の英文を完成させるために空所 [ 1 ] ～ [ 10 ] に適切な1語を入れなさい。＊が付いている語(句)には【注】がある。

To store and keep the body was a very important part of ancient Egyptian culture. In early *mummification, certain parts of the body [ 1 ] as the face and hands were wrapped. It has been thought that the [ 2 ] developed to *reproduce the natural drying effects of the hot dry sand on a body buried within it.

The best explanation of the mummification process is given by Herodotus, an ancient Greek historian. He records that the whole process [ 3 ] seventy days. The *internal organs, apart from the heart and *kidneys, were taken out [ 4 ] a cut in the left side. The organs were then dried and wrapped, and placed in jars, or later put [ 5 ] inside the body. Bags of salt were packed [ 6 ] inside and outside the body, and left [ 7 ] forty days until all the skin was completely [ 8 ]. The body was then cleaned with aromatic oils and wrapped with *bandages.

Around 3400 BC the body was buried directly in the desert sand, which fully covered the body, dried it out and kept its condition. These *burials may also contain *grave goods—objects buried near the body—such as bowls, jars, and jewelry. Later, around 3000 BC, the body was put in a *coffin [ 9 ] of wood which might be buried in the ground or placed in a *cave. Although the coffin was made to protect the body from wild animals, it actually kept the [ 10 ] (which would have dried the body out) away from the body. This made the skin and muscles *rot away and only the *skeleton was left.

【注】 mummification：ミイラ化　reproduce：再現する　internal organs：臓器　kidneys：腎臓
bandages：包帯　burials：埋葬　grave goods：副葬品　coffin：棺
cave：洞窟　rot away：腐敗する　skeleton：骨格

**V**　次の英文を読み，設問Ａ，Ｂ，Ｃに答えなさい。＊の付いている語(句)には【注】がある。

When I was quite young, my family had one of the first telephones in the neighborhood. I remember the beautiful *oak case hanging on the wall by the stairs. The shiny receiver hung on the side of the box. I even remember the number: 105. I was too little to reach the telephone, but I used to listen with *fascination when my mother talked to it. Once she lifted me up to speak to my father, who was away on business. Magic!

Then I discovered that somewhere inside that wonderful *device lived an *amazing person—her name was "Information Please," and (ア)[did / know / not / nothing / she / that / there / was]. My mother could ask her for anybody's number; when our clock ran down, Information Please *immediately told the correct time.

My first personal experience with this genie-in-the-receiver came one day while my mother was visiting a neighbor. Playing by myself at the tool bench in the basement, I *whacked my finger with a hammer. The pain was terrible, but there didn't seem to be much use crying, because there was no one home to offer *sympathy. I walked around the house *sucking my finger, finally arriving at the stairs. The telephone! Quickly I brought the stool from the kitchen. Climbing up, (イ)[and / ear / held it / I / my / picked up / receiver / the / to]. "Information Please," I said into the *mouthpiece just above my head.

A click or two, and a small, clear voice spoke into my ear. "Information."

"I hurt my fingerrrr—" I said into the phone. The tears came running down, now that I had someone to speak to.

"Isn't your mother home ?" came the question.

"Nobody's home but me," I cried.

"Are you *bleeding ?"

"No," I replied. "I hit it with the hammer, and it hurts."

"Can you open your icebox ?" she asked. I said I could. "Then *chip off a little piece of ice, and hold it on your finger. That will stop the hurt. Be careful when you use the ice pick," she said. "And don't cry. You'll be all right."

After that, I called Information Please for everything. I asked her for help with my geography, and she told me where Philadelphia was, and the Orinoco, the beautiful river that I was going to visit when I grew up. She helped me with my math, and she told me that my pet squirrel—I had caught him in the park just the day before—would eat fruit and nuts.

And there was the time that my pet *canary passed away. I called Information Please and told her the sad story. She listened, then said the usual things that grown-ups say to cheer up a child. But I was not happier : Why was it that birds should sing so beautifully and bring joy to whole families, only to end as a ball of feathers, feet up, on the bottom of a cage ?

Somehow she read my mind and said quietly, "Paul, always remember that there are other worlds to sing in."

Somehow I felt better.

Another day I was at the telephone. "Information," said the now familiar voice.

"How do you spell fix ?" I asked.

"Fix something ? F-i-x."

At that moment, my sister, who tried to scare me, jumped off the stairs at me with a big yell—"Yaaaaaaaaa !" I fell off the stool, pulling the receiver out of the box. We were both shocked—Information Please was no longer there, and I was not at all sure that I hadn't hurt her when I pulled the receiver out.

Minutes later, there was a man on the porch. "I'm a telephone repairman," he said. "I was working down the street, and the operator said there might be some trouble at this number." He reached for the receiver in my hand. "What happened ?"

I told him.

"Well, we can fix that in a minute or two." He opened the telephone box, spent some time working with the wires. He moved the hook up and down a few times, then spoke into the phone. "Hi, this is Pete. Everything's under control at 105. The kid's sister scared him, and he pulled the cord out of the box."

He hung up, smiled, gave me a pat on the head, and walked out the door.

All this took place in a small town in the Pacific Northwest. Then, when I was nine years old, we moved across the country to Boston—and I missed my friend deeply. Information Please belonged in that old wooden box back home, and I somehow never thought of trying the tall, skinny new phone that sat on a small table in the hall.

Yet, as I grew into my teens, the memories of those childhood conversations never really left me ; often in moments of doubt and difficulty, I would remember feeling stronger when I knew that I could call Information Please and get the right answer. I was thankful for how very *patient, understanding, and kind she was to have wasted her time on a little boy.

A few years later, on my way west to college, my plane put down at Seattle. I had about half an hour between plane connections, and I spent 15 minutes or so on the phone with my sister, who lived there now, happy in her marriage and motherhood. Then, (i)really without thinking what I was doing, I dialed my hometown operator and said, "Information Please."

To my surprise, I heard again the small, clear voice I knew so well : "Information." I hadn't planned this, but I heard myself saying, "Could you tell me, please, how to spell the word fix ?"

There was a long pause. Then came the softly spoken answer. "I guess," said Information Please, "that your finger must be O.K. by now." I laughed. "So it's really still you," I said. "I wonder if you have any idea how much you meant to me during all that time . . ."

"I wonder," she replied, "if you know how much you meant to me ? I never had any children, and (ウ)[answering / calls / forward / I / look / to / to / used / your]. Funny, wasn't it ?"

It didn't seem funny, but I didn't say so. Instead I told her how often I had thought of her over the years, and I asked if I could call her again when I came back to visit my sister after the first semester was over.

"Please do. Just ask for Sally."

"Goodbye, Sally." (ii)It sounded strange for Information Please to have a name. "If I run into any squirrels, I'll tell them to eat fruit and nuts."

"Do that," she said. "And I expect one of these days, you'll be going to the Orinoco. Well, goodbye."

Just three months later, I was back again at the Seattle airport. A different voice answered, "Information," and I asked for Sally.

"Are you a friend ?"

"Yes," I said. "An old friend."

"(iii)Then I'm sorry to have to tell you. Sally had been working only part-time in the last few years because she was ill. She died five weeks ago." But before I could hang up, she said, "Wait a minute. Did you say your name was Paul ?"

"Yes."

"Well, Sally left a message for you. She wrote it down."

"What was it ?" I asked, almost knowing *in advance what it would be.

"Here it is ; I'll read it—'Tell him I still say there are other worlds to sing in. He'll know what I mean.'"

I thanked her and hung up. I did know what Sally meant.

【注】 oak：かしの木の　fascination：ときめき　device：機器　amazing：素晴らしい
immediately：瞬時に　whacked：強く打った　sympathy：同情　sucking：吸う
mouthpiece：送話口　bleeding：流血している　chip off：砕く　canary：カナリア
patient：寛容　in advance：すでに

A：1～10の書き出しに続くもの，もしくは質問に対する答えとして，本文の内容に最も一致するものを(a)～(d)の中から1つ選び，記号で答えなさい。

1．105 is the number for ＿＿＿＿＿.

(a) the operator　(b) Paul's house
(c) the repairman　(d) Paul's father's office

2．What services are offered by the operators ?

(a) They give weather information. (b) They supply the correct time.
(c) They provide a news service. (d) They offer a library service.

3. The genie-in-the-receiver is ＿＿＿＿＿.
(a) "Information Please" (b) a neighbor
(c) a first-aid service (d) a clock

4. Which question did Paul NOT ask the operator?
(a) Where the Orinoco is. (b) Why his canary had to die.
(c) How to treat his painful finger. (d) Where squirrels like to live.

5. What did the man come to do?
(a) To see Paul's mother. (b) To sell and set a new phone.
(c) To fix the phone. (d) To use the phone.

6. Why didn't Paul call the operator for some years?
(a) Because his family moved to another town.
(b) Because he went to college.
(c) Because he had somebody else to talk to.
(d) Because the phone was still broken.

7. Why did Paul miss the operator?
(a) Because he forgot her voice.
(b) Because he no longer had any question.
(c) Because she always told him funny stories.
(d) Because she always guided him when he needed help.

8. Why did Paul ask how to spell "fix" for the second time?
(a) Because he wanted to know how to spell it.
(b) Because he wanted to see if she was "Information Please."
(c) Because that was the password for them to start a conversation.
(d) Because that was the question he often asked.

9. Where could you reach Sally?
(a) In Seattle. (b) In Oregon. (c) In Orinoco. (d) In Boston.

10. What does Sally's last message mean?
(a) She will turn into a bird after she dies.
(b) She will sing in a different language.
(c) She will continue to live in people's heart.
(d) She would like to sing with a bird.

B：下線部(ア)〜(ウ)の[　]内の語(句)を，内容に合わせ正しい語順に並べ替えなさい。

C：下線部(i)，(ii)，(iii)を和訳しなさい。

## 【数　学】　(60分)　〈満点：100点〉

（注意）　1．「**答えのみでよい**」という問題以外は，考え方や途中経過もわかりやすく記入すること。

2．各解答には近似値を用いないこと。円周率は$\pi$を用いること。

3．図は必ずしも正確ではない。

**1**　次の空欄を埋めよ。「**答えのみでよい**」

(1)　$\left(1-\dfrac{1}{2^2}\right)\left(1-\dfrac{1}{3^2}\right)\left(1-\dfrac{1}{4^2}\right)\cdots\left(1-\dfrac{1}{999^2}\right)$を計算すると，□となる。

(2)　2次方程式$4x^2-2\{(2-\sqrt{3})+(2\sqrt{3}-1)\}x+(\sqrt{3}-2)(1-2\sqrt{3})=0$の解は，$x=$□，□である。

(3)　$7^{2016}$の一の位の数は□で，$13^{2016}$の一の位の数は□である。

(4)　正十二面体の頂点の数は□個で，辺の数は□本である。また，正二十面体の頂点の数は□個で，辺の数は□本である。

(5)　半径1の円に$AB=1$，$AC=\sqrt{2}$の$\triangle ABC$が内接しているとき，$\angle ACB$の大きさは□度であり，$\triangle ABC$の面積は□である。

(6)　$(1+2x+3x^2+4x^3)^4$を展開したときの定数項は□であり，$x$の係数は□，$x^2$の係数は□である。

(7)　$2016!=2016\times2015\times2014\times\cdots\times3\times2\times1$を計算すると，末尾には□個の0が並ぶ。

**2**　$y=\dfrac{1}{2}x^2$のグラフ上に4点$A\left(a,\ \dfrac{1}{2}a^2\right)$，$B\left(b,\ \dfrac{1}{2}b^2\right)$，$C\left(c,\ \dfrac{1}{2}c^2\right)$，$D\left(d,\ \dfrac{1}{2}d^2\right)$をとる。

$a<b<0<c<d$かつ，直線ADの方程式が$y=\dfrac{1}{12}x+\dfrac{1}{6}$のとき，次の問いに答えよ。

(1)　$a$，$d$を求めよ。

(2)　$b=-\dfrac{1}{3}$かつ，三角形ABDの面積と三角形ACDの面積が等しいとき，$c$を求めよ。

(3)　線分BCの長さを求めよ。

(4)　点Aから直線BCに下した垂線の長さを求めよ。

**3**　$OA=OB=1$の直角二等辺三角形OABを底辺ABと平行な線分PQで折り曲げて重なった部分の面積を$S$とする。

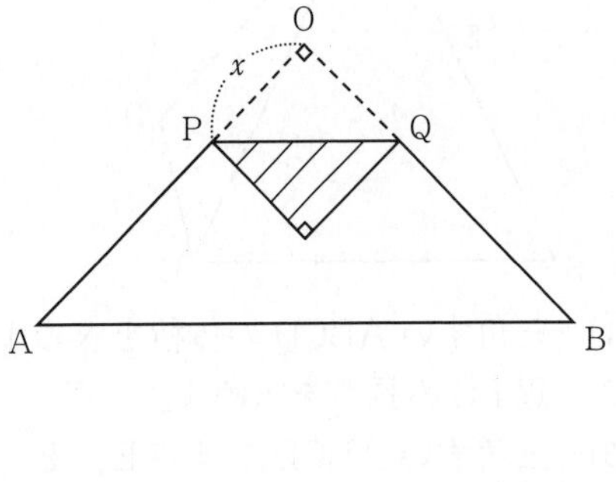


(1)　$OP=x$として，次の空欄を埋めよ。

$0<x<$□のとき，$S=$□

□$\leqq x<$□のとき，$S=$□

(2)　$S=\dfrac{1}{6}$のとき，$x$の値を求めよ。

**4**　2016年1月～2月まで日吉の気温を観測したところ，最高気温10℃以上の日（W日と言うことにする。）と最高気温10℃未満の日（C日と言うことにする。）には次のような傾向があることがわかった。

“ある日がW日ならば，次の日がW日の確率は$\dfrac{4}{5}$，C日の確率は$\dfrac{1}{5}$である。また，ある日が

C日ならば，次の日がW日の確率は $\frac{3}{10}$，C日の確率は $\frac{7}{10}$ である。”次の問いに答えよ。

(1) 今日（2月12日）がC日であるとして，2月14日がW日となる確率を求めよ。

(2) 今日（2月12日）がC日であるとして，2月16日がW日となる確率を求めよ。

**5** K高校の生徒100人を対象に体重を調べて度数分布表にまとめた。この分布表から平均を求めると60.1kgであった。このとき $x$，$y$ を求めよ。

| 体重(kg) | 45.5～50.5 | 50.5～55.5 | 55.5～60.5 | 60.5～65.5 | 65.5～70.5 | 70.5～75.5 |
|---|---|---|---|---|---|---|
| 人　数 | 8 | 16 | $x$ | 23 | 15 | $y$ |

**6** 図のように座標平面上に1辺の長さ2の正方形を置く。このとき，$y=\sqrt{3}x$ を軸として正方形を1回転したときにできる回転体の体積を求めよ。

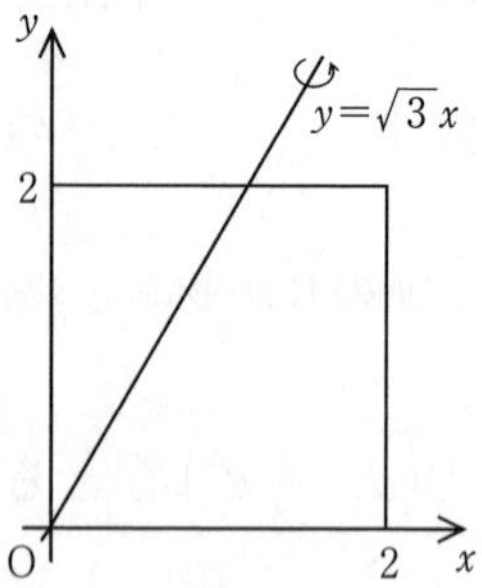


**7** AB＝AC＝AD＝4，BC＝CD＝DB＝3である三角すいABCDにおいて，辺AB，辺ACの中点をそれぞれE，Fとし，辺CD上の点でCG：GD＝2：1となる点をG，辺BD上の点でBH：HD＝2：1となる点をHとする。次の問いに答えよ。

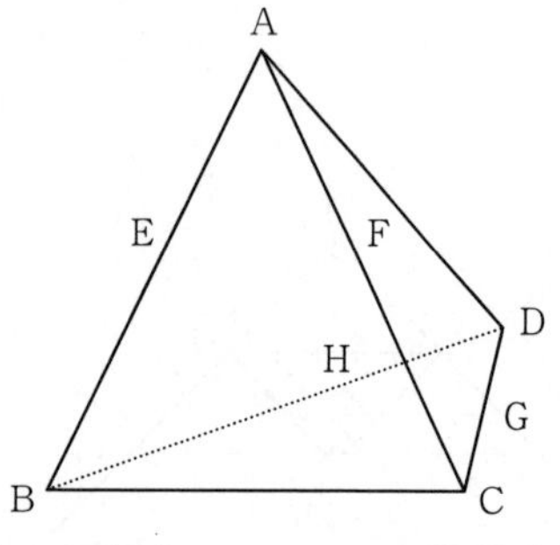


(1) 三角すいABCDの体積を求めよ。

(2) 辺FGの長さを求めよ。

(3) 三角すいABCDを4点E，F，G，Hを通る平面で切断したとき，頂点Bを含む立体の体積を求めよ。

煩悶…悩み苦しむ
没分暁…わからずやである

問1 〜〜〜A〜Cの語の問題文中における意味として最も適切なものを、後の選択肢のうちからそれぞれ選び記号で書きなさい。

A 相場
ア 取引　イ 市価　ウ 値打　エ 通念

B パラドックス
ア 矛盾　イ 後悔　ウ 事実　エ 諦念

C 往々にして
ア まれに　イ たまに
ウ しばしば　エ いつでも

問2 〔a〕〜〔c〕に入れるのに最も適切な語を次の選択肢のうちからそれぞれ選び記号で書きなさい。同じ符号の箇所には、同じものが入る。

ア 間接的　イ 伝統的　ウ 批評的　エ 根本的
オ 専門的　カ 表面的　キ 圧倒的　ク 本質的

問3 問題文の 2 の節において、次の一文が入っていた箇所を探し、直前の五字をそのまま抜き出して答えなさい。

私の見るところでニュートンやアインシュタインは明らかにこの後の部類に属する学者である。

問4 次に示す各文のうち、問題文の論旨と合致するものには○を、合致しないものには×を書きなさい。

ア アインシュタインは、相対性原理を自分と同じ程度に理解できる人は少ないと考えているはずだ。
イ まだ幼い中学生に対して、ニュートンの運動方則を理解させようとするのは間違ったことである。
ウ アインシュタインは、ニュートンよりもよくニュートンの運動方則を理解していたと考えられる。
エ もしある学説が完全ではないとしても、その学説を創設した人の努力までも否定する必要はない。

問5 ——①について、問題文の論旨によればこれはどういう人たちだと考えられるか。その説明とするために、解答用紙の空欄にあてはまる最も適切な問題文中の語句を、二十字以内でそのまま抜き出して書きなさい。

問6 ——②について、問題文の論旨によれば、ニュートンの方則の理解に必要な知識とはどういうものかを二つ、それぞれ十字以内で説明しなさい。

問7 ——③について、それはなぜか。問題文の論旨をふまえ、自分の言葉を使いながら五十字以内で説明しなさい。

問8 ——④について、これはどのような「完全」のことか。「ということ」につながる形で、十五字以内で説明しなさい。

問9 ——⑤に関連して、問題文の論旨から考えると科学者として学説を示していく際のあるべき態度とはどういうものだと考えられるか。問題文中の言葉を使いながら五十字以内で説明しなさい。

はどうしても私には思われない。
それゆえに私は彼の言葉から一種の風刺的な意味のニュアンスを感じる。私にはそれが自負の言葉だとはどうしても思われなくて、かえってくすぐったさに悩む余りの愚痴のようにも聞きなされる。これはあまりの曲解かもしれない。しかしそういう解釈も可能ではある。

**2** 科学上の学説、ことに一人の生きているアダムとイヴの＊後《こう》裔《えい》たる学者の仕事としての学説に、絶対的「完全」という事が厳密な意味で望まれうる事であるかどうか。これもほとんど問題にならないほど明白に不可能な事である。ただ学者自身の自己批評能力の程度に応じて、自ら認めて完全と「思う」事はもちろん可能で、そして＊尋常一般に行なわれている事である。そう思いうる幸運な学者は、その仕事が自分で見て完全になるのを待って安心してこれを発表する事ができる。しかし厳密な意味の完全が不可能事である事を痛切に＊リアライズし得た不幸なる学者は④相対的完全以上の完全を＊期図する事の不可能で無意義な事を知っていると同時に、自分の仕事の「完全の程度」に対してやや判然たる自覚を持つ事が可能である。
私は、ボルツマンやドルーデの自殺の原因が何であるかを知らない。しかし彼らの死を思うたびに真摯《しんし》な学者の＊煩悶《はんもん》という事を考えない事はない。
学説を学ぶものにとってもそれの完全の程度を批判し不完全な点を認識するは、その学説を理解するためにまさに努むべき必要条件の一つである。
しかしここに誤解してならない事で、そしてややもすれば誤解されやすい事がある。すなわちそういう「不完全」があるという事は、すべての人間の構成した学説に共通なほとんど〔 b 〕な事であって、しかもそれがあるために直ちにその学説が全滅するというような簡単なものとは限らないし、むしろそういう点を認める事がその学説の補塡《ほてん》に対する階段と見なすべき場合の多い事である。そういう場合に、若干の欠点を指摘して残る大部分の長所までも葬り去らんとするがごとき態度を取る人もない事はない。アインシュタインの場合にもそういう人がないとは限らないようである。しかしそれはいわゆる「揚げ足取り」の態度であって、⑤まじめな学者の態度とは受け取られない。
「完全」でない事をもって学説の創設者を責めるのは、完全でない事をもって人間に生まれた事を人間に責めるに等しい。
人間を理解し人間を向上させるためには、盲目的に嘆美してはならないし、＊没分暁に非難してもならないと同様に、一つの学説を理解するためには、その短所を認める事が必要であると同時に、そのためにせっかくの長所を見のがしてはならない。これはあまりに自明的な事であるにかかわらず、最も冷静なるべき科学者自身すらC往々にして忘れがちな事である。
少なくも相対性原理はたとえいかなる不備の点が今後発見され、またたとえいかなる実験的事実がこの説に不利なように見えても、それがために〔 c 〕に否定されうべき性質のものではないと私は信じている。（後略）

（問題文は『寺田寅彦随筆集　第二巻』（小宮豊隆編、岩波文庫）によった。
作問のため一部を省略している。）

＊注　相対性原理…特殊相対性理論と一般相対性理論の総称である相対性理論のこと
方則…法則に同じ
始めて…初めてに同じ
形而上学…物事の根本原理についての学問
逢着…行き着く
後裔…子孫
尋常…普通、通常
リアライズ…理解する
期図…企図に同じ

二　次の文章は寺田寅彦「相対性原理側面観」（大正十一年）からの抜粋である。これを読み、後の問いに答えなさい。

1　世間ではもちろん、専門の学生の間でもまたどうかすると理学者の間ですら「*相対性原理は理解しにくいものだ」という事にA相場がきまっているようである。理解しにくいと聞いてそのためにかえって興味を刺激される人ももとよりたくさんあるだろうし、また謙遜《けんそん》ないしは聞きおじしてあえて近寄らない人もあるだろうし、自分の仕事に忙しくて実際暇のない人もあるだろうし、また徹底的専門主義の門戸に閉じこもって純潔を保つ人もあるだろうし、世はさまざまである。アインシュタイン自身も「①自分の一般原理を理解しうる人は世界に一ダースとはいないだろう」というような意味の事を公言したと伝えられている。そしてこの言葉もまた人さまざまにいろいろに解釈されもてはやされている。

しかしこの「理解」という文字の意味がはっきりしない以上は「理解しにくい」という言詞の意味もきわめて漠然《ばくぜん》としたものである。とりようによっては、どうにでも取られる。（中略）

科学上の、一見簡単明瞭《めいりょう》なように見える命題でもやはりほんとうの理解は存外困難である。たとえばニュートンの運動の*方則というものがある。これは中学校の教科書にでも載せられていて、年のゆかない中学生はともかくもすでにこれを「理解」する事を要求されている。高等学校ではさらに詳しく繰り返して第二段の「理解」を授けられる。大学にはいって物理学を専攻する人はさらに深き第三段第四段の「理解」に進むべき手はずになっている。マッハの「力学《メヒヤニーク》」一巻でも読破して多少自分の〔 a 〕な目を働かせてみて*始めていくらか「理解」らしい理解が芽を吹いて来る。しかしよくよく考えてみると②それではまだ充分だろうとは思われない。

科学上の知識の真価を知るには科学だけを知ったのでは不充分である事はもちろんである。外国へ出てみなければ祖国の事がわからないように、あらゆる非科学ことに*形而上学《けいじじょうがく》のようなものと対照し、また認識論というような鏡に照らして〔 a 〕に見た上でなければ科学はほんとうには「理解」されるはずがない。しかしそういう一般的な問題は別として、ここで例にとったニュートンの方則の場合について物理学の範囲内だけで考えてみても、結局ニュートン自身が彼自身の方則を理解していなかったというBパラドックスに*逢着《ほうちゃく》する。なんとなれば彼の方則がいかなるものかを了解する事は、相対性理論というものの出現によって始めて可能になったからである。こういう意味で言えば、ニュートン以来彼の方則を理解し得たと自信していた人はことごとく「理解していなかった」人であって、かえってこの方則に不満を感じ理解の困難に悩んでいたきわめて少数の人たちが実は比較的よく理解しているほうの側に属していたのかもしれない。アインシュタインに至って始めてこの難点が明らかにされたとすれば、彼は少なくもニュートンの方則を理解する事において第一人者であると言わなければならない。これと同じ論法で押して行くと③結局アインシュタイン自身もまだ徹底的には相対性原理を理解し得ないのかもしれないという事になる。

こういうふうに考えて来ると私には冒頭に掲げたアインシュタインの言詞がなんとなく一種風刺的な意味のニュアンスを帯びて耳に響く。

思うに一般相対性原理の長所と同時にまたいくらかの短所があるとすれば、いちばん痛切にそれを感じているのはアインシュタイン自身ではあるまいか。おそらく聡明《そうめい》な彼の目には、なお飽き足らない点、補充を要する点がいくらもありはしないかという事は浅学な後輩のわれわれにも想像されない事はない。

自己批評の鋭いこの人自身に不満足と感ぜらるる点があると仮定する。そしてそれらの点までもなんらの批評なしに一般多数に承認され賛美される事があると仮定した時に、それにことごとく満足して少しもくすぐったさを感じないほどに冷静を欠いた人と

一　『古今和歌集』が成立した年に最も近いのは、以下のどれか。記号で答えなさい。
ア　７００年　イ　８００年
ウ　９００年　エ　１０００年
二　以下の歌を、『古今和歌集』に載っている順に並べ替え、記号で答えなさい。
i　ア　桜花咲きに＊けらしなあしひきの山の峡《かひ》より見ゆる白雲
＊けらしな＝～らしいなあ
イ　わが宿の池の藤波咲きにけり山ほととぎすいつか来鳴かむ
ウ　みよしのの山の白雪積もるらし古里寒くなりまさるなり
エ　君ならで誰にか見せむ梅の花色をも香をも知る人ぞ知る
ii　ア　紅葉葉の流れてとまる水門《みなと》には紅深き波や立つらむ
イ　折り取らば＊惜しげにもあるか桜花いざ宿借りて散るまでは見む
＊惜しげにもあるか＝もったいないだろうなあ
ウ　大空の月の光し清ければ＊影見し水ぞまづ凍《こほ》りける
＊影＝姿
エ　蛙《かはづ》鳴く井手の山吹咲きにけり花の盛りに＊あはましものを
＊あはましものを＝出会いたかったなあ
iii　ア　忘らるる身を宇治橋のなか絶えて人も通はぬ年ぞ経にける
イ　世の中は＊かくこそありけれ吹く風の目に見ぬ人も恋しかりけり
＊かくこそありけれ＝こんなものだなあ
ウ　来ぬ人を待つ夕暮れの秋風はいかに吹けばか侘《わび》しかるらむ
エ　天の原踏みとどろかし鳴る神も思ふ仲をば裂くる＊ものかは
＊ものかは＝～できようか

問６　――②「立春」は、現在われわれが使っている暦では何月か。算用数字で答えなさい。

問７　――③「そう」の指す内容を十五字以内で答えなさい。

問８　――④「歌は本質的には無名のものになる」とはどういうことか。これを別の語で言い換えた部分を文中から三十～三十五字以内で探し、最初と最後の三字をそのまま抜き出して答えなさい。

問９　問題文に掲げた文章には続きがある。この後、筆者は、室町時代になると、一人の歌人によって詠まれる和歌が力を失い、連歌（ある人が五七五を詠むと別の人が七七を詠むなどして、複数の人が五七五　七七　五七五　七七…と続けていく文芸）が盛んになっていくと述べる。なぜ、和歌は力を失うことになったのか。解答欄に続く形で、空欄ＡＢに適当な語句をそれぞれ十五字以内で入れなさい。

問10　＝①～⑩のカタカナを漢字に直しなさい。

ったんですね。これが、『古今和歌集』の伝統というものがはっきりそれと名指すことができない所にまでしみ入ってしまった一因でしょう。

　そういう意味で、その先鞭《せんべん》をつけた『古今和歌集』の編集の仕方というのはすごいものだったという気がいたします。つまり、それは個性なんてものを重視していない思想であります。『古今和歌集』全体として、春、夏、秋、冬というものについての日本人の考え方はこうあるのが正しかろうとか、恋についても、恋の始まりではこういうことがあり、もつれてきたときはこういう歌があるよ、ということを教えている。それで、歌のへたくそな連中が恋の歌を書いて女に送らなきゃならないようなときには『古今和歌集』の恋の歌をちょっと引用すれば、「私はあなたに恋い焦がれて、一日たりとも心安らかな日がありません」というような歌もつくれるわけです。そういう意味で『古今和歌集』の歌というのはお手本にもなるわけです。そういう実用性において生活の中に入っていってる。

　個性尊重という面よりは、生活の中での規範的なものの尊重といいますか、そういう面が強い。こういうものを手本にして⑩クらしていたのが、平安朝貴族、すなわち知識人の生活でありまして、これは考えてみると、不健康そのものみたいなもんですけど、とにかくそういうところから紫式部も生まれてきちゃったんですね。これはどうにも動かしようのない事実です。紫式部、清少納言、赤染衛門《あかぞめえもん》など、みなそういうところからしか生まれなかった才能なんですね。あの人たちは『古今和歌集』をすみからすみまで暗誦《あんしょう》していたはずです。

　つまり、そういうところに、日本の歌というものの享受のされ方、それに関連して、つくられ方の特徴もあるんですね。それは、ある一つの精神共同体、あるいは趣味の共同体、そういうものの中でつくられ、かつ享受されていて、だれがつくったんでもいい、とにかくこういうよく知られた歌があるからこれを使いましょう、という具合になっていくわけです。その結果、④歌は本質的には無名のものになる。無名のものになることによって逆に人々の血肉と化してしまう、そういう状態になっていきます。（後略）

（大岡　信『古典のこころ』（ゆまにて）より。
出題のために一部を省略し、表記を改めた箇所がある。）

＊注　勅撰和歌集…天皇または上皇の命令で編纂された和歌集

**問1**　一、二段落の【a】～【f】に入る語句を、以下から選んで記号で答えなさい。

ア　ずっと　　イ　たとえば　　ウ　もっと
エ　それから　オ　たぶん　　　カ　あるいは

**問2**　文中の【g】、【h】に入る漢字二字を、以下の意味を参考にして答えなさい。

g　一度疑いだすと、何もかも疑わしくなり、信じられなくなること。
h　文章や物事の組み立てのこと。もともとは漢詩の構成法。

**問3**　文中の【i】に入る都市名を漢字で答えなさい。

**問4**　〰〰①「その」、②「こう」、③「それ」と、傍線部の品詞が同じ短文を、それぞれ記号で答えなさい。

①　ア　真っ赤な花が咲いた。
　　イ　大きな犬を飼っている。
　　ウ　早く大きくなれ。
　　エ　重さを調べてみよう。
②　ア　こんなことはやめなさい。
　　イ　答えがまったく分からない。
　　ウ　今日も暑くなりそうだ。
　　エ　大きな声で騒ぐ。
③　ア　どうすればいいのか。
　　イ　そんなことも知らないのか。
　　ウ　果物がおいしくなる。
　　エ　みんなにお別れを言う。

**問5**　――①「『古今和歌集』」について、以下の問題に答えなさい。

特でした。作者の個性なんていうものははじめからあまり問題にしない。極端に言えば作者の名前ははずしてしまって、春夏秋冬でも恋でも、また旅でも哀しみの歌でも、まず大きな枠組というか図柄というかがあって、それに適した名歌をその位置にはめこんでゆくという形をとったわけです。

作者がその歌をどんな特別な気持ちで歌ったかとか、どんな状況で歌ったか、ということは無視してしまう。歌われている内容が春たけなわの歌ならば、春の部の真ん中辺に置くとか、恋の歌でも、ある歌をつくった男や女の個人的な事情や状況はむしろ無視してしまい、一篇の歌としての独立した美しさ、また当時における恋愛の理想に適《かな》っているかどうかといった③カンテンから、それを評価して並べていったわけです。端的に言えば、いろんな人の歌を並べていって、このへんでは恋の苦しみを歌った歌を並べたい、ちょうどここにこういう歌がある、なかなかいい歌だ、これを持ってきてこの位置へはめよう、というんではめこんでいくわけです。

（中略）

作者の個性はいわば一様に塗りつぶしてしまうけれども、①そのかわりに、『古今和歌集』は、自然界を細かく分類していって、この時期にはこういう自然④ゲンショウが起きますよ、鳥は②こう鳴き、花はこう咲きますよ、ということを教えていったんです。『古今和歌集』の編者たちは、いまで言う百科辞典の作者たちみたいなことをやってる。その百科辞典は時間の流れに⑤ソってつくられているから、③それを開いて見ていくと、いわば【 i 】を中心にした日本の中央部の季節感の索引《さくいん》集にもなっているわけです。しかも、季節だけでなく、恋愛や哀傷、別離その他の人事に関しても、みごとな索引集ができていると考えてもいい。それらの索引を引くことで、人々は一年間の生活の、情的な面についてのある種のものの見方の⑥キジュンを知ることができた。

春の初めのころには、雪が解けて梅の花が咲き、その花にウグイスが来て鳴き、ぽちぽちと青い芽が土から生え出てくる、柳も緑になってくる、やがて桜の花が咲いて、満開のあとはパッと散る、そしてやがて夏になります。空にはホトトギスが鳴いて過ぎ、山吹の花のほとりで蛙が鳴く、こういう歌を時間の経過の順序に従って並べてある。ですから、『古今和歌集』は、ある程度以上の教養を持たなきゃならない立場の人にとっては必読書だったんです。

大ぜいの人があの歌集の歌を暗記してたと思いますが、その結果会話するときでも、『古今和歌集』あるいはそれ以後⑦レキダイの＊勅撰和歌集の歌から、ある部分だけをさらっと引用して、会話が成立してしまうわけです。一種の隠語の役割をも果たす。それを知らない人は「あの人だめ」ということになってしまう。これが恋愛の⑧セイヒにまで影響を及ぼしたから、恐るべきことになったわけです。

たとえばある男が教養ある女に恋をしたとします。その場合、歌をつくって女に送るわけです。その歌を見て、女が「まあまあ、この人ならば」と思って、色よい返事を歌で書いて送る。ただ、自分の気持ちを⑨ソッチョクには言わないんです。『古今和歌集』やその他の勅撰集に出ている歌を踏まえて返事をするようなことがある。ところが、古歌を踏まえた場合には、ほんの一文句、つまり、五七五七七という歌の中のある一部分だけを取って自分の歌にはめこむ。相手の男がくだんの歌を知ってれば、すぐに「あ、しめた」と思えるのに、それがわからなかった場合には、首をひねって「自分はどうもふられたらしい」と思ってやめてしまうことにもなる。実際これに類した話があるのです。

それくらいに『古今和歌集』の伝統というのは生活の中にしみこんでいるところがありました。そうなると、この歌はもともとだれの作か、なんてこともあまり問題でなくなってしまうはずです。さっき百科辞典みたいなところがあると申し上げたけど、百科辞典のいろんな項目があります。ああいう項目の一つ一つをだれが書いたか、なんていうことは知らずにわれわれはふだん百科辞典を利用しております。『古今和歌集』そのものがそれと同じようになっちゃ

# 平成二十八年度　慶應義塾高等学校

【国語】（六〇分）〈満点：一〇〇点〉

（注意）字数制限のある設問については、句読点・記号等すべて一字に数えます。

一　次の文章は、日本の韻文について述べられた講演を文章化したものの中の、『古今和歌集』について説明した部分である。これを読み、後の問いに答えなさい。

（前略）

①『古今和歌集』をお読みになって、【 a 】たいていの方は最初に退屈なさるでしょう。退屈する理由ははっきりしています。『古今和歌集』では、【 b 】紀貫之という人、凡河内躬恒《おおしこうちのみつね》という人、【 c 】小野小町という人がどういう個性を持っており、生涯にどんな事件に出あったか、そういうことは一切わからないようになっているからです。歌集そのものをそう編集してあるんです。これは『万葉集』と『古今和歌集』の最大の違いであって、『古今和歌集』の伝統がそれ以後【 d 】支配的だったということは、そういう意味で非常に重要なことです。

いま言ったことを【 e 】具体的に言いますと、『古今和歌集』の編纂《へんさん》の仕方というのは、これは『古今和歌集』をごらんになればわかるけれども、巻一から巻二十までありますが、初めのほうは、春、夏、秋、冬の歌で占められております。【 f 】、別れの歌とか、祝いの歌とかいろいろあり、さらに恋の歌の大きな集団があります。四季の歌と、恋の歌、この二種類が『古今和歌集』の重要な部分なんですけれども、では四季の歌をどう編成してあるかというと、これは春の初めからずっと一首、一首並べていきまして、最後は冬の果てで終わるようになっている。しかも春の歌は、元日から始まるのではない。暦の都合で元日より数日前に②立春が来てしまう場合がある。そこでこの歌集では、十二月二十七、八日ごろに立春になった場合の歌から「春」の巻を始めてある。まったく用意周到です。こうして春を待ち望み寿《ことほ》ぐ心から始まって、夏、秋と過ぎていって、最後に雪にとざされたさみしい冬の歌で終わる。こういうふうになっています。つまり一つの円環をなして一年の季節を歌っているんです。

恋の歌も③そうです。全部で五巻にわたっておりますけれども、恋五巻の最初のほうは、男や女がまだ会うことのできない男や女に対するあこがれを歌っている歌から始まります。恋に恋するといいますか、そういう歌をまず並べてある。やがて恋人ができる。その当時の求愛、結婚の①ケイタイは、男が女のもとへ通っていって、翌朝になると帰ってしまうというのがふつうの形です。男からすれば、自分が相手に会っていない間にほかのだれかが来て、女に手を出すんじゃないか、女も色よい返事をしているんじゃないかというようなことが心配です。女からすれば、自分のところへ来ない日には、別の女のところに行っているのではないかと。そういう心配があるんで、当時の恋はそういう疑【 g 】鬼の男女心理を②ゼンテイにしないとよくわからないところがあります。

そういう心の状態をうたった歌がまず並べられている。巻を追うに従って、男女二人の仲が熟してきて、あげくには飽き、男が去ってしまったり、あるいは女に別の男ができてしまったり、やがてはまた孤独な一人の生活に戻る、そういう形で恋が終わるというわけです。

『古今集』の恋の部は、いわば【 h 】転結の枠組に合わせて、それぞれ別の作者が作った歌を一堂に集め、編纂しているんです。ですから、『古今和歌集』では、『万葉集』と違って、編纂者たちの役割の意味が大きいのです。編者は四人おりました。その中心人物が紀貫之です。「古今集」の名のとおり、古《いにし》えの名歌と現代の名歌を集めた和歌集という自負をもって編んだものですが、その編み方が独

# 平成28年度／慶應義塾高等学校

## 英語解答

**Ⅰ**
1 writer whose
2 wasn't invited
3 fewer〔less〕 members
4 only, who〔that〕
5 make you　6 long as
7 What a　8 Walking our

**Ⅱ**
1 記号…D　正しい形…succeed
2 記号…B
正しい形…to study〔studying〕
3 記号…C　正しい形…earlier
4 記号…A　正しい形…spent
5 記号…B　正しい形…What
6 記号…D　正しい形…happens
7 記号…D　正しい形…at
8 記号…A　正しい形…told

**Ⅲ**
1 (イ)　2 (カ)　3 (キ)　4 (オ)
5 (エ)　6 (ケ)　7 (ク)　8 (ウ)
9 (コ)　10 (ア)

**Ⅳ**
1 such　2 process　3 took
4 of　5 back　6 both
7 for　8 dried　9 made
10 sand

**Ⅴ**
A　1 (b)　2 (b)　3 (a)
4 (d)　5 (c)　6 (a)
7 (d)　8 (b)　9 (a)
10 (c)

B　(ア) there was nothing that she did not know
(イ) I picked up the receiver and held it to my ear
(ウ) I used to look forward to answering your calls

C　(i) 自分が何をしているのかを実際意識しないまま，私は故郷の町の電話交換手に電話をかけた
(ii) 番号案内係に名前があるのは不思議な感じがした。
(iii) それでは残念ながらあなたにお伝えしなければなりません。

**Ⅰ**〔書き換え―適語補充〕

1．(a)のHisを所有格の関係代名詞whoseに変えて2文を1文にする。　(a)「ミシマは有名な作家だ。彼の著書は多くの言語に翻訳されている」／(b)「ミシマは著書が多くの言語に翻訳されている有名な作家だ」

2．(a)の文の目的語Jimmyが(b)の文では主語になっていることから，(b)の文は(a)の文を受動態にしたものと判断できる。　(a)「ティムはジミーをパーティーに招待しなかった」／(b)「ジミーはティムによってパーティーに招待されなかった」

3．(a)「赤チームは青チームよりメンバーが多い」を(b)「青チームは赤チームよりメンバーが少ない」とする。「より少ない」は可算名詞を修飾する場合，fewer(fewの比較級)が一般的だが，less(littleの比較級)でもよい。

4．(a)「ジュディは科学のレポートでAの評価を得た。他のどの生徒もAがもらえなかった」を(b)「ジュディは科学のレポートでAの評価を得た唯一の生徒だった」と書き換える。「唯一の」はonly，また，関係代名詞は主格のwhoまたはthatを用いる。先行詞に‘形容詞の最上級’やthe only, the first, the last, all, noなどの限定修飾語が付いているとき，関係代名詞はthatが使われるこ

とが多いが，先行詞が‘人’のときはwhoもよく使われる。

5．(a)「カップ1杯のお茶を飲めばあなたは気分がよくなるだろう」を(b)「カップ1杯のお茶はあなたを気分よくさせるだろう」と書き換える。‘make＋目的語＋動詞の原形’の形を使う。

6．‘only if＋主語＋動詞...’は「〜しさえすれば」，「〜する限り」の意。これは‘as long as＋主語＋動詞...’で書き換えられる。 (a)(b)「この建物にとどまる限りあなたは何でもすることができる」

7．‘How＋形容詞＋主語＋動詞...!’の感嘆文を‘What (a/an)＋形容詞＋名詞＋主語＋動詞...!’の感嘆文に書き換える。 (a)「キースはなんてハンサムになったんだろう！」／(b)「キースはなんてハンサムな男性になったんだろう！」

8．(a)は‘It is 〜 to …’「…することは〜だ」の形式主語構文。(b)は動名詞から始まる語句Walking our dog every dayを主語にする。 (a)(b)「毎日私たちの犬を散歩させることが私の仕事だ」

**Ⅱ**〔誤文訂正〕

1．Dのsuccessは名詞なので動詞succeedに変える。 「ルーシーはとても一生懸命に働いてきた。私たちは皆，彼女がプロジェクトに成功することを望んでいる」

2．Bは‘目的’を表すto不定詞の副詞的用法to studyにする必要がある。 「私の兄〔弟〕は現代芸術を研究するためにパリに住んでいる。これは彼が世の中を見るよい機会だ」 ‘for 〜ing’は形容詞句として‘用途’などを表す場合に使う。 (例)I bought a book for reading on the train.「列車の中で読むための本を買った」 Dのforは‘不定詞の意味上の主語’を表す。また，Bのforをとって現在分詞の形(分詞構文)にしてもよい。その場合，「私の兄〔弟〕はパリに住んで，現代芸術を研究している」という意味になる。

3．Cのfastは‘速度’に関して「速く」の意。ここでは‘時間’に関して「早く」のearlyを用い，earlierとするのが適切。 「今年の富士山の初雪は昨年より6日早く降った」

4．全体が過去の内容なのでAは過去形spentにする。 「家でこの本を探すことに1日の大半を費やしたが，それを見つけられなかった」

5．‘call＋*A*＋*B*’「*A*を*B*と呼ぶ」の*B*は名詞であり，‘名詞’に対応する疑問詞はWhatなので，BをWhatにする。なお，Howは‘形容詞・副詞’に対応する疑問詞。 (例)How do you spell it in English?「その単語をどのようにつづりますか」 「私は以前にこの青い野菜を食べたことがなかった。それを英語で何と呼びますか」

6．happenは「起こる，生じる」の意の自動詞。受け身にすることはできないので，Dはhappensとする。Bのevenは比較級の意味を強め「さらに」の意。Cのexcitingは「興奮させる，わくわくさせる」の意で，主に‘物’を修飾する。一方excitedは「興奮した，わくわくした」の意で，主に‘人’を修飾する。 (例) Many excited people gathered.「多くの興奮した人々が集まってきた」 「何かわくわくするようなことが起こるたび，私はこの都市がさらに好きになる」

7．時を表す前置詞は，‘時刻’ならat，‘日にち’ならon，‘月・季節・年’ならin，と使い分ける。したがって，Dはatにするのが正しい。Bはtalk about 〜の‘〜’が関係代名詞に変わり，省略されている形なので，aboutは必要。 「あなたが昨日話していたラグビーの試合は午後2時に始まる」

8．「〜するように言われる」と言う場合には，sayを使うことはできない。‘tell 〜＋to不定詞’「〜

に…するように言う」の受け身形で‘be動詞＋told＋to不定詞’という形にする。よって，Aをtoldに変える。ただし，次のような文ではbe said toという形が使われる。（例）He is said to be rich.「彼は金持ちだと言われている」　「私たちは突然，すぐに建物から出るように言われたが，それがなぜだかわからなかった」

Ⅲ〔対話文完成―適文選択〕

≪全訳≫❶マーティ(Ma)：ハイ，ママ！　会えてうれしいわ。1中に入って。足元に気をつけてね。❷母親(Mo)：こんにちは，マーティ。あなたに会うのもずいぶん久しぶりね。私も会えてうれしいわ。❸Ma：2コートを預かろうか？❹Mo：ありがとう。靴は脱いだ方がいいのかしら？❺Ma：できればそうして。3ところで，とっても元気そう。ずっと会いたかったわ。❻Mo：私もよ。遅れてごめんなさいね。あなたの家が見つからなくて。❼Ma：謝らなくたっていいのよ。こうして無事着いたんだから。4無事に着くことが大事なのよ。飛行機はどうだった？❽Mo：離陸前は少し不安だったわ。でも短編映画を見たりお昼寝したり，楽しかったわ。❾Ma：それはよかった。❿Mo：ああ，あなたの家，とってもすてきね。このステンドグラスの窓，きれいだわ。5とっても良いセンスよ。⓫Ma：ありがとう。スーツケースを持つわ。6私について来て。ママの部屋を見せてあげる。ここよ。⓬Mo：ありがとう。とても気持ちの良さそうな部屋ね。⓭Ma：7楽にしてね。何か飲み物を持ってこようか？　お茶かコーヒーはどうかしら？⓮Mo：ええ，コーヒーをお願いするわ。⓯Ma：わかったわ。8コーヒーはどうやって召し上がる？⓰Mo：お砂糖2つとミルクをお願い。電話を貸してもらえる？　ジョージに電話をしないと。⓱Ma：ええ，もちろん。パパはきっとお待ちかねよ。電話はリビングルームにあるわ。⓲Mo：ありがとう。9すぐに戻ってくるわ。／⓳Mo：パパがあなたによろしくって。うーん，何かおいしそうなにおいがするわね…⓴Ma：おなか空いているでしょう？㉑Mo：10ええ，もうペコペコ。実は機内食は頂かなかったの。㉒Ma：じゃあ，ダイニングルームに行きましょう。

1．2人が挨拶していることから，玄関にいると考えられるため，(イ)が自然。　2．家の中に入ったばかりであることと，この後，母親がThank you.と言っていることから，(カ)が適切。　3．このあたりは，再会を喜ぶ言葉と，雑事に関する言葉が混在している。ここは，コートや靴といった雑事に関するやり取りをすませた後，再会を喜ぶ言葉が再び始まると判断し，(キ)が流れに沿う。　4．母親は娘の家を見つけるのに難儀して遅刻したものの，ともかく到着したのである。直前のYou're here now.「こうして無事着いたんだから」に続く言葉としては，(オ)が適切。主語Thatは直前の「着いたこと」を指し，2つ目のthatは関係代名詞，mattersは「重要である」の意の動詞の3人称単数現在形。直訳すると「それが重要な全てだ〔＝それだけが重要だ〕」となる。　5．ステンドグラスの窓に対する賛辞としては，(エ)が自然。　taste「審美眼，鑑識力，センス」　6．この後の「ママの部屋を見せてあげる」から，母親が滞在中に使用する部屋に娘が母親を案内する場面とわかるので，(ケ)が適切。　7．母親を部屋に案内した後の娘の言葉としては(ク)が適切。Make yourself at home.は「あなた自身を家にいるようにしなさい〔＝楽にしてください〕」の意で，家に招いた客に対する決まり文句。　8．この後の母親の返事「お砂糖2つとミルクをお願いするわ」から，娘はコーヒーの飲み方を尋ねたことがわかるので，(ウ)を入れる。　9．母は居間にある電話から夫に到着を知らせようとしているのだから，(コ)が流れに沿う。　10．機内食を食べていない母親が食事についてきかれた後の言葉としては，(ア)が適切。　starve「飢え死にする，空腹に悩む」

**Ⅳ**〔長文読解─適語補充─説明文〕

≪全訳≫❶死体を保存し維持することは古代のエジプトの文化のとても重要な部分だった。初期のミイラ化では顔や手のような体の特定の部分が覆い隠された。その処置は砂の中に埋葬される死体に対する，熱く乾いた砂の自然の乾燥効果を再現させるために発展したものと考えられている。❷ミイラ化という処置を最も的確に説明したのは古代ギリシアの歴史家ヘロドトスである。彼は，全過程は70日かかったと記録している。臓器は，心臓と腎臓以外は，左側の切り口から取り出された。それから臓器は乾燥させられ，覆い隠されて壺の中に置かれ，その後，死体の中に戻された。塩の袋が死体の中にも外にも詰められ，全ての皮膚が完全に乾燥するまで40日間放置された。その後，死体は芳香性の油で清浄され包帯で包まれた。❸紀元前3400年頃は，死体は直接砂漠の砂に埋められ，砂は死体を完全に覆い，乾燥させてその状態を保った。これらを埋葬するときは，鉢，壺，宝石のような副葬品──死体の近くに埋められる物品──を埋めたこともあったろう。その後，紀元前3000年頃，死体は木製の棺に入れられて，地面に埋められるか洞窟に置かれた。棺は死体を野生動物から守るためにつくられたのだが，実際は砂(それは死体を乾燥させてしまっただろう)が死体に触れないようにした。これによって皮膚と筋肉は腐敗し，骨格だけが残されたのである。

1．such as ～「～のような」　2．第2段落で「処置，過程」の意で使われているprocessが適切。technique「技術」，mummificationも可。　3．「〈時間〉が～かかる」の意のtakeを過去形tookにして入れる。　4．後ろのa cutは「(死体に開けられた)切り口」のこと。直前のoutと合わせて「～から」の意となるofが適切。　5．いったん取り出された臓器が死体の中に戻されることを述べているので，「もと(の場所)へ」を表す副詞backが適切。　6．「死体の中にも外にも」となるようにする。‘both *A* and *B*’「*A*と*B*の両方」の形。　7．‘期間’を表す前置詞はfor。　8．手前にwasがあるので受け身形と推測でき，文脈から「乾燥させられる」となるdriedが適切。　9．「木製の」となるように過去分詞の形容詞的用法でmade of woodとする。　10．直後の(　　)内の「それは死体を乾燥させてしまうことになるだろう」及び次の文の「これによって皮膚と筋肉は腐敗し」がヒントになる。死体を棺の中に入れたことで，「砂」が死体に触れないようになった，となるsandが適切。

**Ⅴ**〔長文読解総合─物語〕

≪全訳≫❶私がまだ幼いとき，我が家には近所で最初の電話の1台があった。美しいかしの木のケースが階段の脇の壁にかかっていたのを覚えている。光沢のある受話器がケースの側面に掛けられていた。私は105という番号も覚えている。私は小さくて電話に手が届かなかったが，母が電話機に向かって話をするとき私はときめきをもって聞いていたものだった。一度母は私を抱き上げて仕事で家にいない父と話をさせてくれた。まさしく魔法だった。❷その後，私はそのすばらしい機器の中のどこかにすごい人が住んでいることを発見した──彼女の名前は「インフォメーション・プリーズ」といい，(ア)彼女が知らないことは何ひとつなかった。母はどんな人の電話番号でも彼女に尋ねることができた。我が家の時計が止まったとき，「インフォメーション・プリーズ」は正確な時刻をすぐに教えてくれた。❸私がこの受話器の中の精霊と個人的な会話をした最初の経験は，ある日，母が隣人を訪ねている間に起こった。地下に置かれた作業台でひとりで遊んでいるとき，私は指をハンマーで強く打ってしまったのだ。痛みはとてもひどかったが，泣いてもあまり意味がなさそうだった。家に同情してくれる人がいなかったからだ。痛む指を吸いながら家中を歩き回っていると，ついに階段の所にやってきた。電話だ。私は急いでキッチンからスツールを持ってきた。よじ登って(イ)<u>受話器を取り上げ，私はそれを耳に当てた</u>。「インフォメーション・プリーズ」と私は頭の上の送話口に向かって言った。[4]カチッという音が1，2回して小さなはっきりした声が私の耳に届いた。「インフォメーション」[5]「痛いの，僕の指が」と私は電話口に向かって叫んだ。私の話を聞いてくれる人がいると思うと目に涙があふれてきた。[6]「お母さんは家にいないの？」と質問してきた。[7]「僕しかいない」と私は泣きながら言った。[8]「血は出ているの？」[9]「出ていない」と私は答えた。「指をハンマーで打って痛いの」[10]「冷蔵庫を開けることができる？」と彼女が尋ねてきた。私はできると言った。「じゃあ，小さな氷を1個砕いて持ってきて指の所に置いてごらん。そうすれば痛くなくなるわ。アイスピックを使うときは気をつけてね」と彼女は言った。「もう泣いちゃだめよ。大丈夫だから」[11]その後，私はことあるごとにインフォメーション・プリーズに電話をかけた。地理のことで彼女に助けを求めると，彼女はフィラデルフィアや私が大きくなったら訪れるつもりの美しいオリノコ川の場所を教えてくれた。彼女は私の数学も手伝ってくれたし，前日に公園で捕まえたばかりのペットのリスが果物やナッツを食べることも教えてくれた。[12]その後我が家のペットのカナリアが死んだときのことだった。私はインフォメーション・プリーズに電話をかけ，彼女に悲話を語った。彼女はじっと聞いていたがそれから大人が子どもを慰めるときに使うお決まりの言葉を言った。しかし，私は気分が晴れなかった。きれいな鳴き声で歌って家族みんなに喜びを与えてくれた鳥が最後には鳥かごの底で足を上に向けた羽の塊となってしまうのはなぜなのか。[13]どういうわけか彼女は私の心を読み取り，静かにこう言った。「ポール，歌う世界は他にもあるということをいつも心にとめておいてね」[14]どういうわけか私は気分が落ち着いた。[15]また別の日，私は電話をかけていた。「インフォメーション」と，今となっては馴染みのある声が聞こえてきた。[16]「fix はどう綴るの？」と私は尋ねた。[17]「何かを修理するのね？　F-I-Xよ」[18]その瞬間，私の姉〔妹〕が「ヤアアアア！」と大声で叫びながら階段から私めがけて飛び降りてきて，私を驚かそうとした。私はスツールから落ち，受話器を箱から引っこ抜いてしまった。私たちは2人ともギョッとした――インフォメーション・プリーズはもうそこにはいなかったが，受話器を引っこ抜いたとき彼女を傷つけなかったかどうかはわからなかった。[19]数分後，玄関に男性が来た。「電話を修理しに来たよ」と彼は言った。「この先の通りで仕事をしていたら，交換手からこちらの電話番号に何か問題が起きているかもしれないと聞いたのでね」　彼は私の手の中にある受話器に手を伸ばした。「どうしたの？」[20]私は彼に事情を説明した。[21]「まあ1，2分もあれば修理できるよ」　彼は電話ボックスを開け，電話線にしばらく取り組んでいた。彼は受話器掛けを上下に数回動かし，それから電話に向かって話した。「もしもし，ピートです。105番は万事うまくいきました。子どもさんのお姉さん〔妹さん〕が彼を驚かせたので電話ボックスからコードを引っこ抜いてしまったようです」[22]彼は電話を切ると，にっこり笑って私の頭をポンと叩き，玄関から出ていった。[23]こうしたことの全ては太平洋の北西部の小さな町で起こった。その後，私が9歳のとき私たちは国の向こう側のボストンに引っ越した――私は友人と話ができなくなったことがとても寂しかった。インフォメーション・プリーズは前の家の古い木箱の中にいるのであり，私はどういうわけか玄関の小さなテーブルの上に置かれた背の高い，やせこけた新しい電話からかけてみる気は起きなかった。[24]しかし，私は10代になってもあの幼年時代の会話の記憶は実際のところ決して私の頭から離れなかった。しばしば疑問や問題があるときなど，インフォメーション・プリーズに電話をかければ適切な返事が得られることがわかっていたので，気持ちを強く持てたことを思い出したものだった。小さな少年とあんなにたくさんの時間を過ごしてくれるなんて，なんと寛容で，思いやりがあり，優しい人だったのだろうと感謝の気持ちでいっぱいだった。㉕数年後，大学に行くために西部に向かう途中，私の飛行機はシアトルに降りた。飛行機を乗り換えるのに30分ほど時間があったので，私は当時そこで暮らし結婚生活と母親になったことに幸福を感じている姉〔妹〕と電話で15分ほど話した。それから自分が何をしているのかを実際意識しないまま，私は故郷の町の電話交換手に電話をかけ，「インフォメーション・プリーズ」と言った。㉖驚いたことに，聞き慣れた小さなはっきりした声が再び「インフォメーション」と言うのが聞こえた。前もって考えていたわけではなかったが，気づくと私は「fix はどう綴るのか教えてもらえますか？」と尋ねていた。㉗長い沈黙があった。そうして穏やかな返事があった。「ということは」とインフォメーション・プリーズは言った。「指の痛みはきっともう治ったのね」　私は笑った。「そうですか，本当にまだあなたなんですね」と私は言った。「あの頃，あなたが私にとっていかに大切な存在だったかあなたはおわかりでしょうか」㉘「あなたこそ」と彼女は言った。「私にとってあなたの電話がどれほど大切なものだったかわかっているかしら。私には子どもがいなかったから，(ウ)あなたからの電話に出るのが楽しみだったのよ。おかしいでしょ？」㉙おかしいとは思えなかったが，そのことは黙っていた。その代わりに私は，これまで何年もの間にたびたび彼女のことを思い出していたことを告げ，１学期が終わって姉〔妹〕を訪ねに戻ってきたときにはまた電話をしてもいいかと尋ねた。㉚「どうぞ。サリーを呼び出してと頼めばいいわ」㉛「さようなら，サリー」　番号案内係に名前があるのは不思議な感じがした。「リスに出くわしたら果物とナッツを食べるように伝えますよ」㉜「そうしてあげてね」と彼女は言った。「そしていつかオリノコ川に行くのよね。じゃあ，さようなら」㉝ちょうど３か月後，私はシアトル空港に再びいた。違う声が「インフォメーション」と答え，私はサリーを呼び出してほしいと頼んだ。㉞「あなたはご友人ですか？」㉟「はい」と私は答えた。「昔からの友人です」㊱「それでは，残念ながらあなたにお伝えしなければなりません。サリーは病気のため，この数年はパートで働いていました。彼女は５週間前に亡くなりました」　私が電話を切ろうとすると彼女は「ちょっとお待ちください。ポールとおっしゃいましたね？」と言った。㊲「そうです」と私は答えた。㊳「実はサリーはあなたに伝言を残していたんです。彼女は次の言葉をメモに残しています」㊴「どういう言葉でしょうか？」と私は尋ねたが，それがどういう言葉であるかはすでにわかっていた。㊵「こちらです。今からお読みします。前にも言ったことですが，歌う世界は他にもあると彼に伝えてください。どういう意味か彼にはきっとわかるはずです」㊶私は彼女にお礼を言い，電話を切った。サリーの言った意味が何なのか私にわからないはずはなかった。

A＜内容一致・英問英答＞1.「105は(　　)の電話番号だ」―(b)「ポールの家」　第１段落第４文及び第21段落の修理人の言葉参照。　2.「どんなサービスがオペレーターによって提供されるか」―(b)「彼らは正確な時刻を教える」　第２段落最終文参照。　3.「受話器の中の精霊とは(　　)」―(a)「インフォメーション・プリーズのことだ」　第３段落参照。「受話器の中の精霊」とは筆者がおどけて言った表現。　4.「ポールがオペレーターに尋ねなかったのはどの質問か」―(d)「リスはどこに住むのが好きか」　第11段落参照。ポールが尋ねたのはリスにあげるエサのこと。　5.「男性は何をしに来たのか」―(c)「電話を修理するため」　第19段落参照。　6.「ポールが数年間オペレーターに電話をかけなかったのはなぜか」―(a)「一家が別の町に引っ越したから」　第23段落参照。　7.「ポールは電話交換手と話ができなくて寂しかったのはなぜか」—(d)「彼が援助を必要としたとき彼女はいつも彼を導いてくれたので」　第24段落参照。　8.「ポールが再びfixの綴りを尋ねたのはなぜか」—(b)「彼女がインフォメーション・プリーズであるかどうか知りたかったので」　第16，17段落参照。以前ポールはfixの綴りをインフォメーション・プリーズに尋ねたことがあり，その話を持ち出せば相手がインフォメーション・プリーズであるかどうかがわかると考えたのである。　9.「サリーと連絡をとることができる場所はどこか」—(a)「シアトルで」　第25，26段落参照。　10.「サリーの最後のメッセージは何を意味しているのか」—(c)「彼女は人々の心の中で生き続ける」　第13，40，41段落参照。「歌う世界は他にもある」とは死んだカナリアに対するものだったが，死に臨む自分に対してもサリーは同じ言葉を使ったのである。「歌う世界は他にもある」とは「天国」または「人の心の中」のことを表したものと考えられる。

B＜整序結合＞(ア)there was nothingとした後，関係代名詞節としてthat she did not knowを置く。　(イ)直前のClimbing upは分詞で始まる副詞句(分詞構文)なので，この後‘主語＋動詞’から始め，述語動詞2つをandで結ぶと推測できる。heldは‘hold ～ to …’「～を…に当てておく，固定させる」という形で使う。　(ウ)‘used to＋動詞の原形’「(以前は)～だった」と‘look forward to ～ing’「～するのを楽しみに待つ」の2つの熟語を組み合わせる。

C＜英文和訳＞(i)without thinking ～は「～を考えず」，「～を意識しないまま」など。what I was doingは「自分が何をしているのか」，「自分のしていること」。dialは「～にダイヤルを回す」，「～に電話をかける」。my hometown operatorは「故郷の(町の)電話交換手」。　(ii)‘It is ～ for … to —’「…が—することは～だ」の形式主語構文。本問では‘不定詞の意味上の主語’の部分は「～にとって」ではなく「～が」と訳すのが良い。sound strangeは「不思議に思える」，「不思議な感じがする」。　(iii)‘I'm sorry＋to不定詞’は「～するのは残念だ」，「残念ながら～だ」。have to tell youは「あなたに(次のことを)伝えなければならない」という意味。

# 平成28年度／慶應義塾高等学校

## 数学解答

**1** (1) $\dfrac{500}{999}$ (2) $\dfrac{2-\sqrt{3}}{2}$, $\dfrac{2\sqrt{3}-1}{2}$

(3) (順に)1, 1

(4) (順に)20, 30, 12, 30

(5) (順に)30, $\dfrac{1+\sqrt{3}}{4}$

(6) (順に)1, 8, 36 (7) 502

**2** (1) $a=-\dfrac{1}{2}$, $d=\dfrac{2}{3}$ (2) $\dfrac{1}{2}$

(3) $\dfrac{5\sqrt{145}}{72}$ (4) $\dfrac{\sqrt{145}}{145}$

**3** (1) (順に)$\dfrac{1}{2}$, $\dfrac{1}{2}x^2$, $\dfrac{1}{2}$, 1, $-\dfrac{3}{2}x^2+2x-\dfrac{1}{2}$

(2) $\dfrac{2}{3}$

**4** (1) $\dfrac{9}{20}$ (2) $\dfrac{9}{16}$

**5** $x=31$, $y=7$

**6** $\left(\dfrac{40\sqrt{3}}{9}-4\right)\pi$

**7** (1) $\dfrac{3\sqrt{39}}{4}$ (2) $\sqrt{5}$ (3) $\dfrac{11\sqrt{39}}{24}$

**1** 〔独立小問集合題〕

(1)<数の計算>与式$=\left(1-\dfrac{1}{2}\right)\left(1+\dfrac{1}{2}\right)\times\left(1-\dfrac{1}{3}\right)\left(1+\dfrac{1}{3}\right)\times\left(1-\dfrac{1}{4}\right)\left(1+\dfrac{1}{4}\right)\times\cdots\cdots\times\left(1-\dfrac{1}{999}\right)\left(1+\dfrac{1}{999}\right)$ $=\dfrac{1}{2}\times\dfrac{3}{2}\times\dfrac{2}{3}\times\dfrac{4}{3}\times\dfrac{3}{4}\times\dfrac{5}{4}\times\cdots\cdots\times\dfrac{998}{999}\times\dfrac{1000}{999}=\dfrac{1}{2}\times\dfrac{1000}{999}=\dfrac{500}{999}$

(2)<二次方程式>$2-\sqrt{3}=A$, $2\sqrt{3}-1=B$とおくと, $\sqrt{3}-2=-A$, $1-2\sqrt{3}=-B$だから, 二次方程式は$4x^2-2(A+B)x+(-A)\times(-B)=0$となる。これより, $(2x)^2-(A+B)\times2x+AB=0$, $(2x-A)(2x-B)=0$となるので, $x=\dfrac{1}{2}A$, $\dfrac{1}{2}B$である。よって, $\dfrac{1}{2}A=\dfrac{1}{2}\times(2-\sqrt{3})=\dfrac{2-\sqrt{3}}{2}$, $\dfrac{1}{2}B=\dfrac{1}{2}\times(2\sqrt{3}-1)=\dfrac{2\sqrt{3}-1}{2}$だから, $x=\dfrac{2-\sqrt{3}}{2}$, $\dfrac{2\sqrt{3}-1}{2}$

(3)<数の性質>$7^n$の一の位の数は, $7^{n-1}$の一の位の数に7をかけた積の一の位の数となる。よって, $7^1$の一の位の数は7だから, $7\times7=49$より$7^2$の一の位の数は9となり, $9\times7=63$より$7^3$の一の位の数は3, $3\times7=21$より$7^4$の一の位の数は1, $1\times7=7$より$7^5$の一の位の数は7となる。以下同様にすると, $7^6$以降は, 9, 3, 1, 7, 9, 3, 1, ……となり, 7, 9, 3, 1の4つの数が繰り返される。よって, $7^{2016}$の一の位の数は, $2016\div4=504$より, 繰り返される4つの数のうちの4つ目で, 1となる。次に, $13^m$の一の位の数は, $13^{m-1}$の一の位の数に13の一の位の数3をかけた積の一の位の数となる。$13^1$の一の位の数は3で, あとは同様にして, $3\times3=9$, $9\times3=27$, $7\times3=21$, $1\times3=3$, ……より, 一の位の数は3, 9, 7, 1の4つの数が繰り返される。よって, $13^{2016}$の一の位の数は1である。

(4)<図形—正多面体>右図1のように, 正十二面体の各面は正五角形で, 1つの頂点に3つの面が集まっている。よって, 1つの頂点は3つの正五角形の頂点が重なっているから, 頂点の数は$5\times12\div3=20$(個)である。辺は2本ずつ重なるから$5\times12\div2=30$(本)である。また, 正二十面体の面は正三角形であり, 1つの頂点に5つの面が集まっているから, 頂点の数は$3\times20\div5=12$(個), 辺の数は$3\times20\div2=30$(本)である。

図1

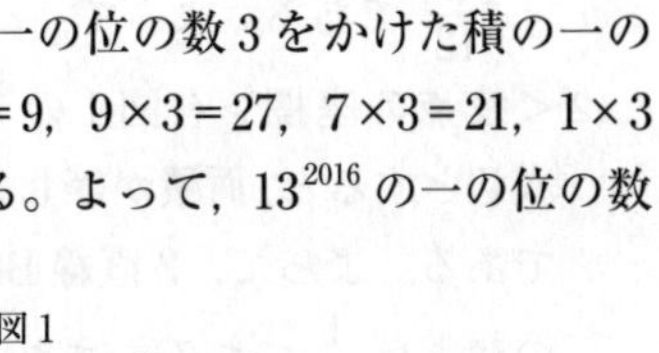

正十二面体　　正二十面体

(5)<図形—角度, 面積—特別な直角三角形>次ページの図2のように, 円の中心をOとし, 点Oと3点A, B, Cを結ぶ。AB＝BO＝OA＝1より, △ABOは正三角形だから, ∠AOB＝60°である。よって, 円周角の定理より, $\angle\mathrm{ACB}=\dfrac{1}{2}\angle\mathrm{AOB}=\dfrac{1}{2}\times60^\circ=30^\circ$となる。次に, AO：OC：CA＝1：

$1:\sqrt{2}$ より，△AOC は直角二等辺三角形だから，∠AOC＝90°である。よって，$\angle ABC=\frac{1}{2}\angle AOC=\frac{1}{2}\times 90^\circ=45^\circ$であり，点 A から線分 BC に垂線 AD を引くと，△ABD は直角二等辺三角形となり，$AD=BD=\frac{1}{\sqrt{2}}AB=\frac{1}{\sqrt{2}}\times 1=\frac{\sqrt{2}}{2}$である。また，△ADC は 3 辺の比が $1:2:\sqrt{3}$ の直角三角形だから，$DC=\sqrt{3}AD=\sqrt{3}\times\frac{\sqrt{2}}{2}=\frac{\sqrt{6}}{2}$となる。したがって，$\triangle ABC=\frac{1}{2}\times BC\times AD=\frac{1}{2}\times\left(\frac{\sqrt{2}}{2}+\frac{\sqrt{6}}{2}\right)\times\frac{\sqrt{2}}{2}=\frac{1+\sqrt{3}}{4}$である。

図 2

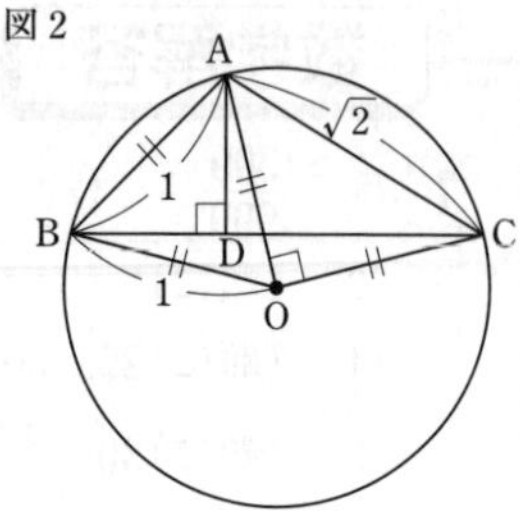


(6)＜式の計算＞与式＝$(1+2x+3x^2+4x^3)(1+2x+3x^2+4x^3)(1+2x+3x^2+4x^3)(1+2x+3x^2+4x^3)$である。定数項は，$1\times1\times1\times1=1$である。$x$ の項は，$1\times1\times1\times2x$，$1\times1\times2x\times1$，$1\times2x\times1\times1$，$2x\times1\times1\times1$の和となるから，$2x\times4=8x$となる。$x^2$ の項は，$1\times1\times1\times3x^2$，$1\times1\times3x^2\times1$，$1\times3x^2\times1\times1$，$3x^2\times1\times1\times1$と，$1\times1\times2x\times2x$，$1\times2x\times1\times2x$，$1\times2x\times2x\times1$，$2x\times1\times1\times2x$，$2x\times1\times2x\times1$，$2x\times2x\times1\times1$の和となるから，$3x^2\times4+4x^2\times6=36x^2$となる。

(7)＜整数の性質＞$10=2\times5$だから，末尾に並ぶ 0 の個数は，素因数分解したときの素因数 2 と素因数 5 の組が何組できるかで決まる。素因数 2 と素因数 5 では素因数 2 の方が多いから，素因数 5 の個数を調べる。$2016\div5=403$ あまり 1 より，1～2016 には 5 の倍数は $5\times1=5$ から $5\times403=2015$ までの 403 個ある。さらに，$2016\div25=80$ あまり 16 より，$25=5^2$ の倍数が 80 個あり，$2016\div125=16$ あまり 16 より，$125=5^3$ の倍数が 16 個あり，$2016\div625=3$ あまり 141 より，$625=5^4$ の倍数が 3 個ある。よって，2016! に素因数 5 は $403+80+16+3=502$(個)あるから，素因数 2 と素因数 5 の組は最大で 502 組でき，末尾には 502 個の 0 が並ぶ。

**2**〔関数―関数 $y=ax^2$ と直線〕

≪基本方針の決定≫(4)　△ABC の面積に着目する。

(1)＜交点の座標＞2 点 A，D は放物線 $y=\frac{1}{2}x^2$ と直線 $y=\frac{1}{12}x+\frac{1}{6}$ の交点だから，この 2 式より，$\frac{1}{2}x^2=\frac{1}{12}x+\frac{1}{6}$，$6x^2-x-2=0$ となり，解の公式より，$x=\frac{-(-1)\pm\sqrt{(-1)^2-4\times6\times(-2)}}{2\times6}=\frac{1\pm\sqrt{49}}{12}=\frac{1\pm7}{12}$である。よって，$x=-\frac{1}{2}$，$\frac{2}{3}$であり，$a<0<d$ だから，$a=-\frac{1}{2}$，$d=\frac{2}{3}$である。

(2)＜交点の座標＞右図 1 の △ABD と △ACD で，辺 AD を共通の底辺とすると，面積が等しいことより高さも等しいから，BC∥AD である。よって，2 直線 BC，AD の傾きは等しいから，直線 BC の傾きは$\frac{1}{12}$である。また，点 B の $y$ 座標は$\frac{1}{2}b^2=\frac{1}{2}\times\left(-\frac{1}{3}\right)^2=\frac{1}{18}$だから，$B\left(-\frac{1}{3},\ \frac{1}{18}\right)$である。そこで，直線 BC の式を $y=\frac{1}{12}x+k$ とおくと，$\frac{1}{18}=\frac{1}{12}\times\left(-\frac{1}{3}\right)+k$ より，$k=\frac{1}{12}$となるので，直線 BC の式は $y=\frac{1}{12}x+\frac{1}{12}$である。点 C はこの直線と放物線 $y=\frac{1}{2}x^2$ の交点だから，$\frac{1}{2}x^2=\frac{1}{12}x+\frac{1}{12}$より，$6x^2-x-1=0$ となり，これを解くと，$x=-\frac{1}{3}$，$\frac{1}{2}$となる。$0<c$ だから，$c=\frac{1}{2}$である。

図 1

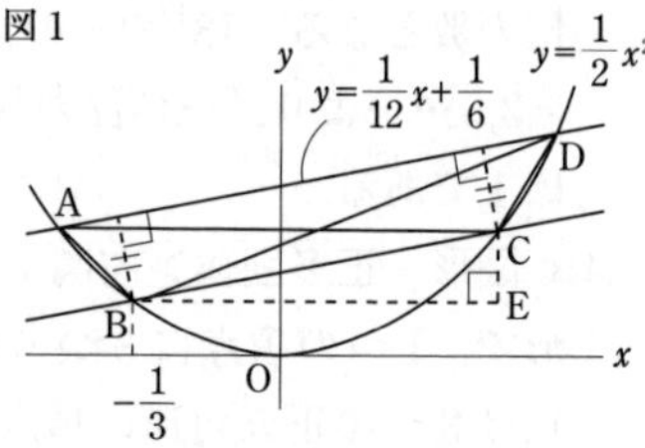


(3)＜長さ―三平方の定理＞右上図 1 で，(2)より，$B\left(-\frac{1}{3},\ \frac{1}{18}\right)$であり，$\frac{1}{2}c^2=\frac{1}{2}\times\left(\frac{1}{2}\right)^2=\frac{1}{8}$より，$C\left(\frac{1}{2},\ \frac{1}{8}\right)$である。図 1 のように，BC を斜辺とし他の 2 辺が $x$ 軸，$y$ 軸に平行な直角三角形 BEC

をつくると，$BE=\frac{1}{2}-\left(-\frac{1}{3}\right)=\frac{5}{6}$，$EC=\frac{1}{8}-\frac{1}{18}=\frac{5}{72}$となる。よって，△BECで三平方の定理より，$BC=\sqrt{BE^2+EC^2}=\sqrt{\left(\frac{5}{6}\right)^2+\left(\frac{5}{72}\right)^2}=\sqrt{\left(\frac{5}{6}\right)^2+\left(\frac{5}{6\times12}\right)^2}=\sqrt{\left(\frac{5}{6}\right)^2\left\{1+\left(\frac{1}{12}\right)^2\right\}}=\frac{5}{6}\sqrt{\frac{145}{12^2}}=\frac{5\sqrt{145}}{6\times12}=\frac{5\sqrt{145}}{72}$である。

(4)＜長さ＞右図2で，(3)より$BC=\frac{5\sqrt{145}}{72}$だから，求める垂線の長さを$h$とすると，$\triangle ABC=\frac{1}{2}\times\frac{5\sqrt{145}}{72}\times h=\frac{5\sqrt{145}}{144}h$である。2直線$y=\frac{1}{12}x+\frac{1}{6}$，$y=\frac{1}{12}x+\frac{1}{12}$と$y$軸の交点をそれぞれF，Gとすると，$FG=\frac{1}{6}-\frac{1}{12}=\frac{1}{12}$だから，AD∥BCより，△ABC＝△FBC＝△FBG＋△FCG$=\frac{1}{2}\times\frac{1}{12}\times\frac{1}{3}+\frac{1}{2}\times\frac{1}{12}\times\frac{1}{2}=\frac{5}{144}$となる。よって，$\frac{5\sqrt{145}}{144}h=\frac{5}{144}$が成り立ち，$h=\frac{\sqrt{145}}{145}$である。

図2

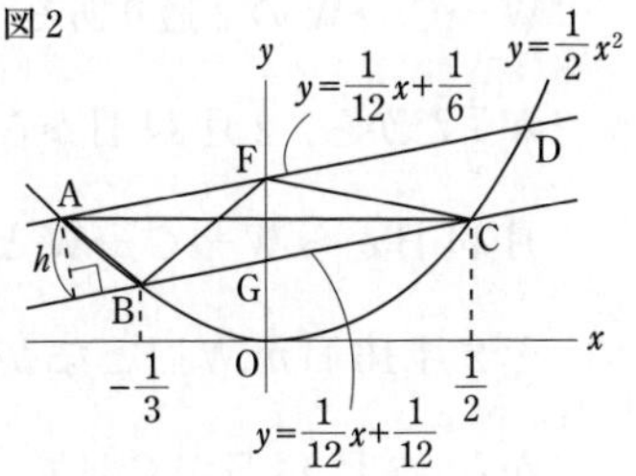


## 3〔関数—関数と図形・運動〕

(1)＜関係式＞折り曲げて点Oが移動した点をO′とする。右図1のように点O′が辺AB上にあるとき，AP＝O′P＝OPだから，$x=\frac{1}{2}OA=\frac{1}{2}\times1=\frac{1}{2}$である。したがって，点O′が△OABの内部にあるのは，$0<x<\frac{1}{2}$のときである。△OPQは直角二等辺三角形だから，△O′PQ＝△OPQ＝$\frac{1}{2}\times x\times x=\frac{1}{2}x^2$より，$S=\frac{1}{2}x^2$となる。次に，$\frac{1}{2}<x<1$のときは，右図2のようになり，辺O′P，辺O′Qと辺ABとの交点をそれぞれC，Dとすると，$CP=AP=1-x$，$O'C=O'P-CP=x-(1-x)=2x-1$である。よって，$\triangle O'CD=\frac{1}{2}\times(2x-1)\times(2x-1)=\frac{1}{2}(2x-1)^2$だから，〔台形PCDQ〕＝△O′PQ－△O′CD$=\frac{1}{2}x^2-\frac{1}{2}(2x-1)^2=-\frac{3}{2}x^2+2x-\frac{1}{2}$となる。これは点O′が辺AB上にあるとき$\left(x=\frac{1}{2}\text{のとき}\right)$も成り立つから，$\frac{1}{2}\leqq x<1$のとき，$S=-\frac{3}{2}x^2+2x-\frac{1}{2}$である。

図1

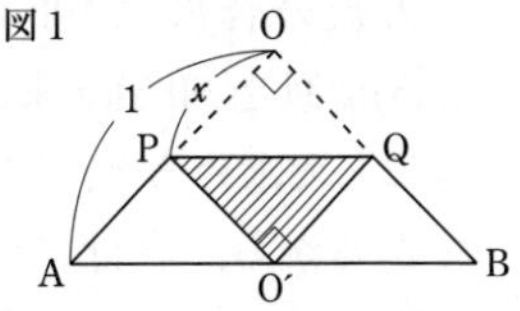


図2

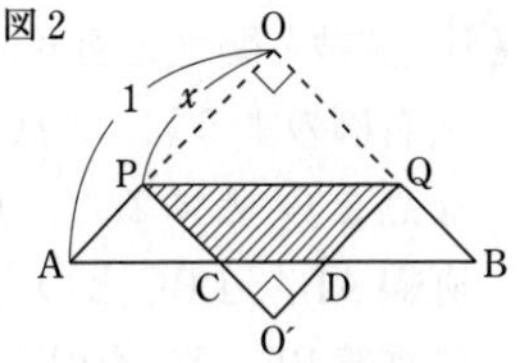


(2)＜長さ＞(1)より，$0<x<\frac{1}{2}$のとき，$S=\frac{1}{2}x^2$であり，$x=\frac{1}{2}$とすると，$S=\frac{1}{2}\times\left(\frac{1}{2}\right)^2=\frac{1}{8}$だから，$0<x<\frac{1}{2}$のとき，$S<\frac{1}{8}$である。よって，$S=\frac{1}{6}$になることはない。次に，$\frac{1}{2}\leqq x<1$のとき，$S=-\frac{3}{2}x^2+2x-\frac{1}{2}$だから，$S=\frac{1}{6}$とすると，$\frac{1}{6}=-\frac{3}{2}x^2+2x-\frac{1}{2}$，$9x^2-12x+4=0$，$(3x-2)^2=0$より，$x=\frac{2}{3}$となる。これは$\frac{1}{2}\leqq x<1$を満たすから，適する。

## 4〔確率〕

(1)＜確率＞ある日がW日で次の日がC日となることをW→Cのように表す。2月12日がC日で，2月14日がW日となる場合は，C→W→W，C→C→Wの2通りある。C日の次の日がW日になる確率が$\frac{3}{10}$，W日の次の日がW日になる確率が$\frac{4}{5}$だから，C→W→Wとなる確率は$\frac{3}{10}\times\frac{4}{5}=\frac{6}{25}$である。また，C日の次の日がC日になる確率が$\frac{7}{10}$，C日の次の日がW日になる確率が$\frac{3}{10}$だから，C→C→Wとなる確率は$\frac{7}{10}\times\frac{3}{10}=\frac{21}{100}$である。よって，2月12日がC日のとき，2月14日がＷ日となる確率は$\frac{6}{25}+\frac{21}{100}=\frac{9}{20}$である。

(2)＜確率＞(1)より，2月12日がＣ日であるとき，2月14日がＷ日となる確率は$\frac{9}{20}$，Ｃ日となる確率は$1-\frac{9}{20}=\frac{11}{20}$である。2月14日がＷ日のとき，2月16日がＷ日となる場合は，Ｗ→Ｗ→Ｗ，Ｗ→Ｃ→Ｗの2通りある。2月14日がＷ日となる確率が$\frac{9}{20}$で，Ｗ日の次の日がＷ日となる確率が$\frac{4}{5}$だから，2月14日からＷ→Ｗ→Ｗとなる確率は$\frac{9}{20}\times\frac{4}{5}\times\frac{4}{5}=\frac{36}{125}$である。同様に考えて，2月14日からＷ→Ｃ→Ｗとなる確率は，$\frac{9}{20}\times\frac{1}{5}\times\frac{3}{10}=\frac{27}{1000}$である。また，2月14日がＣ日のとき2月16日がＷ日となる確率は，(1)と同様だから$\frac{9}{20}$である。2月14日がＣ日になる確率が$\frac{11}{20}$だから，2月14日がＣ日で，2月16日がＷ日となる確率は$\frac{11}{20}\times\frac{9}{20}=\frac{99}{400}$である。以上より，求める確率は，$\frac{36}{125}+\frac{27}{1000}+\frac{99}{400}=\frac{9}{16}$である。

**5**〔資料の活用〕

人数の合計は100人だから，$8+16+x+23+15+y=100$より，$x+y=38$……①である。また，45.5kg以上50.5kg未満の階級の階級値は$(45.5+50.5)\div2=48.0$(kg)であり，他の階級の階級値も同様にして求めると，53.0kg，58.0kg，63.0kg，68.0kg，73.0kgとなる。100人の体重の平均が60.1kgであるから，合計について，$48\times8+53\times16+58\times x+63\times23+68\times15+73\times y=60.1\times100$より，$58x+73y=2309$……②が成り立つ。①，②を連立方程式として解くと，$x=31$，$y=7$となる。

**6**〔関数―関数と図形〕

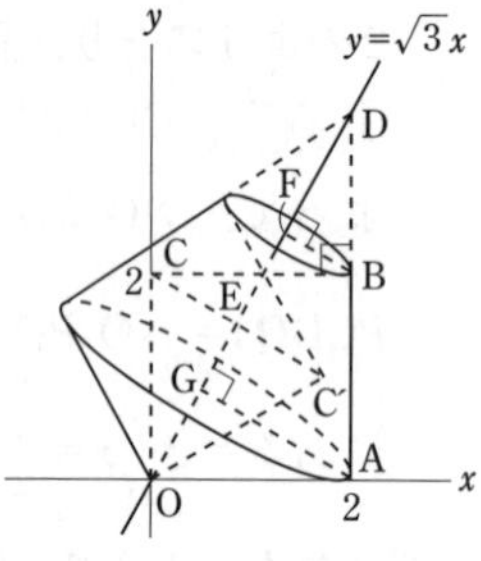


右図のように，3点Ａ，Ｂ，Ｃを定め，直線$y=\sqrt{3}x$について点Ｃと対称な点をＣ′とすると，点Ｃ′は正方形OABCの内部にある。直線$y=\sqrt{3}x$と直線AB，辺BCとの交点をそれぞれＤ，Ｅとし，2点Ｂ，Ａから直線$y=\sqrt{3}x$に垂線BF，AGを引くと，できる立体は，△DGAがつくる円錐と△OGAがつくる円錐を合わせた立体から，△DFBがつくる円錐と△EFBがつくる円錐を取り除いた立体となる。直線ODの傾きが$\sqrt{3}$であることよりOA：AD＝1：$\sqrt{3}$であるから，△DOAは3辺の比が1：2：$\sqrt{3}$の直角三角形であり，∠ODA＝30°，$DA=\sqrt{3}OA=\sqrt{3}\times2=2\sqrt{3}$である。△DGAも3辺の比が1：2：$\sqrt{3}$の直角三角形だから，$GA=\frac{1}{2}DA=\frac{1}{2}\times2\sqrt{3}=\sqrt{3}$，$DG=\sqrt{3}GA=\sqrt{3}\times\sqrt{3}=3$となる。よって，△DGAがつくる円錐の体積は，$\frac{1}{3}\times\pi\times(\sqrt{3})^2\times3=3\pi$である。同様にして，$GO=\frac{1}{2}OA=\frac{1}{2}\times2=1$より，△OGAがつくる円錐の体積は，$\frac{1}{3}\times\pi\times(\sqrt{3})^2\times1=\pi$となる。さらに，$FB=\frac{1}{2}DB=\frac{1}{2}(DA-BA)=\frac{1}{2}(2\sqrt{3}-2)=\sqrt{3}-1$，$DF=\sqrt{3}FB=\sqrt{3}(\sqrt{3}-1)=3-\sqrt{3}$，$FE=\frac{1}{\sqrt{3}}FB=\frac{1}{\sqrt{3}}(\sqrt{3}-1)=1-\frac{\sqrt{3}}{3}$より，△DFBがつくる円錐の体積は$\frac{1}{3}\times\pi\times(\sqrt{3}-1)^2\times(3-\sqrt{3})=\left(6-\frac{10\sqrt{3}}{3}\right)\pi$，△EFBがつくる円錐の体積は$\frac{1}{3}\times\pi\times(\sqrt{3}-1)^2\times\left(1-\frac{\sqrt{3}}{3}\right)=\left(2-\frac{10\sqrt{3}}{9}\right)\pi$である。以上より，求める体積は，$3\pi+\pi-\left\{\left(6-\frac{10\sqrt{3}}{3}\right)\pi+\left(2-\frac{10\sqrt{3}}{9}\right)\pi\right\}=\left(\frac{40\sqrt{3}}{9}-4\right)\pi$となる。

**7**〔空間図形―三角錐〕

≪基本方針の決定≫(3)　高さの等しい三角錐の体積比は底面積の比と等しい。

図1

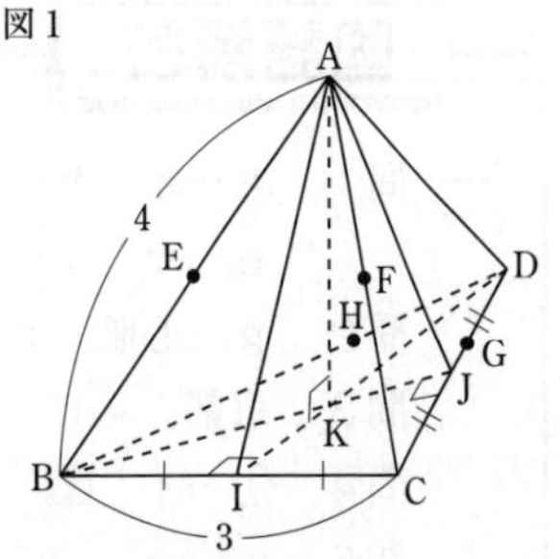


⑴＜体積―特別な直角三角形＞右図1のように，辺BC，辺CDの中点をそれぞれI，Jとし，線分DIと線分BJの交点をKとする。このとき，面ABJ，面ADIはともに面BCDに垂直だから，AK⊥〔面BCD〕となる。よって，三角錐ABCDの体積は$\frac{1}{3}\times\triangle BCD\times AK$で求められる。△BCJは3辺の比が$1:2:\sqrt{3}$の直角三角形だから，$BJ=\frac{\sqrt{3}}{2}BC=\frac{\sqrt{3}}{2}\times3=\frac{3\sqrt{3}}{2}$となり，$\triangle BCD=\frac{1}{2}\times3\times\frac{3\sqrt{3}}{2}=\frac{9\sqrt{3}}{4}$である。また，△KBIも3辺の比が$1:2:\sqrt{3}$の直角三角形であり，$BI=\frac{1}{2}BC=\frac{1}{2}\times3=\frac{3}{2}$だから，$BK=\frac{2}{\sqrt{3}}BI=\frac{2}{\sqrt{3}}\times\frac{3}{2}=\sqrt{3}$である。△ABKで三平方の定理より，$AK=\sqrt{AB^2-BK^2}=\sqrt{4^2-(\sqrt{3})^2}=\sqrt{13}$となるから，三角錐ABCDの体積は$\frac{1}{3}\times\frac{9\sqrt{3}}{4}\times\sqrt{13}=\frac{3\sqrt{39}}{4}$である。

図2

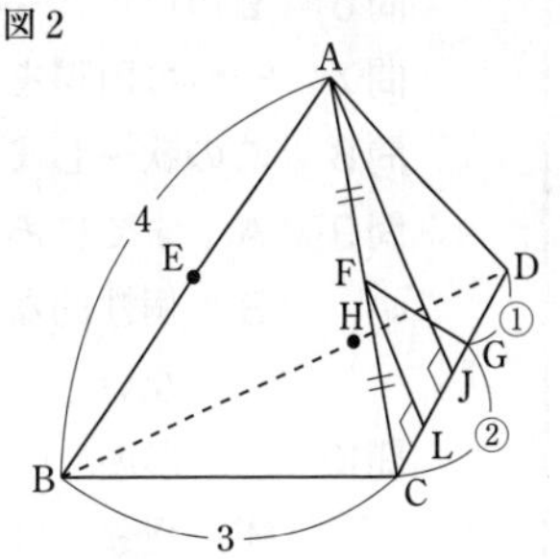


⑵＜長さ―三平方の定理＞右図2のように，点Fから辺CDに垂線FLを引くと，△FLGで三平方の定理より，$FG=\sqrt{FL^2+LG^2}$となる。$FC=\frac{1}{2}AC=\frac{1}{2}\times4=2$であり，FL∥AJより，CL：CJ＝CF：CA＝1：2だから，$CL=\frac{1}{2}CJ=\frac{1}{2}\times\frac{3}{2}=\frac{3}{4}$である。よって，△FCLで三平方の定理より，$FL^2=FC^2-CL^2=2^2-\left(\frac{3}{4}\right)^2=\frac{55}{16}$となる。また，$CG=\frac{2}{2+1}CD=\frac{2}{3}\times3=2$だから，$LG=CG-CL=2-\frac{3}{4}=\frac{5}{4}$である。よって，$FG=\sqrt{\frac{55}{16}+\left(\frac{5}{4}\right)^2}=\sqrt{5}$となる。

図3

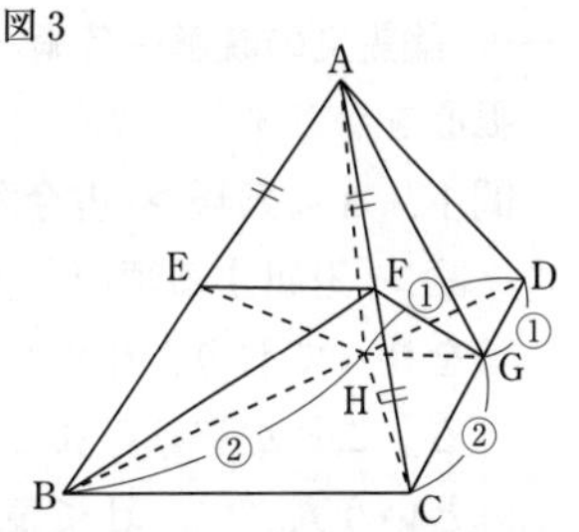


⑶＜体積＞右図3で，〔立体EFBCGH〕＝〔三角錐FEBH〕＋〔三角錐FBCH〕＋〔三角錐FCGH〕である。三角錐FEBHと三角錐FABHで，△EBH，△ABHをそれぞれの底面とすると，〔三角錐FEBH〕：〔三角錐FABH〕＝△EBH：△ABH＝EB：AB＝1：2だから，〔三角錐FEBH〕＝$\frac{1}{2}$〔三角錐FABH〕である。同様にして，〔三角錐FABH〕＝$\frac{1}{2}$〔三角錐ABCH〕，〔三角錐ABCH〕＝$\frac{2}{3}$〔三角錐ABCD〕だから，〔三角錐FEBH〕＝$\frac{1}{2}\times\frac{1}{2}\times\frac{2}{3}$〔三角錐ABCD〕＝$\frac{1}{6}$〔三角錐ABCD〕……①となる。同様にして，〔三角錐FBCH〕＝$\frac{1}{3}$〔三角錐ABCD〕……②，〔三角錐FCGH〕＝$\frac{1}{9}$〔三角錐ABCD〕……③となる。①～③より，求める体積は，$\frac{1}{6}$〔三角錐ABCD〕＋$\frac{1}{3}$〔三角錐ABCD〕＋$\frac{1}{9}$〔三角錐ABCD〕＝$\frac{11}{18}$〔三角錐ABCD〕＝$\frac{11}{18}\times\frac{3\sqrt{39}}{4}=\frac{11\sqrt{39}}{24}$となる。

# 平成28年度／慶應義塾高等学校

## 国語解答

**一**

問1　a…オ　b…イ　c…カ　d…ア
　　e…ウ　f…エ

問2　g　心暗　h　起承

問3　京都

問4　①…イ　②…イ　③…エ

問5　一…ウ
　　二　i　エ→ア→イ→ウ
　　　　ii　イ→エ→ア→ウ
　　　　iii　イ→エ→ウ→ア

問6　2［月］

問7　一つの円環をなして歌っている

問8　この歌～しまう

問9　A　すでにある歌の焼き直し
　　B　個性的な歌を詠むことができない

問10　①　形態　②　前提　③　観点
　　④　現象　⑤　沿　⑥　規準
　　⑦　歴代　⑧　成否　⑨　率直
　　⑩　暮

**二**

問1　A…エ　B…ア　C…ウ

問2　a…ウ　b…ク　c…エ

問3　能である。

問4　ア…○　イ…×　ウ…○　エ…○

問5　完全の程度を批判し不完全な点を認識する

問6　一つめ　形而上学や認識論
　　二つめ　相対性理論の知識

問7　相対性理論も完全なものではなく，今後，不備な点や欠点が指摘されて，理解が深まる可能性があるから。(48字)

問8　従来の学説と比べると完全である

問9　従来の学説の不備な点を認めつつも長所も認め，全否定するのではなく，不備な点を補填しようとする態度。(49字)

**一**〔論説文の読解―芸術・文学・言語学的分野―文学〕出典；大岡信『古典のこころ』「うたげの場に孤心をかざす」。

問1．a＜表現＞『古今和歌集』を読むと，おそらくたいていの人は退屈するだろう。　b＜接続語＞「退屈する理由」の例として，紀貫之や凡河内躬恒や小野小町などという人が「どういう個性を持っており，生涯にどんな事件に出あったか，そういうことは一切わからないようになっている」ことが挙げられる。　c＜接続語＞紀貫之という人，凡河内躬恒という人，または小野小町という人。　d＜表現＞『古今和歌集』の伝統は，それ以後長い間切れめなく，支配的だった。　e＜表現＞今いったことをさらに具体的にいうと。　f＜接続語＞「初めのほうは，春，夏，秋，冬の歌で占められて」いて，その後に，「別れの歌とか，祝いの歌とかいろいろ」ある。

問2＜四字熟語＞g．何もかもが疑わしく恐ろしく感じられることを，「疑心暗鬼(を生ず)」という。　h．物事や文章の構成・組み立てのことを，「起承転結」という。

問3＜文学史＞『古今和歌集』を生み出した宮廷文化は，平安時代の都である京都で花開いた。

問4＜品詞＞①「その」は，連体詞。「真っ赤な」は，形容動詞の連体形。「早く」は，形容詞の連用形。「重さ」は，名詞。　②「こう」は，副詞。「こんな」は，連体詞。「暑く」は，形容詞の連用形。「大きな」は，連体詞。　③「それ」は，代名詞で，代名詞は名詞に含まれる。「どう」は，副詞。「そんな」は，連体詞。「おいしく」は，形容詞の連用形。

問5．一＜文学史＞『古今和歌集』が成立したのは，九〇五年。　二＜和歌の内容理解＞i．アは，「桜花」とあるので，春の歌。イは，「藤波」とあるので夏の歌。ウは，「白雪」とあるので冬の歌。エは，「梅の花」とあるので春の歌で，梅の花は桜の花より早く咲く。　ii．アは，「紅葉葉」とあるので秋の歌。イは，「桜花」とあるので春の歌。ウは，「水ぞまづ凍りける」とあるので冬の歌。

エは，「山吹」とあるので夏の歌。　iii．アは，「忘らるる身」「人も通はぬ」などとあるので，恋が終わった後の歌。イは，「目に見ぬ人」を恋しいと思っているので，恋のごく初めの歌。ウは，「来ぬ人を」となかなか来ない相手を待っているので，進んだ恋が冷めてきてからの歌。エは，「鳴る神」でさえ「思ふ仲」を「裂」くことはできないというので，恋の絶頂期の歌。『古今和歌集』の恋の歌は，まだ会っていない男女の「あこがれ」を歌っている歌から始まり，「巻を追うに従って，男女二人の仲が熟してきて，あげくには飽き」て「恋が終わる」までが，順を追って並べられている。

問６＜古典の知識＞「立春」から春が始まる。今日使っている太陽暦では，二月四日頃。

問７＜指示語＞四季の歌は，「春を待ち望み寿ぐ心から始まって，夏，秋と過ぎていって，最後に雪にとざされたさみしい冬の歌で終わる」，つまり，「一つの円環をなして一年の季節を歌って」いる。恋の歌も，「一つの円環をなして」恋の始まりから終わりまでを歌っている。

問８＜文章内容＞日本の歌は，「ある一つの精神共同体，あるいは趣味の共同体，そういうものの中でつくられ，かつ享受されて」いて，その歌がよく知られていれば「これを使いましょう」ということになる。その過程で，「だれがつくったんでもいい」ことになり，歌の作者の名前は注目されなくなり，「この歌はもともとだれの作か，なんてこともあまり問題でなくなってしまう」のである。

問９＜文章内容＞『古今和歌集』以後の和歌は，「『古今和歌集』やその他の勅撰集に出ている歌を踏まえて」詠まれた。それは，すでにできている歌の世界がどのようなものであるかを確認し，同様の内容を繰り返すという詠み方に他ならず，和歌は，古歌の焼き直しにしかならない。それでは，作者の個性をいかした歌を詠むことはできず，和歌は魅力を失ってしまう。

問10＜漢字＞①ありさま，形のこと。　②推論の際に出発点に置く事柄のこと。　③考察するときの目のつけどころのこと。　④目で見ることのできる事実のこと。　⑤音読みは「沿革」などの「エン」。　⑥比べたり判断したりする際の軌範・標準となるもののこと。　⑦代々のこと。　⑧成功か失敗かのこと。　⑨飾りけがなく，ありのままであること。「卒直」と書くこともある。　⑩音読みは「薄暮」などの「ボ」。

二〔論説文の読解―自然科学的分野―科学〕出典；寺田寅彦「相対性原理側面観」。

≪本文の概要≫相対性理論は理解しにくいと，一般に思われているようである。一見明瞭に見える科学上の命題でも，本当の理解は困難である。科学上の知識の真価を知るには，科学だけを知っても不十分で，非科学，特に形而上学のようなものや認識論などに照らして批評的に見なければ，本当には「理解」されるはずがない。ニュートンの法則について考えても，この法則を了解することは，相対性理論が出現して初めて可能になった。アインシュタイン自身も，まだ徹底的には相対性原理を理解できないのかもしれない。学説に絶対的「完全」を望むことは不可能で，それを理解している学者は，自分の仕事の「完全の程度」を自覚する。学説を学ぶ者にとっても，その学説の完全の程度を批判し，不完全な点を認識することが，その学説を理解するための必要条件の一つである。しかし，「不完全」があることは全ての学説に共通したことであり，若干の欠点があるからといって，その学説の長所まで見逃すことはあってはならない。相対性原理も，今後不備や欠点が発見されても，それゆえに否定されるべきものではない。

問１＜語句＞Ａ．世間で定まっている考えのこと。　Ｂ．つじつまが合わないこと。　Ｃ．繰り返し起こるさま。

問２＜表現＞ａ．ニュートンの運動の法則は，マッハの「力学」でも読破し，自分なりに評価したり論じたりできるようになって，ようやく理解ができてくる。また，科学上の知識の真価を知るには，科学だけを知っても不十分で，「あらゆる非科学ことに形而上学のようなものと対照」する必要がある。　b.「『不完全』があるという事」は，「すべての人間の構成した学説」には共通して本来備わっていることである。　c. 相対性原理は，今後「不備の点」が発見されたり「実験的事実」が「この説に不利なように見え」たりしても，それによって根幹から否定されるべきものではない。

問３＜文脈＞自分の仕事を「自ら認めて完全と『思う』」ことができる「幸運な学者」は，「その仕事が自分で見て完全になるのを待って安心してこれを発表する事」ができる。一方，「厳密な意味の完全が不可能である事を痛切にリアライズし得た不幸なる学者」は，「相対的完全以上の完全を期図する事の不可能で無意義な事を知っていると同時に，自分の仕事の『完全の程度』に対してやや判然たる自覚を持つ事が可能」である。ニュートンやアインシュタインは，「この後の部類に属する学者」である。

問４＜要旨＞ア. アインシュタインは，相対性理論に「なお飽き足らない点，補充を要する点」があるであろうことを感じたうえで，この学説をそこまで深く理解できる人はわずかしかいないだろうと言った。　イ.「科学上の，一見簡単明瞭なように見える命題でもやはりほんとうの理解は存外困難」で，ニュートンの運動の法則にしても，「年のゆかない中学生はともかくもすでにこれを『理解』する事を要求されている」が，その後，高等学校や大学でさらに深く「理解」していくようになっている。　ウ. ニュートンの法則は，アインシュタインの相対性理論の出現によって初めて了解できるようになったことから，ニュートン自身はその法則を理解しておらず，アインシュタインの方がニュートンよりよく理解できていたといえる。　エ. 一つの学説を理解するためには，その短所を求める事が必要であると同時に，そのためにせっかくの長所を見逃してはならない。

問５＜文章内容＞ある学説を「理解」するためには，その学説について「完全の程度を批判し不完全な点を認識する」ことが「まさに努むべき必要条件の一つ」である。「完全の程度を批判し不完全な点を認識する」ことができるようにならなければ，その学説を「理解」できたとはいえない。

問６＜文章内容＞「科学上の知識の真価を知る」には，「科学だけを知ったのでは不充分」で，「あらゆる非科学ことに形而上学のようなものと対照し，また認識論というような鏡に照らして」見る必要がある。「ニュートンの方則の場合について物理学の範囲内だけで考えて」見ると，「彼の方則がいかなるものかを了解する事」は，「相対性理論というもの」の出現によって初めて可能になった。

問７＜文章内容＞ニュートンの法則が「いかなるものかを了解する事」は，「相対性理論というものの出現によって始めて可能になった」のであり，「彼の方則を理解し得たと自信していた人はことごとく『理解していなかった』人」だといえる。アインシュタインの相対性原理も，「完全」なものではなく，「不備の点」や「欠点」が発見・指摘されたり「この説に不利なように」見える「実験的事実」が出る可能性があり，彼がこの説を唱えた時点で自説を「理解」し切れていたとはいえない。

問８＜文章内容＞科学上の学説には，「絶対的『完全』」ということはなく，その説の「完全の程度」がそれまでの学説よりは高いという意味での「完全」があるのみである。

問９＜文章内容＞「まじめな学者」は，ある学説に「不完全」がある場合に，「若干の欠点を指摘して残る大部分の長所までも葬り去らんとするがごとき態度」を取るようなことはしない。学者としては，「一つの学説を理解するため」に，「その短所を認める事」とともに，その学説の「長所」を見逃すことなく，「その学説の補填」に努めるべきである。

## 当社発行物の無断使用は固くお断りいたします。御使用の前はまずご相談ください。

当社発行物には500点余の首都圏中・高過去問をはじめ、6点の学校案内、そのほかいくつかの情報誌などがございます。その多くが年度版で、限られたスタッフが来るべき受験シーズン前に余裕を持って受験生へ届けられるよう、日夜作業にあたり出版を重ねております。

最近、通塾生ご父母や塾内部からの告発によって、いくつかの塾が許諾なしに当社過去問を複写(コピー)し生徒に配布、授業等にも使用していることが発覚し、その一部が紛争、係争に至っております。過去問には原著作者や管理団体、代行出版等のほか、当社に著作権がございます。当社としましては、著作権侵害の発覚に対しては著作権を有するこれらの著作権関係者にその事実を開示して、マスコミにリリースする場合や法的な措置を取る場合がございます。その事例としましては、毎年当社過去問の発行を待って自由にシステム化使用していたA塾、個別教室でコピーを生徒に解かせ指導していたB塾、冊子化していたC社、生徒の希望によって書籍の過去問代わりにコピーを配布していたD塾などがあります。

**当社発行物の全部もしくは一部を無断使用することは固くお断りいたします。**

当社コンテンツの中にはリーズナブルな設定で紙面の利用を許諾している塾もたくさんございますので、ご希望の方は、お気軽にご相談くださいますようお願いします。同時に、当社発行物を無断で使用している会社などにつきましての情報もお寄せいただければ幸いです。

**株式会社 声の教育社**




2025年度用

**高校スーパー過去問**

■編集人 声の教育社・編集部

■発行所 株式会社 声の教育社

〒162-0814 東京都新宿区新小川町8-15

☎03-5261-5061㈹ FAX03-5261-5062

https://www.koenokyoikusha.co.jp





※本書の内容についての一切の責任は当社にあります。内容・解説・解答その他の質問等は文書にて当社に御郵送くださるようお願いいたします。

## 慶應義塾高等学校

# 別冊解答用紙

丁寧に抜きとって、別冊としてご使用ください。

解けると春が来るんだね。

**注意**

○ 解答用紙は、収録の都合により縮小したものや、小社独自に作成したものもあります。
○ 学校配点は学校発表のもの、推定配点は小社で作成したものです。
○ 無断転載を禁じます。
○ 解答用紙を拡大コピーする場合、表示した拡大率に対応する用紙サイズは以下のとおりです。
101%～102%＝B5　103%～118%＝A4　119%～144%＝B4　145%～167%＝A3
（タイトルと配点表は含みません）

# ２０２４年度　慶應義塾高等学校

## 英語解答用紙

| 番号 | | 氏名 | |
|---|---|---|---|

| 評点 | ／100 |
|---|---|

Ⅰ

| | | | | | | | | | |
|---|---|---|---|---|---|---|---|---|---|
| 1 | | 2 | | 3 | | 4 | | 5 | |
| 6 | | 7 | | 8 | | 9 | | 10 | |

Ⅱ

| | Letter | Correct Form | | Letter | Correct Form |
|---|---|---|---|---|---|
| 1 | | | 2 | | |
| 3 | | | 4 | | |
| 5 | | | 6 | | |
| 7 | | | 8 | | |
| 9 | | | 10 | | |

Ⅲ

| | | | | | | | |
|---|---|---|---|---|---|---|---|
| 1 | | 2 | | 3 | | 4 | |
| 5 | | 6 | | 7 | | 8 | |
| 9 | | 10 | | | | | |

Ⅳ

A

| | | | | | | | | | |
|---|---|---|---|---|---|---|---|---|---|
| 1 | | 2 | | 3 | | 4 | | 5 | |
| 6 | | 7 | | 8 | | 9 | | 10 | |

B

| | |
|---|---|
| ① | |
| ② | |
| ③ | |

C

| | |
|---|---|
| 1 | |
| 2 | 1) |
| | 2) |

（注）この解答用紙は実物を縮小してあります。185%拡大コピーすると、ほぼ実物大で使用できます。（タイトルと配点表は含みません）

| 推定配点 | | 計 |
|---|---|---|
| | Ⅰ　各１点×10　Ⅱ，Ⅲ　各２点×20<br>Ⅳ　A　各２点×10　B，C　各５点×６ | 100点 |

# 2024年度　慶應義塾高等学校

## 数学解答用紙　No. 1

| 番号 | | 氏名 | | 評点 | ／100 |
|---|---|---|---|---|---|

**1** 次の空欄をうめよ．**【答えのみでよい】**

（1） $x$ の2次方程式 $2x^2+10\sqrt{2}x+9=0$ の解は，$x=$ [　　　]

である．

（2） $\dfrac{14+3\sqrt{7}}{\sqrt{7}}$ の小数部分を $a$ とするとき，$a+\dfrac{1}{a}$ の値は [　　　]

である．

（3） $\dfrac{1}{(1+\sqrt{2}+\sqrt{3})^2}+\dfrac{1}{(1+\sqrt{2}-\sqrt{3})^2}$ を計算すると [　　　]

である．

（4） $a$, $b$ を定数とする．$x$, $y$ の連立方程式

$$\begin{cases}(a+2)x-(b-1)y=33\\(a-1)x+(2b+1)y=9\end{cases}$$

の解が $x=3$, $y=1$ であるとき，$a=$ [　　　]，$b=$ [　　　]

である．

（5） A君とB君の2人が同じ9個の数を見て記入した．A君は9個の数を正しく記入したが，B君は1個の数だけ誤って十の位と一の位の数字を逆にして記入してしまった．そのため，B君が記入した9個の数の平均値は，A君が記入した9個の数の平均値より3小さかったという．B君が記入した9個の数は，12，27，36，49，56，74，83，91，98であり，この中でB君が誤って記入した数は [　　　] である．A君が記入した9個の数の四分位範囲は [　　　] である．

なお，「十の位と一の位の数字を逆にして記入した」というのは，例えば29を92と記入したということである．

**2** 三角形ABCとその外接円について，AB＝2，$\overset{\frown}{AB}:\overset{\frown}{BC}:\overset{\frown}{CA}=3:4:5$ のとき，次の問いに答えよ．

なお，$\overset{\frown}{AB}$，$\overset{\frown}{BC}$，$\overset{\frown}{CA}$ は，それぞれ外接円における弧AB，弧BC，弧CAの長さを表す．

（1） BC，CAの長さを求めよ．

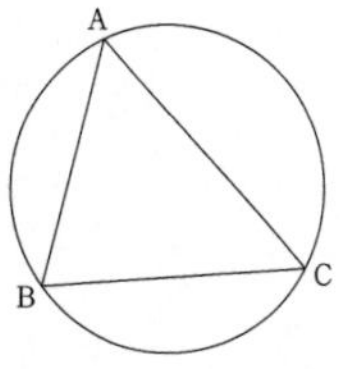


（答）BC＝　　　　　，CA＝

（2） 外接円の半径の長さを求めよ．

（答）

**3** 放物線 $y=\dfrac{1}{4}x^2$ 上に点A(2, 1)と∠AOB＝90°となる点Bの2点がある．このとき，次の問いに答えよ．

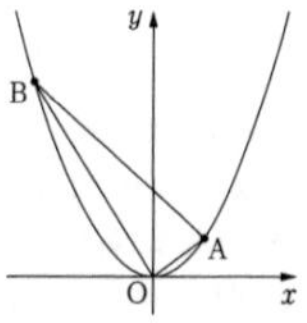


（1） 点Bの座標を求めよ．

（答）

（2） 放物線 $y=\dfrac{1}{4}x^2$ 上で，かつ直線OBの下側にあり，△ABCの面積と△OABの面積を等しくするような点Cの座標を求めよ．

（答）

（3） （2）の点Cについて，点Bを通り四角形OABCの面積を二等分する直線と，直線OAとの交点をDとするとき，線分ODの長さを求めよ．

（答）

# ２０２４年度　　慶應義塾高等学校

## 数学解答用紙　No. 2

**4**　袋の中に赤玉，青玉，白玉が各2個ずつ，合計6個入っている．このとき次の問いに答えよ．

（1）この袋から1個ずつ順に3個の玉を取り出して1列に並べるとき，その並び方は全部で何通りあるか．ただし，同じ色の玉は区別しないものとする．

（答）　　　　　通り

（2）この袋から1個ずつ順に6個全ての玉を取り出して1列に並べるとき，同じ色の玉が隣り合わない並び方は全部で何通りあるか．ただし，同じ色の玉は区別しないものとする．

（答）　　　　　通り

（3）この袋から同時に2個ずつ取り出す試行を3回繰り返すとき，玉の色が3回とも異なる組み合わせとなる確率を求めよ．ただし，取り出した玉は袋に戻さないものとする．

（答）

**5**　次の問いに答えよ．

（1）$xy=9$ を満たす正の整数 $x$, $y$ の組を全て求めよ．

（答）$(x, y)=$

（2）$x^2+(3y-9)x+y(2y-9)$ を因数分解せよ．

（答）

（3）$x^2+(3y-9)x+y(2y-9)$ が素数の平方数となるような，9以下の正の整数 $x$, $y$ の組を全て求めよ．

（答）$(x, y)=$

**6**　A君はP地点を出発してから20分後にQ地点に到着し，そこで4分間休憩した後に再び20分かけてP地点に戻ってきた．B君はA君より数分早くP地点を出発し，出発してから7分後にA君に追い抜かれ，A君がQ地点を出発してから8分後にQ地点に到着した．A君，B君の2人ともPQ間の同じ道をそれぞれ一定の速さで進むとして，次の問いに答えよ．

（1）A君がP地点を出発したのは，B君が出発してから何分後か．

（答）　　　　　分後

（2）A君がQ地点を出発した後にB君とすれ違うのは，B君がP地点を出発してから何分後か．

（答）　　　　　分後

（注）この解答用紙は実物を縮小してあります。192%拡大コピーすると、ほぼ実物大で使用できます。（タイトルと配点表は含みません）

| 推定配点 | | 計 |
|---|---|---|
| | 1 (1)～(4)　各4点×4　(5)　各3点×2<br>2 (1)　各3点×2　(2)　6点<br>3～6　各6点×11 | 100点 |

# 二〇二四年度　慶應義塾高等学校

## 国語解答用紙

番号　　氏名　　評点　/100

### 一

問一　x　y　問二　問三

問四　問五　E　F　G　H　問六

問七　という行為。

問八

問九

問十　問十一

問十二　楷書でていねいに書くこと。
①ザヒョウ　②タイケイ　③ジタイ　④ソウデ　⑤シグサ

### 二

問一　楷書でていねいに書くこと。
①カイキュウ　②シュウロク　③フウチョウ　④ハイケイ　⑤ソウコウ

問二　年　問三【1】【2】【3】【4】【5】

問四　問五　C　D

問六　a　b　問七　問八

問九　描いた時雨の姿勢と、
鷗外の姿勢が重なるということ。

問十　はじめ　終わり

問十一

問十二

（注）この解答用紙は実物を縮小してあります。192％拡大コピーすると、ほぼ実物大で使用できます。（タイトルと配点表は含みません）

| 推定配点 | 計 |
|---|---|
| 一 問一〜問三　各2点×4　問四　3点　問五　各2点×4　問六、問七　各3点×2　問八　4点　問九〜問十一　各3点×3　問十二　各2点×5<br>二 問一〜問五　各2点×14　問六、問七　各3点×3　問八　2点　問九〜問十一　各3点×3　問十二　4点 | 100点 |

# ２０２３年度　慶應義塾高等学校

## 英語解答用紙

| 番号 | | 氏名 | |
|---|---|---|---|

| 評点 | ／100 |
|---|---|

Ⅰ

| | | | | | | | | | |
|---|---|---|---|---|---|---|---|---|---|
| 1 | | 2 | | 3 | | 4 | | 5 | |
| 6 | | 7 | | 8 | | 9 | | 10 | |

Ⅱ

| | Letter | Correct Form | | Letter | Correct Form |
|---|---|---|---|---|---|
| 1 | | | 2 | | |
| 3 | | | 4 | | |
| 5 | | | 6 | | |
| 7 | | | 8 | | |
| 9 | | | 10 | | |

Ⅲ

| | | | | | | | |
|---|---|---|---|---|---|---|---|
| 1 | w | 2 | h | 3 | c | 4 | m |
| 5 | e | 6 | t | 7 | f | 8 | d |
| 9 | n | 10 | d | 11 | R | | |

Ⅳ

A

| | | | | | | | | | | | |
|---|---|---|---|---|---|---|---|---|---|---|---|
| 1 | | 2 | | 3 | | 4 | | 5 | | 6 | |
| 7 | | 8 | | 9 | | 10 | | 11 | | 12 | |

B

| | |
|---|---|
| ③ | |
| ⑤ | |
| ⑦ | |

C

| | |
|---|---|
| 1 | Reason1： |
| | Reason2： |
| 2 | (i)： |
| | (ii)： |
| 3 | |

（注）この解答用紙は実物を縮小してあります。179％拡大コピーすると、ほぼ実物大で使用できます。（タイトルと配点表は含みません）

| 推定配点 | | 計 |
|---|---|---|
| | Ⅰ　各１点×10　Ⅱ，Ⅲ　各２点×21<br>Ⅳ　A　各２点×12　B，C　各３点×８ | 100点 |

# ２０２３年度　慶應義塾高等学校

## 数学解答用紙　No. 1

| 番号 | | 氏名 | | 評点 | ／100 |
|---|---|---|---|---|---|

**1** 次の空欄をうめよ．**【答えのみでよい】**

（1）$7^{123}$ を 100 で割ると余りは　　　である．

（2）$(30^2+37^2+44^2+\cdots+79^2)-(1^2+8^2+15^2+\cdots+50^2)$ を計算すると，

　　　である．

（3）$\left(\dfrac{\sqrt{2023}+\sqrt{2022}}{\sqrt{2}}\right)^2-\left(\sqrt{2023}+\sqrt{2022}\right)\left(\sqrt{2022}-\sqrt{63}\right)+\left(\dfrac{\sqrt{63}-\sqrt{2022}}{\sqrt{2}}\right)^2$

を計算すると，　　　である．

（4）$n$ は 3 以上の整数とする．正 $n$ 角形の 1 つの内角を $x°$ とするとき，$x$ の値が整数となる正 $n$ 角形は　　　個ある．

（5）$a$，$b$ を定数とする．1 次関数 $y=ax+b$ について，$x$ の変域が $8a\leqq x\leqq -24a$ のとき，$y$ の変域が $7\leqq y\leqq 9$ であったという．このとき，

$a=$　　　，$b=$　　　である．

（6）$x>y$ において，連立方程式

$$\begin{cases} x^2y+xy^2-9xy=120 \\ xy+x+y-9=-22 \end{cases}$$

の解は，$\begin{cases} x= \\ y= \end{cases}$ または，$\begin{cases} x= \\ y= \end{cases}$ である．

（7）右の図において，辺 AB，辺 DC，辺 EF，辺 GH は平行で，$\mathrm{AB}=4$，$\mathrm{EF}=\dfrac{12}{5}$ である．

このとき $\mathrm{GH}=$　　　である．

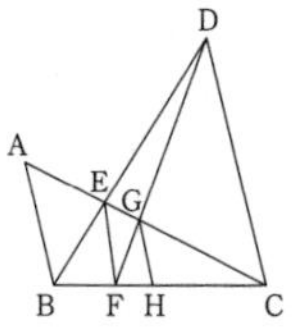


**2** カードに [1]，[2]，[3]，[4]，[6] の数が書かれた 5 枚の中から 1 枚とって出た数を記録して元に戻す．この操作を 3 回繰り返して，出た数を $x$，$y$，$z$ とするとき，次の問に答えよ．

（1）3つの数の積 $xyz$ が偶数となる確率

（答）

（2）$xyz$ が 9 の倍数となる確率

（答）

（3）$xyz$ が 8 の倍数となる確率

（答）

**3** 自然数 $n$ の正の約数の個数を $[n]$ で表す．例えば，6 の正の約数は 1, 2, 3, 6 の 4 個なので，$[6]=4$ である．このとき，次の問に答えよ．

（1）$[108]$ を求めよ．

（答）

（2）$[n]=5$ を満たす 300 以下の自然数 $n$ を全て求めよ．

（答）

（3）$[n]+[3n]=9$ を満たす 100 以下の自然数 $n$ を全て求めよ．

（答）

# 2023年度　　慶應義塾高等学校

## 数学解答用紙　No. 2

**4**　1％の食塩水400gを入れた容器Aと，6％の食塩水100gを入れた容器Bがある．容器Aから$50x$g，容器Bから$25x$gを取り出し，交換してそれぞれ他方の容器に入れてよくかき混ぜたところ，容器Bの濃度が容器Aの濃度の2倍になったという．$x$の値を求めよ．但し，容器は食塩水が入るだけの十分な大きさをもつものとする．

(答)

**5**　$a>0$とする．正三角形OABと正六角形OCDEFGがある．点Oは原点で，点A，B，C，Gは曲線$y=ax^2$上にあるとき，次の問に答えよ．

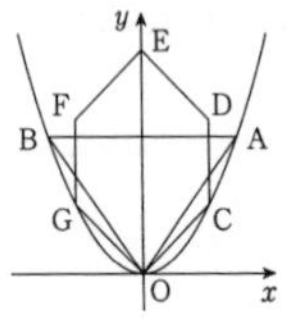


（1）　正三角形OABと正六角形OCDEFGが重なっている部分の面積を求めよ．

(答)

（2）　線分AGと線分CFとの交点を点Hとするとき，CH：HFを求めよ．

(答)

**6**　辺BCを直径とする半径1の円Oと辺BCを斜辺とする直角二等辺三角形ABCがある．円Oを含む平面と三角形ABCを含む平面が垂直で，辺ABの中点を点Dとするとき，次の問に答えよ．

（1）　OAを軸として三角形BCDを1回転させたとき，三角形BCDとその内部が通った部分の立体の体積を求めよ．

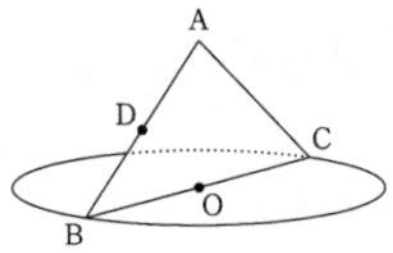


(答)

（2）　ABを軸として円Oを1回転させたとき，円Oとその内部が通った部分の立体の表面積を求めよ．

(答)

(注)　この解答用紙は実物を縮小してあります。192％拡大コピーすると，ほぼ実物大で使用できます。（タイトルと配点表は含みません）

| 推定配点 | | 計 |
|---|---|---|
| | 1～3　各5点×13　　4～6　各7点×5 | 100点 |

# 二〇二三年度　慶應義塾高等学校

## 国語解答用紙

番号　　氏名　　評点　／100

## 一

問一　A　B　C

問二

問三

問四　明治後の人々は　　から

問五　　問六

問七

問八

問九　楷書でていねいに書くこと。

①シヨリ　②キョウヨウ　③グドウ　④タモ　たれ　⑤セッキン

## 二

問一　楷書でていねいに書くこと。

①シカイ　②インショウ　③ハイユウ　④クスリユビ　⑤ケイケン

問二　A　B　C

問三　【1】　【2】　【3】　【4】　問四

問五　1　2　3　4　5　6　7　8　9　10

問六

問七　X　Y　Z

問八　Ⅰ　Ⅱ　Ⅲ　Ⅳ

問九

問十

（注）この解答用紙は実物を縮小してあります。189％拡大コピーすると、ほぼ実物大で使用できます。（タイトルと配点表は含みません）

### 推定配点

一　問一　各２点×３　問二～問四　各３点×４　問五、問六　各２点×２　問七、問八　各３点×２　問九　各２点×５

二　問一～問四　各２点×13　問五　各１点×10　問六、問七　各３点×４　問八　各２点×４　問九、問十　各３点×２

計　100点

# ２０２２年度　慶應義塾高等学校

## 英語解答用紙

| 番号 | | 氏名 | |
|---|---|---|---|

| 評点 | ／100 |
|---|---|

I

| | | | | | | | |
|---|---|---|---|---|---|---|---|
| 1 | | | | 2 | | | |
| 3 | | | | 4 | | | |
| 5 | | | | 6 | | | |
| 7 | | | | 8 | | | |
| 9 | | | | 10 | | | |

II

| | Letter | Correct Form | | Letter | Correct Form |
|---|---|---|---|---|---|
| 1 | | | 2 | | |
| 3 | | | 4 | | |
| 5 | | | 6 | | |
| 7 | | | 8 | | |
| 9 | | | 10 | | |

III

| | | | | | | | |
|---|---|---|---|---|---|---|---|
| 1 | | 2 | | 3 | | 4 | |
| 5 | | 6 | | 7 | | 8 | |
| 9 | | 10 | | | | | |

IV

A

| | | | | | | | | | | | | | |
|---|---|---|---|---|---|---|---|---|---|---|---|---|---|
| 1 | | 2 | | 3 | | 4 | | 5 | | 6 | | 7 | |
| 8 | | 9 | | 10 | | 11 | | 12 | | 13 | | | |

B

| | |
|---|---|
| 1 | **(i)**： |
| 2 | **(ii)**： |
| 3 | **(iii)**： |

C

| | | |
|---|---|---|
| 1 | (**A** の説明)： | |
| 2 | (**B1**・**B2** の和訳)： | |
| 3 | (**C** の説明)： | |
| 4 | (**B1**)： | (**B2**)： |

（注）この解答用紙は実物を縮小してあります。192%拡大コピーすると、ほぼ実物大で使用できます。（タイトルと配点表は含みません）

| 推定配点 | | 計 |
|---|---|---|
| | I　各１点×10　II, III　各２点×20<br>IV　A　各２点×13　B，C　各３点×８ | 100点 |

# 2022年度　慶應義塾高等学校

## 数学解答用紙　No. 1

| 番号 | | 氏名 | | 評点 | ／100 |
|---|---|---|---|---|---|

**1**　次の空欄をうめよ．【答えのみでよい】

（1）　$(x+2y)(2x-y)(3x+y)(x-3y)$ を展開すると

［　　　　　　　　　　］である．

（2）　$\sqrt{2022}$ の整数部分を $a$，小数部分を $b$ とするとき，$\dfrac{a-1}{b}$ の値は

［　　　　　　］である．

（3）　$\begin{cases} x=\sqrt{11}+\sqrt{5}+4 \\ y=\sqrt{11}+\sqrt{5}-4 \end{cases}$　とするとき，$x^3y+2x^2y^2+xy^3$ の値は

［　　　　　　］である．

（4）　1つのさいころを3回投げて，1回目，2回目，3回目に出た目の数をそれぞれ $a$, $b$, $c$ とするとき，$\dfrac{b+c}{2^a}=\dfrac{1}{4}$ となる確率は［　　　　］である．

（5）　生徒7人のテストの得点を低い順に並べたら，26，X，42，50，Y，75，93 となった．7人の平均点は54点，下位3人の平均点が上位4人の平均点より35点低いとき，X＝［　　　　］，Y＝［　　　　］である．

**2**　円Sに内接する二等辺三角形ABCは，AB＝AC＝5，BC＝8である．頂点Aから辺BCに垂線ADを引き，線分ADと線分BDと円Sに接する円をTとする．

（1）　円Sの半径を求めよ．

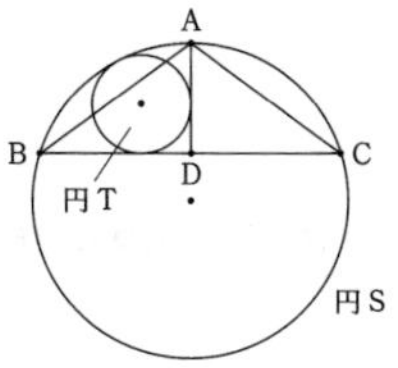


（答）＿＿＿＿＿＿＿＿

（2）　三角形ABCの内接円の半径と円Tの半径は等しいことを示せ．

**3**　2つの自然数 $m$, $n$ は，等式 $2^m-1=(2n+1)(2n+3)$ を満たす．

（1）　$m=6$ のとき，$n$ の値を求めよ．

（答）＿＿＿＿＿＿＿＿

（2）　この等式を満たす $(m,\ n)$ の組を $m$ の値の小さい順に並べる．このとき，5番目の組を求めよ．

（答）＿＿＿＿＿＿＿＿

**4**　図のように，放物線 $y=ax^2\ (a>0)$ と直線 $y=bx+\dfrac{15}{2}\ (b<0)$ の2つの交点のうち，$x$ 座標が負の点をPとする．また，1辺の長さが3の正方形ABCDは，頂点Aが放物線上に，辺BCが $x$ 軸上に，頂点Dが直線上にある．点Bの $x$ 座標が3のとき，次の問いに答えよ．ただし，原点をOとする．

（1）　$a$, $b$ の値を求めよ．

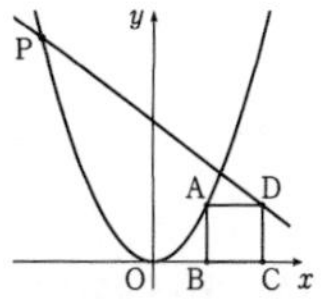


（答）$a=$＿＿＿＿＿＿　$b=$＿＿＿＿＿＿

（2）　∠PODの2等分線と線分PDの交点をQとするとき，点Qの座標を求めよ．

（答）＿＿＿＿＿＿＿＿

（3）　直線 $y=kx$ によって四角形OPDBが面積の等しい2つの図形に分けられるとき，$k$ の値を求めよ．

（答）＿＿＿＿＿＿＿＿

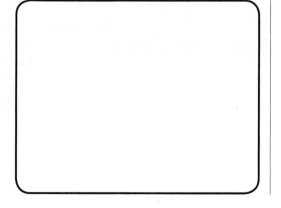

# 2022年度　　慶應義塾高等学校

## 数学解答用紙　No. 2

**5**　1辺の長さが4のひし形ABCDは，$\angle BAD=120^\circ$ とする．辺ABと辺ADの中点をそれぞれE，Fとし，辺CD上にCG：GD＝1：3となる点Gをとる．線分AGと線分EFの交点をHとするとき，次の問いに答えよ．

（1）　線分比AH：HGを最も簡単な整数の比で表せ．

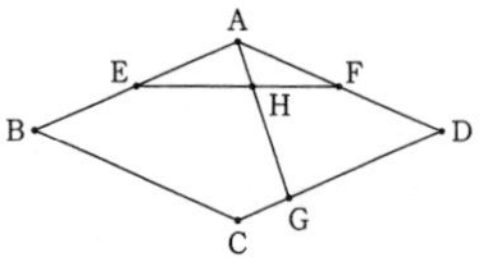


（答）AH：HG＝

（2）　三角形EGHの面積を求めよ．

（答）

**6**　点Aから始まる渦巻《うずまき》線を，図のように，Aが原点Oと重なるように座標平面上におく．渦巻線と座標軸との交点は，Oに近い方から次のように定める．

$x$ 軸の正の部分では，$A_1$，$A_5$，$A_9$，……

$y$ 軸の正の部分では，$A_2$，$A_6$，$A_{10}$，……

$x$ 軸の負の部分では，$A_3$，$A_7$，$A_{11}$，……

$y$ 軸の負の部分では，$A_4$，$A_8$，$A_{12}$，……

このとき，線分 $OA_k$ の長さは $k$ とする．例えば，$OA_5=5$ である．

Aから始まる渦巻線

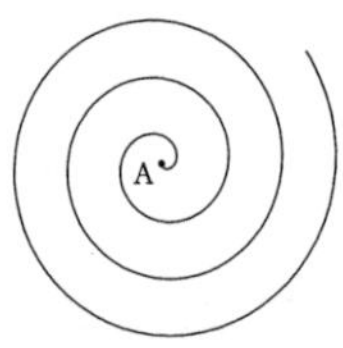


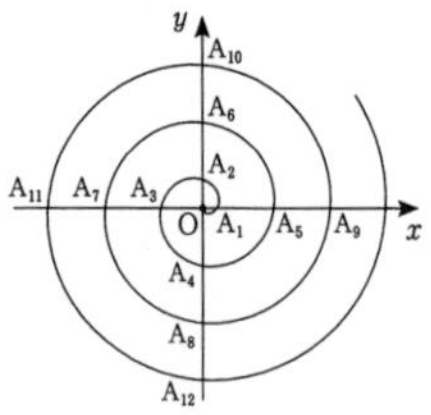


（1）　次の空欄をうめよ．【答えのみでよい】

（i）　点 $A_{2022}$ の座標は（　　，　　）である．

（ii）　3点 $A_{13}$，$A_{14}$，$A_{15}$ を頂点とする三角形の面積は　　である．

（2）　3点 $A_k$，$A_{k+1}$，$A_{k+2}$ を頂点とする三角形の面積を $S_k$ とする．
例えば，（1）（ii）の面積は $S_{13}$ である．
このとき，2つの正の整数 $a$，$b$ に対して，
$S_a-S_b=72$ となる（$S_a$，$S_b$）の組をすべて求めよ．

（答）

**7**　図のように，1辺の長さが5の立方体ABCD-EFGHがある．辺BF上にBP：PF＝1：2となる点Pを，辺EH上にEQ：QH＝3：1となる点Qをとる．また，3点A，P，Qを通る平面と辺FGの交点をRとする．

（1）　線分FRの長さを求めよ．

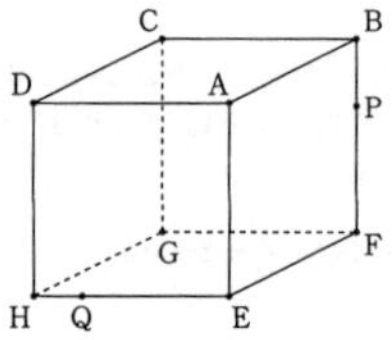


（答）

（2）　四角形APRQの面積は，三角形APQの面積の何倍か求めよ．

（答）

（3）　平面APQで分けられた2つの立体のうち，頂点Eを含む方の立体の体積を求めよ．

（答）



| 推定配点 | | 計 |
|---|---|---|
| | 1 各4点×5　2 (1) 5点 (2) 8点<br>3 各5点×2　4 (1) 各3点×2 (2), (3) 各5点×2<br>5 各5点×2　6 (1) 各5点×2 (2) 6点<br>7 各5点×3 | 100点 |

# 二〇二二年度　慶應義塾高等学校

## 国語解答用紙

番号　　氏名

評点　／100

## 一

問一　【1】　【2】　【6】　【11】　【12】

問二

問三　　問四

問五

問六　【8】　【9】

問七

問八

問九　A 幾　切　れ　　B 汁　物　　C 定　か　　D 気　泡　　E 歯　触　り

問十　楷書でていねいに書くこと。
①サンミ　②ボケイ　③タイショウ　④ナタネ　⑤キカン

## 二

問一　楷書でていねいに書くこと。
①フウコウ　②ソウキ　③ト　か　④ドウギョウ　⑤ヘイゼイ

問二　　問三　【1】　【5】

問四　【2】　【3】　【4】

問五

問六　3　4　5

問七

問八　　問九

問十

問十一　年　　問十二　　問十三

問十四

（注）この解答用紙は実物を縮小してあります。196％拡大コピーすると、ほぼ実物大で使用できます。（タイトルと配点表は含みません）

| 推定配点 | |
|---|---|
| 一　問一～問四　各2点×8　問五　4点　問六～問十　各2点×14<br>二　問一～問四　各2点×11　問五　4点　問六　各2点×3<br>問七　4点　問八～問十四　各2点×8 | |
| 100点 | 計 |

# ２０２１年度　慶應義塾高等学校

## 英語解答用紙

| 番号 | | 氏名 | | 評点 | ／100 |
|---|---|---|---|---|---|

**I**

| | | | | | | | |
|---|---|---|---|---|---|---|---|
| 1 | | | | 2 | | | |
| 3 | | | | 4 | | | |
| 5 | | | | 6 | | | |
| 7 | | | | 8 | | | |
| 9 | | | | 10 | | | |

**II**

| | 記号 | 正しい形 | | 記号 | 正しい形 |
|---|---|---|---|---|---|
| 1 | | | 2 | | |
| 3 | | | 4 | | |
| 5 | | | 6 | | |
| 7 | | | 8 | | |
| 9 | | | 10 | | |

**III**

| | | | | | | | | | |
|---|---|---|---|---|---|---|---|---|---|
| 1 | | 2 | | 3 | | 4 | | 5 | |
| 6 | | 7 | | 8 | | 9 | | 10 | |

**IV**

A

| | | | | | | | | | | | | | | | |
|---|---|---|---|---|---|---|---|---|---|---|---|---|---|---|---|
| 1 | | 2 | | 3 | | 4 | | 5 | | 6 | | 7 | | 8 | |
| 9 | | 10 | | 11 | | 12 | | 13 | | 14 | | 15 | | 16 | |

B

(ア)

(イ)

(ウ)

C

(i)

(ii)

(iii)

（注）この解答用紙は実物を縮小してあります。185%拡大コピーすると、ほぼ実物大で使用できます。（タイトルと配点表は含みません）

| 推定配点 | | 計 |
|---|---|---|
| | I　各１点×10　　II，III　各２点×20<br>IV　A　各２点×16　B，C　各３点×６ | 100点 |

# 2021年度　慶應義塾高等学校

## 数学解答用紙　No. 1

| 番号 | | 氏名 | | 評点 | ／100 |
| --- | --- | --- | --- | --- | --- |

**1** 次の空欄をうめよ。**【答えのみでよい】**

（1）$(a^2-2a-6)(a^2-2a-17)+18$ を因数分解すると

［　　　　］となる。

（2）2次方程式 $(2021-x)(2022-x)=2023-x$

の解は，$x=$［　　　　］である。

（3）連立方程式

$$\begin{cases} \dfrac{5}{x-\sqrt{2}}+\dfrac{2}{x+\sqrt{2}y}=1 \\ \dfrac{1}{x-\sqrt{2}}-\dfrac{5}{x+\sqrt{2}y}=2 \end{cases}$$

の解は，$x=$［　　　　］，$y=$［　　　　］である。

（4）次のデータは，6人の生徒が体力テストで計測した腕立て伏せの回数である。

26，28，23，32，16，28

この6個のデータの値のうち1つが誤りである。正しい値に直して計算すると，平均値は26，中央値は28となる。

誤っているデータの値は，［　　　　］で，正しく直した値は，

［　　　　］である。

**2** 次の問いに答えよ。

（1）AB＝2，AD＝3の長方形ABCDにおいて，辺ABの中点をE，辺ADを2：1に分ける点をFとする。このとき，∠AFE＋∠BCEの大きさを求めよ。

（答）

（2）∠C＝90°の直角三角形ABCがある。頂点A，B，Cを中心とする3つの円は互いに外接している。また，3つの円の半径はそれぞれ $ka$，$a+1$，$a$ である。$a$ が自然数，$k$ が3以上の自然数とするとき，$k$ は奇数になることを証明せよ。

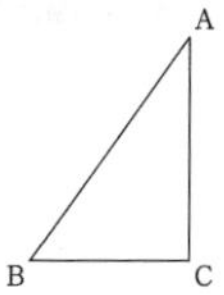


（3）三角形ABCにおいて，AB＝AC，BC＝2，∠BAC＝36°であるとき，ABの長さを求めよ。

（答）

**3** 展開図が右図のようになる立体について次の問いに答えよ。ただし，図中の長さの単位はcmとする。

（1）この立体の表面積を求めよ。

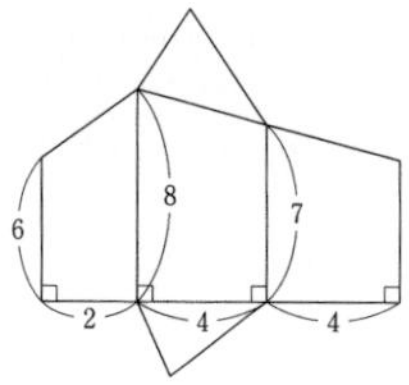


（答）

（2）この立体の体積を求めよ。

（答）

**4** 1から20までの自然数から異なる4つの数を選び，それらを小さい順にa，b，c，dと並べる。次の問いに答えよ。

（1）c＝8のとき，残りの3つの数の選び方は何通りあるか答えよ。

（答）

（2）c＝$k$ のとき，残りの3つの数の選び方が455通りであった。$k$ の値を求めよ。

（答）

（注）この解答用紙は実物を縮小してあります。192%拡大コピーすると，ほぼ実物大で使用できます。（タイトルと配点表は含みません）

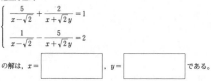

# ２０２１年度　　慶應義塾高等学校

## 数学解答用紙　No. 2

**5**　2つの実数 $x$, $y$ に対して，計算記号 $T(x,\ y)$ は，$\dfrac{x+y}{1-x\times y}$ の値を求めるものとする。

（1）次の空欄をうめよ。**【答えのみでよい】**

$T\left(\dfrac{1}{2},\ \dfrac{1}{3}\right)$ の値は，[　　　　]で，

$T\left(\dfrac{1}{4},\ t\right)=1$ となる $t$ の値は，[　　　　]である。

（2）$a$, $b$, $c$, $d$, $e$, $f$ は，すべて0より大きく1より小さい実数とする。
$T(a,\ f)=T(b,\ e)=T(c,\ d)=1$ のとき，
$(1+a)(1+b)(1+c)(1+d)(1+e)(1+f)$ の値を求めよ。

（答）

**6**　3点A，B，Cは放物線 $y=ax^2$ 上にあり，点Dは $x$ 軸の正の部分にある。$\angle\mathrm{AOD}=30°$，$\angle\mathrm{BOD}=45°$，$\angle\mathrm{COD}=60°$，$a>0$ であるとき，次の問いに答えよ。

（1）3点A，B，Cの座標を $a$ を用いて表せ。

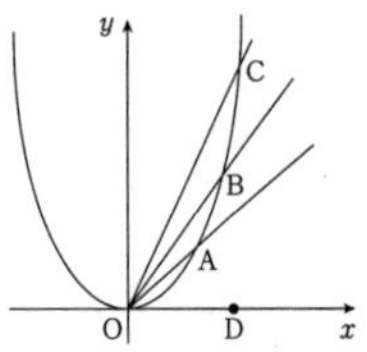


（答）A(　　,　　), B(　　,　　), C(　　,　　)

（2）三角形BOCの面積が1のとき，三角形AOBの面積を求めよ。

（答）

**7**　四面体OABCは底面ABCが AB＝1cm，BC＝3cm，CA＝$\sqrt{10}$cm の直角三角形で，OA＝OB＝OC＝4cm である。動点PはOA間を，動点QはOB間を，動点RはOC間をそれぞれ毎秒1cm，2cm，4cmで往復している。
3つの動点P，Q，Rが同時に点Oを出発したとき，次の問いに答えよ。

（1）四面体OABCの体積を求めよ。

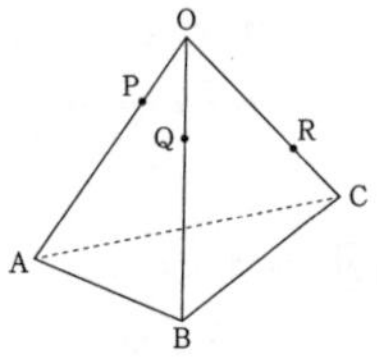


（答）

（2）下図は動点Pについて，出発から8秒後までの点Oからの距離の変化の様子をグラフに示したものである。同様にして，2つの動点Q，Rについて出発から8秒後までの変化の様子をグラフに実線で書き加えよ。

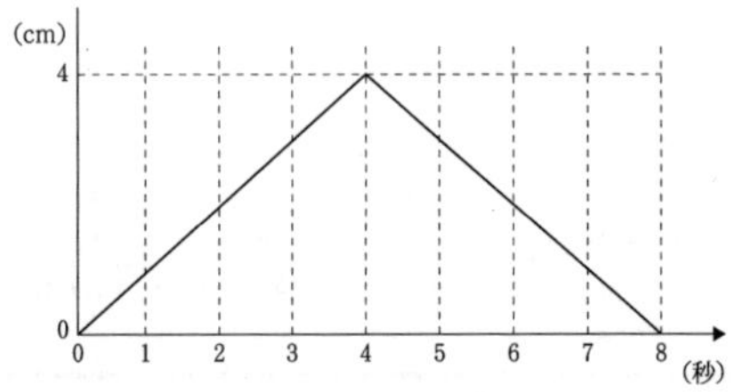


（3）$t$ 秒後に初めて三角形PQRが底面の三角形ABCと平行になった。そのときの $t$ の値と四面体OPQRの体積を求めよ。

（答）$t=$　　　　体積

| 推定配点 | | 計 |
|---|---|---|
| | **1** 各4点×5〔(3)は完答〕<br>**2** (1) 5点 (2) 8点 (3) 5点<br>**3**〜**5** 各5点×7<br>**6** (1) 各2点×3 (2) 5点<br>**7** (1), (2) 各5点×2 (3) 各3点×2 | 100点 |

# 二〇二二年度　慶應義塾高等学校

## 国語解答用紙

| 番号 | | 氏名 | | 評点 | /100 |
|---|---|---|---|---|---|

### 一

問一　一点目　こと。　二点目　こと。

問二

問三

問四　問五

問六

問七　問八

問九　こと。

問十

問十一　【5】　【7】　問十二

問十三　楷書でていねいに書くこと。

| 1 ギュウジ | 2 リュウセイゲン | 3 ミンセイ | 4 ヒハン | 5 ドリョウ |
|---|---|---|---|---|
| | | | | |

### 二

問一　楷書でていねいに書くこと。

| 1 アンチョク | 2 シャクヤ | 5 エン | 6 テヂカ | 8 シタバラ |
|---|---|---|---|---|
| | | | | |

問二

| 3 唐草 | 4 床板 | 7 加持 | 9 数珠 | 10 霧 |
|---|---|---|---|---|
| | | | | |

問三

問四　②　③　④　⑧　⑨

問五　問六

問七　（行）　（活用）　問八

問九

問十　問十一　問十二　問十三

（注）この解答用紙は実物を縮小してあります。189%拡大コピーすると、ほぼ実物大で使用できます。（タイトルと配点表は含みません）

| 推定配点 | 計 |
|---|---|
| 一 問一～問七 各3点×8 問八 2点 問九 3点 問十 6点<br>問十一、問十二 各3点×3 問十三 各2点×5<br>二 問一 各2点×5 問二 各1点×5 問三 3点 問四 各1点×5<br>問五、問六 各3点×2 問七、問八 各2点×2 問九 5点<br>問十～問十三 各2点×4 | 100点 |

# ２０２０年度　慶應義塾高等学校

## 英語解答用紙

| 番号 | | 氏名 | | 評点 | ／100 |
|---|---|---|---|---|---|

I

| | | | | | |
|---|---|---|---|---|---|
| 1 | | | 2 | | |
| 3 | | | 4 | | |
| 5 | | | 6 | | |
| 7 | | | 8 | | |
| 9 | | | | | |

II

| | 記号 | 正しい形 | | 記号 | 正しい形 | | 記号 | 正しい形 |
|---|---|---|---|---|---|---|---|---|
| 1 | | | 2 | | | 3 | | |
| 4 | | | 5 | | | 6 | | |
| 7 | | | 8 | | | 9 | | |

III

| | | | | | | | | | |
|---|---|---|---|---|---|---|---|---|---|
| 1 | | 2 | | 3 | | 4 | | 5 | |
| 6 | | 7 | | 8 | | 9 | | 10 | |

IV

A

| | | | | | | | | | |
|---|---|---|---|---|---|---|---|---|---|
| 1 | | 2 | | 3 | | 4 | | 5 | |
| 6 | | 7 | | 8 | | 9 | | 10 | |

B

| | | | | | | | | | |
|---|---|---|---|---|---|---|---|---|---|
| 1 | | 2 | | 3 | | 4 | | 5 | |

C (ア)

(イ)

(ウ)

D (i)

(ii)

(iii)

E ③

④

（注）この解答用紙は実物を縮小してあります。196％拡大コピーすると、ほぼ実物大で使用できます。（タイトルと配点表は含みません）

| 推定配点 | | 計 |
|---|---|---|
| | I　各１点×９　　II, III　各２点×19<br>IV　A～C　各２点×18　D　各３点×３　E　各４点×２ | 100点 |

# 2020年度　　慶應義塾高等学校

## 数学解答用紙　No. 1

| 番号 | | 氏名 | | 評点 | ／100 |
|---|---|---|---|---|---|

**1** 次の空欄をうめよ。【答えのみでよい】

（1） $\sqrt{24}$ の小数部分を $a$ とするとき，$a^2+8a=$ ［　　　］ である。

（2） $\dfrac{3007}{3201}$ を既約分数に直すと，［　　　］ である。

（3） $3x^2-15x+7=0$ のとき，$3x^4-15x^3+35x-16$ の値は ［　　　］ である。

（4） 50人の生徒がA，B 2つの問いに答えたところ，Aを正解した生徒が32人，Bを正解した生徒が28人だった。このとき，A，Bともに不正解となった生徒の人数は最大で ［　　　］ 人，また，A，Bともに正解した生徒の人数は最小で ［　　　］ 人である。

（5） 長さも太さも色も同じひもが3本ある。ひもをすべて半分に折り，折った箇所を袋の中に隠し，ひもの両端が袋から出た状態のくじを作った。A，B，C，D 4人の生徒が順に6本のひもの端から1つずつ選んだとき，同じひもの両端を選ぶペアが2組となる確率は ［　　　］ である。

（6） 箱の中に入ったビー玉のうち，125個を取り出して印をつけ，元に戻した。よくかきまぜて $x$ 個取り出して調べたところ，印のついたビー玉が35個含まれていたため，箱に入ったビー玉は全部で1万個と推定した。

$x=$ ［　　　］ である。

**2** 座標平面上に放物線 $y=\dfrac{1}{2}x^2$…① と直線 $y=-\dfrac{1}{2}x+3$…② がある。点A，A'は①と②の交点，点B，Cはそれぞれ①と②の上の点であり，四角形BCDEは，辺BCが $y$ 軸に平行な正方形である。4点A，A'，C，Dを $x$ 座標の小さい順に並べるとA'，C，D，Aである。次の問いに答えよ。

（1） 点Aの座標を求めよ。

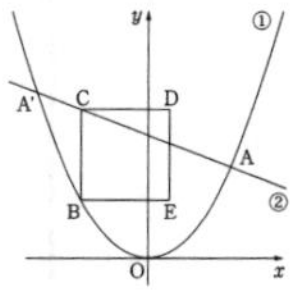


（答）

（2） 点Bの $x$ 座標を $t$ とおくとき，点Dの座標を $t$ の式で表せ。

（答）

（3） 直線ADの傾きが $-2$ であるとき，$t$ の値を求めよ。

（答）

**3** 2地点A，Bを結ぶ一本道がある。P君は地点AからB地点へ，Q君は地点Bから地点Aへ向かって同時に出発した。P君，Q君はそれぞれ一定の速さで動き，出発してから2時間30分後に地点Bから20kmの地点ですれ違い，P君が地点Bに到着してから3時間45分後にQ君が地点Aに到着した。

このとき，2地点A，B間の距離を求めよ。

（答）　　　　km

**4** 2つの店A，Bへ順に行き，それぞれの店で2種類の商品X，Yをいくつか買った。

①商品Xについて，店Aでは定価から10％引き，店Bでは定価から5％引きされていた。

②商品Yについて，店Aでは定価で売られていたが，店Bでは1つあたり50円引きされていた。

③店Aでは9,600円，店Bでは8,600円を支払ったが，合計は商品をすべて定価で買った場合より1,600円少なかった。

④2つの店で買ったものをすべて数えると，商品Xは20個，商品Yは28個あった。

⑤商品Xと商品Yの1個ずつの定価の合計は850円である。

消費税は考えないものとし，支払った金額は四捨五入などされていないものとして次の問いに答えよ。

（1） 商品Xの定価を求めよ。

（答）　　　　円

（2） 店Aで買った商品Xと商品Yの個数を求めよ。

（答）商品Xを　　　　個，商品Yを　　　　個

（注）この解答用紙は実物を縮小してあります。192％拡大コピーすると，ほぼ実物大で使用できます。（タイトルと配点表は含みません）

# ２０２０年度　　慶應義塾高等学校

## 数学解答用紙　No. 2

**5** 次の問いに答えよ。

（1） 図1の円は点Oを中心としABを直径とする半径$r$の円である。点Cは円周上の点であり，点CからABにおろした垂線をCDとし，点OからACにおろした垂線をOEとする。$AE=a$，$OE=b$のとき，CDの長さ$x$を$a$，$b$，$r$の式で表せ。平方根は用いないこと。

図1

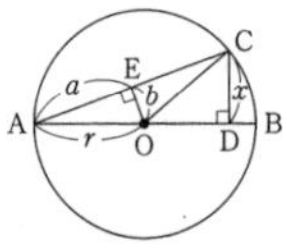


（答）

（2） 図1において，$\angle OAE=15^\circ$であるとき，$ab$の値を$r$の式で表せ。平方根は用いないこと。

（答）

（3） 図2において，FH, LJはともに長さが$2r$で，それぞれ長方形FGHI，長方形LIJKの対角線である。また，$FI=FL$である。LI, IJの長さ$y$，$z$をそれぞれ$r$の式で表せ。

図2

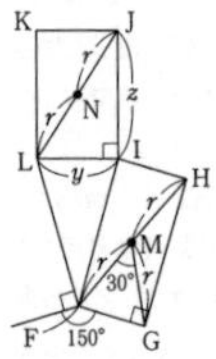


（答）$y=$　　　　　，$z=$

**6** 下の図は，１辺の長さ$6a$の正多角形の面のみでできた立体の展開図である。完成した立体の表面に沿って点Pと点Qを最短経路でつないだとき，最短経路の長さを求めよ。

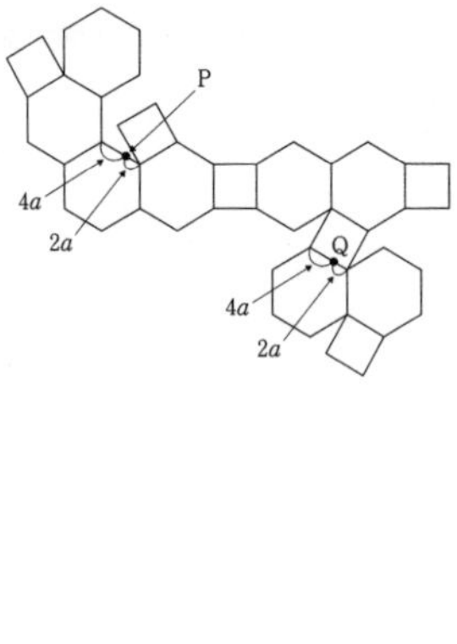


（答）

**7** 座標平面上を３つの動点P，Q，Rが原点Oを同時に出発し，以下のような経路で毎秒１の速さで動く。
ただし，点と点の間は最短経路を進むものとする。

動点P：原点O→点(0, 4)→点(2, 4)→点(2, 6)→点(0, 6)
動点Q：原点O→点(−2, 0)→点(−2, 2)→点(0, 2)→点(0, 4)→点(2, 4)
動点R：原点O→点(6, 0)→点(2, 0)

原点を出発してから$t$秒後の△PQRの面積を$y$とするとき，次の問いに答えよ。

（1） $0<t\leqq 2$のとき，$y$を$t$の式で表せ。

（答）

（2） $0<t\leqq 8$のとき，$y$と$t$の関係を表すグラフを（答）の欄内にかけ。

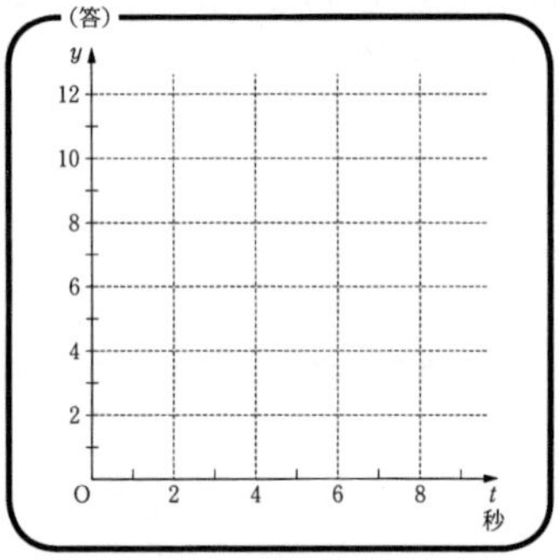


（3） $8\leqq t\leqq 10$のとき，$t=a$で３つの動点P，Q，Rが一直線上に並ぶ。$a$の値を求めよ。

（答）

| 推定配点 | | 計 |
|---|---|---|
| 推定配点 | **1** (1)〜(3) 各５点×３ (4) 各３点×２ (5)，(6) 各５点×２<br>**2**〜**4** 各５点×６ **5** (1)，(2) 各５点×２ (3) 各４点×２<br>**6** ５点 **7** (1)，(2) 各５点×２ (3) ６点 | 100点 |

# 二〇二〇年度　慶應義塾高等学校

## 国語解答用紙

番号　　氏名　　評点　／100

### 一

問一　［10マス］方向。

問二　［70字］

問三　［30字］

問四

問五　①　②　③

問六　［5マス］

問七

問八

問九

問十　楷書でていねいに書くこと。
1 トジョウ
2 コウコウ
3 サイシュ
4 モサク
5 チクセキ

### 二

問一

問二　誰かの［15マス］存在。

問三　［15字］姿。

問四　［10マス］

問五

問六　他者は［40字］という偏見。

問七

問八　［5マス］

問九　1　2　3　4　5

問十　A　B

問十一　a　b

問十二　楷書でていねいに書くこと。
1 ソウワ
2 シコウ
3 バイ
4 ユダねた
5 ケイセイ

（注）この解答用紙は実物を縮小してあります。172%拡大コピーすると、ほぼ実物大で使用できます。（タイトルと配点表は含みません）

| 推定配点 | 計 |
|---|---|
| 一 問一　4点　問二　6点　問三、問四　各4点×2　問五　各2点×3　問六～問九　各3点×4　問十　各2点×5<br>二 問一～問五　各4点×5　問六　5点　問七、問八　各3点×2　問九　各1点×5　問十～問十二　各2点×9 | 100点 |

# ２０１９年度　慶應義塾高等学校

## 英語解答用紙

| 番号 | | 氏名 | |
|---|---|---|---|

| 評点 | ／100 |
|---|---|

Ⅰ

| | | | | | |
|---|---|---|---|---|---|
| 1 | | | 2 | | |
| 3 | | | 4 | | |
| 5 | | | 6 | | |
| 7 | | | 8 | | |
| 9 | | | | | |

Ⅱ

| | 記号 | 正しい形 | | 記号 | 正しい形 | | 記号 | 正しい形 |
|---|---|---|---|---|---|---|---|---|
| 1 | | | 2 | | | 3 | | |
| 4 | | | 5 | | | 6 | | |
| 7 | | | 8 | | | 9 | | |

Ⅲ

| | | | | | | | | | |
|---|---|---|---|---|---|---|---|---|---|
| 1 | | 2 | | 3 | | 4 | | 5 | |
| 6 | | 7 | | 8 | | 9 | | 10 | |

Ⅳ

A

| | | | | | | | | | |
|---|---|---|---|---|---|---|---|---|---|
| 1 | | 2 | | 3 | | 4 | | 5 | |
| 6 | | 7 | | 8 | | 9 | | 10 | |

B

| | | | | | | | | | |
|---|---|---|---|---|---|---|---|---|---|
| 1 | | 2 | | 3 | | 4 | | 5 | |

C (ア)

(イ)

(ウ)

D (i)

(ii)

(iii)

E ②

③

（注）この解答用紙は実物を縮小してあります。189％拡大コピーすると、ほぼ実物大で使用できます。（タイトルと配点表は含みません）

| 推定配点 | | 計 |
|---|---|---|
| | Ⅰ　各１点×９　Ⅱ, Ⅲ　各２点×19<br>Ⅳ　A～C　各２点×18　D　各３点×３　E　各４点×２ | 100点 |

# 2019年度　　慶應義塾高等学校

## 数学解答用紙　No. 1

| 番号 | | 氏名 | | 評点 | ／100 |
|---|---|---|---|---|---|

**1** 次の空欄をうめよ。**【答えのみでよい】**

（1） $\left(\sqrt{\dfrac{111}{2}}+\sqrt{\dfrac{86}{3}}\right)^2-\left(\dfrac{3\sqrt{37}-2\sqrt{43}}{\sqrt{6}}\right)^2$ を計算すると，□ となる。

（2） $(x-3)(x-1)(x+5)(x+7)-960$ を因数分解すると，□ となる。

（3） 大中小３つのさいころを同時に１回投げて，大中小のさいころの出た目の数をそれぞれ $a$, $b$, $c$ とする。
このとき $\dfrac{1}{a}+\dfrac{1}{b}+\dfrac{1}{c}=1$ となる確率は，□ である。

（4） 点数が０以上10以下の整数であるテストを７人の生徒が受験した。
得点の代表値を調べたところ，平均値は７であり，中央値は最頻値より１大きく，得点の最小値と最頻値の差は３であった。最頻値は１つのみとするとき，７人の得点は左から小さい順に書き並べると，
□，□，□，□，□，□，□ である。

**2** 実数 $a$ に対して，以下の２つのステップで構成する操作がある。
（ステップ１）$a$ の値を用いて，式の値 $\dfrac{a}{a+1}$ を求める。
（ステップ２）ステップ１で求めた式の値を新たに $a$ の値とする。
例えば，最初に $a=2$ とおくと，１回目の操作後で $a=\dfrac{2}{3}$，２回目の操作後で $a=\dfrac{2}{5}$ となる。このとき，次の空欄をうめよ。**【答えのみでよい】**

（1） 最初に $a=1$ とおくとき，2019回目の操作後の $a$ の値は，
□ である。

（2） $k$ を正の整数として最初に $a=k$ とおくとき，$n$ 回目の操作後に
$a=\dfrac{11}{958}$ となった。$k$ の値は □，$n$ の値は □ である。

**3** ３辺の長さが $x$, $x+1$, $2x-3$ である三角形がある。このとき，次の問いに答えよ。

（1） 次の空欄をうめよ。**【答えのみでよい】**
$x$ のとりうる範囲を不等号を用いて表すと □ である。

（2） この三角形が直角三角形となるとき，$x$ の値を求めよ。

（答）$x=$

**4** 原点Oを出発し，$x$ 軸上を正の方向へ進む２点P，Qがある。点Pは毎秒２の速さで進み，点Qは進む距離が時間の２乗に比例するように進む。点Pが出発した $a$ 秒後に点Qが出発し，点Qが出発した $2a$ 秒後に $x$ 座標が（$3a+9$）の点で，点Qが点Pに追いついた。点Qが出発してから $t$ 秒後までに点Qが進む距離を $d$ とするとき，次の問いに答えよ。

（1） $a$ の値を求めよ。

（答）$a=$

（2） $d$ を $t$ の式で表せ。

（答）$d=$

**5** ２円 $C_1$, $C_2$ が点Aにおいて外接している。２点B, Cは円 $C_1$ の周上にあり，３点D, E, Fは円 $C_2$ の周上にある。３点B, A, Eと３点C, A, Fと３点C, D, Eはそれぞれ一直線上に並んでいる。また，直線FDと直線BE, BCの交点をそれぞれ点G, Hとする。△ABCは鋭角三角形とし，BC＝4，EF＝3，CH＝5のとき，次の問いに答えよ。

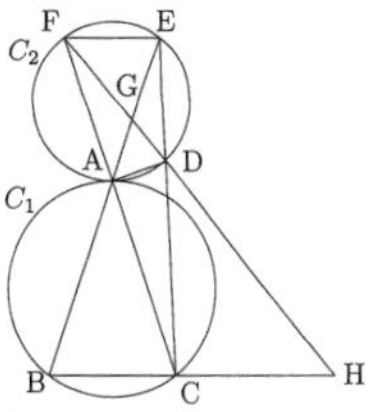


（1） EG：GA：AB を最も簡単な整数の比で表せ。

（答）EG：GA：AB＝

（2） △GAD：△DCH を最も簡単な整数の比で表せ。

（答）△GAD：△DCH＝

（注）この解答用紙は実物を縮小してあります。192％拡大コピーすると，ほぼ実物大で使用できます。（タイトルと配点表は含みません）

# 2019年度　　慶應義塾高等学校

## 数学解答用紙　No. 2

**6** $x$ 軸と $y$ 軸に接している円の中心Aは放物線 $y=\frac{\sqrt{2}}{2}x^2$ 上にあり，その $x$ 座標は正である。直線OAと円との交点のうち，原点に近い点をB，遠い点をCとおく。円と $x$ 軸との接点をD，さらに直線DBと放物線の交点のうち $x$ 座標が正の点をE，負の点をF，線分EFの中点をMとする。このとき，次の問いに答えよ。

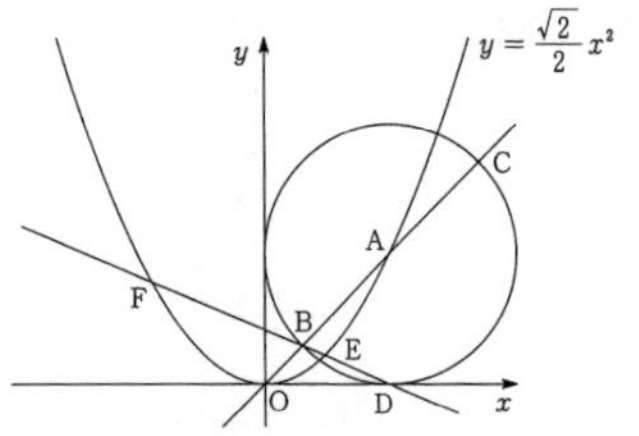


（1） 線分OBの長さを求めよ。

（答）＿＿＿＿＿＿＿＿

（2） 点Mの $x$ 座標を求めよ。

（答）＿＿＿＿＿＿＿＿

（3） 比の値 $\frac{\triangle \mathrm{BDC}}{\triangle \mathrm{MBC}}$ を求めよ。

（答）＿＿＿＿＿＿＿＿

**7** 各面が，1辺の長さが2の正三角形または正方形である多面体について，図1は展開図，図2は立面図と平面図を示している。平面図の四角形AGDHは正方形であるとき，次の問いに答えよ。ただし，図2の破線は立面図と平面図の頂点の対応を表し，F(B)，E(C)，G(H)はFがBに，EがCに，GがHにそれぞれ重なっていることを表す。

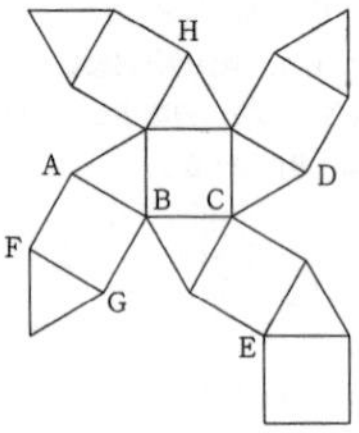


図1　展開図

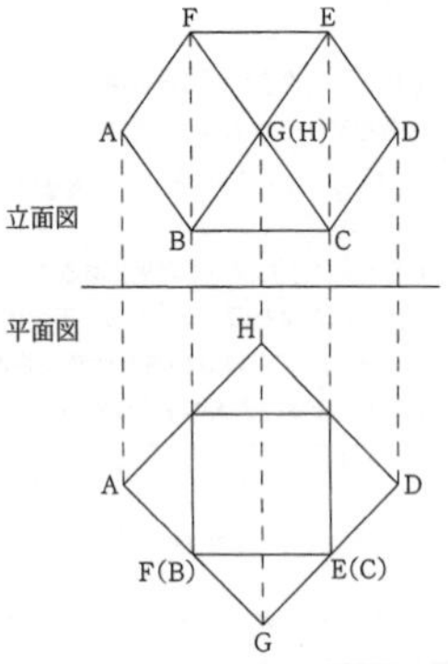


図2　立面図と平面図

（1） 平面図の正方形AGDHの面積を求めよ。

（答）＿＿＿＿＿＿＿＿

（2） この多面体を，2点A，Dを通り，線分GHに垂直な平面で切ったときの切り口の面積を求めよ。

（答）＿＿＿＿＿＿＿＿

（3） この多面体の体積を求めよ。

（答）＿＿＿＿＿＿＿＿

| 推定配点 | | 計 |
|---|---|---|
| | 1 各5点×4　2 (1) 4点 (2) 各3点×2<br>3 各5点×2　4〜7 各6点×10 | 100点 |

# 二〇一九年度　慶應義塾高等学校

## 国語解答用紙

番号　　氏名　　評点　／100

### 一

問1

問2　ということ。

問3

問4　〜　書いたから。

問5

問6

問7

問8

問9　A　B　C　D

問10

問11　1　2　3

問12　県

問13　楷書でていねいに書くこと。

1 サッし　2 タイショウ　3 ヒゲキ　4 アンチョク　5 ツトめた

6 サンザイ　7 ジロン　8 テンカイ　9 メイジ　10 ムイ

### 二

問1

問2

問3　誰の　意味

問4

問5　不安

問6

問7　初め　〜終わり

問8

問9

問10

問11　a く　b みた　c か　d く　e

### 三

❶　❷　❸　❹　❺　❻　❼　❽　❾　❿

（注）この解答用紙は実物を縮小してあります。182％拡大コピーすると、ほぼ実物大で使用できます。（タイトルと配点表は含みません）

| 推定配点 | |
|---|---|
| 一 問1 4点　問2 3点　問3〜問13 各2点×25<br>二 問1、問2 各2点×2　問3 各1点×2　問4、問5 各2点×2<br>問6 4点　問7 2点　問8 4点　問9、問10 各1点×3<br>問11 各2点×5<br>三 各1点×10 | |
| 計 | 100点 |

# 2018年度　慶應義塾高等学校

## 英語解答用紙

| 番号 | | 氏名 | |
|---|---|---|---|

| 評点 | ／100 |
|---|---|

Ⅰ

| | | | | | |
|---|---|---|---|---|---|
| 1 | | | 2 | | |
| 3 | | | 4 | | |
| 5 | | | 6 | | |
| 7 | | | 8 | | |
| 9 | | | | | |

Ⅱ

| | 記号 | 正しい形 | | 記号 | 正しい形 | | 記号 | 正しい形 |
|---|---|---|---|---|---|---|---|---|
| 1 | | | 2 | | | 3 | | |
| 4 | | | 5 | | | 6 | | |
| 7 | | | 8 | | | 9 | | |

Ⅲ

| | | | | | | | | | |
|---|---|---|---|---|---|---|---|---|---|
| 1 | | 2 | | 3 | | 4 | | 5 | |
| 6 | | 7 | | 8 | | 9 | | 10 | |

Ⅳ

A

| | | | | | | | | | |
|---|---|---|---|---|---|---|---|---|---|
| 1 | | 2 | | 3 | | 4 | | 5 | |
| 6 | | 7 | | 8 | | 9 | | 10 | |

B

| | | | | | | | | | |
|---|---|---|---|---|---|---|---|---|---|
| 1 | | 2 | | 3 | | 4 | | 5 | |

C (ア)

(イ)

(ウ)

D (i)

(ii)

(iii)

E ①

②

（注）この解答用紙は実物を縮小してあります。185％拡大コピーすると、ほぼ実物大で使用できます。（タイトルと配点表は含みません）

| 推定配点 | | 計 |
|---|---|---|
| | Ⅰ，Ⅱ　各1点×18　Ⅲ　各2点×10<br>Ⅳ　A　各2点×10　B，C　各3点×8<br>D　各4点×3　E　各3点×2 | 100点 |

# 2018年度　慶應義塾高等学校

## 数学解答用紙　No. 1

| 番号 | | 氏名 | | 評点 | ／100 |
|---|---|---|---|---|---|

**1** 次の空欄をうめよ。**【答えのみでよい】**

（1） $(\sqrt{2}+1)^4-(\sqrt{2}-1)^4$ を計算すると，□ となる。

（2） $x=121$，$y=131$ のとき，$x^2-xy-2x+2y$ の値は □ である。

（3） $2\sqrt{6}$ の整数部分を $a$，小数部分を $b$ とする。$b$ の値は □ であり，$\dfrac{-2a-3b+2}{2b+a}$ の値は □ である。

（4） 連立方程式 $\begin{cases} 3x+2y=6 \\ 6xy=5 \end{cases}$ の解は，$x=$ □，$y=$ □ と $x=$ □，$y=$ □ の2組である。

**2** 2つの容器A，Bがあり，容器Aには10％の食塩水100g，容器Bには5％の食塩水200gが入っている。この2つの容器からそれぞれ $x$ gの食塩水を取り出した後に，容器Aから取り出した食塩水を容器Bに，容器Bから取り出した食塩水を容器Aに入れ，それぞれよくかき混ぜる作業をした。次の問いに答えよ。

（1） この作業後の容器Aの食塩水に含まれる食塩は何gか。$x$ を用いた式で表せ。**【答えのみでよい】**

（答）　　　　　g

（2） この作業後，容器Aの食塩水の濃度が容器Bの食塩水の濃度の1.5倍になった。$x$ の値を求めよ。

（答）

**3** A君は，4枚のカード [1]，[2]，[3]，[4] が入った袋から1枚を取り出して数字を確認した後に袋に戻し，再度袋から1枚を取り出して数字を確認する。B君は，6枚のカード [1]，[2]，[3]，[4]，[5]，[6] が入った袋から1枚を取り出して数字を確認する。A君は取り出したカードの数字の合計が，B君は取り出したカードの数字が，それぞれ得点となる。次の問いに答えよ。

（1） A君の得点が4以上となる確率を求めよ。**【答えのみでよい】**

（答）

（2） B君の得点がA君の得点を上回る確率を求めよ。

（答）

**4** $n$ を1から8までの自然数とする。自然数 $a$ に対して，1の位が $n$ 以下であれば切り捨て，$n+1$ 以上であれば切り上げた数を $S_n(a)$ で表す。例えば，$S_4(75)=80$，$S_5(75)=70$ である。次の問いに答えよ。**【答えのみでよい】**

（1） $S_6(a)=20$ を満たす自然数 $a$ のうち，最小と最大のものを求めよ。

（答）最小：　　　　，最大：

（2） $S_4(a)+S_5(a)=30$ を満たす自然数 $a$ を求めよ。

（答）

（3） $S_4(a)+S_5(a)+S_6(a)=100$ を満たす自然数 $a$ を求めよ。

（答）

**5** 1辺の長さが2の正方形ABCDに円が内接している。辺AB，CD上の接点をそれぞれE，Fとして，線分CEと円の交点をGとおく。次の問いに答えよ。

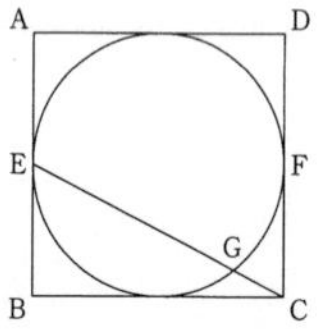


（1） CGの長さを求めよ。

（答）

（2） △BGFの面積を求めよ。

（答）

（注）この解答用紙は実物を縮小してあります。192％拡大コピーすると，ほぼ実物大で使用できます。（タイトルと配点表は含みません）

# 数学解答用紙　No. 2

**6** 放物線 $y=ax^2$(ただし $a>0$ とする) 上に2点A，Bがあり，$x$ 座標をそれぞれ $-1$，3とする。直線ABの傾きが $\dfrac{1}{3}$ のとき，次の問いに答えよ。

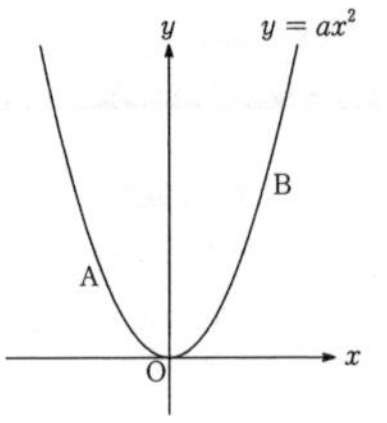


（1） $a$ の値と直線ABの式を求めよ。

（答）$a=$　　　　　，直線ABの式：$y=$

（2） △ABOと△ABCの面積が等しくなる放物線上の点Cの $x$ 座標をすべて求めよ。ただし，点Cは原点Oと異なるとする。

（答）点Cの $x$ 座標：

（3） 2点A，Bおよび（2）で求めたすべての点Cについて，これらすべての点を頂点とする多角形の面積を求めよ。

（答）

**7** すべての辺の長さが2の正四角錐O－ABCDがある。この正四角錐を辺BA，BC，BOのそれぞれの中点L，M，Nを通る平面で頂点Bを切り落とし，同様に辺DA，DC，DOのそれぞれの中点P，Q，Rを通る平面で頂点Dを切り落とした。頂点Oを含む立体Vについて，次の問いに答えよ。

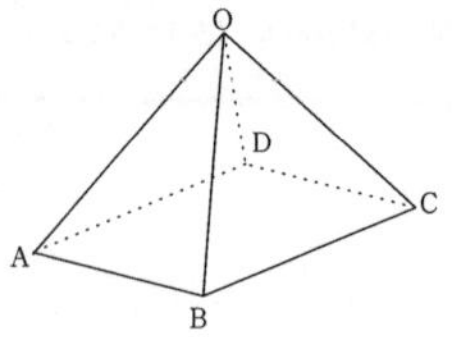


（1） 立体Vの体積を求めよ。

（答）

（2） 辺OCの中点をKとする。立体Vを3点K，L，Pを通る平面で切ったときの切り口の面積を求めよ。

（答）

| 推定配点 | | 計 |
|---|---|---|
| | 1 (1)，(2)　各5点×2　(3)，(4)　各3点×4　　2，3　各5点×4<br>4 (1)　各3点×2　(2)，(3)　各5点×2　　5　各5点×2<br>6 (1)　各4点×2　(2)，(3)　各6点×2　　7　各6点×2 | 100点 |

# 二〇一八年度　慶應義塾高等学校

## 国語解答用紙

番号　　氏名　　評点　／100

一

問1　知識人タイプの歴史家の（　　）は、西郷（　　）するのに適しない。

問2

問3

問4

問5　B　C

問6

問7

問8　X　Y

問9

問10　a　b らしめ　c　d かれて　e うる

問11　1 ヘンカク　2 ベンゴ　3 ホッ（　）し　4 サッ（　）する　5 カンコウ　6 シカン　7 シル（　）して　8 ケッコウ　9 イナ（　）か　10 セイサイ

二

問1　問2　問3　問4　問5

問6　Ⅰ　Ⅱ

問7　（　　）するということ。

問8

問9

問10

問11　Ⅰ　Ⅱ

問12　Ⅰ　Ⅱ

（注）この解答用紙は実物を縮小してあります。Ａ３用紙に161％拡大コピーすると、ほぼ実物大で使用できます。（タイトルと配点表は含みません）

推定配点

一　問1　各2点×2　問2　6点　問3　4点　問4～問11　各2点×23

二　問1～問5　各2点×5　問6～問12　各3点×10

計　100点

# 平成29年度　慶應義塾高等学校

## 英語解答用紙

| 番号 | | 氏名 | | 評点 | ／100 |
|---|---|---|---|---|---|

Ⅰ

| | | | | | |
|---|---|---|---|---|---|
| 1 | | | 2 | | |
| 3 | | | 4 | | |
| 5 | | | 6 | | |
| 7 | | | 8 | | |
| 9 | | | | | |

Ⅱ

| | 記号 | 正しい形 | | 記号 | 正しい形 | | 記号 | 正しい形 |
|---|---|---|---|---|---|---|---|---|
| 1 | | | 2 | | | 3 | | |
| 4 | | | 5 | | | 6 | | |
| 7 | | | 8 | | | 9 | | |

Ⅲ

| | | | | | | | | | |
|---|---|---|---|---|---|---|---|---|---|
| 1 | | 2 | | 3 | | 4 | | 5 | |
| 6 | | 7 | | 8 | | 9 | | 10 | |

Ⅳ

A

| | | | | | | | | | |
|---|---|---|---|---|---|---|---|---|---|
| 1 | | 2 | | 3 | | 4 | | 5 | |
| 6 | | 7 | | 8 | | 9 | | 10 | |

B

| | | | | | | | | | |
|---|---|---|---|---|---|---|---|---|---|
| 1 | | 2 | | 3 | | 4 | | 5 | |

C (ア)

(イ)

(ウ)

D (i)

(ii)

(iii)

E ①

②

（注）この解答用紙は実物を縮小してあります。182%拡大コピーすると、ほぼ実物大で使用できます。（タイトルと配点表は含みません）

| 推定配点 | | 計 |
|---|---|---|
| | Ⅰ, Ⅱ 各1点×18　Ⅲ 各2点×10<br>Ⅳ A 各2点×10　B, C 各3点×8<br>D 各4点×3　E 各3点×2 | 100点 |

# 平成29年度　　　慶應義塾高等学校

## 数学解答用紙　No. 1

| 番号 | | 氏名 | | 評点 | ／100 |
|---|---|---|---|---|---|

（注意）1．考え方や途中経過をわかりやすく記入すること。
2．答には近似値を用いないこと。円周率は $\pi$ を用いること。
3．図は必ずしも正確ではない。
4．裏面には何も記入しないこと。

**1**（1）

（答）

（2）

（答）

（3）（ア）

（答）$x =$　　　，$y =$

（イ）

（答）$\begin{cases} x = \\ y = \\ z = \end{cases}$，$\begin{cases} x = \\ y = \\ z = \end{cases}$

（4）

（答）

（5）（ア）

（答）

（イ）

（答）

**2**（1）

（答）[10, 2] =　　　，[10, 5] =　　　，[10, 10] =

（2）

（答）[100, 390] =

**3**

（答）生徒数：K組　　　人，E組　　　人，I組　　　人

（注）実際の試験では、問題用紙の中に設けられた解答欄に書く形式です。
この解答用紙は使いやすいように小社で作成いたしました。

# 平成29年度　　　慶應義塾高等学校

## 数学解答用紙　No. 2

**4** (1)

(答) 点Bの座標：　　　　　直線ABの方程式：

(2)

(答) 点Cの座標：　　　　　直線CDの傾き：

(3)

(答)

**5** (1)

(答)

(2)

(答)

**6** (1)

(答)

(2)

(答)

| 推定配点 | | 計 |
|---|---|---|
| | 1　各5点×7　　2　(1)　各2点×3　(2)　5点<br>3, 4　各5点×6〔3は完答〕　5, 6　各6点×4 | 100点 |

# 平成二十九年度 慶應義塾高等学校

## 国語解答用紙

番号　　氏名　　評点 /100

一

問1

問2

問3

問4

問5

問6 A B

問7 A（5） B（5）

問8 A（15） B（15）

問9 1 2 3 4 5 6

問10

| | | | | |
|---|---|---|---|---|
| 1. キンセツ | 2. サカ　ん | 3. セイビ | 4. カテイ | 5. ハ　デ |
| 6. ウ　ム | 7. カテイ | 8. サドウ | 9. キョウヨウ | 10. ム　し |

二

問1 a b c d e

問2 f g

問3 ア イ ウ エ オ

問4 映画の登場人物が　　　　ということ。

問5　　　　ということ。

三

i →　→　→　→

ii →　→　→　→

iii →　→　→　→

（注）この解答用紙は実物を縮小してあります。A3用紙に145%拡大コピーすると、ほぼ実物大で使用できます。（タイトルと配点表は含みません）

| 推定配点 | | 計 |
|---|---|---|
| | 一 各2点×27<br>二 問1〜問3 各2点×12 問4、問5 各5点×2<br>三 各4点×3 | 100点 |

# 平成28年度　慶應義塾高等学校

## 英語解答用紙

| 番号 | | 氏名 | |
|---|---|---|---|

| 評点 | ／100 |
|---|---|

I

| | | | |
|---|---|---|---|
| 1 | | 2 | |
| 3 | | 4 | |
| 5 | | 6 | |
| 7 | | 8 | |

II

| | 記号 | 正しい形 | | 記号 | 正しい形 |
|---|---|---|---|---|---|
| 1 | | | 2 | | |
| 3 | | | 4 | | |
| 5 | | | 6 | | |
| 7 | | | 8 | | |

III

| | | | | | | | | | |
|---|---|---|---|---|---|---|---|---|---|
| 1 | | 2 | | 3 | | 4 | | 5 | |
| 6 | | 7 | | 8 | | 9 | | 10 | |

IV

| | | | | | | | |
|---|---|---|---|---|---|---|---|
| 1 | | 2 | | 3 | | 4 | |
| 5 | | 6 | | 7 | | 8 | |
| 9 | | 10 | | | | | |

V

A

| | | | | | | | | | |
|---|---|---|---|---|---|---|---|---|---|
| 1 | | 2 | | 3 | | 4 | | 5 | |
| 6 | | 7 | | 8 | | 9 | | 10 | |

B (ア)

(イ)

(ウ)

C (i)

(ii)

(iii)

（注）この解答用紙は実物を縮小してあります。179%拡大コピーすると、ほぼ実物大で使用できます。（タイトルと配点表は含みません）

| 推定配点 | | 計 |
|---|---|---|
| | I，II　各1点×16　　III，IV　各2点×20<br>V　A　各2点×10　B，C　各4点×6 | 100点 |